창의적
사고
소통의
글쓰기

시학과
향연 01

창의적
사고
소통의
글쓰기

김경훤 · 김미란 · 김성수 지음

성균관대학교
출판부

머리말

21세기 첨단 정보화 사회를 맞이하여 대학생들은 자신이 가진 지식과 정보, 그에 대한 견해를 명료하고 효과적으로 전달하는 능력을 함양해야 한다. 이를 위해서는 글쓰기 교육을 통해 자신의 사고를 논리적으로 체계화하고 설득력 있는 표현법을 익히는 일이 중요하다. 또한 글쓰기 교육을 통해 교양 교육과 전공 학문의 기초를 충실하게 다질 수 있다.

이 책은 성균관대학교 학부대학의 의사소통 영역 강좌인 '창의적 글쓰기' 교과목을 위한 교재이다. 이 책의 가장 큰 특징은 전통적인 글쓰기 교육 목표에서 벗어나 21세기 신세대의 눈높이에 맞는 글쓰기 목표를 설정하고 있다는 점이다. 이는 새로운 교양 기초 교육의 틀에서 볼 때 '창의적 사고에 기초한 개성적 글쓰기'란 단순히 문법 차원의 글쓰기나 모범 문장의 모방이 되어선 안 된다고 판단한 결과이다. 대학의 글쓰기는 일반적인 글쓰기와 달리, 학문 공동체 안에서 학생들 스스로 문제를 발견하고 분석한 뒤 그것을 바탕으로 다른 사람에게 자신의 견해가 타당하다는 것을 설득해야 할 필요성이 있다.

이 책은 모든 학문 영역의 학습과 연구 수행에 바탕이 되는 글쓰기 능력을 함양하는 데 그 목표를 두었다. 구체적으로 지식 정보화 사회가 요구하는 비판적 사고와 창조적 표현 능력, 의사소통 능력을 기르고, 현대 사회에서 발생하는 여러 가지 문제를 해결하는 안목을 키우는 데도 기여하고자 하였다. 실제로는 글쓰기의 기초에 대한 단계적 학습을 실시하고, 다양한 글쓰기를 실습함으로써 대학에서는 물론 사회로 진출한 이후에도 도움이 될 수 있는 글쓰기 기본 능력을 배양하고자 한 것이다.

이러한 목표에 따라 글쓰기 교재의 기초 설계부터 새로운 방향을 세웠다. 먼저, 1970년대부터 40여 년 가까이 지속된 글쓰기용 교본(manual)과 명문 모음 (anthology)이란 통념에서 벗어나려 하였다. 지난 백여 년 동안 이루어진 근대적 글쓰기의 전개 과정을 보면, 중세까지의 문사철(文史哲) 종합에 기초를 둔 문장의 전통이 식민지 근대를 경험하면서 문예성을 강조한 측면이 강하다. 이 과정에서 명문 모방 위주의 글쓰기와 미문 의식이 중시되었다. 그래서 이 책을 집필할 때 1930년대 이래의 고답적인 명문 모방 학습의 전통에서 근본적으로 탈피하고자 하였다. 즉, 동서고금 명현 석학의 명저와 명문, 그리고 국어국문학 관련 논문 및 작품 위주로 편찬되었던 전통적인 '국어 강독, 교양 작문' 교재와 뚜렷하게 차이를 두었다.

이 책은 또한 종래의 '결과 중심 글쓰기 교육'과 고전 수사학의 규범을 따르는 작문 교육 방식에서 벗어나려 한 산물이다. 한국에서 전통적인 글쓰기 교육은 학생들이 전범으로 삼을 만한 성현들의 글, 모범 문장을 원문 통달하게 만드는 지식 주입식 교육이나 반복적 모방 학습을 통해 사고력과 작문 능력을 신장시키는 데 주력하였다. 이 책은 '결과 중심 쓰기 교육' 대신, '과정 중심 쓰기', 나아가 '삶을 가꾸는 실천' 중심의 글쓰기를 지향하고자 하였다. 과정 중심 글쓰기 교육에서 쓰기의 본질은 역동적인 의미 구성 행위이자 의사소통 과정이며 사고력과 문제 해결 능력을 향상시키는 대화의 일환으로 규정될 수 있다. 또한 독자를 고려한 의사소통 행위이자 자신의 인지 과정을 끊임없이 자체 조정해 가는 상위 인지 전략이 요구되는 역동적인 학습 활동의 종합체이기도 하다. 따라서 글쓰기는 특정 학문의 고유 영역에 속하거나 주변적인 기능에 머무는 것이 아니라 교양 기초 교육 영역의 범교과적 · 도구적 기능을 갖게 되는 셈이다.

이렇게 글쓰기를 재규정하면 교수자의 역할 또한 달라진다. 종래의 결과 중심 쓰기 교육에서 교수는 권위적인 지식의 전달자였다. 반면, 과정 중심 쓰기 교육에선 학생의 쓰기에 역동적으로 참여해서 그들의 의미 형성을 촉진하는 안내자, 도우미로 바뀐다. 학생 입장에서도 교재에 나온 석학, 대가의 명문을 써야 한다는 부담을 덜고 잘못된 시도나 오류도 허용하는 등 글쓰기 자체에 대한 강박감을 줄이고 흥미와 자발적 참여를 늘릴 수 있게 된다. 나아가 초고를 서로 나눠 읽고 고쳐 쓰는 활동을 통해 자기 점검, 탐구 학습, 협동 학습도 활성화시킬 수 있다.

글쓰기 강의 교재는 1부 기초편과 2부 실제편으로 나뉘고, 글쓰기 기초에 속하는 맞춤법, 띄어쓰기, 글쓰기 절차 등과 글쓰기 실제에 속하는 보고서, 자서전, 논설문, 감상문, 문예문 등을 각각 학습하게 되어 있다. 무엇보다도 과정 중심, 삶을 가꾸는 실천 중심의 글쓰기 교육론의 취지에 맞게 명현, 석학, 대가들의 글을 대폭 줄이고, 그 대신 학생들의 글을 예문으로 많이 실어 수업에 적극 활용하도록 하였다. 이는 수강생들이 명사의 모범 문장만 보고 따라 배우라는 주입식 모방 교육을 받는 것이 아니라, 동료들의 글을 읽고 나도 용기를 내 써 보겠다며 글쓰기를 시도하고 그 사회적 과정 중에 중간 점검, 자기 평가를 하면서 다시 고쳐가는 '학습자 자기 주도' 교육 방식에서 나온 것이다. 나아가 영상 세대, 사이버 세대인 학생들의 눈높이를 염두에 두고 최신 문화의 흐름과 신세대 학생들의 흥미를 북돋기 위한 다양한 시도도 해 보았다.

이 책을 통해 글쓰기 강의를 수강하는 학생들이 기초를 학습하고 실제 문장을 실습하여 단지 글쓰기의 기법과 요령만 터득하는 것이 아니라 자기 삶에 대해 진지하게 성찰하고 우리 사회와 세상에 대해 관심을 넓히며 올바른 가치관을 세우기를 바란다. 숱한 정보와 자료가 범람하는 뉴미디어 시대에 유용한 정보를 취사선택하여 이를 창의적으로 자기화하고 정확하고 개성 있게 표현해 낼 수 있다면 글쓰기의 목적은 어느 정도 이루었다고 할 수 있다. 나아가 남의 글을 통해 사고의 폭을 넓히고 나의 글을 통해 상호 이해의 소통 구조를 갖추고 생각과 삶까지 바꿀 수 있게 된다면 더 바랄 것이 없을 것이다.

이 책을 통한 글쓰기 수업은 다음 순서로 진행되길 바란다. 먼저 연상 훈련과 대상에 대한 새로운 인식 등을 통해 창의적으로 글을 쓸 수 있는 바탕을 마련한다. 다음으로 글쓰기의 기초에 해당하는 현행 어문 규정 즉, 한글 맞춤법, 표준어 규정, 외래어 표기법 등을 바르게 이해하고, 올바른 단어 사용과 문장 쓰기 연습을 통해 문법에 맞는 글을 쓸 수 있게 한다. 나아가 문제 상황을 객관적이고 논리적으로 파악하고 이에 맞는 문제 해결 과정에 따라 자신의 생각을 개성적이고 짜임새 있게 표현할 수 있게 한다. 끝으로 이러한 기본기를 익히면 보고서, 이력서, 자기소개서, 논설문 등의 실용적 글쓰기와 감상문, 비평문, 문예문 등 창조적 글쓰기를 통해 교양과 창의성을 함양하도록 한다. 그 과정에서 교수자와 수강생의 상호 대화형 피드백이 지속적으로 이루어지면 더욱 바람직할 것이다.

이 교재가 발간되기까지 많은 도움을 주신 성균관대학교 학부대학 여러 선생님들께 감사한다. 특히 책에 실린 수많은 '학생 글'의 필자인 글쓰기 수강생 여러분들께도 진심으로 고마움을 전한다.

2016년 8월 저자 일동

차 례

제 **1** 부

글쓰기의 기초

글쓰기의 이해

1. 1. 글쓰기의 개념

글은 생각, 즉 사고의 산물이다. 물론 사고의 결과가 곧바로 글이 되는 것은 아니다. 글을 쓰려면 논리적·창의적 사고의 결과를 정확하고 정연하게 표현하는 과정을 거쳐야 한다. 그 과정이 바로 글쓰기이다. 글쓰기 능력은 사고의 결과를 정확하게 표현할 수 있는 능력이라고 할 수 있다. 이런 점에서 글쓰기는 '생각 쓰기'라고 하겠다.

글쓰기 초보자들은 글쓰기에 대해 자신감도 없고 그다지 쓸 소재도 없다고 생각하기 쉽다. 하지만 있는 그대로 속 생각을 털어 놓고 거기 담긴 자신의 내면을 되짚어 보고 그러한 성찰 과정을 통해 나 자신을 드러내고, 나아가 세상과 열린 대화를 하는 단계별 전략이 필요하다. 나에 대한 이야기부터 솔직히 쓰면 된다는 것은 글쓰기에 접근하기 힘든 보통의 새내기들에게 좋은 출발점이 될 것이다.

글쓰기는 또한 세상과 대화하는 일이다. 우리는 글을 통해 세상의 많은 일과 다양한 현상에 눈뜨게 된다. 때로는 이를 삶에 대한 끊임없는 성찰의 계기로 삼기도 한다. 또 삶에 대한 성찰을 내면화하는 데 그치지 않고, 글을 통해 그 일부를 세상에 드러내기도 한다. 글을 쓸 때는 나의 삶과 남의 삶에 대해 진지하게 대화하며, 글을 읽는 상대방 입장까지 헤아려야 하므로 글 쓰는 자체가 독자를 배려하는 일이다. 결국 글쓰기는 삶에 대해 진지하게 인식하고 적극적으로 사유하는 매우 실천적인 행위라고 할 수 있다.

글을 쓴다는 것은 문자를 통하여 사실이나 생각을 말하는 것이며 지속성을 갖고 담화의 상대에게서 자신을 새롭게 발견하는 것이다. 글을 쓴다는 것은 정해진 독자에게 뜻을 전하는 것이기도 하지만 아직 정해지지 않은 예상 독자에게 말을 거는 행위이기도 하다. 또한 자신의 입장을 설득하는 가운데 소통의 장(field)에 참여하는 것이고, 소통의 판을 짜는 일이다. 이때 내 글을 읽을 상대가 누구인지, 어떤 사람들이기를 기대하는지에 따라 글의 성격이 규정된다. 이렇게 세상과 소통하고 상대방이 알아듣게 글을 쓰는 과정에서 새로운 의미를 발견하거나 만들어 내기도 한다.

좋은 글은 문법적으로 정확하고 단어의 사용이 적절해야 하며, 논리적으로 앞뒤가 맞아야 한다. 이러한 조건은 자신의 의사를 정확하게 전달하는 글을 쓰기 위한 기본적인 요건이라 할 수 있다. 또한 글쓴이가 의도하는 바를 읽는 이가 제대로 파악하고 공감할 수 있게 써 내면 된다. 아무리 무궁무진한 훌륭한 착상, 좋은 내용이라도 상대가 알아듣게 적절하게 표현하지 못하면 읽는 이에게 그 내용을 제대로 전달하지 못하게 된다. 결국 창의적이고 합리적인 생각을 상대가 쉽게 알아듣도록 말로 하듯이 문장을 풀어가는 것이 바람직한 글쓰기라 할 수 있다.

첨단 정보 통신 기술이 눈부시게 발달하여 산업과 문화를 주도하는 사회가 도래하면서 글쓰기의 비중과 중요성에 대한 인식도 점차 변화하고 있다. 더불어 문자 문화의 시대에서 전자 문화의 시대로 전환되면서 글의 내용보다는 예쁜 활자나 이미지의 활용, 편집의 세련미를 우선시하는 풍조가 대세를 잡은 듯 위세를 떨치기도 한다. 그러나 아무리 시각적 아름다움을 선호하는 시대가 되었다 하더라도 글쓰기의 중요성이 감소되는 것은 결코 아니다. 오히려 내적 의미보다 외적 장식에 현혹되는 분위기에 경종을 울려야 할지도 모른다. 왜냐하면 삶에 대한 판단과 평가, 인간에 대한 인식과 이해가 그 본질이 외면된 채 외적인 것에 지나치게 경도되어 이루어지는 것은 바람직하지 않기 때문이다. 본질을 도외시한 채 외적인 것에 환호하는 저급하고 천박한 태도는 우리의 삶을 한없이 가볍게 만들고, 세상의 진정한 아름다움과 가치를 파괴할지도 모른다. 과연 종이책은 사라지고 전자책만 남을 것인가 서로 생각을 나눠보고, '전자 문화 시대'의 글쓰기가 나아가야 할 방향에 대한 문명사적 성찰을 할 때가 되었다.

연습 문제 ❶

다음은 연암 박지원의 글쓰기 전략을 잘 보여주는 「소단적치인(騷壇赤幟引)」이다. 오늘날 서구 이론에 경도된 글쓰기 이론을 보완하는 데 시사하는 바가 적지 않은 우리 조상의 글쓰기 방식에서 새로운 지혜를 찾아 보자.

예문 1

글을 잘 짓는 자는 아마 병법을 잘 알 것이다. 비유컨대 글자는 군사요, 글 뜻은 장수요, 제목이란 적국이요, 고사(故事) 인용이란 전쟁터 진지를 구축하는 것이요, 글자를 엮어서 구절을 만들고 구절을 모아서 문장을 이루는 것은 대오를 이루어 진을 치는 것과 같다. 운율에 맞추어 읊고 멋진 표현으로 빛을 내는 것은 징과 북을 울리고 깃발을 휘날리는 것과 같으며, 문구 앞뒤의 조응이란 봉화요, 비유란 유격이요, 억양 반복이란 맞붙어 싸워 서로 죽이는 것이요, 주제를 소화하여 마무리하는 것은 먼저 성벽에 올라가 적을 사로잡는 것이요, 함축을 귀하게 여기는 것이란 늙은이를 사로잡지 않는 것이요, 여운을 남기는 것이란 군대를 정돈하여 개선하는 것이다.

무릇 장평(長平)의 병졸은 용맹함이 옛적과 다르지 않고 활과 창의 예리함이 전날과 변함없지만, 염파(廉頗)가 거느리면 승리할 수 있고 조괄(趙括)이 거느리면 자멸하기에 딱 좋다. 그러므로 용병 잘하는 자에게는 버릴 병졸이 없고, 글을 잘 짓는 자에게는 따로 가려 쓸 글자가 없다. 진실로 좋은 장수를 만나면 호미자루나 창자루를 들어도 굳세고 사나운 병졸이 되고, 헝겊을 찢어 장대 끝에 매달더라도 사뭇 정채를 띤 깃발이 된다. 진실로 이러한 이치를 터득하면, 아랫것들의 상스러운 입말도 오히려 학교에서 가르칠 수 있고 동요나 속담도 고상한 말에 속할 수 있을 것이다. 그러므로 글이 능숙하지 못한 것은 글자의 탓이 아닌 것이다.

바야흐로 자구(字句)가 우아한지 속된지나 평하고 글 체재[篇章]의 우열이나 논하는 자들은 변통의 임기응변과 승리의 임시방편을 모르는 자들이다. 비유하자면 용맹스럽지 못한 장수가 마음에 미리 정해 놓은 계책이 없는 것과 같아서, 갑자기 어떤 제목에 부딪히면 우뚝하기가 마치 견고한 성을 마주한 것과 같으니, 눈앞의 붓과 먹이 산 위의 초목을 보고 먼저 기가 질려 버리고 가슴속에 기억하며 외던 것은 마치 전장에서 죽은 군사가 산화하여 모래밭의 원숭이나 학으로 변해 버리듯 모두 흩어질 것이다.

그러므로 글을 짓는 사람은 항상 스스로 논리를 잃고 요령을 깨치지 못함을 걱정한다. 무릇 논리가 분명하지 못하면 글자 하나도 써 내려가기 어려워 항상 붓방아만 찧게 되며, 요령을 깨치지 못하면 겹겹으로 두르고 싸면서도 오히려 허술하지 않은가 걱정하는 것이다. 비유하자면 항우(項羽)가 음릉(陰陵)에서 길을 잃자 자신의 애마가 앞으로 나아가지 않는 것과 같고, 물샐틈없이 전차로 흉노를 에워쌌으나 그 추장은 벌써 도망친 것과 같다. 진실로 한마디 말로 정곡 찌르기를 눈 오는 밤에 채주(蔡州)에 쳐들어 가듯이, 한마디 말로 핵심을 뽑아내기를 세 차례 북을 울려 관문을 빼앗듯이 할 수 있어야 하니, 글을 짓는 방도가 이 정도는 되어야 지극하다 할 것이다.

(박지원, 「소단적치인(騷壇赤幟引)」)

1. 2. 글쓰기와 창의적 사고

1. 2. 1. 창의적 사고

글쓰기를 잘하려면 책을 많이 읽고 열린 마음을 가지고 창의적으로 생각하는 습관을 길러야 한다. 글쓰기에서 가장 기본이 되는 것은 대상에 대한 새로운 인식과 그것을 바탕으로 한 창의적인 사고이다. 창의적 사고란 예전처럼 신이 불러준 것을 받아 적는 것이나 천재들의 영감에서 나오는 것이 아니다. 대상을 새롭게 인식한다는 것은 이미 알고 있던 것에서 새로운 의미를 발견하는 것을 뜻한다. 모든 글쓰기는 대상에 대한 새로운 인식에서 출발한다. 대상에 대해 새로운 인식을 하라는 것은 주변의 일상에서 이미 존재하는 것 이면에 감추어져 있는 비밀을 발견하도록 마음의 눈을 뜨고, 영혼의 창을 활짝 열라는 뜻이다. 흔히 볼 수 있는 소재들에서 색다른 주제를 발견해 내는 것이야말로 훌륭한 글을 쓸 수 있는 출발점이다.

글을 잘 쓰기 위하여 창의적으로 사고하려면 어떻게 해야 할까? 창의적 사고에는 여러 방법이 있지만 무엇보다도 먼저 그동안 당연하다고 생각했던 고정관념에서 자유로워져야만 한다. 고정관념을 깨면 남들과는 다른 개성적 발상을 할 수 있다. 고정관념이란 이것 아니면 저것이라는 식으로 이미 많은 사람들 사이에 널리 퍼져 있는 공식화된 생각이다.

창의성을 갖추려면 고정관념과 사회적 통념이란 정해진 길만 따라가선 안 된다.

> "나는 새장 밖으로, 지도 밖으로 나갈 것이다. 두 날개를 활짝 펴고 날아다닐 거다. 스스로 먹이를 구해야 하고 항상 위험에 노출되어 있지만, 그것은 자유를 얻기 위한 대가이자 수업료다. 기꺼이 그렇게 하겠다. 길들여지지 않은 자유를 위해서라면."

세계적인 오지 여행가이자 국제 구호 활동가인 한비야의 『지도 밖으로 행군하라』에 나오는 말처럼 우리 사회에 널리 퍼진 지배 이념에 길들여지지 않는 자기만의 줏대가 필요하다. 자유로운 영혼만이 창의성을 기를 수 있다.

고정관념을 깨고 편견에서 벗어나려면 끊임없이 질문하고 또 질문해야 한다. 주변의 사물과 현상에 대해 끊임없이 "왜 그럴까? 과연 그럴까?" 하고 회의적인 질문을 던지는 용기가 필요하다. 비록 지금 당장은 조금 손해를 보거나 피해가 생기더라도 사회적 통념이나 관행, 자명한 진리까지에도 의구심을 품어야 창의적 발상을 할 수 있고 나아가 좋은 글을 쓸 기초를 마련하게 된다. 창의성은 질문을 먹고 산다.

글을 잘 쓰기 위하여 창의적으로 사고하려면 고정관념에 안주하면 안 된다. 그러려면 일상생활에서 이미 익숙해진 것도 낯설게 보고 입장을 바꿔 역지사지(易地思之)해 보고 뒤집어 생각하는 것이 좋다. 흔히 잘 알고 있는 단어를 새롭게 정의하는 것도 창의적 사고를 실행하는 좋은 방법이다. 가령 '돈'의 사전적 의미는 "사물의 가치를 나타내며, 상품의 교환을 매개하고, 재산 축적의 대상으로도 사용하는 물건 또는 물건의 값"이다. 하지만 『악마사전』에는 "내 손에서 멀어졌을 때 외에는 별다른 쓸모가 없는 축복," 또는 "교양의 증거이자 점잖은 사교계에 들어가는 여권, 괜찮은 도구" 등으로 정의되어 있다. 이런 재정의는 돈을 있는 그대로 설명하는 것이 아니라 돈의 특성을 공통으로 내포하는 다른 대상과의 비유에 기초한다. 보통 사람들이 이미 잘 알고 있다고 생각되는 돈의 특성 가운데 남들이 미처 생각하지 못했을 것이라고 생각되는 것을 중심으로 새로 정의하려는 시도에서 새로운 인식이 차츰 나타나게 된다. 그것이 바로 창의적 사고의 출발이 된다.

조금 고급스러운 창의적 사고법으로 유추가 있다. 비슷한 것끼리 연관 지어 새로운 의미를 찾아내는 것이다. 유추란 두 사물 사이의 유사성에 근거하여 이미 알고 있는 한 사물의 어떤 특성이 유사한 특성이 있는 다른 사물에도 있을 것이라고 추론하는 것이다. 우리 주변에 있는 것들을 들여다보고, 그것이 무엇과 유사한가를 찾는 유추 과정에서 이전에는 생각하지 못했던 것이 가능해진다. 주로 시와 소설 등 문예 창작에서 작가의 상상력이 고도로 발휘될 때 나오는 방법이다.

결국 창의적 사고란 기존의 고정된 틀에서 벗어나 새로운 생각을 자유롭게 펼치자는 인식의 전환을 의미한다. 그러려면 자신의 새로운 착상에 어느 정도 자신감과 긍정적인 사고를 가지도록 애써야 할 터이다. 창의적 사고의 궁극적 단계는 새로운 생각에 대한 자기 확신과 긍정적으로 열린 마음이기 때문이다.

물론 창의적 사고에는 앞에서 예로 든 방법만 있는 것은 아니다. 고정관념을 무너뜨리고 뒤집어 생각하고 낱말을 재정의하고 문학적 유추까지 잘하는 천재의 상상력에서만 창의적 발상이 나오고 그들만 글을 잘 쓸 수 있는 것은 아니다. 오히려 누구나 경험하지만 아무도 솔직하게 이야기를 털어 놓지 않은 내용을 남보다 먼저 쓰면 좋은 글이 되는 경우가 적지 않다.

좋은 글이 어떤 글인지 이해하기 위해 살아 있는 글쓰기의 사례를 조상의 전통 유산에서 찾아보도록 하자.

"살아 있는 석치라면, 만나서 곡을 할 수도 있고, 조문을 할 수도 있고, 꾸짖을 수도 있고, 웃음을 터뜨릴 수도 있고, 술을 잔뜩 마실 수도 있어서, 벌거벗은 서로의 몸을 치고받고 하면서 꼭지가 돌도록 잔뜩 취해 너니 내니 하는 것도 잊어버리다가, 마구 토하고 머리가 뼈개지며 속이 뒤집어지고 어지러워, 거의 다 죽게 되어서야 그만둘 터인데, 지금 석치는 정말로 죽었구나! …… 석치 자네 정말로 죽었는가? 귓바퀴는 이미 썩어 문드러졌고, 눈알도 이미 썩어버렸는가? 정말 듣지도 보지도 못한단 말인가? 술을 잔에 가득 부어 제사 술로 드려도 정말 마시지도 못하고 취하지도 않는구나." (박지원, 「정석치에게 제사드리는 글(祭鄭石癡文)」 중에서)

"황대경 씨의 글이 의관을 잘 갖추고 갖은 장식 차림으로 길가에 엎어진 시체와 같다면, 내 글은 비록 누더기를 걸쳤지만 아침 해를 쬐고 앉아 있는 살아 있는 사람과 같다." (박지원의 말, 홍한주, 『지수염필(智水拈筆)』 중에서)

죽은 사람의 생애를 연대순으로 나열하면서 고인의 생애를 추모하는 '비문'의 일반적 서술 방식과는 달리 '추모' 자체에 초점을 맞춘 것이 예문 2이다. 이 글을 통해 '창의적인 사고'에 대해 차분하게 생각해 보자. 이 글은 박지원이 요절한 친구 석치 정철조를 추모하는 제문이다. 죽은 이를 기리는 제문은 당시 관행대로라면 내용과 형식이 규범[매뉴얼]처럼 정해져 있었다. 가령 고관대작으로 출세한 사람이며 한문학 대가였던 '황대경'의 추모글이라면 이렇게 썼을 것이다. "아깝게 죽은 석치

이분은 살아 생전에 대단한 분이었다. 외모는 철관풍채, 선풍도골이요 능력은 문무 겸전이며 시로는 이백, 두보와 벗하고 문장가로는 유종원과 짝이라." 이런 식으로 중국의 고사성어와 권위 있는 명현, 석학의 이름을 들먹여 자기 친구를 높였을 것이다. 살아 생전 고인의 생생한 인간 됨됨이나 영혼의 실체를 구체적으로 파악할 수 있는 내용은 별반 없는 의례적이고 상투적 찬양뿐인 것이다.

그런데 '박지원'은 요절한 자기 친구의 추모사를 마치 그와 함께 있는 듯, 눈앞에 있어 손에 잡힐 듯이, 심지어 냄새까지 맡을 수 있게 썼다. 어째서 박지원은 이렇게 눈앞에 보일 듯이, 머리 위 그림이 그려지도록 사실적인 묘사를 할 수 있었을까. 당시 양반, 사대부들은 일상생활의 정황을 생활 자체의 용어로 사실적으로 묘사하는 이런 글을 유학적 관습에 맞지 않다고 폄하했을 것이다. 중국의 유명 인물과 고사성어를 어려운 한자와 함께 끌어 와서 상황을 빗대 설명하고 상대를 칭송해야 했을 터이다. 하지만 세월이 지난 지금 그런 고식적인 글은 읽은 이의 마음에 하나도 살아남지 않을 것이다. 그것은 황대경의 시체와 같은 글이기 때문이다. 반면 박지원의 실감 나는 글은 시대를 뛰어넘어 지금까지 벅찬 감동을 선사하고 있어 창의적인 글의 대표가 된 것이다.

물론 박지원은 당시의 통념이나 지배 이데올로기에 영합하지 못했기 때문에 삶이 고단했을 터이다. 하지만 그의 글은 시대를 뛰어넘어 오늘날까지 살아 남았고, 글에 담긴 그의 생각과 삶이 후손의 귀감이 될 수 있었다. 이처럼 자기를 버리고 현재의 기득권에 안주하려는 타성을 벗어야 살아 있는 좋은 글을 쓸 수 있다. "나무는 꽃을 버려야 열매를 맺고, 강물은 강을 버려야 바다에 이른다."라는 『화엄경』 경구처럼 성공을 위해선 현재의 편안함에 안주하기보다는 뭔가 불편한 길을 끝없이 찾아 나설 수 있어야 비로소 새로운 생각, 창의적 사고를 할 수 있다.

그리하여 그들은 날았다

나는 너희에게 오직 천사만을 보냈다.

중요한 것은 아무것도 없다.

그가 말했다. "가장자리 끝으로 와라."

그들이 대답했다. "우린 두려워요."

그가 다시 말했다. "가장자리 끝으로 오라."

그들이 왔다.

그는 그들을 밀어 버렸다.

그리하여 그들은 날았다.

19세기 말 프랑스 상징주의 시인 기욤 아폴리네르의 시이다. 창의적 사고를 하려면 현실에 안주하거나 통념에만 의존하지 말고 "좀 손해 보면 어때!"라는 용기가 필요하다. 절벽에서 뛰어내릴 수 있는 용기를 지닌 자만이 날 수 있다.

앞에서 설명한 것처럼 창의적 발상을 지닌 살아 있는 글을 쓰려면 머리 위에 이미지가 떠오르는 글쓰기부터 연습해야 한다. 이미지는 단지 상상 속에서 영상만 떠올리게 하는 것은 아니다. 눈앞에 구체적인 모습이 보일 듯이, 귀에 소리가 들릴 듯이, 손끝에 만져질 듯이, 혀로 맛을 보고 코로 냄새를 맡듯이 쓰도록 애써야 한다. 그런 글이 바로 혼이 담긴 글이다. 감히 다른 이가 모방할 수 없는 자기만의 분위기, 복사 불가능한 '아우라(aura)'가 담겨야 좋은 글이 된다.

글쓰기의 본질은 생각 쓰기이며 문자를 통한 소통 행위이다. 스스로 생각하는 힘을 향상시키는 역동적인 의미 구성 행위이자 다른 사람들을 배려하는 대화라는 점에서 의사소통의 도구이다. 또한 쓰기 과정을 통해 처음에 떠올린 착상을 중간과 마무리 과정에서 돌아보고 고쳐 나간다는 점에서 자기 생각을 끊임없이 자체 조정해 가는 '상위 인지 전략'이 요구되는 역동적인 학습 활동의 종합체이기도 하다.

누구나 처음부터 글을 잘 쓸 수 있는 것은 아니다. 그렇기 때문에 시·소설·수필 등 남이 쓴 글을 읽고 만화·영화·드라마를 보면서 그 속에서 자기 자화상을 찾아본 후, '나라면 그 상황에서 어떻게 했을까?' 하고 상상해 보는 것도 한 방법이다. 자신만의 느낌과 생각을 친구 등 주변 사람들과의 대화를 통해 교환해 보고 그 과정을 글로 쓰면서 시나브로 자신의 삶에 대한 태도를 바꾸는 글쓰기가 바람직한 순서라고 하겠다.

글쓰기가 아예 싫거나 아무리 애써도 글이 잘 써지지 않는 경우가 있다. 그에 대한 처방책은 특별한 것이 있는 게 아니다. 사전 준비라는 글쓰기 절차를 따르지 않은 데 원인이 있는 경우가 많기 때문에 그것을 고치면 된다.

요즘에는 정보화 기기의 엄청난 발달로 인해 컴퓨터 자판 치기와 휴대전화 문자 보내기가 일상화되면서 펜으로 종이에 글씨를 쓰는 일보다 자판을 누르는 일이 훨씬 편해졌다. 그런데 머릿속 생각을 빨리 문자로 포착해서 늦기 전에 상대에게 보내야 한다는 조급증이 앞선 나머지, 자기가 쓴 글을 제대로 확인하지 않고 엔터키를 누르는 경우가 비일비재하다. 자판 두드리기나 휴대전화 문자 보내기의 영향으로 즉흥적 글쓰기에만 익숙해져서, 준비 단계등의 절차를 지켜 쓰지 않게 되고 그러다 보니 글쓰기가 더 힘들어지고 귀찮아지는 악순환이 반복되는 것이다. 글쓰기를 잘하려면 떠오른 아이디어를 빠른 손놀림으로 문자판에 정착시키는 것도 중요하지만, 그보다는 자기가 쓴 글을 한 번이라도 좋으니 독자 입장에서 읽고 수정한 후

상대에게 전달하는 습관을 기르는 것이 필수적이다.

우선 무엇을 쓸 것인가부터 고민을 해야 한다. 글쓰기는 '생각 쓰기'이기 때문이다. 브레인스토밍, 마인드매핑, 연상 훈련 등을 통해 생각이 떠오르도록 '글감'부터 찾아야 한다. 글쓰기는 아이디어의 생성, 조직 및 배열, 그리고 적합한 언어로 표현하는 과정으로 이루어진다. 이러한 과정을 반복함으로써 논리적이고 창의적인 사고 능력을 키울 수 있다. 글쓰기 과정은 자신이 어떻게 생각하고 있는지, 혹은 자신이 어떻게 생각해야 하는지에 관한 여러 가지 통찰을 얻을 수 있는 과정이다. 따라서 글쓰기 능력을 습득함으로써 누구나 논리적으로 생각을 전개하고 창의적으로 문제를 해결하며 비판적으로 현상을 이해할 수 있게 된다.

먼저 글을 쓰기 위한 준비 작업으로, 아이디어 생성 과정을 생각해 보자. 아이디어 생성은 흔히 브레인스토밍, 마인드매핑, 연상법을 통해 이루어진다. '연상 훈련'도 그런 것의 일종이다. 다짜고짜 글을 쓰려고 하면 어려우니까 연상 방법으로 1분 동안 떠오르는 단어를 정리해 보자. 어떤 학생이 1분 동안 떠올린 단어는 '밥, 선배, 시계, 지갑, 형, 동생, 부모님, 장래, 여자, 만화책, TV, 친구'였다. 이 단어를 떠올린 사람은 남학생이며 가족들과 떨어져 사는 자취생인 것을 알 수 있다. 늘 부모님과 있으면 부모님이란 단어를 잘 떠올리지 않기 때문이다. 부모님과 떨어져 사는 외지 출신 남자 자취생이 아침밥을 못 먹고 지금 9시 수업에 뛰어 온 상황인 것까지 유추할 수 있다. 그런데 다른 여학생의 경우 똑같이 1분이 주어졌을 때 특이하게도 다음과 같이 24개 낱말을 떠올리기도 한다.

사랑, 만남, 약속, 시간, 즐거움 / 산장, 커피, 케이크, 입, 목, 눈, 손, 손가락, 커플링, 목걸이, 화이트데이, 전화, 오빠네 엄마 / 선물, 책, 음악, 걸그룹, 춤

제시된 낱말들은 영화의 한 장면처럼 모두 연관되어 있다. '케이크'와 '입' 사이,

'오빠네 엄마'와 '선물' 사이에 직접 관계가 없어 보이지만 전체 낱말로 볼 때 이들의 내적 연관을 짐작할 수 있다. 똑같은 1분 동안 앞의 남학생은 13개의 단어를 파편적으로 나열했는데 이 여학생은 24개를 썼다. 그리고 앞의 단어들은 무슨 상황인지 잘 연상이 안 되고 막연한 데 비해, 여학생이 떠올린 단어는 그녀가 처한 상황을 어느 정도 짐작케 한다.

이 사람은 사랑하는 오빠가 있는 여학생인데 선생님이 뭘 쓰라고 하자 딱 지난 주말에 만난 오빠가 생각났다. 약속 시간을 정해 산장 카페에서 만났는데 즐거웠다. 커피를 마시고 케이크를 먹었는데 커피, 그보다는 바로 앞에 있는 오빠에게 눈길이 갔다. 그의 입, 눈, 손, 손가락, 손가락에 끼어져 있는 커플링, 그리고 멋진 목걸이가 눈에 들어왔다. 다음 장면으로 지난 화이트데이 때 오빠에게 전화를 걸었는데 마침 오빠가 받지 않고 오빠의 엄마가 받아서 너무 놀란 나머지 탁 끊고 말았다. 이런 식으로 머릿속 연상을 단어로 나열하다가 다시 생각의 나래가 화이트데이 때 받은 책 선물로 연결되었고, 그때 오빠가 좋아하는 아이돌 걸그룹과 그 멤버의 흥겨운 춤까지 떠올렸던 것이다.

딱 떨어지는 그림이고 영상이다. 1분 동안 단어를 쓰란 말을 들었을 때 순간 오빠와 함께 했던 데이트 장면이 그려졌던 것이다. 사랑하는 오빠를 만나 함께 커피를 마시고 케이크를 먹으며 아이돌 걸그룹의 음악을 들었던 사람에 대한 연상이기 때문이다. 이 낱말들만으로도 글쓴이의 심리 상태나 관심사가 무엇인지를 추측할 수 있다.

이렇듯 '주변 사물에 대한 관심 가지기'는 집중력 향상에 도움이 된다. 관심거리가 있을 때와 없을 때, 사고의 집중력에는 상당한 차이가 있다. 무엇엔가 관심을 가지면 그에 대해 전에는 생각하지도 못했던 많은 것들이 떠오르는 것을 경험한 적이 있을 것이다. 앞서 한 영역에 두세 개의 낱말밖에 연상하지 못할 만큼 생각이 산만한 것은 집중할 만한 관심거리를 가지지 못했음을 의미한다.

둘 중 어느 것이 글쓰기를 위한 준비 단계로서 바람직한 연상인가. 둘 다 글쓰기

준비 단계로 연상법을 사용했는데, 아무래도 앞의 것보다 뒤의 것이 훨씬 더 눈에 그려지듯 느껴지고 입체적이고 살아있는 것을 알 수 있다. 물론 앞의 것이 잘못되었다는 것은 아니다. 그러나 앞의 것은 어렴풋이 생활을 느낄 순 있지만 글쓴이의 '생각의 지도'가 드러나고 글을 읽는 상대방을 배려하는 단어들은 아니다. 그냥 떠오르는 것을 쓴 것에 불과하다.

이번에는 방법을 바꾸자. 앞에서 느닷없이 아무거나 단어를 써 보라니까 조금은 막막했을 것이다. 그러니까 지각할까 걱정하며 뛰어왔던 지방 출신의 자취생 남학생은 이렇게 단어를 나열할 수밖에 없었고, 엄마가 차려주는 아침밥을 잘 먹고 집을 나선 여학생은 오빠 생각밖에 없는 것이다. 뭐가 낫다고는 할 수 없다. 오빠는 자취생이고 게으르니까 형편없는 글이고 여학생의 것은 사랑이 듬뿍 담긴 글이니 좋은 글이라고 단정할 수는 없다. 그런데 이렇게 하면 어떨까. 이번에는 키워드를 주고, 한번 연상해 보자는 것이다.

가령, '꽃'이라는 키워드를 주고 연상되는 단어를 나열한 후 그를 바탕으로 짧은 글짓기를 해보라고 하자 두 가지 반응이 나타났다. 어떤 학생은 '장미, 해바라기, 국화, 벚꽃, 무궁화, 진달래, 개나리, 할미꽃' 등의 꽃 이름을 나열한 후 "식물원에 갔더니 꽃이 많네요. 장미, 해바라기, 국화, 벚꽃, 무궁화, 진달래, 개나리, 할미꽃 등이 예쁘게 피었군요."라고 했다.

그런데 똑같은 시간에 다른 학생에게 '꽃'이라는 낱말을 제시하고 관련 낱말을 떠올린 후 그를 바탕으로 짧은 글짓기를 하라고 했더니 그 학생은 '사랑, 장미, 생일, 향수, 키스'를 키워드로 해서 개요를 짠 후 다음과 같은 글을 썼다.

친구가 생일에 남자 친구에게 꽃을 받았다고 한다. 속으로 난 굉장히 부러웠다. 내가 스무 살이 되는 날 오빠가 나한테 장미꽃 스무 송이와 향수 그리고 키스(뽀뽀가 아니다!)를 선물해 준다면 난 너무 행복할 것이다. 오빠가 보고 싶다. 오빠는 지금 무엇을 생각하고 있을까?

이 글을 읽는 사람들 중 누군가는 또 휴대전화 문자를 꺼내 보고 있을 것이다. 그렇다면 이는 학생이 훨씬 입체적인 사고를 하거나 자신의 체험에서 우러나온 생생한 연상을 했다는 증거이다. 적어도 식물원에 갔으니까 무슨 꽃이 있고 무슨 꽃이 예쁘다는 식의 평면적 나열이나 억지스러운 글을 쓴 것은 아니다. 물론 뒷글이 꼭 낫다고는 할 수 없겠지만 그래도 그게 더 오래 남을 것이다. 이것이야말로 글쓰기 준비 단계로서의 연상 훈련의 본령을 잘 보여주는 예이며, 연상 작용의 위력을 잘 알 수 있게 하는 증거라 하겠다.

좋은 글감을 찾으려면 쓰고 싶은 주제에 따라 다르겠지만, 억지스러운 생각이 아니라 뭔가 문제의식이 있어야 한다. 자기 영혼의 상처를 드러내는 것도 문제의식의 하나이고, 그런 개인적, 실존적 차원의 문제 말고 사회적 차원의 비판적 지식인이 되자는 것도 일종의 문제의식이다. 문제의식을 가지고 세상을 보면 지금까지 별다른 문제가 없어 보였던 세상이 다시 보이고 곰곰이 따져 보고 싶은 글감이 자꾸 떠오르며, 그중 하나를 택해 논지를 세울 수 있다. 논의의 기초를 세우는 일, 이게 없으면 안 된다. 이때 가능하면 자기가 진정 쓰고 싶은 것을 써야 글쓰기가 술술 풀린다.

연습 문제 ❶

글쓰기의 기본은 대상에 대한 새로운 인식과 그것을 바탕으로 한 창의적인 사고이다. 창의성은 이미 겪었거나 알고 있던 것에서 새로운 의미를 발견하는 것이다. 가령 앞에서 예로 든 박지원의 '요절한 친구 정철조를 추모하는 글'에서 알 수 있듯이, 미리 정해진 관습과 글쓰기 형식에 매이지 않고 격식을 타파한 글 역시 창의적인 사고에 의해 이루어진 것이다. 아래에 제시된 낱말을 보고 떠오르는 생각을 자유롭게 개성적으로 표현해 보자.

휴대전화, 솔로, 아르바이트, 채팅, 학점, SNS, 밥솥, 대학로 다음은 '글쓰기와 창의적 사고' 강의를 들은 자취생이 전기밥솥을 물건 아닌 생명력 있는 유기체로 가상해서 편지 형식의 글로 쓴 것이다.

예문 5

나의 전기밥솥 '쿠'야, 안녕!!

자취생활을 하게 되면서 나에게 가장 필요한 것은 컴퓨터도 아니고 책상도 아닌 바로 전기밥솥 바로 '쿠' 너야.

인터넷 쇼핑몰에서 주문을 한 지 이틀 만에 택배 아저씨를 통해 너를 만나게 되었어. 그동안 식당에서 사먹은 밥이 얼마나 많은지, 진짜 널 만난 건 너무 행복한 일이었어!

우선 나는 뭐부터 해야 하는지 몰랐어. 왜냐하면 밥을 해 보는 건 나의 21년 인생에서 처음 있는 일이기 때문에. 그래서 평소에 전화도 자주 걸지 않는 내가 엄마에게 전화를 해서 어떻게 해야 하는지 물었어. 엄마는 우선 너를 목욕부터 시키라고 하셨어. 그래서 나는 진짜 정성을 다해서 수세미로 속을 깨끗이 씻고 쌀을 씻어 나의 왼쪽 손등 가운데까지 오도록 물을 채운 후 버튼을 눌렀어.

탁, 탁, 탁, 알 수 없는 소리가 내부에서 들려와서 혹시 네 몸 어디가 좋지 않은가 걱정이 되었어. 그래서 밥하는 도중 뚜껑을 열어봤거든. 결국 나의 첫 작품은 완전 망쳤지만, 20분 정도 지나니깐 '취사'에 들어가 있던 불이 '보온'으로 바뀌더라. 그 후론 너의 탁, 탁, 탁, 하는 소리도 들리지 않아서 이상 없다고 확신할 순 없었지만 일단 마음이 놓이더라.

모처럼 너와 나의 첫 작품이라서 혼자 먹기엔 그래서 친구를 집에 초대했어. 1년을 알고 지낸 친구에게 너의 뚜껑을 열어서 밥을 먹음직스럽게 떠서 그릇 가득 담아 주

있는데 아주 맛있게 먹더라. 밥은 식당에서 사 먹는 것보다 형편없었지만 처음 만든 작품이라 내 평생 가장 기억에 남는 맛이었어. 입 안에 들어온 밥알 하나하나가 개성을 가지고 분리되는 듯했고, 돈 주고 사 먹을 수 없는 그런 맛이 너무너무 좋았어.

혼자 밥을 먹어서 그런지 3일 만에 너와 두 번째 밥을 했지. 이번 작품 역시 친구랑 같이 먹었는데 반응이 아주 좋았어. 너랑 나랑 점점 서로를 알아가고 있다고 할까? 자취생활이 끝날 때까지 항상 너랑 아침을 시작하겠지.

소중한 나의 전기밥솥 '쿠'야, 고마워. (학생 글)

연습 문제 ❷

다음 유머를 읽고 상황을 머릿속에 떠올려 보자. 아날로그 세대인 아버지와 디지털 세대인 자식 간의 대화를 통해 세대차를 확인하고 격차를 극복할 바람직한 소통 방법에 대해 생각해 보자.

아들: 스마트폰을 새로 샀어요. 아무데서나 인터넷이 끊김 없이 잘 되고 1,600만 화소 카메라에 캠코더 기능에 mp3 음악도 들을 수 있고 VR 기기를 쓰면 가상현실 체험까지 할 수 있어요. 굉장하죠.
아버지: 그래, 굉장하구나. 내 휴대전화에 비하면 정말 대단한걸.
아들: 아버지 폰은 정말 구식이네요. 도대체 그걸로 뭘 할 수 있죠?
아버지: 전화를 할 수 있지.

연습 문제 ❸

소수자 인권 문제를 다룬 다음 칼럼을 읽고 작가가 고심해서 선택했으리라고 짐작되는 단어들을 단락별로 정리해 보자. 그중 신선하다고 생각하는 단어에 O표, 나 역시 같은 선택을 했을 것이라고 생각하는 단어에 △표, 나라면 사용하지 않았을 것이라고 생각하는 단어에 ×표시를 해 보자.

단락	단락별 주요 단어들
단락1	예〉 움찔하다 O
단락2	예〉 난민 △
단락3	예〉 짐승 ×

2인 1모둠으로 모여 서로의 단어 선택 기준과 평가 기준에 대해 의견을 나누어 보자.

예문 6

소수자의 인권을 보호하라

세계인권선언 제1조는 "모든 사람은 태어날 때부터 자유롭고, 존엄과 권리에 있어서 동등하다."라고 선언한다. 제2조는 "모든 사람은 인종, 피부색, 성, 언어, 종교, 정치적 또는 그 밖의 견해, 민족적 또는 사회적 출신, 재산, 출생 및 그 밖의 지위 등에 따른 어떤 종류의 차별 없이" 이 선언의 권리와 자유를 누릴 자격이 있음을 선언한다. 이 두 개의 조문은 이 선언의 근본 사상을 집약한다. 이 선언은 약자와 소수자도 "나도 똑같은 사람이다! 나를 사람으로 대우해라."라고 항변할 수 있음을 선언으로 밝히고 있다. 간명하지만 인간의 이성과 양심을 울리는 말 앞에서는 어떠한 강자도 다수자도 움찔하지 않을 수 없다.

우리 사회에는 외국인 노동자, 혼혈인, 난민, 성적 소수자, 양심적 병역 거부자, 한

센병 환자, HIV/AIDS 감염인, 장애인, 수인 등의 사회적 약자와 소수자가 있다. 그런데 다수자는 이러한 소수자 주위에 – 이청준의 소설 『우리들의 천국』의 표현을 빌리면 – "눈에는 보이지 않지만 보이는 것보다도 더 높고 비정스런 철조망의 울타리"를 세워놓았다. 그리고 이들에게는 단일민족의 혈통과 문화를 더럽히는 놈, 이단 종교에 빠져 병역을 기피하고 국기에 대한 경례도 거부하는 놈, 성도착에 빠져 질병을 퍼뜨리는 놈, 범죄를 일삼고 법과 질서를 파괴하는 놈 등등의 왜곡된 딱지가 붙고 차가운 시선이 던져진다. 나아가 감금, 처벌, 추방되기도 한다.

물론 사회적 강자나 다수자가 이러한 노골적 비난을 공공연하게 일삼지는 않는다. 배운 교육이 있으므로 공식적으로는 약자와 소수자의 인권 존중과 보호를 말한다. 그러나 자신들의 이익이 침해되거나 자신들에게 불편이 초래될 때 태도는 표변한다. 이 순간 소수자는 '우리'가 아니라 '저들'이 되며, 나아가 '가짜 인간(리차드 로티)' 또는 인두겁을 쓴 짐승으로 전락한다. 이때 인권은 강자와 다수자의 신념, 이익, 취향, 문화의 틀 내에서만 의미를 갖는 초라한 존재로 전락하며, 민주주의는 다수자의 전제(專制)로 변질한다. 이러한 맥락에서, 차별과 억압을 내포하는 "정상성에 대한 저항"이 필요하다. (조국, 『보노보 찬가』)

1. 3. 글쓰기의 윤리

최근 우리 사회는 표절의 문제를 포함한 윤리적 글쓰기에 대해 많은 관심을 기울이면서 다양한 논의를 진행하고 있다. 윤리적 글쓰기란 연구자의 정직성을 기본 원칙으로 정보를 전달함에 있어 정보의 정확성과 전달의 명확성에 기초한 글쓰기를 말한다. 여기서 벗어나는 글쓰기는 학습 윤리에 어긋날 가능성이 크다고 할 수 있다. 학습 윤리의 위반에 해당하는 행위에는 '표절, 변절, 위조, 중복 제출(자기 표절), 과제물 구매 및 양도, 협동 학습에서의 무임승차' 등을 들 수 있다. 이 가운데 학습 윤리 위반의 대표적인 유형 가운데 하나인 '표절'에 관해 살펴보기로 한다.

1. 3. 1. 표절(剽竊)[1]

표절은 다른 사람의 생각이나 방법 혹은 글로 표현된 말을 출처를 밝히지 않고 가져오는 행위를 말한다. 표절은 타인의 업적이나 지적 소유물을 부정직하게 자신의 것으로 만드는 학문적 절도 행위로 학습 윤리 위반 행위 중 가장 저지르기 쉽다.

'표절'이란 말에서도 볼 수 있듯이 '절(竊)'은 '훔치다, 도둑질하다'의 뜻을 가지고 있다. 일상생활에서 남의 물건이나 재화를 훔치는 것을 범죄 행위로 간주하듯이 학술 공동체 내에서는 남의 정신적 결과물을 훔치는 것이 비난 받아 마땅한 비윤리적 행위가 된다. 표절하는 사람이 대학생이라면 그는 원저자의 말이나 글을 훔쳐 자신의 것인 양 제시함으로써 담당 교수뿐 아니라 정직하게 과제를 수행하는 동료 학생들까지 속이는 것이다.

한편 의도성이 없을지라도 타인의 글을 부주의하게 활용하는 경우가 있을 수 있다. 누군가 특별한 의도가 없이, 무의식적으로 다른 이의 글 일부분을 변형, 수정하여 자신의 글인 것처럼 제출했을 수도 있으나 이런 경우도 표절이다. 실제로 최근의 몇몇 국내 대학들의 연구 윤리 강령에 따르면, 표절은 '타인의 생각, 연구 내용, 결과 등을 정당한 인용 없이 사용하는 행위'로 정의된다. 이 정의는 표절의 기준을 의

---

1. 영어에서 '표절'의 뜻인 'plagiarism'은 '아이들을 유괴하는 해적들' 혹은 '노예 도둑'을 뜻하는 라틴어 'plagiarius'에서 유래한 것으로 알려져 있다. 여기서도 표절은 '다른 사람의 (정신적) 아이를 훔치는 행위'로 이해한다(성균관대학교 학부대학, 『학습 윤리』 가이드북, 2012).

도성보다는 '인용 절차의 유무'로 정한다는 점에서 더욱 포괄적이라고 할 수 있다.

　처음에는 표절할 생각이 없었으나 점차 자신의 의견과 참고 자료 내용이 뒤섞여 출처 확인이 매우 혼란스럽게 되어 출처 확인 과정 자체를 잊는 경우도 있다. 학생들은 대체로 의도성이 개입된 경우만을 표절이라 생각하는 듯하다. 애초에 표절의 의도가 있었든 없었든, 결과적으로 남의 글 혹은 창작물을 '부적절하게', 즉 출처를 명확히 밝히지 않고 활용하는 것은 표절이다.

1. 3. 2. 표절의 사례

대부분의 사람들은 표절을 단순히 '글 베끼기'로 이해한다. 그러나 얼마나 많이, 얼마나 똑같이 베껴야 표절로 간주할 수 있는가? 이 물음에 대해 대답하기란 쉽지 않다. 따라서 무엇이 표절에 해당하는지를 먼저 이해할 필요가 있다. 이를 위해선 표절의 구체적인 유형들과 사례들을 살펴보는 것이 도움이 된다. 여기서 살펴보게 될 표절의 유형은 대학 교육 현장에서 주로 발생하는 사례들로, 크게 '전면적 표절'과 '부분적(짜깁기식) 표절'로 나눌 수 있다.

1) 전면적 표절

　전면적 표절은 타인의 글 전부 혹은 일부를 '그대로' 도용하여 자신의 글인 것처럼 꾸미는 경우다. 과제 기한이 임박했을 때, 인터넷에 떠도는 리포트를 다운받은 후에 제출자 이름만 바꿔치기하여 자신이 모두 쓴 것인 양 제출했을 경우 이는 전면적 표절의 대표적인 사례에 해당한다. 그런가 하면 다른 사람의 글의 일부를 어떠한 인용 없이 통째로 가져다 썼다면 이 역시 전면적 표절이라 할 수 있다. 전면적 표절은 지적 사기 행위로 학문 사회에서 없어져야 할 비윤리적 행동이다.

2) 부분적(짜깁기식) 표절

부분적 표절은 아무런 인용 표시 없이 다른 사람의 자료에서 말, 사실, 의견 등을 가지고 와 자신의 것과 섞어 놓은 후 자신이 쓴 것처럼 꾸미는 경우이다. 이런 '짜깁기식 표절'은 학생들 사이에서 광범위하게, 그리고 자주 나타난다. 게다가 어느 정도 본인의 생각이 포함되었다는 이유에서 일부 학생들은 이런 식의 표절을 하고 난 후에도 그에 대한 잘못을 알지 못하는 것 같다. 따라서 표절임을 알고도 저지르는 전면적 표절의 경우보다 표절인지 아닌지에 관해서조차 잘 알지 못한 채로 이루어지는 짜깁기식 표절이 더 문제가 된다. 다음은 그러한 짜깁기식 표절의 일반적인 네 가지 유형이다.

⑴ 원문의 문장이나 구절을 전부 혹은 일부 옮겨 오는 경우

첫 번째 유형은 상식적 정보가 아님에도, 어떠한 인용 부호나 표시 없이 원문의 몇몇 문장이나 구절을 전부 혹은 일부 차용하는 것이다. 이러한 유형의 표절은 학생들이 다른 이의 글을 요약하거나 재인용할 때 가장 흔하게 발생하는데, 다소 길이가 긴 특정 부분을 그대로 가져오거나 원문 속의 다수 표현들을 바꾸지 않고 적당히 나열하는 형태로 이루어진다. 자신의 창조적인 생각이 없다면 나만의 방식이 아닌, 원 저자의 방식으로 다시 쓰기 마련이다. 따라서 학생들은 아무리 자신의 관점 속에서 글을 재구성하려 했을지라도, 표현하고자 하는 내용이 원문과 거의 흡사해지기 때문에 '베끼기'라는 혐의에서 벗어날 수 없다.

⑵ 중요한 표현이나 핵심 개념을 표절하는 경우

원문 속의 문장이나 구절을 그대로 가져오지 않았다 할지라도 표절의 가능성은 여전히 남아 있다. 두 번째 유형은 출처를 밝히지 않고 원문에서 중요한 표현이나 개념을 가져오는 경우이다. 실제로 타인의 연구 결과 중 핵심 개념의 전부 또는 일부를 인용 표시 없이 본인의 연구 개념처럼 발표, 출간한 경우도 연구 표절로 연구 부정행위에 해당한다고 보고 있다. 여기서 주목해야 할 것은 '핵심 개념의 전부 또는 일부'라는 부분이다. 어떤 글의 경우, 그 글 속에서 독특하게 표현된 특정 개념이나 용어가 바로 글 전체의 완성도를 이끌어 내는 중요한 구실을 해주고 있기 때문에 바로 그 한두 가지 개념이나 용어를 빌려 오는 것만으로도 글 전체를 표절하는 것과 마찬가지다.

(3) 글의 구성이나 구조를 차용하는 경우

원문을 그대로 베낀다거나 중요 개념이나 용어를 출처 확인 없이 인용하는 것 이외에도 또 다른 짜깁기식 표절의 경우가 있다. 사용하는 단어나 표현들이 전혀 다르다 할지라도, 글의 독특한 구조나 형식을 출처의 언급 없이 빌려 쓴다면 이 역시 표절에 해당한다. 저자는 자신의 글에서 특정 문제나 주제에 접근하는 독특한 방식을 보여줄 수 있고, 그 방식만으로도 저작의 공로가 인정될 수 있다. 따라서 직접 표현된 언어, 의견, 사실뿐만 아니라 자신이 원용한 글의 구조나 틀에 대해서도 그 출처를 언급해야 한다.

(4) 표나 그림을 인용 없이 가져오는 경우

일반적으로 도표나 그림 역시 사실적 데이터를 제공하는 1차 자료에 속하는 것으로, 자신의 글 속에서 이해를 돕기 위해 다른 글에서 가져오는 경우라면 그 출처를 밝혀주어야 한다. 종종 학생들은 이러한 시각적 데이터에 주석 달기를 하지 않는 경우가 많은데 이는 다른 사람의 글을 무단으로 사용하는 것과 다름없다.

1. 3. 3. 윤리적 글쓰기 길잡이

글쓰기의 부정행위 가운데 대표적 유형(표

절, 변절, 위조, 중복 제출, 과제물 구매 및 양도, 협동 학습에서의 무임 승차 등)을 바탕으로 학습 윤리 지침을 요약해 보면 다음과 같다.

〈지침 1〉 인용하는 글을 본인의 글과 명확히 구분하고 이를 누구나 잘 알 수 있도록 형식에 맞게 인용을 분명하게 표시한다.

〈지침 2〉 자신의 글이 빚지고 있는 다른 사람의 공로에 고마움을 표시하고 그 아이디어의 출처를 분명하게 밝혀야 하며 다른 사람의 글을 요약할 때에도 그 출처를 분명하게 밝혀야 한다.

〈지침 3〉 다른 사람의 글이나 아이디어를 자신의 단어나 아이디어로 편집, 변형하여 마치 자신의 것으로 만들 경우 표절에 해당하며 이 경우 반드시 출처를 밝혀야 한다.

〈지침 4〉 한 교과목을 수강하면서 제출한 적이 있는 글을 다른 교과목에서 다시 제출할 경우 반드시 담당 교수와 상의해야 한다. 이를 어길 경우 자기 표절이다.

〈지침 5〉 하나의 글로 충분한 자료를 분할하여 복수의 글로 활용하거나 이전의 자료에 비슷한 성격의 자료를 추가하여 새로운 글을 만드는 것은 비윤리적이다.

〈지침 6〉 인용 문헌과 인용이 일치하는지를 상호 대조하여야 하며 인용하는 글에 대한 부분적인 인용 처리도 비윤리적이다.

〈지침 7〉 재인용을 직접 인용으로 표기하지 말아야 하며 읽지 않은 자료나 불완전한 이해에 바탕을 둔 자료는 인용하지 말아야 한다.

〈지침 8〉 위조와 변조는 가장 심각한 연구 윤리의 위반이다.

〈지침 9〉 다른 사람의 글만을 모아 놓거나 상당한 부분을 인용하고 이를 자신의 저작물로 독창성을 주장하는 것은 윤리의 위반일 뿐만 아니라 저작권의 침해에 해당한다.

〈지침 10〉 저자의 표기는 연구의 주체, 연구에 관여한 연구자들 역할의 중요성에 따라 명확하게 구분되어 이루어져야 한다.

학습 윤리에 미숙한 대학생이나 초보 연구자를 위해서는 더욱 상세하고 세분화된 지침이 필요하다. 다음에 제시된 〈과제물 제출 전 확인 사항〉은 자신이 학습 윤리를 준수하며 과제물을 작성하였는지 과제물 제출 전에 스스로 점검해 보기 위한 방법 가운데 하나이다. 과제물 제출 시 표지에다 적어 두어도 좋을 듯하다.

〈과제물 제출 전 확인 사항〉

1. 이 과제물은 내가/우리가 직접 연구하고 작성한 것이다. ☐
2. 인용한 모든 자료(서적, 논문, 인터넷 자료 등)의 인용 표기를 바르게 하였다. ☐
3. 인용한 자료의 표현이나 내용을 왜곡하지 않았다. ☐
4. 정확한 출처 제시 없이 다른 사람의 글이나 아이디어를 가져오지 않았다. ☐
5. 과제물 작성 중 도표나 데이터를 조작(위조 또는 변조)하지 않았다. ☐
6. 과제물을 다른 사람으로부터 받거나 구매하여 제출하지 않았다. ☐
7. 이 과제에 실질적으로 참여하지 않은 사람을 공동 제출자로 명기하지 않았다. ☐
8. 이 과제물과 동일한 내용을 다른 교과목의 과제물로 제출한 적이 없다. ☐

02

어문 규정과 바른 표기

2. 1. 한글 맞춤법 따라가기

한글 맞춤법은 우리의 문자 체계인 한글을 가지고 국어를 표기하는 규범을 가리키는 말이다. 우리말을 적는 통일된 방식이 없어 사람마다 표기하는 방식이 다르다면 우리의 문자 생활은 큰 혼란에 빠질 것이다. 따라서 한글 맞춤법은 불필요한 규제가 아니라 효율적인 문자 생활을 위해서는 없어서는 안 될 규범이라 할 수 있다. 한글 맞춤법을 비롯한 어문 규정의 전문은 국립국어원의 인터넷 홈페이지(http://www.korean.go.kr)를 참조하기 바란다.

2. 1. 1. 한글 맞춤법 원리의 이해

한글 맞춤법의 원리는 '한글 맞춤법'(문교부 공시 제88-1호, 1988)의 총론 가운데 제1항에 나타나 있다.

제1항 한글 맞춤법은 표준어를 소리대로 적되, 어법에 맞도록 함을 원칙으로 한다.

'한글 맞춤법'의 원리를 말한 부분으로 "표준어를 소리대로 적되, 어법에 맞도록 함을 원칙으로 한다."라는 규정이 그것이다. 이 규정은 음소 문자인 한글이 음절 문자로 사용되어 온 전통이 전제되어 있다. 다시 말하면 한글 맞춤법은 한글 자모를 어떻게 음절 문자로 모아 써야 하는지를 보여 주는 것이 그 핵심적인 원리다.

결론적으로 총론 제1항은 "소리대로 적는다."라는 첫 번째 원리와 "어법에 맞도록 적는다."라는 두 번째 원리가 적절하게 조화를 이룬 것이다. 첫 번째 원리는 표음주의적 표기를 말하는데, 한글이 음소 문자이므로 당연한 것이라 하겠다. 문제는 "어법에 맞도록 적는다."라는 두 번째 원리다. '한글 맞춤법'의 전체 내용으로 미루어 보면, 어법이란 국어에 나타나는 규칙적인 현상을 가리키는 말이다. 문제의 핵심은 "어법에 맞도록 적는다."라는 내용인데, 그것은 '한글 맞춤법' 내용을 종합해 보면 알 수가 있다.

"어법에 맞도록 적는다."의 첫째 내용은 체언과 조사, 용언의 어간과 어미를 구별하여 적는 것을 말한다. 즉 '밥을 먹으니'와 같이 분철을 규정한 것이다. 연음(連音)이 되기 때문에 첫 번째 원리대로라면 '바블 머그니'와 같이 연철해야 한다. 둘째 내용은 체언과 용언 어간의 기본형을 밝혀서 고정하여 적는 일이다. 소리대로 적으면 '감만, 놉고' 등으로 적어야 하지만, '값만, 높고' 등으로 적을 것을 규정한 것이다. 이때 주의할 것은 조사나 어미는 기본형을 밝히지 않고 이형태대로 적는 일이다. 대격조사 '을, 를, ㄹ'이나 어미 '-으니, -니' 등이 그대로 표기에 반영되는 사실이 그것이다. 체언과 용언 어간의 형태소에 한하여 기본형을 밝히고, 조사와 어미에 있어서는 밝히지 않는 차이는 분명히 알고 있어야 한다.

이상에서 맞춤법의 원리는 음절 단위로 국어를 소리 나는 대로 적는 표음주의적 표기를, 체언과 용언의 어간은 그 형태소의 기본형으로써 표기를 고정하는 표의주의적 표기를 사용하고 있음이 드러난다. 한글 맞춤법이 이렇듯 절충안을 제시하고 있는 것은 문자가 듣기 위한 것이 아니라 보기 위한 것이라는 사실을 단적으로 드러낸다.

2. 1. 2. 한글 맞춤법의 실제

한글 맞춤법은 본문 6장(총칙, 자모, 소리에 관한 것, 형태에 관한 것, 띄어쓰기, 그 밖의 것)과 부록(문장 부호)으로 이루어져 있다. 이 중에서 흔히 잘못 쓰기 쉬운 예들을 중심으로 한글 맞춤법을 설명하도록 한다. 여기에 제시된 예들을 읽는 동안 한글 맞춤법의 원리를 자연스럽게 익힐 수 있을 것이다.

> 보기 1　① 게 **섰**거라(←서 **있**거라).
>
> 　　　　② **옜**다(←여기 **있**다).
>
> 　　　　③ **밭**다리, **밭**사돈(←바**깥**)
>
> 　　　　④ 오늘은 **왠**지(←**왜**인지) 기분이 좋아.

한번 정해진 표기는 일관되게 유지하는 것이 한글 맞춤법의 원칙이다. 예를 들어 본딧말에서 말이 줄어들어 준말이 되는 경우에도 표기하는 방법은 변하지 않는다. '게 섰거라'를 '*게 섯거라'로 적지 않는 것은 '섰거라'가 '서 있거라'에서 온 말이기 때문이다. '있−'의 받침을 그대로 유지한다. '옜다'의 경우도 마찬가지다. '여기 있다'의 받침 'ㅆ'으로 적는다. '밭다리, 밭사돈'의 '밭'은 '바깥'에서 온 말이므로 받침을 'ㅌ'으로 적는다. '왠지'와 '*웬지'를 구별하는 것도 본딧말의 표기와 관련이 있다. '왜인지'에서 줄어든 말이므로 '왠지'로 일관되게 적는다. '웬 낯선 사람이 찾아 왔던

데?'와 같은 경우는 '왜'와 관계가 없는 말이다.

이러한 원리에 따라 '반듯이'와 '반드시'를 구별할 수 있다. 예를 들어 '금을 반듯하게 긋다'의 뜻으로 '반드시'를 쓰지 않고 '반듯이'를 쓰는 것은 '반듯하다'와 관련이 있는 말이기 때문이다. 둘 다 '반듯-'에서 나온 말이다.

보기 2　① 금을 **반듯이**(←반듯하게) 그어라.
　　　　② 오늘 **반드시**(↔반듯하게) 끝내라.

'반드시'는 '반듯하다'와는 아무런 관련이 없는 말이다. 이러한 점은 아래의 '지긋이, 지그시'에서도 볼 수 있다.

보기 3　① 나이가 **지긋이**(←지긋하게) 든 반백의 신사.
　　　　② 눈을 **지그시**(↔지긋하게) 감았다.

'일찍이, 더욱이'를 '*일찌기, *더우기'로 적지 않는 것도 '일찍, 더욱'과의 관련성을 보여 주기 위해서이다.

보기 4　① **일찍이**(*일찌기) 문명을 꽃피운 우리나라.
　　　　② 비도 내리고 **더욱이**(*더우기) 바람도 세다.

그렇지만 표기의 일관성을 지키면 소리가 달라지는 경우에는 소리대로 적어야 한다. 예를 들어 '거칠다, 거칠고, 거칠어'에서는 '거칠-'로 일관되게 적을 수 있지만 '-은'이 연결될 경우에는 '거친'이 되므로 '*거칠은'으로 적을 수 없다.

보기 5 ① 하늘을 **나는**(*날으는) 비행기

② 멀리 **날아가는**(*날라가는) 비행기

③ **거친**(*거칠은) 벌판에 푸른 솔잎처럼

④ 놀이터에서 **노는**(*놀으는) 아이들

'오늘이 몇 년 몇 월 며칠이지?'라고 할 때의 '며칠' 또한 '몇 년, 몇 월'과의 일관성을 고려하면 '*몇 일'로 적을 것으로 예상할 수 있다. 그렇지만 '몇 월'이 [며뒬]로 소리 나는 것과 달리 '*몇 일'은 [며칠]로 소리 나기 때문에 '*몇 일'로 적을 수 없다. 따라서 '며칠'로 적는다.

보기 6 오늘이 몇 년 몇 월 **며칠**(*몇 일)이지?

이와는 달리 소리가 달라지더라도 표기의 일관성을 지키는 경우도 있다. 아래는 새로운 말이 만들어지면서 소리가 달라졌지만 원래의 모양대로 적은 경우이다.

보기 7 ① 눈에 **눈곱**(*눈꼽)이 끼었어.

② **눈살**(*눈쌀)을 찌푸린다.

'눈곱'은 [눈꼽]으로 소리 나고 '눈살'은 [눈쌀]로 소리 나지만 '곱'과 '살'이 자립적으로 쓰이기 때문에 '*눈꼽', '*눈쌀'로 적을 경우 두 말 간의 관련성을 보여 주기 어렵게 된다. 따라서 '눈곱', '눈살'로 일관되게 적는다.

잘못된 말을 쓰기 때문에 한글로도 잘못 적는 경우가 적지 않다. 예를 들어 '이 나무로는 탁자를 ㅁㅁ이 좋겠다.'의 ㅁㅁ에 알맞은 말을 '만듬'으로 잘못 알고 있는 경우에는 [만드미]라고 잘못 읽어서 적을 때도 '만듬이'로 잘못 적는 일이 많다. [만들미]로 올바르게 읽는 경우에는 대부분 '만듦이'로 적는다.

보기 8 　① 이 나무로는 의자를 **만듦이**(*만듬이) 좋겠다.
　　　　② 서울에서 3년간 **삶**(*살음).

　국어에서 명사형을 만들 때 '-ㅁ/음'이 연결되는데 받침이 'ㄹ'인 말일 때는 '살-+-ㅁ→삶'처럼 'ㄻ'이 된다. 명사형은 동사나 형용사를 명사처럼 만들어 주는 역할을 하는 말이다. 흔히 '있다, 없다'의 '있-, 없-'을 명사형으로 만들 때 잘못 적는 일이 적지 않다.

보기 9 　① 철수는 서울에 **있음**(*있슴).
　　　　② 오늘은 보리밥을 **먹음**(*먹슴).

　'있음'을 '*있슴'으로, '없음'을 '*없슴'으로 잘못 쓰는 일이 많은데 '있-+-음', '없-+-음'이므로 '있음'과 '없음'이 옳다. 이러한 혼란은 '있음'과 '*있슴'이 소리가 같기 때문에 나타난 것이므로 '먹-'의 경우에 '먹음'이 맞고 '*먹슴'이 되지 않는 것을 생각하면 혼동에서 벗어날 수 있다. '*있읍니다'와 '있습니다'를 혼동하는 경우에도 '먹습니다'를 '*먹읍니다'라고 하지 않는다는 것을 생각하면 '있습니다'가 맞는 말임을 알 수 있다.

　국어의 동사나 형용사에 여러 가지 어미가 연결되는 것을 '활용'이라고 한다. 그런데 어미가 연결될 때에는 동사나 형용사의 어간의 모음에 따라 아래와 같이 일정한 규칙이 존재한다.

보기 10   ① **막**—아, **볶**—아, **얕**—아

② **먹**—어, **죽**—어, **뱉**—어

위에서 알 수 있듯이 '막-, 볶-, 얕-'처럼 '아, 오, 야가 들어 있는 말 뒤에는 '-아'가 연결되어 '막아, 볶아, 얕아'가 되고 '먹-'처럼 그 외의 모음이 들어 있을 경우에는 '-어'가 연결된다. 따라서 '철수는 잠깐 남어라.'의 '*남어라'는 '남아라'로 고쳐야 옳고 '침을 뱉았다.'의 '*뱉았다'는 '뱉었다'로 고쳐야 옳다.

또한 특정한 어미가 연결될 때 전체의 모습이 바뀌는 경우도 있는데 이때도 일정한 규칙이 존재한다.

보기 11   ① 잠그—다, **잠**—**가**, 잠그—니 / 담그—다, **담**—**가**, 담그—니

② 머무르—다, **머물러** / 들르—다, **들러**

'잠그-'는 '-어'가 연결되면 '잠가'로 모양이 바뀐다. '담그-'도 마찬가지다. '물을 잠궈라.'의 '*잠궈라'는 '잠가라'로 고쳐야 옳고 '바닷물에 손을 담궜다.'의 '*담궜다'는 '담갔다'로 고쳐야 옳다. '머무르-'는 '-어'가 연결되면 '머물러'가 되고 '들르-'는 '들러'가 된다.

한편, '사귀어'와 '바뀌어'와 같이 'ㅟ+어'가 되는 경우에는 모양이 변하지 않는다. 흔히 '*사겨, *바껴'로 쓰는 것은 잘못이다. '*사겨'는 '사기어'가 준 말이고 '*바껴'는 '바끼어'가 준 말로 '사귀어, 바뀌어'와 관계가 없다.

보기 12   ① 너희 둘이 **사귀어**(*사겨) 보면 어떨까?

② 내 것과 네 것이 **바뀌었어**(*바꼈어).

또한 '되-'에 '어'로 시작하는 어미가 연결되어 줄어들면 '돼'가 된다. '되-+-었다
→됐다', '되-+-어서→돼서'가 그러한 경우다. '되라'와 '돼라'는 둘 다 가능하다. '되
라'는 '되-'에 간접적, 문어적 명령을 나타내는 '-으라'가 연결된 말이고 '돼라'는 직
접적, 구어적 명령을 나타내는 '-어라'가 연결된 말이다.

보기 13   ① 철수는 고등학생이 **됐다**(←되었다).

② 자식이 **돼서**(←되어서) 그게 할 소리냐?

③ 저도 내년이면 고등학생이 **돼요**(←되어요).

④ 선생님은 저에게 멋진 대학생이 **되라고** 하셨다.

실제 국어 생활에서 혼동이 되는 말 중에는 소리가 같아져서 구분하기가 쉽지 않
은 예들이 있다. 이러한 말들을 구분하기 위해서는 문법적인 특성을 이해해야 한
다. 아래의 예는 국어에서 '요'와 '-오'가 나타나는 경우이다.

보기 14   ① 무엇을 할까**요**.

② 말씀 낮추십시**오**(*요).

국어에서 '요'는 말이 끝난 다음에 덧붙어서 높임의 뜻을 나타낸다. '무엇을 할까'
에 '요'가 덧붙으면 '할까요'가 된다. 그런 까닭에 '할까요'에서 '요'가 빠져서 '할까'가
되더라도 문장이 성립하는 데는 이상이 없다. 그렇지만 '-오'는 빠질 경우, '*말씀
낮추십시-'에서 알 수 있듯이 문장이 성립하지 않는다는 점에서 '요'와는 다르다.
'이리 오시오, 무엇 하오'에서도 '오'를 빼면 문장이 성립하지 않는다.

‘요’의 이러한 특성은 ‘예’에 상대되는 말이 ‘아니오’인지 ‘아니요’인지를 결정하는 근거가 된다. ‘예’의 낮춤말 ‘응’에 상대되는 짝은 ‘아니’이다. 여기에 높임의 뜻을 나타내는 ‘요’가 붙어서 ‘아니요’가 되었다고 설명하면 ‘응, 아니’와 ‘예, 아니요’가 등급의 차이를 두고 서로 짝을 맞춰 존재하는 현상을 적절하게 보여 줄 수 있다.

보기 15　① 다음 물음에 예, **아니요**(*아니오)로 답하시오.

　　　　　② **아니요**(*아니오), 영수가 온다고 했어요.

　　　　　③ 나는 의사가 **아니오**.

‘아니오’는 ‘나는 의사가 아니오, 그것은 당신 책임이 아니오.’와 같이 ‘아니–’에 ‘–오’가 붙은 서술어이다.

한편 아래의 ‘–요’는 서술격 조사 ‘이–’ 다음에 나타나서 문장끼리 서로 연결해 주는 역할을 하는데 이 말은 역사적으로 ‘이고 〉 이오 〉 이요’의 과정을 겪어서 생긴 말로 위에서 다룬 ‘요’와는 관련이 없는 말이다.

보기 16　이것은 책**이요**, 저것은 연필이다.

한글 맞춤법에서는 소리와 관련되는 현상을 규정하고 있는데 대표적인 것으로 두음 법칙을 들 수 있다. 두음 법칙은 아래에서 볼 수 있듯이 단어의 첫머리에서 ‘ㄴ, ㄹ’ 소리를 꺼리는 현상을 말한다. 자립적인 명사뿐 아니라 합성어와 고유 명사에서도 두음 법칙이 나타난다. 다만 의존 명사일 때는 두음 법칙을 적용하지 않는다. ‘몇 년, 몇 리’의 ‘년’과 ‘리’가 그러한 경우이다.

	녀, 뇨, 뉴, 니	랴, 려, 례, 료, 류, 리	라, 래, 로, 뢰, 루, 르
어두 / 비어두	여자 / 남녀	양심 / 개량	낙원 / 극락
의존명사	몇 년, 2002년	몇 리, 그럴 리가	
합성어 / 파생어	신-여성 / 남존-여비	역-이용 / 해외-여행	중-노동 / 사상-누각
고유 명사	한국여자대학	신흥이발관	

또한 두음 법칙은 원칙적으로 한자어에만 적용된다. 예를 들어 '리을', '녀석' 같은 고유어에는 두음 법칙이 적용되지 않는다. 의존 명사일 때는 두음 법칙이 적용되지 않으므로 같은 말이라도 자립 명사로 쓰일 경우와 의존 명사로 쓰일 경우에 표기가 달라진다. 예를 들어 '年度'는 자립적으로 쓰일 때는 '연도'가 되고 의존적으로 쓰일 때는 '년도'가 된다. '신년도, 고랭지'는 '신년―도, 고랭―지'로 분석되는 구조이므로 두음 법칙이 적용되지 않는다.

보기 18 ① **연도**별 생산 실적, 회계 **연도** / 회계**연도**

② 2000 **년도** / 2000년도, 2000 **년대** / 2000년대

③ **신년**-도, **구년**-도, **고랭**-지

'란/난, 량/양'의 경우에 한자어 다음에는 두음 법칙이 적용되지 않으므로 '란, 량'이 되고 고유어나 외래어 다음에는 두음 법칙이 적용되어 '난, 양'이 된다.

보기 19 ① 가정**란**, 투고**란**, 독자**란**, 학습**란**, 답**란**

② 어린이**난**, 어머니**난**, 가십**난**(gossip欄)

보기 20 ① 노동**량**, 작업**량**

② 일**양**, 알칼리**양**(alkali量)

한편 '율/률'의 경우에는 모음이나 'ㄴ' 받침 뒤에서는 '율'이 되고 그 외의 받침 뒤에서는 '률'이 된다.

보기 21 ① 비**율**(比率), 실패**율**(失敗率)

② 선**율**(旋律), 전**율**(戰慄), 백분**율**(百分率)

③ 법**률**(法律), 능**률**(能率), 출석**률**(出席率)

사이시옷 규정 또한 소리와 관계가 있다. 사이시옷은 발음에 따라 적도록 되어 있는데 실제로는 올바른 발음을 모르는 일이 많아서 적용하기 어려운 경우가 많다.

보기 22 ① 시냇가, 찻잔, 나뭇잎, 툇마루

② 기댓값, 대푯값, 만둣국, 등굣길, 성묫길, 장밋빛, 맥줏집

③ 곳간(庫間), 셋방(貰房), 숫자(數字), 찻간(車間), 툇간(退間), 횟수(回數)

④ 초점(焦點), 개수(個數), 기차간(汽車間), 전세방(傳貰房)

⑤ **머리말** / *머릿말, **인사말** / *인삿말

⑥ 핑크빛, 피자집

사이시옷이 쓰이기 위해서는 두 가지 조건을 충족해야 한다. 첫째, 뒷말의 첫소리가 된소리로 나거나 뒷말의 첫소리 'ㄴ, ㅁ'이나 모음 앞에 'ㄴ' 소리가 덧나는 합성어이어야 한다. 둘째, 첫 번째 조건을 충족하는 합성어 중에서 '한자어+한자어'나 '외래어+고유어'가 아니어야 한다.

'시냇가[—까], 찻잔[—짠], 나뭇잎[—문닙], 툇마루[퇸마루]' 등은 두 가지 조건을 충족하므로 사이시옷을 적는다. 그렇지만 '내과(內科), 화병(火病)' 등은 첫 번째 조건은 충족하지만 두 번째 조건을 충족하지 못하므로 사이시옷을 적지 않는다. '기댓값, 만둣국, 장밋빛' 등은 두 가지 조건을 충족하므로 사이시옷이 들어가야 한다.

'한자어+한자어' 구성이더라도 '곳간(庫間), 셋방(貰房), 숫자(數字), 찻간(車間), 툇간(退間), 횟수(回數)'는 예외적으로 '사이시옷'을 적는다. '초점(焦點), 개수(個數), 기차간(汽車間)', '전세방(傳貰房)'은 사이시옷을 적지 않으므로 주의해야 한다.

⑤에서 '머리말'로 써야 하는 이유는 [머린말]로 소리 나지 않고 [머리말]로 소리 나기 때문이다. '인사말'도 마찬가지다. '한자어+한자어' 구성일 때와 마찬가지로 '핑크빛, 피자집'처럼 외래어가 들어간 구성일 때도 사이시옷이 들어가지 않는다.

어원에 따라서 표기를 정하는 일도 있다. 예를 들어 '넓—[廣]'과 관련 있는 말은 의미적인 관련이 있으면 '넓–'으로, 관련이 적으면 '넙–'으로 적는다.

보기 23 ① 강아지가 고기를 **넙죽** 받아먹는다.

② 하인이 **넙죽** 절을 한다.

③ 무를 **넓적하게** 썰어서 깍두기를 담갔다.

④ **넓적**다리, **널**따랗다

위의 '넙죽'은 '넓—'과는 의미적으로 관련성이 멀어졌으므로 '넓'으로 적지 않고 '넙'으로 적는다. '넓적하다'는 의미적인 관련성이 있으므로 '넓'으로 적는다.

'붙이다'와 '부치다'도 '붙–'의 의미가 살아 있으면 '붙이다'로 적고 그렇지 않을 경우에는 '부치다'로 적어서 구분한다. 아래 고딕체로 쓴 '올려붙이다, 걷어붙이다, 밀어붙이다'와 '숙식을 부치다'는 유의해야 한다.

보기 24 ① 반창고를 붙이다, 주석을 붙이다, 조건을 붙이다.

② 따귀를 **올려붙이다**, 소매를 **걷어붙이다**, 계획대로 **밀어붙이다**.

보기 25 ① 편지를 부치다, 극비에 부치다, 한글날에 부치다.

② 삼촌 집에 숙식을 **부치다**, 논밭을 부치다.

'오이소박이'는 '오이에 소를 박은 음식'을 말한다. '박다'의 의미가 살아 있으면 '박이'가 되고 그렇지 않은 경우에는 '배기'가 된다. '차돌박이'는 '흰 차돌이 박혀 있는 듯한 고기의 부위'를 말한다.

보기 26 ① **오이소박이** / *오이소백이, **차돌박이** / *차돌백이 / *차돌배기

② 붙박이, 덧니박이, 판박이

보기 27 ① *한 살박이 / **한 살배기**

② 알배기, 공짜배기, 진짜배기

'한 살배기'처럼 '-배기'가 쓰이는 말들은 '박다'와는 의미적으로 관련이 없는 말들이다.

흔히 두 문장을 연결할 때 쓰는 '*그리고 나서'는 '그러고 나서'를 잘못 쓴 말이다. '*그리고 나서'와 '그러고 나서'는 문법적인 기준에 따라 구별되는 말이다. '*그리고 나서'는 '그리-+-고 나서'로 분석되는데 '-고 나서' 앞에는 '먹고 나서, 쉬고 나서, 일하고 나서'처럼 용언만이 올 수 있다. 따라서 '그리-'는 용언이어야 한다. 하지만

의미가 맞는 '그리-'를 찾을 수 없으며 *이리고 나서, *저리고 나서'가 불가능하므로 '이, 그, 저'의 계열 관계를 이루지도 않는다. 따라서 '*그리고 나서'는 '그러고 나서'를 잘못 쓴 것임을 알 수 있다. '그러고 나서'는 '이러고 나서, 저러고 나서'와 같이 계열 관계를 이룬다.

보기 28 ① 밥을 먹었다. **그러고 나서**(*그리고 나서) 물을 마셨다.

② 밥을 먹었다. 그리고 물을 마셨다.

③ 밥을 먹었다. **그러고는**(*그리고는) 물을 마셨다.

'*그리고는' 또한 '*그러나는, *그래서는' 등이 불가능한 데서 알 수 있듯이 '그러고는'을 잘못 쓴 말이다.

아래의 '-대'와 '-데'도 문법적인 기준에 따라 서로 구별해서 써야 하는 말이다. '-대'는 직접 경험한 사실이 아니라 남이 말한 내용을 간접적으로 전달할 때 쓰인다.

보기 29 ① 영희가 그러는데 철수가 결혼한**대**.

② 철수도 오겠**대**?

또한 '-대'는 아래와 같이 놀라거나 못마땅하다는 뜻으로 쓰이기도 한다.

보기 30 ① 왜 이렇게 일이 많**대**?

② 남자 친구가 어쩜 이렇게 잘 생겼**대**?

'-데'는 말하는 사람이 과거에 직접 경험한 사실을 나중에 회상하여 말할 때 쓰이는 말로 '-더라'와 같은 의미를 전달한다.

보기 31 ① 두 살배기가 아주 말을 잘하**데**.

② 철수는 아들만 둘이**데**.

뜻의 구별이 분명하지 못한데도 다르게 적던 표기는 하나로 통일하였다. '맞추다'(입을 맞춘다, 양복을 맞춘다.)와 '뻗치다'(다리를 뻗친다, 멀리 뻗친다.)가 여기에 해당한다. 또한 형태가 비슷한 다음의 단어들은 주의해서 사용하여야 한다.

보기 32 ① 걷잡다(걷잡을 수 없게 악화한다.) / 겉잡다(겉잡아서 50만 명 정도는 되겠다.)

② 다치다(발을 다쳤다.) / 닫히다(문이 닫힌다.) / 닫치다(문을 닫치다.)

③ 늘이다(바지 길이를 늘인다.) / 늘리다(수효를 늘린다.)

④ 이따가(이따가 만나세.) / 있다가(며칠 더 있다가 가마.)

보기 33 ① -노라고(쓰노라고 쓴 게 이 모양이다.) / -느라고(자느라고 못 갔다.)

② -(으)로서(자격, 사람으로서 그럴 수는 없다.) / -(으)로써(수단, 닭으로써 꿩을 대신했다.)

③ -(으)므로(비가 오므로 외출하지 않았다.) / -(으)ㅁ으로(써) (책을 읽음으로(써) 시름을 잊는다.)

2. 2. 띄어쓰기

　띄어쓰기를 정확하게 하면서 글을 쓰는 사람을 보면 글의 내용을 떠나 뭔가 능력 있는 사람일 것이라는 생각이 든다. 반대로 글은 재미있게 썼지만 띄어쓰기가 제대로 되지 않아 어수선한 글을 보면, 글재주는 있지만 그 사람에게는 무언가 부족한 부분이 있을 것 같은 인상을 받는다. 띄어쓰기를 익숙하게 하는 정도에 따라 그 사람의 국어 능력을 헤아릴 수 있음을 명심하자.

2. 2. 1. 띄어 쓸까, 붙여 쓸까?

띄어쓰기는 글쓰기를 할 때 어려움을 많이 겪는 부분으로 많은 이들은 어쩌면 띄어쓰기를 난공불락의 요새처럼 느낄 수도 있다. 띄어쓰기는 전문가라 할지라도 완벽하게 해결할 수 없는 어려운 문제다. 이는 예외적인 경우가 많아서 예측하기가 힘들기 때문이다. 따라서 띄어쓰기가 좀 틀리더라도 너무 기죽지 말고 틀린 경험을 토대로 하나하나 익히길 바란다.

　띄어쓰기를 잘하는 유일한 방법은 믿을 만한 국어사전을 활용하는 것이다. 국어사전 찾기가 불편하다면 컴퓨터의 한글 문서 편집기에 들어 있는 문서 교정 기능을 이용하기를 권하고 싶다. 컴퓨터를 이용하여 글쓰기를 하는 경우 편리하게 이용할 수 있다. 여기서는 띄어쓰기의 원리와 그 용례를 통해서 띄어쓰기 문제를 해결하는 방법을 제시하고자 한다.

2. 2. 2. 띄어쓰기의 원리

"문장의 각 단어는 띄어 씀을 원칙으로 한다(총론 제2항)." 한글 띄어쓰기의 원리는 한글 맞춤법 총론에 그대로 나타나 있다. 이 규정은 문자 사용의 효율성과 경제성을 위한 조항이다. 한 개의 단어는 한 개의 독립된 개념을 가지고 있으므로, 단어를 한 덩어리로 써 놓아야 그 개념을 쉽게 파악할 수 있고, 글을 읽는 데 있어서도 능률적이라 할 수 있다. 그러나 조사는 한 단어이면서도 독립된 개념을 가지고 있지 못하고 다만 문법상의 직능, 즉 구성적의 관계를 맺는 기능만을 보여주는 것이므로 따로 띄어 쓰지 말고 그 위에 오는 말, 즉 실질적 개념을 가진 단어에 붙여 써야 한다.

"단어는 띄어 쓴다."는 규정으로 본다면 조사를 붙여 쓰는 것은 예외적인 것이라 설명할 수가 있으나, 띄어쓰기의 근본 취지가 문자 사용의 효율성과 경제성에 있는 만큼 오히려 그 취지에는 부합되는 것이라고 할 수 있다. 더욱이 본 조항도 끝에 "원칙으로 한다."는 표현을 사용하여 단어도 경우에 따라서는 붙여 쓸 수 있다고 한 것이다. 실제로 개념을 나타내는 단어라 할지라도 지나치게 띄어 씀으로써 오히려 이해에 지장을 주는 경우는 붙여 쓰는 것이 바람직하다.

2. 2. 3. 붙여 써야 하는 경우

한 단어인 줄 모르고 띄어 썼다가 무식이 탄로나기도 하고, 어미를 띄어 써서 무식이 드러나기도 한다. 하나의 단어인지 아닌지를 판단하는 일은 조금 어려울 수 있다. 그래서 평소에 국어 공부를 제대로 해 두어야 '재미있다, 힘들다, 형편없다, 어처구니없다'의 띄어쓰기를 틀리지 않고 쓸 수 있다. 먼저 기본적으로 알아야 할 띄어쓰기 규정을 익혀 놓는 것이 필요할 터이니 그것부터 살펴보기로 한다.

다음의 세 경우는 띄어 쓰면 규정에 어긋난 표기가 되므로 반드시 붙여 써야 하는 경우이다.

- 조사는 그 앞말에 붙여 쓴다.
- 수를 적을 때 '천(千)' 단위 이하는 붙여 쓴다('만(萬)' 단위로 띄어 쓴다).
- 성과 이름, 성과 호는 붙여 쓴다.

1) 조사는 그 앞말에 붙여 쓴다

조사는 자립성이 없어서 다른 말에 의존해서만 사용할 수 있다. 또한 자립적인 명사와 달리 조사는 구체적인 의미를 나타내기보다는 그것과 결합한 체언의 문법적 기능을 표시한다. 이러한 점에서 조사는 띄어 쓰지 않는다.

조사의 띄어쓰기에서 흔히 나타나는 잘못은 여러 개의 조사가 겹칠 경우 띄어 쓰려고 하는 것이다. 조사는 부사 뒤에도 오고, 동사나 형용사의 어미 뒤에도 오는데, 이 경우도 붙여 쓴다. 심지어 다른 조사 뒤에 조사가 오기도 한다. 이 경우에도 물론 앞의 조사에 붙여 써야 한다.

보기 1 ① 한 음절로 된 조사: 가, 이, 을, 를, 는, 은, 만, 도, 과, 와, 랑, 로, 에, 께, 뿐 등

② 두 음절 이상으로 된 조사: 까지, 부터, 만큼, 조차, 처럼, 마저, 밖에, 대로, 하고, 한테, 에게, 으로, 께서, 로서, 이랑, 이나, 이다, (은/는)커녕, (은/는)새로에 등

③ 둘 이상의 조사가 겹치는 경우: 집**에서처럼**, 학교**에서만이라도**, 여기서**부터입니다**, 너**마저도**

④ 어미 뒤에 붙는 경우: 나가면서**까지도**, 들어가기**는커녕**, 갈게**요**, "알았다." **라고**

아래의 고딕체 말들은 조사라는 사실을 잘 모르고 앞말과 띄어 쓰는 일이 많다.

보기 2 ① 너**같이** 바보 같은 놈은 처음 봤다.

② 역시 친구**밖에** 없어.

③ 사과하기**는커녕** 오히려 화를 내던데?

④ "알았구나."**라고** 말씀을 하셨어.

⑤ 너**뿐만** 아니라 다른 사람도 그래.

'너같이'의 '같이'는 조사이므로 앞말에 붙여 쓴다. 단 '너와 같이'처럼 조사가 앞에 오는 경우는 조사가 아니므로 띄어 쓴다. '너 같은'의 '같은' 또한 조사가 아니다. '밖에'는 조사인 경우와 '명사＋조사'인 경우로 나누어진다. 조사로 쓰일 때는 서술어로 부정을 나타내는 말이 오면서 그 의미가 조사 '만'의 의미를 갖는 특징이 있다.

보기 3 ① 가진 것이 천 원**밖에** 없어.

② 이런 일은 너**밖에** 못 할걸.

이러한 기준을 적용하면 '이 **밖에**도 다른 사례가 많이 있다.'의 '밖에'는 '명사＋조사'임을 알 수 있다.

'사과는커녕'은 '사과는∨커녕'으로 띄어 쓰는 일이 많지만 '는커녕'이 조사의 결합이므로 붙여 쓴다. '"알았구나."라고'의 '**라고**'는 인용을 나타내는 조사이다. 그러므로 앞말과 띄어 쓰지 않는다. '라고'와 비슷한 '하고'는 조사가 아닌 용언의 활용형이므로 앞말과 띄어 쓴다.

보기 4 ① 아버지께서는 "알았어."**라고** 말씀하셨다.

② 아버지께서는 "알았어."∨**하고** 말씀하셨다.

'너뿐만 아니라'는 '너뿐만아니라'로 모두 붙여 쓰거나 '너∨뿐만∨아니라'로 잘못 띄어 쓰는 일이 많다. '뿐'과 '만'이 모두 조사이므로 '너뿐만∨아니라'가 옳다. '뿐'은 명사 뒤에서는 조사이고 관형형 어미 뒤에서는 의존 명사로 쓰인다.

보기 5 ① 회의에 온 사람은 철수**뿐**이다(조사).

② 그가 때렸을∨**뿐**만 아니라(의존 명사)

2) 수를 적을 때 '천(千)' 단위 이하는 붙여 쓴다('만(萬)' 단위로 띄어 쓴다)

수를 적을 때에 '만(萬)' 단위로 띄어 쓴다는 말은 '천(千)' 단위 이하는 붙여 쓴다는 뜻이다.

보기 6 ① 453,787,987,536

② 4537억 8798만 7536

③ 사천오백삼십칠억∨팔천칠백구십팔만∨칠천오백삼십육

그렇다면 '스물여섯'의 띄어쓰기는 어떻게 해야 할까? 결론부터 미리 말하면 '스물여섯'으로 붙여 쓴다. 그런데 국어사전에는 '스물여섯'이 올라 있지 않다. 이는 '스물여섯'이 합성어가 아니며 '스물∨여섯'으로 띄어 쓴다는 말이다. 그렇다면 왜 '스물여섯'으로 붙여 쓸까? '스물여섯'으로 붙여 쓰는 근거는 앞에서 언급한 '만(萬)' 단위로 띄어 쓴다는 규정 때문이다.

이 규정은 '사천오백삼십칠억∨팔천칠백구십팔만∨칠천오백삼십육'과 같은 띄어쓰기에 적용되지만 '스물여섯'에도 적용된다. '만' 단위로 띄어 쓴다는 것은 '만'보다 작은 수일 경우에는 언제나 붙여 쓴다는 뜻이기 때문이다.

'스물여섯'이 단위를 나타내는 의존명사 '살'과 결합할 때는 '스물여섯∨살'로 띄어 쓴다. 그런데 아라비아 숫자를 쓰는 경우에는 띄어쓰기가 조금 다르다.

보기 7　① 스물여섯∨살

　　　　② 26∨살(원칙) / 26살(허용)

즉 한글로 적는 경우에는 '스물여섯∨살'만 가능하지만 아라비아 숫자로 적는 경우에는 '26살'로 붙여 쓰는 것도 허용된다. 아라비아 숫자와 다음의 단위 명사를 붙여 쓰는 현실의 습관을 수용한 결과라고 할 수 있다. 실제로 '26∨살'보다는 '26살'로 쓰는 일이 많다.

아래와 같이 '제—'가 붙어 차례를 나타내는 경우의 띄어쓰기 또한 혼동하는 일이 많다.

보기 8　① 제2∨차 회의(원칙)

　　　　② 제2차 회의(허용)

　　　　③ 제∨2차 회의(잘못)

'제—'는 접두사이므로 뒤에 오는 말에 붙여 써야 하고 '차'는 단위를 나타내는 의존 명사이므로 앞말과 띄어 써야 한다. 따라서 보기 8-①이 원칙이고 보기 8-②은 허용된다. 보기 8-③처럼 쓰는 일이 많지만 이는 잘못이므로 주의해야 한다. 아라비아 숫자가 올 경우 다음의 단위 명사는 무조건 붙여 쓰는 것으로 단일하게 기억하는 것도 좋은 방법이다.

3) 성과 이름, 성과 호는 붙여 쓴다

성과 이름, 성과 호는 습관적으로 하나의 단위로 인식하기 때문에 붙여 쓴다. '김유신, 이충무공, 김백범'처럼 붙여 쓴다. 중국식 성과 이름도 붙여 쓴다. 그 밖의 언어로 적힌 성과 이름은 띄어 쓴다.

보기 9 　① 마오쩌둥(毛澤東), 덩샤오핑(鄧小平), 장쩌민(江澤民)

　　　　② 고이즈미∨준이치, 다나카∨가쿠에이, 헬렌∨켈러, 버락∨오바마

한편 성이나 이름 또는 호 등에 붙는 호칭어, 관직명 등은 띄어 쓴다. 성이 두 음절 이상으로 된 경우에 성과 이름의 구별이 어려울 수 있어 이 경우에도 띄어 쓰는 것을 허용한다. 부모 두 성을 쓰는 경우도 마찬가지다.

보기 10 　① 김영호∨님, 총장 정규상∨박사, 여운형∨선생, 박순천∨여사, 박∨과장

　　　　② 황보∨인, 남궁∨선우, 제갈∨영웅

　　　　③ 김이∨혜정, 독고윤∨영희

2. 2. 4. 붙여 쓰나 띄어 쓰나 다 괜찮은 경우

띄어 쓰는 것을 원칙으로 하되 편의상 붙여 써도 된다고 허용한 규정에 따라 붙여 쓸 수 있는 경우가 여기에 해당한다.

■ 단위를 나타내는 명사로 순서를 나타내는 경우나 숫자와 함께 쓰이는 경우에는 붙여 쓸 수 있다(한글 맞춤법 43항).

　① 두**시** 이십**분** 사십팔**초**, 칠**월** 이십육**일**

　　　② 팔**층** 이십**호**, 오십**번지**, 제삼**학년**, 제육**장**, 이**사단** 오**연대**, 제(第)삼**실습실**

　　　③ 5개에 1000원(다섯 개에 천 원), 200미터, 2010년 3월 5일

■ **단음절로 된 단어가 연이어 나타날 적에는 붙여 쓸 수 있다**(한글 맞춤법 46항).

이 조항은 시각적인 편리를 도모하기 위해 만든 규정이므로 단음절어가 두 번 잇달아 나오는 경우에 통사적으로 문제가 없다면 붙여 쓰는 것이 좋다. 단음절어를 붙여 쓰는 것은 언제나 통사적으로 문제가 없는 경우에 한한다.

보기 2　① 그때∨그곳, 좀더∨큰것, 이말∨저말, 한잎∨두잎

　　　② 좀∨더∨높은∨집 / 좀더∨높은∨집

　　　③ 더∨큰∨이∨새집∨문앞(○) / 더큰∨이새∨집문∨앞(×)

　　　④ 꽤∨큰∨집 / 꽤∨큰집(○) / 꽤큰∨집(×)

■ **보조용언은 띄어 쓰는 것을 원칙으로 하되, 붙여 씀도 허용한다**(한글 맞춤법 47항).

(1) 보조동사는 보조적 연결어미 '-아/어'로 연결되어 있는 경우에 본동사와 붙여 쓸 수 있다. 그러나 보조적 연결어미 '-고, -게, -지'로 연결되는 보조용언은 띄어 써야 한다.

보기 3　① 내 힘으로 **막아**(막-+-아)∨**낸다**. / 내 힘으로 **막아낸다**.

　　　② 그릇을 **깨뜨려**(깨뜨리-+-어)∨**버렸다**. / 그릇을 **깨뜨려버렸다**.

　　　③ 불이 **꺼져**∨**간다**. / 불이 **꺼져간다**, 문을 열어∨놓다. / 문을 **열어놓다**.

　　　④ 잘 **알아**∨**두어라**. / 잘 **알아두어라**, 겨울로 접어∨들었다. / 겨울로 **접어들었다**.

① 그녀를 **보고**∨**싶니**? / 그녀를 <u>보고싶니</u>?(×)

② 그 아이를 **가게**∨**해서는** 안 된다. / 그 아이를 <u>가게해서는</u> 안 된다.(×)

③ 쓸데없는 말은 **하지**∨**마라**. / 쓸데없는 말은 <u>하지마라</u>.(×)

(2) 의존 명사에 접미사 '-하다'나 '-싶다'가 붙으면 본용언에 붙여 쓰는 것을 허용한다.

보기 5　① 그 일은 할∨만하다. / 그 일은 **할만하다**.

② 비가 올∨듯하다. / 비가 **올듯하다**.

③ 눈이 올∨성싶다. / 눈이 **올성싶다**.

④ 그가 나를 아는∨척한다. / 그가 나를 **아는척한다**.

⑤ 그는 학자인∨양하고 다닌다. / 그는 **학자인양하고** 다닌다.

(3) 보조용언이 겹쳐 나는 경우에는 앞의 보조용언만 본용언에 붙여 쓸 수 있다.

보기 6　① 이 자서전은 읽어∨볼 만한 책이다. / 이 자서전은 **읽어볼** 만한 책이다.

② 일이 잘 되어∨가는 듯하다. / 일이 잘 **되어가는** 듯하다.

③ 이것을 기억해∨두어 보아라. / 이것을 **기억해두어** 보아라.

■ **이름 이외의 고유 명사는 단어별로 띄어 쓰는 것을 원칙으로 하되, 단위별로 띄어 쓸 수 있다(한글 맞춤법 49항).**

보기 7　① 대통령 직속 국가 안전 보장 회의 / 대통령 직속 **국가안전보장회의**

② 문화 관광부 산하 국립 국어원 / **문화관광부** 산하 **국립국어원**

③ 한국 대학교 사범 대학 부속 고등학교 / **한국대학교 사범대학 부속고등학교**

■ 전문 용어는 단어별로 띄어 쓰는 것을 원칙으로 하되, 붙여 쓸 수 있다.(한글 맞춤법 50항).

보기 8 ① 종속적 연결 어미 / 종속적연결어미

② 여름 채소 가꾸기 / 여름채소가꾸기

③ 국어 기본법 / 국어기본법

④ 무릎 대어 돌리기 / 무릎대어돌리기

관형사형이나 조사로 연결된 것은 하나의 단위로 인식하기 어렵기 때문에 붙여 쓰지 않는다. 다만 둘 이상의 전문 용어가 접속 조사로 이어질 때에는 각기 전문 용어 단위로 붙여 쓸 수 있다.

보기 9 ① 아름다운 노래 부르기 / 아름다운노래부르기(×)

② 간단한 도면 그리기 / 간단한도면그리기(×)

③ 기구 만들기와 기구 다루기 / 기구만들기와 기구다루기

④ 도면 그리기와 도면 읽기 / 도면그리기와 도면읽기

2. 2. 5. 띄어쓰기에서 헷갈리기 쉬운 것들

띄어쓰기 규정을 익히더라도 실제 글을 쓸 때에는 헷갈리는 경우가 많다. 그런 예를 모아 정리해 보면 다음과 같다. 잘 분별하여 사용하는 능력을 기르도록 하자.

조사와 의존 명사, 부사의 형태가 같아 구별이 안 되는 경우이다. 예문에서 띄어 쓰기가 된 것은 의존 명사나 부사이고 붙여 쓴 것은 조사이다.

보기 1

(1) 만

① 이것은 그것**만** 못하다. 키가 형**만** 하다(조사, 한정 또는 비교의 뜻).

② 그는 온 지 1년∨**만**에 떠나갔다(의존 명사, '경과한 시간'의 뜻).

(2) 대로

① 약속**대로** 해라(조사로 앞에 체언-명사, 대명사, 수사-이 온다).

② 아는∨**대로** 말한다(의존 명사로 앞에 체언이 오지 않는다).

(3) 뿐

① 너는 가진 것이 이것**뿐**이냐(조사, '그것만이고 더는 없다'의 뜻).

② 그냥 말해 봤을∨**뿐**이다(의존 명사, '다만 어찌할 따름'의 뜻).

(4) 만큼

① 키가 전봇대**만큼** 크다(조사, '그 말과 거의 같은 한도나 수량'의 뜻).

② 애쓴∨**만큼** 얻는다(의존 명사, '그 말과 거의 같은 정도'의 뜻).

'만'이 조사로 쓰일 경우에는 주로 '한정'이나 '비교'의 뜻을 나타낸다. '만'이 '시간의 경과'를 나타낼 때는 의존 명사이다. 이때는 주로 '1년∨만에, 얼마∨만이야.'의 꼴로 쓰이는 특징이 있다. '사정을 알∨**만한** 사람이 왜 그래요.'에서처럼 보조용언으로 쓰일 때에도 띄어 쓴다. 다만 '정말 오랜만이군.'이라고 할 때는 '오랜∨만'으로 띄어 쓰지 않는다. '오래간만'의 준말이기 때문이다.

보기 2

(1) 같이

① 눈**같이** 희다(조사, '그 정도로 어떠함'의 뜻).

② 나와∨**같이** 가자(부사, '함께'의 뜻).

(2) 밖에

① 그가 나설 수**밖에** 없어(조사, '그것 이외에는'의 뜻).

② 그 일∨**밖에** 또 할 일이 있어야지(부사어, '그것 말고는'의 뜻).

2) 어미인지 의존 명사인지 또는 접미사인지 의존 명사인지 혼동하는 경우

어미 또는 접미사의 형태와 의존 명사의 형태가 같아 혼란스러운 경우가 있다. 어미와 접미사는 붙여 쓰고 의존 명사는 띄어 쓴다. 보통 관형사형 어미 '-ㄴ, -ㄹ' 뒤에 오는 것이 의존 명사이고, 의존 명사 뒤에는 조사가 붙기도 한다.

보기 3

(1) 데

① 철수가 학교에 가는**데** 눈이 왔어(어미, -ㄴ데).

② 엄마가 너를 부르시던**데**(어미, ㄴ데).

③ 이 일을 하는∨**데** 네가 필요해(의존 명사, 장소나 처지를 나타냄).

(2) 바

① 내가 본**바** 너에게는 잘못이 없다(어미, -ㄴ바).

② 매우 기뻐서 어찌할 **바** 모르다(의존 명사).

보기 3-(1)의 ①'-ㄴ데'는 하나의 어미이고, ③의 '데'는 의존 명사이므로 띄어쓰기가 다르다는 설명은 웬만한 문법 지식을 갖추지 않고서는 이해하기가 어렵다.

'-ㄴ데'의 띄어쓰기를 쉽게 구분하는 방법은 뒤에 '에'를 비롯한 조사가 결합할 수 있는지 따져 보는 것이다. '에'가 결합할 수 있으면 띄어 쓰고 결합할 수 없으면 띄어 쓰지 않는다.

보기 4   ① *학교에 가는데**에** …… (결합 불가능)

② 이 일을 하는∨데**에** …… (결합 가능)

③ 얼굴이 예쁜∨데(**에**)다가 마음씨도 곱다.

'학교에 **가는데에**'는 '에'가 결합할 수 없으므로 붙여 쓰고 '이 일을 하는∨데에'는 '에'가 결합할 수 있으므로 띄어 쓴다고 할 수 있다. 보기 4-③도 '에'를 붙일 수 있어 '데'를 띄어 쓰는 경우다. 'ㄴ바'도 뒤에 조사가 결합할 수 있으면 띄어 쓰고 결합할 수 없으면 붙여 쓴다는 기준을 적용하면 쉽게 구분할 수 있다. 보기 3-(2)의 ① '본바'는 뒤에 조사가 결합할 수 없지만 보기 3-(2)의 ② '매우 기뻐서 어찌할∨바를 모르다.'와 같이 조사가 결합할 수 있다. 그러므로 '기뻐서 어찌할∨바'는 띄어 써야 한다.

보기 5

(1) 지

① 그곳에 어떻게 가는**지** 몰라(어미, -지, -ㄴ지).

② 그를 만난∨**지**(가) 한 달이 지났다(의존 명사, 경과한 시간을 나타냄).

(2) 걸

① 아마 그녀가 올**걸**(어미, -ㄹ걸).

② 네가 할∨**걸**(것+을) 말해 보아라(의존 명사+대격조사).

보기 5-(1)의 ①에서 '가는∨지'로 띄어 쓰는 것은 잘못이고 '가는지'로 붙여 써야 맞다. 이는 '-ㄴ지'가 하나의 어미이기 때문이다. ②에서 '만난∨지'는 문법적으로 관형형 어미 'ㄴ'과 의존 명사 '지'로 이루어진 말이다. 이러한 구성은 주로 '시간의 경과'를 뜻하며 띄어 쓴다는 점에서 ①의 '-ㄴ지' 구성과는 다르다.

'-ㄹ걸'의 띄어쓰기는 '-ㄹ 것을'로 풀 수 있느냐에 따라 달라진다. 보기 5-(2)의 ① '그녀가 올걸'은 '-ㄹ걸'이 어미로 쓰이는 경우로 '올 것을'로 풀 수가 없다. 그렇지만 보기 5-(2)의 ② '할 걸'은 의존명사 '것'이 들어 있는 '할 것을'로 풀 수 있으므로 '할 걸'로 띄어 쓴다.

이러한 점은 '터'가 들어 있는 구성에서도 마찬가지다. '할 터인데', '갈 터이야'로 풀 수 있으므로 '할 텐데'와 '갈 테야'로 띄어 쓴다.

보기 6　① 비가 와야 할 **텐데**(←할 터인데).
　　　　② 나는 집에 갈 **테야**(←갈 터이야).

'간'은 '시간의 경과'를 나타낼 때 접미사이므로 앞말에 붙여 쓴다. 그렇지만 '거리'를 뜻할 때는 의존 명사이므로 띄어 쓴다. '들'과 '차(次)'도 구별해서 쓰도록 하자.

보기 7

(1) 간

　　① 한 달**간**, 십 년**간**(접미사, 시간)

　　② 서울 부산 **간**, 부모 자식 **간**(의존 명사, 거리)

(2) 들

　　① 남자**들**, 학생**들**(접미사, 복수)

② 쌀, 보리, 콩, 조, 기장 **들**을 오곡(五穀)이라 한다(의존명사, '그런 따위'의 뜻).

(3) 차(次)

① 연수**차**(研修次) 도미(渡美)한다(접미사, '-하려고'의 뜻).

② 고향에 갔던 **차**에 선을 보았다(의존 명사, '어떤 기회에 겸해서'의 뜻).

3) 동사인지 접미사인지 혼동하는 경우

같은 형태가 동사로도 쓰이고 접미사로도 쓰이는 경우이다. 구문을 보고 판단해야 하므로 헷갈리기가 쉽다.

보기 8

(1) 되다

① 요즘 가수 **되**기가 무척 힘들다네(동사).

② 걱정**되다**, 묵살**되다**, 발전**되다**, 생략**되다**(피동 접미사)

③ 참**되다**, 안**되다**, 못**되다**, 거짓**되다**(형용사 파생 접미사)

(2) 받다

① 고통 **받다**, 선물 **받다**(동사, 명사가 주고받을 수 있는 대상인 경우)

② 버림**받다**, 강요**받다**, 인정**받다**(피동 접미사, 상대의 일방적인 행위에 당하는 경우)

(3) 시키다

① 선생님이 **시키**면 안 하겠어(동사).

② 교육**시키다**, 결혼**시키다**, 공부**시키다**, 오염**시키다**(사동 접미사)

2. 2. 6. 알아두어야 할 띄어쓰기

1) 띄어쓰기에 따라서 의미가 달라지는 경우

- 김∨새다: 틈으로 김이 빠져나감   김새다: 흥이나 맥이 빠짐
- 누워∨먹다: 누워서 음식을 먹음   누워먹다: 편하게 놀고먹음
- 눈∨부시다: 밝아서 눈이 어리어리함   눈부시다: 아름답고 황홀함
- 멋∨모르다: 멋에 관해서 모름   멋모르다: 일의 속내를 모름
- 물∨밑: 물이 바닥과 닿은 부분   물밑: 은밀한 상황(물밑 협상)
- 손∨아래: 손의 아래쪽에 해당하는 곳   손아래: 나이나 항렬로 아래인 관계
- 안∨되다: 되지 않음   안되다: 가엽고 애석함
- 알∨만하다: 알 것 같음   알만 하다: 알 정도의 크기
- 집∨안: 집의 경계 안   집안: 친척이나 가족
- 큰∨상(床): 크기가 큰 상   큰상(床): 음식을 많이 차려 내놓은 상
- 큰∨소리: 소리가 큰 것   큰소리: 과장하여 말함
- 한∨번: 한 차례   한번: 시험 삼아서 해봄

2) 띄어 쓰나 붙여 쓰나 의미 차이가 없지만 붙여 쓰는 것들

　강기슭, 강바닥, 그동안, 관계없다, 논밭, 눈앞, 땅임자, 마음속, 멋없다, 물속, 빛내다, 산기슭, 성안, 세놓다, 손발, 앞뒤, 위아래, 이웃집, 일삼다, 장난삼다, 지나가다, 지난날, 창밖, 촌사람, 칼날, 코끝, 탕국물, 힘쓰다, 힘없다

3) 문장 성분에 따라 띄어 써야 하는 것들

- 관계없다 – 아무 관계∨없다.
- 남김없이 – 조금도 남김∨없이
- 꿈꾸다 – 무서운 꿈∨꾸다.
- 맛있다 – 떫은 맛∨있다.

- 마음먹다 – 굳은 마음∨먹다.
- 재미적다 – 사는 재미∨적다.
- 춤추다 – 우아한 춤∨추다.
- 해묵다 – 여러 해∨묵다.

- 쓸데없는 – 아무 쓸∨데∨없는
- 젊은이 – 아주 젊은∨이
- 핀잔주다 – 고약한 핀잔∨주다.
- 화내다 – 불같은 화∨내다.

2. 3. 외래어 및 로마자 표기법

2. 3. 1. 외래어 표기법

1) 외래어 표기법의 필요성

(1) 외래어의 개념 및 범위

외래어는 외국에서 들어온 국어 어휘를 말한다. 그러나 외래어라고 해서 그 성격이 모두 동일한 것만은 아니다. 외국에서 들어온 지 너무 오래되었기 때문에 '남포'나 '담배'와 같이 고유어로 인식되는 말이 있는가 하면, '컴퓨터', '인터넷'과 같이 들어온 지 얼마 되지 않아 아직 외국어의 느낌이 강한 말까지 여러 부류가 있다. 또한 우리말의 상당수를 차지하는 한자어는 중국에서 들어온 말이지만 이미 국어화했기 때문에 언중의 의식 속에는 외래어라는 생각이 없다.

따라서 넓은 의미의 외래어는 한자어까지 포함하나, 좁은 의미로는 주로 서양에서 들어온 말로 한자어는 배제되는 것이 일반적이다. 한자어는 들어온 지가 오래되었기 때문에 외국에서 온 말이라는 느낌이 별로 없고, 어형 또한 흔들림 없이 고정되어 있기 때문이다. 반면에 서양을 비롯한 그 밖의 다른 언어에서 들어온 외래어는 어형이 매우 불안정한 특징이 있다. '텔레비전'만 하더라도 표준형인 '텔레비전' 외에 '텔레비젼, 텔레비죤' 등이 사용되는 것을 볼 수 있고, '가스'는 '깨스, 까스' 등으로 쓰는 경우가 많다.

이론적으로 외래어란 국어 속에 들어와 국어의 일부가 된 어휘이고, 외국어는 아직 국어가 되지 못한 어휘로 규정되지만, 실제의 예를 보면 아직 국어가 되었는지 혹은 되지 않았는지 불분명한 경우가 많다. 어떤 단어가 어느 사전에는 수록되어 있으나, 다른 사전에는 없는 경우가 종종 발견된다. 이는 사람마다 외래어에 대한 수용 여부의 판단이 다르기 때문이다.

(2) 외래어 표기의 통일

외래어는 최근에 들어온 말일수록 어형이 불안정하다. 즉 여러 가지 다른 형태로 쓰이는 경우가 허다하다. '슈퍼마켓'의 경우, '수퍼마켓, 수퍼마킷, 슈퍼마켙, 슈퍼마킷' 등 다양한 표기가 사용되고 있으며, '초콜릿'도 '초컬릿, 초콜렛, 쵸코렛, 쵸콜렛' 등의 매우 여러 어형으로 쓰이고 있다. 고유 명사인 경우도 예외가 아니어서 'New York'에 대한 표기는 '뉴욕, 뉴우요오크, 뉴우욕, 뉴요크' 등 아주 다양하게 나타난다. 이는 외래어의 기원이 되는 외국어의 음운 체계가 국어의 음운 체계와 달라서 낯선 외국어 발음에 가장 가까운 우리말 발음이 무엇인지에 대해 사람마다 의견이 다르기 때문이다.

이같이 사람마다 제각기 적고 있는 외래어를 그대로 둔다면 국민 언어생활에 큰 불편을 가져온다. 이는 외래어만의 문제는 아니며, 고유어나 한자어에서도 같은 개념을 지시하는 말이 표기가 각각이라면 글을 쓰거나 말을 할 때 큰 혼란을 가져올 것이다. '외래어 표기법'은 이렇게 다양하게 나타나는 외래어의 표기를 통일하고 어형을 고정하여 국민 언어생활의 표준을 제공하려는 의도를 갖는다. 즉 외래어 표기법은 다양한 어형이 존재할 가능성이 있는 외래어에 대해 그 표준어를 정해 주기 위한 규정이다.

2) 외래어 표기법의 기본 원칙과 표기 세칙

(1) 외래어 표기법의 기본 원칙

현행 외래어 표기법(문교부 고시 제85-11호, 1986)의 기본 원리는 제1장 '표기의 기본 원칙'에 제시되어 있다.

제1항 외래어는 국어의 현용 24 자모만으로 적는다.

외래어의 표기를 위해 특별한 기호나 글자를 만들지 않고 기존의 자모만으로 적는다는 뜻이다. 따라서 음성 전사 방식과 같은 철저한 원음주의는 아니다.

제2항 외래어의 1 음운은 원칙적으로 1 기호로 적는다.

이른바 '일문자 일음소주의(one letter per phoneme)'의 원리에 충실한 것으로, 문자와 음소의 일대일 대응에 의한 표음주의 표기를 의미한다. 그러나 '원칙적'이란 말을 사용하여 두 언어 사이의 불일치에 따라 이러한 원칙의 적용이 철저할 수 없음을 인정하고 있다.

제3항 받침에는 'ㄱ, ㄴ, ㄹ, ㅁ, ㅂ, ㅅ, ㅇ'만을 쓴다.

국어의 말음 규칙을 표기에 적용한 것으로, 현대 국어의 7종성 체계와 관련 있다. 여기서 'ㄷ'을 쓰지 않고, 'ㅅ'을 쓰는 것은 외래어의 현실 발음을 존중하는 태도이다. 예를 들어 racket의 경우, 어말이나 자음 앞에서는 [라켇], [라켇도]와 같이 발음되지만, 모음으로 시작하는 조사와 결합할 때에는 항상 [라케시], [라케슬]로 발음되므로, '라켙'이 아니라 '라켓'으로 적는 것이다.

제4항 파열음 표기에는 된소리를 쓰지 않는 것을 원칙으로 한다.

파열음에서의 된소리 표기, 즉 'ㅃ, ㄲ, ㄸ'은 외래어 표기에 사용하지 않는다. 따라서 'ㅂ/ㅍ, ㄷ/ㅌ, ㄱ/ㅋ'의 2원 체계로 표기됨을 의미한다. 이것은 원음에 충실하려는 것보다는 규칙성과 간결성을 살리기 위한 하나의 방편이다. 그러나 경음으로 쓰는 것이 이미 굳어져 사용되는 것은 예외로 두어 '빵, 껌, 빨치산' 등의 단어는 경음 표기를 허용하고 있다.

제5항 이미 굳어진 외래어는 관용을 존중하되, 그 범위와 용례는 따로 정한다.

이 조항은 관용화한 표기를 인정하는 것이다. 이런 관용을 인정하는 대표적인 예가 '라디오'와 '카메라'이다. 영어 radio의 발음은[reidiou]이고, camera의 발음은 [kæmərə]이므로 표기법에 따르면 '레이디오'와 '캐머러'가 된다. 그러나 이 경우는 이미 오래전부터 '라디오'와 '카메라'로 쓰고 있는 관용을 존중하여 '라디오'와 '카메라'를 바른 표기로 인정하였다. 다만 이러한 관용적 표기의 한계를 어떻게 정할 것인가가 문제로 남는데, 이에 관해서는 따로 규정을 마련하고 있다.

(2) 외래어 표기법의 표기 세칙

현행 외래어 표기법에서 제시하고 있는 표기 세칙을 중심으로 중요한 점들을 간략히 살펴보도록 한다. 국제 음성 기호를 비롯한 여러 나라 자모와 한글 대조표는 '외래어 표기법'의 원문을 참조하길 바란다.

① 경음·장모음 표기는 금지하고, 7개의 받침만 허용하였다(괄호 안은 오용 표기).

보기 1   가스(*까스), 카페(*까페), 루트(*루우트), 디스켓(*디스켙), 커피숍(*커피숖)

② 받침 표기([ㅂ], [ㄷ], [ㄱ])에 있어 다음 두 경우, 즉 짧은 모음 다음에 오는 경우와 짧은 모음과 유음이나 비음 이외의 자음 사이에 오는 경우 받침으로 적는다.

보기 2   로봇(*로보트), 스냅(*스내프), 액션(*애크션), 립스틱(*리프스틱)

앞서 제시한 두 경우를 제외한 어말과 자음 앞의 환경에서는 '으'를 붙여 적는다.

보기 3   테이프(*테입), 케이크(*케익), 플루트(*플롯)

③ 'ㅈ, ㅊ' 뒤에 'ㅑ, ㅕ, ㅛ, ㅠ'는 단모음 'ㅏ, ㅓ, ㅗ, ㅜ'로 표기한다.

보기 4   비전(*비젼), 주스(*쥬스), 스케줄(*스케쥴), 크리스천(*크리스쳔)

④ ∫음이 어말에 오면 '시'로 적고, ∫음이 자음 앞에 오면 '슈'로 적는다.

보기 5   플래시(*플래쉬), 새시(*샷시), 브러시(*브러쉬), 아인슈타인(*아인쉬타인), 슈바이처(*시바이처), 슈트라우스(*스트라우스)

⑤ 규정 표기와 그동안 잘못 써 왔던 관례적인 표기 사이에 차이가 많은 것이 사실이나, 단일화한 표준형을 쓰는 것이 맞다(괄호 안은 오용 표기).

보기 6   디지털(*디지틀), 소나타(*쏘나타), 가운(*까운), 갱(*깽), 배지(*빼지), 버스(*뻐스), 콩트(*꽁트), 로켓(*로케트), 호르몬(*홀몬), 액세서리(*악세사리), 새시(*샷시), 메시지(*메세지), 초콜릿(*초콜렛, *초코렛), 깁스(*기부스), 캐비닛(*캐비넷), 뷔페(*부페), 데뷔(*데뷰), 알코올(*알콜), 오프사이드(*옵사이드), 매머드(*맘모스) 등 외래어가 무엇인지를 정의하고 외국어와의 차이를 설명해 보자. 또한 외래어가 국어에 미치는 영향에 대해 긍정적인 면과 부정적인 면으로 나누어 설명해 보자.

현행 외래어 표기법의 측면에서 우리가 자주 쓰는 외래어(간판, 상표 등)가 현행 외래어 표기법에 맞는지를 검토해 보자. 다음의 보기 중에서 바른 표기를 골라 보자.

빠리 / 파리(Paris), 잉글리쉬 / 잉글리시(English), 모짜르트 / 모차르트(Mozart), 타겟 / 타케트 / 타깃(target), 컨서트 / 콘서트(concert), 하이라이트 / 하일라이트(highlight), 벤 취 / 벤치(bench), 케첩 / 케찹(ketchup), 워크숍 / 워크샵 / 워크샾(workshop)

2. 3. 2. 로마자 표기법

1) 로마자 표기법의 필요성

(1) 종전 로마자 표기법의 문제점

종전의 로마자 표기법은 영어 사용자들에게는 비교적 만족스런 표기법이었으나, 한국인의 입장에서는 그렇지 못하였다. 예를 들어 한국어의 파열음은 예사소리, 거센소리, 된소리의 대립을 이루고 있다. 따라서 로마자 표기법은 이 세 가지의 대립을 표기에 반영해야 한다. 그러나 종전의 표기법은 예사소리 중심의 로마자 표기법이었다. 한국어의 음운 대립을 로마자에 반영하지 못했던 것이다.

종전의 로마자 표기법에서는 예컨대 '다달'은 tadal로 표기하면서 '달, 탈'은 tal, t'al로 표기하였다. 즉, 'ㄷ'은 어두에서는 t로, 어중에서 유성음으로 소리 날 때에는 d로 구분하면서 'ㄷ'과 'ㅌ'은 똑같은 t로 하되, 'ㅌ'은 t에 어깻점을 찍었을 뿐이었다. 그런데 이 어깻점은 생략되기 쉬워, 사실상 'ㄱ, ㄷ, ㅂ, ㅈ'과 'ㅋ, ㅌ, ㅍ, ㅊ'의 구별이 어려웠던 것이 그간의 형편이었다. 이 밖에도 발음에 따라 로마자 표기를 함으로써 국어의 철자를 복원할 수 없고 따라서 한글-로마자 간의 기계적인 호환이 불가능하다는 점 등이 큰 단점이었다. 반달표(모음 표기 ㅓ/ŏ와 ㅡ/ŭ에 사용)와 어깻점 등의 특수 부호에 대한 불만도 개정의 필요성을 증대시켰던 요인 가운데 하나였다.

(2) 현행 로마자 표기법의 기본 성격

현행 로마자 표기법은 국어의 발음을 외국인에게 전환하여 알릴 때 필요한 규정으로, 2000년 7월 7일자로 고시(문화관광부 고시 제2000-8호)되었다. 이번 로마자 표기법은 종전의 로마자 표기법과 같은 '표음 방식'을 채택하였다. 즉 국어의 실제 표준 발음을 로마자로 옮기는 전사(轉寫) 방식이다. '신라, 속리산'과 같은 말을 글자대로 적지 않고, 실제 발음인 [실라, 송니산]에 따라 Silla, Songnisan으로 적는다. 현실적으로 로마자 표기를 보고 발음을 한다는 점을 생각할 때, 한글 철자로의 복원성이나, 한글-로마자 간의 기계적 호환성에는 문제가 있으나 실제 발음형을 보여주는 것이 중요하다고 생각했기 때문이다.

발음에 따르되 일부 발음 현상은 로마자 표기에 반영하지 않는다. 된소리되기 현상이 그것인데, '압구정'은 [압꾸정]으로 발음되지만 Apkkujeong으로 적지 않고, Apgujeong으로 적는다. '팔당, 일산'도 마찬가지로 [팔땅, 일싼]으로 발음되지만, 표기에 있어서는 Paldang, Ilsan으로 적는다. 된소리되기 현상을 표기에 반영하지 않는 이유는 이 현상이 예측 가능한 현상이 아니라, 많은 경우에 있어 예측 불가능하기 때문이다. 거센소리되기 현상도 발음을 반영하지 않았는데, '묵호'의 경우 발음은 [무코]이기 때문에 Muko로 적어야 맞다. 그러나 '호'의 'ㅎ'부분의 표기가 없어지는 것은 일반인에게는 이해하기 어려운 현상이다. 따라서 'ㅎ'을 살려 Mukho로 적기로 한 것이다.

가장 두드러지게 종전의 로마자 표기법과 달라진 것은 'ㄱ, ㄷ, ㅂ, ㅈ'이 어두에 왔을 때, 'k, t, p, ch'가 아니라 'g, d, b, j'가 된 것이다. 'ㅋ, ㅌ, ㅍ, ㅊ'은 'k, t, p, ch'가 되어 어깻점이 없어졌다. 또한 'ㅅ'이 종전에는 뒤에 'ㅣ' 모음이 왔을 때만 'sh'로 표기되던 것을 's'로 표기하였고, 'ㅉ'을 'tch'에서 'jj'로 바꾸었다. 모음의 경우 다른 모음은 변동이 없고, '어'와 '으'가 'ŏ, ŭ'에서 'eo, eu'로 바뀐 것이 가장 큰 변화이다. 더불어 'ㅢ'도 'ŭi'에서 'ui'로 바뀌었다.

외형적인 면에서는 반달표와 어깻점이 없어진 것을 새로운 로마자 표기법의 특징으로 볼 수 있다. 그러나 개정의 밑바닥에는 영어 사용자들 청각 인상 중심의 로마자 표기법을 한국어의 특징이 제대로 반영된 로마자 표기법으로 바꾸고자 하는 동기가 숨어 있다.

(3) 로마자 표기의 원칙 및 표기상의 유의점
현행 국어의 로마자 표기법은 총 3장(표기의 기본 원칙, 표기 일람, 표기상의 유의점)과 부칙으로 이루어져 있다. 개략적으로 정리해 보면 다음과 같다.

① 제1장은 표기상의 기본 원칙으로, 국어의 로마자 표기는 국어의 표준 발음법에 따라 적는 것을 원칙으로 한다는 것과 로마자 이외의 부호는 되도록 사용하지 않는다는 규정을 제시하고 있다. 전자는 국어의 로마자 표기법이 철자를 적는

전자법(轉字法)이 아니라, 실제 발음을 적는 전사법(轉寫法)을 채택하고 있음을 보여준다. 후자는 반달표나 어깻점 등의 특수 기호가 소리 기호로는 적절하지 않을 뿐 아니라, 타자나 인쇄에 부담을 준다는 측면에서 그것들의 사용을 제한하는 규정이다.

② 제2장은 국어의 단모음, 이중 모음, 자음 등에 대응하는 로마자를 보여주고 있다.

모음

■ 단모음

ㅏ	ㅓ	ㅗ	ㅜ	ㅡ	ㅣ	ㅐ	ㅔ	ㅚ	ㅟ
a	eo	o	u	eu	i	ae	e	oe	wi

■ 이중 모음

ㅑ	ㅕ	ㅛ	ㅠ	ㅒ	ㅖ	ㅘ	ㅙ	ㅝ	ㅞ	ㅢ
ya	yeo	yo	yu	yae	ye	wa	wae	wo	we	ui

자음

■ 파열음

ㄱ	ㄲ	ㅋ	ㄷ	ㄸ	ㅌ	ㅂ	ㅃ	ㅍ
g, k	kk	k	d, t	tt	t	b, p	pp	p

■ 파찰음			■ 마찰음			■ 비음			■ 유음
ㅈ	ㅉ	ㅊ	ㅅ	ㅆ	ㅎ	ㄴ	ㅁ	ㅇ	ㄹ
j	jj	ch	s	ss	h	n	m	ng	r, l

여기서 다음과 같은 '붙임' 조항을 두었다.

(가) 'ㅢ'는 'ㅣ'로 소리 나더라도 'ui'로 적는다.

보기 1 광희문 Gwanghuimun

(나) 장모음의 표기는 따로 하지 않는다.

(다) 'ㄱ, ㄷ, ㅂ'은 모음 앞에서는 'g, d, b'로, 자음 앞이나 어말에서는 'k, t, p'로 적는다.

보기 2 구미 Gumi, 백암 Baegam, 호법 Hobeop, 벚꽃[벋꼳] beotkkot, 한밭[한받] Hanbat

(라) 'ㄹ'은 모음 앞에서는 'r'로, 자음 앞이나 어말에서는 'l'로 적으며, 'ㄹㄹ'은 'll'로 적는다.

보기 3 구리 Guri, 설악 Seorak, 임실 Imsil, 울릉 Ulleung, 대관령[대괄령] Daegwallyeong

③ 제3장은 표기상의 유의점으로, 음운 변화를 비롯한 여러 용례를 제시하고 있다.

보기 4 백마[뱅마] Baengma, 학여울[항녀울] Hangnyeoul, 맞히다[마치다] machida, 낳지[나치]nachi, 묵호 Mukho, 샛별 saetbyeol

또한 인명, 회사명, 단체명 등은 그동안 써 온 표기를 그대로 쓸 수 있도록 했으며(제7항), 학술 연구 논문 등 특수 분야에서 한글 복원을 전제로 표기할 경우에는 한글 표기를 대상으로 적는다는 규정을 두었다(제8항).

보기 5 집 jib, 짚 jip, 밖 bakk, 값 gabs, 물엿 mul-yeos, 굳이 gud-i, 조랑말 jolangmal, 없었습니다 eobs-eoss-seubnida

예전의 로마자 표기법(1984)과 현행 로마자 표기법(2000)을 비교하고, 구체적으로 어떤 점에서 달라졌는지를 설명해 보자.

각자 자신의 인적 사항(성명, 주소, 학교 등)과 그 밖의 여러 사항을 현행 로마자 표기에 따라 써 보고, 종전에 자신이 알고 있던 것과 어떻게 다른지 비교해 보자.

2. 4. 문장 부호

2. 4. 1. 새 〈문장 부호〉

1988년 「한글맞춤법」 규정의 부록으로 처음 선을 보였던 〈문장 부호〉가 26년 만에 새 옷을 입었다. 문화체육관광부는 2014년 10월 27일 문장 부호 용법을 보완하는 것을 주요 내용으로 하는 「한글 맞춤법」 일부 개정안을 고시했다. 시행은 2015년 1월 1일부터이다.

그동안 글쓰기 환경이 컴퓨터와 인터넷 중심으로 급격히 변화하면서, 문장 부호를 현실화해야 한다는 의견이 각계에서 지속적으로 제기되어 왔다. 이에 문체부와 국립국어원은 2012년부터 본격적으로 개정 작업에 착수했고, 2016년 8월 29일 국어심의회에서 개정안이 통과됨에 따라 이를 확정 고시하게 되었다.

새 문장 부호는 이전 규정에 맞추어 쓰더라도 틀리지 않도록 하되, 현실적인 쓰임에 맞도록 허용 규정을 대폭 확대함으로써 개정으로 인한 혼란을 최소화하고 규범의 현실성을 높여 국민들이 쉽게 사용할 수 있도록 하였다. 이번 개정안에서는 가로쓰기를 기준으로 문장 부호의 용법을 정비하여, '온점'과 '반점'으로 부르던 부호

‘.’과 ‘,’에 대하여 각각 ‘마침표’와 ‘쉼표’라고 하고 기존에 부르던 이름도 쓸 수 있게 하였다. 또한 ‘줄임표’를 다양한 형태로 쓸 수 있게 하는 등 사용자 편의와 활용성을 높이는 데 역점을 두었다.

2. 4. 2. 새 〈문장 부호〉의 주요 내용

새 〈문장 부호〉의 주요 내용을 정리하면 다음과 같다.

주요 변경 사항	이전 규정	설명
가로쓰기로 통합	세로쓰기용 부호 별도 규정	그동안 세로쓰기용 부호로 규정된 ‘고리점(。)’과 ‘모점(、)’은 개정안에서 제외, ‘낫표(「」『』)’는 가로쓰기용 부호로 용법을 수정하여 유지.
문장 부호 명칭 정리	‘.’는 ‘온점’ ‘,’는 ‘반점’	부호 ‘.’와 ‘,’를 각각 마침표와 ‘쉼표’라 하고 기존의 ‘온점’과 ‘반점’이라는 용어도 쓸 수 있도록 함.
	‘〈 〉, 《 》’ 명칭 및 용법 불분명	부호 ‘〈 〉, 《 》’를 각각 ‘홑화살괄호, 겹화살괄호’로 명명하고 각각의 용법 규정.
부호 선택의 폭 확대	줄임표는 ‘……’만	컴퓨터 입력을 고려하여 아래에 여섯 점(......)을 찍거나 세 점(…, ...)만 찍는 것도 가능하도록 함.
	가운뎃점, 낫표, 화살괄호 사용 불편	－ 가운뎃점 대신 마침표(.)나 쉼표(,)도 쓸 수 있는 경우 확대. － 낫표(「」『』)나 화살괄호(〈 〉, 《 》) 대신 따옴표(‘ ’, “ ”)도 쓸 수 있도록 함.
조항 수 증가 (66개 → 94개)	조항 수 66개	소괄호 관련 조항은 3개에서 6개로, 줄임표 관련 조항은 2개에서 7개로 늘어나는 등 전체적으로 이전 규정에 비해 28개가 늘어남. ※ (조항 수): [붙임], [다만] 조항을 포함함.

2. 4. 3. 문장 부호별 주요 개정 내용

신설된 내용을 중심으로 문장 부호별 주요 개정 내용을 살펴 보면 다음과 같다.

열거된 여러 단위가 대등하거나 밀접한 관계임을 나타낼 때 사용한다.

ㅁ 마침표(.)

- 용언의 명사형이나 명사로 끝나는 문장, 직접 인용한 문장의 끝에는 마침표를 쓰는 것을 원칙으로 하되, 쓰지 않는 것을 허용함.

  (예) 목적을 이루기 위하여 몸과 마음을 다하여 애를 씀. (ㅇ) / 씀 (ㅇ)

  신입 사원 모집을 위한 기업 설명회 개최. (ㅇ) / 개최 (ㅇ)

  그는 "지금 바로 떠나자. (ㅇ) / 떠나자 (ㅇ)"라고 말하며 서둘러 짐을 챙겼다.

- 아라비아 숫자만으로 연월일을 표시할 때 마침표를 모두 씀. '일(日)'을 나타내는 마침표를 반드시 써야 함.

  (예) 2014년 10월 27일 – 2014. 10. 27. (ㅇ) / 2014. 10. 27 (×)

- 특정한 의미가 있는 날을 표시할 때 월과 일을 나타내는 아라비아 숫자 사이에는 마침표를 쓰거나 가운뎃점을 쓸 수 있음.

- 특정한 의미가 있는 날을 표시할 때 월과 일을 나타내는 아라비아 숫자 사이에는 마침표를 쓰거나 가운뎃점을 쓸 수 있음.

  (예) 3.1 운동 (ㅇ) / 3·1 운동 (ㅇ)

- '마침표'가 기본 용어이고, '온점'으로 부를 수도 있음.

ㅁ 물음표(?)

- 모르거나 불확실한 내용임을 나타낼 때 물음표를 씀.

(예) 모르는 경우: 최치원(857~?)은 통일 신라 말기에 이름을 떨쳤던 학자이자 문장가이다.

불확실한 경우: 조선 시대의 시인 강백(1690?~1777?)의 자는 자청이고, 호는 우곡이다.

□ 쉼표(,)

- 문장 중간에 끼어든 어구의 앞뒤에는 쉼표를 쓰거나 줄표를 쓸 수 있음.

  (예) 나는, 솔직히 말하면, 그 말이 별로 탐탁지 않아.

  나는 ─ 솔직히 말하면 ─ 그 말이 별로 탐탁지 않아.

- 특별한 효과를 위해 끊어 읽는 곳을 나타내거나 짧게 더듬는 말을 표시할 때 쉼표를 씀.

  (예) 이 전투는 바로 우리가, 우리만이, 승리로 이끌 수 있다.

  선생님, 부, 부정행위라니요? 그런 건 새, 생각조차 하지 않았습니다.

- 열거할 어구들을 생략할 때 사용하는 줄임표 앞에는 쉼표를 쓰지 않음.

  (예) 광역시: 광주, 대구, 대전…… (ㅇ) / 광주, 대구, 대전, …… (×)

- '쉼표'가 기본 용어이고, '반점'으로 부를 수도 있음.

□ 가운뎃점(·)

- 짝을 이루는 어구들 사이, 또는 공통 성분을 줄여서 하나의 어구로 묶을 때는 가운뎃점을 쓰거나 쉼표를 쓸 수 있음.

  (예) 천 수질의 조사 · 분석 (ㅇ) / 하천 수질의 조사, 분석 (ㅇ)

  상 · 중 · 하위권 (ㅇ) / 상, 중, 하위권 (ㅇ)

□ 중괄호({ })와 대괄호([ ])

- 열거된 항목 중 어느 하나가 자유롭게 선택될 수 있음을 보일 때는 중괄호를 씀.

  (예) 아이들이 모두 학교{에, 로, 까지} 갔어요.

- 원문에 대한 이해를 돕기 위해 설명이나 논평 등을 덧붙일 때는 대괄호를 씀.

  (예) 그런 일은 결코 있을 수 없다.[원문에는 '업다'임.]

□ 낫표(「 」, 『 』)와 화살괄호(〈 〉, 《 》)

- 소제목, 그림이나 노래와 같은 예술 작품의 제목, 상호, 법률, 규정 등을 나타낼 때는 홑낫표나 홑화살괄호를 쓰는 것이 원칙이며 작은따옴표를 대신 쓸 수 있음.

  (예) 「한강」은 (○) / 〈한강〉은 (○) / '한강'은 (○) 사진집 《아름다운 땅》에 실린 작품이다.

- 책의 제목이나 신문 이름 등을 나타낼 때는 겹낫표나 겹화살괄호를 쓰는 것이 원칙이며 큰따옴표를 대신 쓸 수 있음.

  (예) 『훈민정음』은 (○) / 《훈민정음》은 (○) / "훈민정음"은 (○) 1997년에 유네스코 세계 기록 유산으로 지정되었다.

□ 줄표(—)

- 제목 다음에 표시하는 부제의 앞뒤에는 줄표를 쓰되, 뒤에 오는 줄표는 생략할 수 있음.

  (예) '환경 보호 — 숲 가꾸기 —'라는 (○) / '환경 보호 — 숲 가꾸기'라는 (○) 제목으로 글짓기를 했다.

□ 붙임표(–)와 물결표(~)

- 차례대로 이어지는 내용을 하나로 묶어 열거할 때 각 어구 사이, 또는 두 개 이상의 어구가 밀접한 관련이 있음을 나타내고자 할 때는 붙임표를 씀.

  (예) 멀리뛰기는 도움닫기–도약–공중 자세–착지의 순서로 이루어진다.

  원–달러 환율

• 기간이나 거리 또는 범위를 나타낼 때는 물결표 또는 붙임표를 씀.

(예) 9월 15일~9월 25일 (ㅇ) / 9월 15일-9월 25일 (ㅇ)

□ 줄임표(……)

• 할 말을 줄였을 때, 말이 없음을 나타낼 때, 문장이나 글의 일부를 생략할 때, 머뭇거림을 보일 때에는 줄임표를 씀.

(예) "어디 나하고 한번……." 하고 민수가 나섰다.

"우리는 모두…… 그러니까…… 예외 없이 눈물만…… 흘렸다."

• 줄임표는 점을 가운데에 찍는 대신 아래쪽에 찍을 수도 있으며, 여섯 점을 찍는 대신 세 점을 찍을 수도 있음.

(예) "어디 나하고 한번…." 하고 민수가 나섰다.

"어디 나하고 한번......." 하고 민수가 나섰다.

"어디 나하고 한번...." 하고 민수가 나섰다.

올바른 문장 쓰기

　사회에 일정한 질서와 규범이 있듯이 말이나 글에도 일정한 규칙이 있고 우리는 그것을 흔히 '어법'이라고 한다. 어법에 맞지 않아도 모국어를 사용하는 자국민이라면 충분히 의사소통은 가능하다. 그러나 단순한 소통을 넘어 효율적, 논리적으로 자신의 의사를 표현하거나 전달하기 위해선 어법에 맞는 정확한 기술이 무엇보다 필요하다. 성분들 간의 호응이 이루어지지 않는 말, 활용이 부자연스러운 말, 같은 의미가 특별한 의도 없이 반복된 말, 문맥에 맞지 않는 말 등은 글의 효과를 반감하고 자칫하면 다른 뜻으로까지 전달될 수 있다. 올바른 어법의 사용은 글쓰기의 고갱이라 말할 수 있으며, 결국 바른 글이란 어법에 문제가 없는 글을 말한다.

3. 1. 어법과 올바른 문장

국어 어법상 잘못 사용된 것을 일컬을 때 흔히 '오류'란 용어를 사용한다. 포괄적으로는 비논리적인 문장의 구성도 여기에 포함시킬 수 있으나 여기서는 다루지 않기로 한다. 어법상 잘못된 것에는 표기법의 오류, 어휘 사용의 오류, 문장의 통사적 오류 등이 있다. 각종 글에서 나타나는 단어나 문장의 오류 유형도 위의 범주에서 크게 벗어나지 않는다. 일반적으로 오용 표현을 변별하는 기준은 국어 어문 규정과 현행 국어사전의 해석에 근거한다. 통사적인 오류의 경우는 문법서를 참조하여 그 기준을 마련하기도 한다.

그럼 구체적으로 오류 유형을 살펴 보자. 먼저 표기법의 오류는 어문 규정에 맞지 않는 경우이며 어휘 사용의 오류는 단어가 부적절하게 사용되는 경우[어형이나 어의 (語義)를 포함]이다. 아래의 예에서 * 표시는 잘못된 표기나 형태임을 나타낸다.

> 보기 ① 맨날 / 만날, *어린이란 / 어린이난, *독자난 / 독자란, *바램 / 바람
>
> ② *써비스 / 서비스, *비젼 / 비전, *루우트 / 루트
>
> ③ 어제 보았던 그 사람 얼굴이 *웃기게 / 우습게 생겼지요, 나는 *설레이는 / 설레는 마음에 아무것도 못 했다, 푸드덕거리며 *날으는 / 나는 새 이름을 묻기도 했다.

또한 통사적 오류는 주로 단어들의 결합에 문제가 있는 경우이다. 표기법의 오류나 어휘 사용의 오류는 어문 규정이나 국어사전 등을 활용하면 비교적 쉽게 고칠 수가 있다. 그러나 통사적 오류는 기본적인 국어 문법 지식이 없이는 제대로 고치기가 쉽지 않다. 통사적 오류의 예를 살펴보기로 한다.

3. 2. 문장 오류의 유형

　글에서 보이는 문법적인 오류 가운데 고치기 힘든 부분은 아마도 '통사적 오류'일 것이다. 통사적 오류를 수정하기 위해서는 일정 수준의 문법적 지식이 필요하다. 그러나 글쓰기에 필요한 문법적 지식을 모두 습득하기에는 한계가 있다. 따라서 실생활에서 나타나는 통사적 오류를 분석하고 유형화하여 고치는 것이 더 효과적이다.

3. 2. 1. 주술 및 호응 관계의 오류

　호응 관계의 오류는 문장에 쓰인 단어들의 통사 관계나 의미 관계가 어긋나 만들어지는 경우가 많다. 호응 관계라 함은 문장에 한 요소가 나타나면 다른 요소가 반드시 나타나야 하는 일종의 제약 관계를 말한다. 예를 들면 '모자를 쓰다, 장갑을 끼다, 양말을 신다' 등의 목적어와 타동사 간의 호응과, '반드시 −이어야 한다, 만일 −한다면, 전혀 −하지 않다' 등의 특정 부사류와 후행 요소 간의 관계 등을 들 수 있다. 이런 관계를 지키지 못하면 어색한 문장이 되고 만다.

> **보기 1**
>
> 　대학가요제는 30년의 역사만 자랑할 것이 아니라 대학가 가요 제전으로서 보여주고자 하는 음악의 미래를 제시할 시점이다.

　분 석　이 문장은 서술어를 '−이다'로 끝맺고 있어 주어인 '대학가요제'의 술어가 '시점'이 되어 버렸다. 주어와 서술어의 호응이 제대로 이루어지지 않으면 이처럼 이상한 문장이 된다.

　수 정　대학가요제는 30년의 역사만 자랑할 것이 아니라 대학가 가요 제전으로서 보여

주고자 하는 음악의 미래를 제시할 시점**에 와 있다.**

보기 2

그러나 위험한 것은 실패의 원인을 자신의 능력으로 돌릴 때 우리는 학습된 무기력에 빠지게 됩니다.

분 석 '–것'이 주어이기에 서술어도 '–된다는 점이다. / 사실이다.'라는 형식을 갖추어야 매끄럽다.

수 정 그러나 위험한 것은 실패의 원인을 자신의 능력으로 돌릴 때 우리는 학습된 무기력에 빠지게 **된다는 점(사실)입니다.**

보기 3

14년 만에 다시 국경일로 제정된 한글날, 그 560번째 돌을 맞이해 여러 가지 작업물이 한글을 추억한다.

분 석 '작업물'은 무생물로 그 자체가 사물을 추억할 수 있는 능력이 없다. 보는 사람들로 하여금 추억이 떠오를 수 있게 만들어 주는 것이다. 따라서 서술어를 '–하게 하다'라는 형태로 바꿔야 한다.

수 정 14년 만에 다시 국경일로 제정된 한글날, 그 560번째 돌을 맞이해 여러 가지 작업물이 한글을 **추억하게 한다.**

보기 4

마치 겨울 나무들이 잎사귀를 모두 떨어뜨리고 모든 것을 가라앉힙니다.

분 석 '마치'라는 부사는 '–같다/–ㄴ듯/–처럼'과 같은 단어와 같이 쓰여야 자연스럽다. 이러한 형태를 넣어 주거나 '마치'라는 말을 빼 주어야 한다.

수 정 마치 겨울 나무들이 잎사귀를 모두 떨어뜨리고 모든 것을 **가라앉히는 것 같습니다.**

보기 5

모기 입이 비뚤어진다는 처서가 지난 지 한 달이 넘었지만 가을 모기는 여간 극성스럽다.

분 석 부사어 '여간'은 '–않다/–가 아니다'라는 부정어를 동반해야 한다. 그런데 이와 같은 부정 서술어가 없어 어색한 문장이 되었다.

수 정 모기 입이 비뚤어진다는 처서가 지난 지 한 달이 넘었지만 가을 모기는 여간 **극성스럽지 않다.**

3. 2. 2. 조사 및 어미의 오류

국어는 조사나 어미가 발달한 언어로 사용 시 용법을 정확히 알고 써야 한다. '은 / 는, 만, 도, 부터' 등의 특수 조사는 문법적인 기능보다 의미 중심의 기능을 주로 담당 한다는 점을 주의해야 한다. 그 분포도 다양하여 체언을 비롯한 부사나 용언의 활 용형 등 모든 종류의 어절이나 문장과 결합한다. 또한 국어의 어미는 조사보다도 더 많은 문법 범주를 담당하고 있다. 문장의 종결뿐만 아니라 시제나 경어법, 접속, 내포 등이 어미들에 의해 표현되는 만큼 오용의 사례 역시 많다.

보기 1

 홍 원장은 수술 이후 항암 치료를 받으면서 입안이 헐고 몸무게가 줄자 담당 의사 는 항암제 용량을 줄일 것을 권했다.

분석 '홍 원장은' 뒤에 또 '담당 의사는'이 이어져 어색한 문장이 되고 말았다. 주격 조사 '이 / 가'와 특수조사 '은 / 는'은 그 쓰임의 차이에 주의해야 한다. 대체로 '이 / 가'가 새로운 정보나 내포문의 주어에 쓰이는 반면, '은 / 는'은 이미 알려진 정보에 쓰인다. 따라서 '홍 원장은'을 '홍 원장이'로 고치는 것이 자연스럽다.

수정 **홍 원장이** 수술 이후 항암 치료를 받으면서 입안이 헐고 몸무게가 줄자 담당 의사는 항암제 용량을 줄일 것을 권했다.

보기 2

나에게 충격을 준 사실은 인간의 삶의 양태의 단순성이었다.

분석 속격 조사 '의'가 과도하게 사용된 경우로 이렇게 남용된 예가 국어 문장에서 많이 보인다.

수정 나에게 충격을 준 사실은 **인간 삶의 양태가 단순하다는 것이었다.**

보기 3

한가위를 맞아 서울 남산 한옥마을과 고궁 등지에서는 가족과 함께 즐길 수 있는 다채로운 행사가 열렸습니다.

분석 '에서는'은 장소를 나타내는 조사 '에서'와 특수 조사 '는'이 결합한 형태이다. 여기서 조사끼리의 중복은 불필요하므로 '에서'만 써도 문제가 없다.

수정 한가위를 맞아 서울 남산 한옥마을과 고궁 등지**에서** 가족과 함께 즐길 수 있는 다채로운 행사가 열렸습니다.

보기 4

현 종묘는 그 특수성에 알맞는 건축미와 구성미가 세계적으로 뛰어났음을 인정받아 세계문화유산으로 등재됐다.

분 석 여기에 쓰인 '알맞는'은 '알맞은'이 맞다. 형용사와 동사는 관형사형 어미를 취할 때 차이가 있다. 형용사에 결합하는 현재 관형사형 어미는 '-은'이고 동사와 결합하는 관형사형 어미는 '-는'이다. 여기서 '알맞다'는 형용사이기 때문에 어미 '-은'과 결합해야 한다.

수 정 현 종묘는 그 특수성에 **알맞은** 건축미와 구성미가 세계적으로 뛰어났음을 인정받아 세계문화유산으로 등재됐다.

보기 5

"법적으로 굳이 문제를 삼는다면 우리 민간인이 제3국에서 북한 사람을 접촉했다는 것이 문제가 될지 모르겠지만 이것은 성격상 대통령이 특별히 지시한 것이기 때문에 사전 신고할 일은 아니라고 생각한다."고 말했다.

분 석 '접촉하다'는 앞에 공동격 조사 '와 / 과'와 연결될 때 자연스럽다. 따라서 여기선 조사 '을' 대신 '과'가 쓰여야 한다. 또한 '고'는 간접 인용격 조사이므로 직접 인용격 조사인 '라고'로 고쳐 쓰는 것이 옳다.

수 정 대통령은 "법적으로 굳이 문제를 삼는다면 우리 민간인이 제3국에서 북한 사람**과** 접촉했다는 것이 문제가 될지 모르겠지만 이것은 성격상 대통령이 특별히 지시한 것이기 때문에 사전 신고할 일은 아니라고 생각한다."**라고** 말했다.

3. 2. 3. 성분의 생략 및 중복의 오류

문장 성분이란 문법적 기능을 수행하는 문장의 구성 요소들을 말한다. 문장을 이룰 때 필수적인 성분은 주어, 목적어, 서술어, 보어 등이다. 구어체인 경우 필수 성분을 생략할 수도 있지만 문어체인 경우에는 이들 성분을 무리하게 빠뜨리면 안 된다.

또 한편으로 동일한 단어를 반복하거나 의미가 같은 요소를 중복하면 표현의 간결성과 정확성이 떨어지기도 한다. 가능하면 잉여적 표현을 피하여 군더더기가 없는 문장을 만들어야 한다. 간혹 강조를 위한 동어 반복이 있기는 하나 최대한 절제해야 한다.

보기 1

로스쿨 입학 기준을 살펴보면 우선 전공과는 무관하게 4년제 정규 대학교를 졸업해야 한다.

분 석 누가 졸업해야 하는지 주체가 생략되어 있다. 내용으로 미루어 로스쿨 입학을 희망하는 사람들을 주어로 삼아야 함을 알 수 있다.

수 정 로스쿨 입학 기준을 살펴보면 우선 **지원자들은** 전공과는 무관하게 4년제 정규 대학교를 졸업해야 한다.

보기 2

많은 곳에서 결혼의 신성함과 여성의 권리가 인정되었으며 아동복리법, 노동법, 노예제도의 폐지가 이루어졌다.

분 석 '아동복리법, 노동법'도 같은 서술어에 연결함으로써 내용 전달에 혼란을 주고 있

다. '아동복리법, 노동법'에 관련된 서술어를 보충해 주어야 한다. 뒤에 '폐지'라는 한자어가 쓰였기 때문에 '새로 만들어지다'라는 의미인 '신설되다'라는 형태가 어울린다. 또한 앞의 절 "권리가 인정되었다."에 맞춰 "노예 제도의 폐지가 이루어졌다."는 "노예 제도가 폐지되었다."로 고치는 것이 적절하다.

수 정   많은 곳에서 결혼의 신성함과 여성의 권리가 인정되었으며 아동복리법, 노동법이 **신설되었고** 노예 제도가 폐지되었다.

보기 3

노조는 일을 더 하는 대신 생산과 투자, 그리고 2011년까지 인위적인 감원(減員)을 하지 않겠다는 약속을 회사 측에서 받아 냈다.

분 석   노조가 회사 측에서 받아 낸 약속은 세 가지이다. 그러나 '생산과 투자'는 구의 형태로 '인위적인 감원을 하지 않겠다.'는 절의 형태로 이어져 어색한 문장이 되었다. 성분들 간의 균형을 맞추기 위해 '생산과 투자'에 알맞은 서술어를 넣어 주어야 한다.

수 정   노조는 일을 더 하는 대신 생산과 투자를 **확대하고**, 2011년까지 인위적인 감원(減員)을 하지 않겠다는 약속을 회사 측에서 받아 냈다.

보기 4

이를 위해서 국민적 합의를 모아야 하고, 유력 대선 후보들과도 한반도의 장래를 위해 사심 없이 대화해야 한다.

분 석   '합의'라는 단어에 이미 '모으다(合)'는 뜻이 들어가 있다. 따라서 '모아야 하고'라는 말을 중복해서 사용할 필요가 없다. '이끌어내다'라는 말을 서술어로 만들면 의미 전달에 무리가 없다.

수 정 이를 위해서 국민적 합의를 **이끌어내야** 하고, 유력 대선 후보들과도 한반도의
장래를 위해 사심 없이 대화해야 한다.

보기 5

　여의도 벚꽃 축제가 개막한 6일 서울 여의도 윤중로에는 봄 정취를 만끽하려는 상
춘객 발길이 종일 이어졌다.

분 석 '상춘객(賞春客)'이란 말에 이미 '봄 경치를 즐기다'라는 뜻이 들어가 있다. '상춘객'
을 '사람들'이라는 말로 바꾸면 의미의 중복을 피하면서 자연스러운 문장을 만들
수 있다. 중복해 쓰인 '여의도'도 생략하고 글의 호흡을 위해 '6일' 뒤에 쉼표를
써 주자.

수 정 서울 여의도 벚꽃 축제가 개막한 6일, 윤중로에는 봄 정취를 만끽하려는 **사람들의**
발길이 종일 이어졌다.

3. 2. 4. 접속 및 구성의 오류

문장 성분들 간의 올바른 연결을 위해서
는 관련 요소들이 서로 밀접하게 문법적
관계를 맺고 있어야 한다. 대등한 접속의 경우 앞뒤의 성분들은 통사 내지는 의미
적으로 동질적이어야 한다. 국어는 일반적으로 접속 어미에 의해 문장이 이어진다.
따라서 접속 어미를 적절히 선택해야만 접속문의 구조나 의미에 문제가 없다.

그러나 접속문 중에는 이질적인 성분 연결, 동일하지 않은 성분 생략, 어색한 접
속어 사용, 시제의 불일치 등으로 자연스럽지 못한 문장들이 많이 있다. 또한 성분
들 간의 수식과 관련된 오류도 심심치 않게 나타난다. 적절하지 않은 관형어 구성,

모호한 수식 구성 등이 여기에 속한다. 올바른 글이 되기 위해서는 정확한 연결과 구성이 필수적임을 잊지 말아야 한다.

> **보기 1**
>
> 걸음걸이가 부자연스럽고 위태롭게 보인다면 근육 감소증에 의한 허약일 수도 있는데, 노쇠 상태에 대한 전반적인 점검이 필요하다.

분 석   '있는데'라는 표현은 어간 '있-'과 '-는데'라는 어미가 결합한 형태로 다음 말을 끌어내기 위해 이와 상반된 사실을 미리 말할 때 쓴다. 내용상 인과 관계에 의한 접속으로 이어지는 것이 자연스럽다.

수 정   걸음걸이가 부자연스럽고 위태롭게 보인다면 근육 감소증에 의한 허약일 수도 **있기 때문에(있으므로)** 노쇠 상태에 대한 전반적인 점검이 필요하다.

> **보기 2**
>
> 즐거운 중추절을 맞아 넉넉하고 풍요로움이 가득하시길 기원합니다.

분 석   '넉넉하고'와 '풍요로움'이 대등한 구조를 이루어야 하므로 '넉넉하고'를 '풍요로움'과 같은 명사형으로 바꿔주어야 한다.

수 정   즐거운 중추절을 맞아 **넉넉함**과 풍요로움이 가득하시길 기원합니다.

> **보기 3**
>
> 임 사장은 그동안 좋았던 시절도 있었고 힘든 시절도 있었다고 했다.

분 석   선행절은 '좋았던'이라고 과거형으로 표시했으나, 후행절은 '힘든'이라는 현재형으로 표현하여 앞뒤가 맞지 않는다. 시제를 통일하는 것이 옳다.

수 정 임 사장은 그동안 좋았던 시절도 있었고 **힘들었던** 시절도 있었다고 했다.

보기 4

일본 소니가 지난해 말 이미 발화 가능성이 있는 자사 배터리의 문제점을 파악했으면서도 은폐하거나 미온적 대응으로 사태를 악화시켰다는 비판이 제기됐다.

분 석 '은폐하다'라는 동사와 '미온적 대응'이라는 명사구가 연결 어미로 이어져 자연스럽지 않다. 뒤의 '미온적 대응'을 '미온적으로 대응하여'로 바꾸어 주는 것이 바람직하다.

수 정 일본 소니가 지난해 말 이미 발화 가능성이 있는 자사 배터리의 문제점을 파악했으면서도 은폐하거나 **미온적으로 대응하여** 사태를 악화시켰다는 비판이 제기됐다.

보기 5

세계적 수준의 싱가포르 교육 기관은 학교 내에서의 인성 교육과 전인 교육을 통해 학교 폭력이나 따돌림 없는 개방적인 분위기를 제공하며 흥미 유발 학습을 통해 재미있는 학교를 실현할 뿐 아니라 학생들이 국제 사회의 일원으로 성장할 수 있도록 학생들의 세계관을 넓히고 국제 매너와 예절을 자연스럽게 익힐 수 있도록 배려하고 있다.

분 석 너무 많은 내용들이 한 문장에 들어가 있다. 내용별로 몇 개의 문장으로 나누어 쓰는 것이 효과적이다. 불필요한 요소들을 삭제하면서 필요한 성분들을 보충하면 의미의 전달이 훨씬 분명해진다.

수 정　세계적 수준의 싱가포르 교육 기관은 인성 교육과 전인 교육을 통해 학교 폭력이나 따돌림이 없는 개방적인 분위기를 **제공한다. 또한** 흥미 유발 학습을 통해 재미있는 학교를 **만들기도 한다. 한편** 학생들이 국제 사회의 일원으로 성장할 수 **있게** 세계관을 **넓혀 주고**, 국제 매너와 예절**도** 자연스럽게 **익히도록** 배려하고 있다.

연습 문제 ❶

다음 문장을 정확하고 자연스럽게 고쳐 보자.

(1) 이 문장은 오류가 없는 문장처럼 여겨지기 쉬운 문장이다.
(2) 이런 짓은 사회 질서를 깨뜨리는 행동 중의 하나이다.
(3) 생선의 신선도는 눈보다 아가미를 보고 고르는 것이 요령이다.
(4) 거머리 침샘으로부터 항생제를 뽑아내는 데 성공하였습니다.
(5) 그나마 읽는 책이라는 것도 독후감을 내기 위한 책, 시험을 보기 위한 책이 내가 하는 독서의 전부였다.
(6) 내 생각으로는 만약 인간이 언어를 사용하지 않았다면 오늘날과 같은 문명의 발전을 이룩할 수는 없었을 것이라고 생각한다.
(7) 인간은 이 세상에서 태어난 첫해부터 말을 배우기 시작해서 죽을 때까지 이 배움은 계속된다.
(8) 현재도 홍콩 영화는 동남아를 석권하는 영화 왕국의 위치를 차지하고 있다.
(9) 오늘날 훌륭한 가수가 되려면 모름지기 뛰어난 춤 실력을 갖고 있으면 된다.
(10) 요즘 신세대는 남북통일의 당위성을 자칫 잊고 지낸다.
(11) 나는 오직 내가 계획한 바대로 실행에 옮긴다.
(12) 법을 어기고도 뉘우치지 않는 공직자는 마땅히 처벌 받을 수 있다.

(13) 학문은 따지고 의심스럽게 보고 다시 검토하는 데서 출발해야 한다.

(14) 전 세계적으로 석유와 석탄의 매장량은 그리 많지 않을 뿐만 아니라, 일부 지역에만 분포되어 있다.

(15) 사업 시행자는 상기의 주차장 시설, 상업 및 편의 시설을 사용하는 기간 동안 철도 시설을 제외한 전체 시설에 대하여 유지, 관리하여야 한다.

(16) 기계처럼 살아가는 현대인에게 있어 무료함이라는 것은 불가분의 관계에 있다고 해도 과언이 아닐 것이다.

(17) 때에 따라서는 누구나 자기의 의견을 발표할 수 있는 것도 학문에 대한 당연한 의무이므로, 다른 분의 학설을 존중하지 않는 것을 의미하지 않는다.

(18) 국어의 장래를 영화롭게 하려면 어떻게 해야 할 것이며, 나라와 국어와는 어떠한 관계가 있는가를 알고 소중히 하는 국어애의 정신을 기르도록 하자.

(19) 회원 일동은 유적의 중요성을 감안하여 영구 보존을 위해 고분을 사적에서 해체하는 것을 반대하고 있다.

(20) 전파법에 의해 다음 무선국을 허가하고 같은 법의 규정에 의거 고시합니다.

(21) 남녀 평등의 시작은 기존 사고와 관습이 상당 부분 남성 중심이었다는 것을 깨닫는 데서 출발한다.

(22) 주지하는바 헤겔은 현대 역사주의를 형성한다고 할 수 있는데 그는 헤라클레이토스, 플라톤, 그리고 아리스토텔레스의 직계 후손이라 할 수 있다.

(23) 어둠에 싸여 바람에 술렁이는 나무들을, 귀신을 바라보는 듯한 섬뜩한 마음으로 바라보곤 했다.

(24) 대출받기가 어려웠던 은행들도 주택 자금 대출 상품을 경쟁적으로 내놓고 있다.

(25) "은행 간 과다 경쟁으로 은행원 노동 강도가 살인적일 정도로 은행원이 과로사하는 경우도 있다."고 주장했다.

(26) 인사동과 종로, 청계천의 한 가운데 위치하여 국내인들은 물론 외국 관광객들

도 쉽게 접하며 공연을 즐길 수 있도록 위치하였다.

(27) 현대인의 바쁜 생활 속에서 조리의 간편화를 위한 냉동 가공 식품을 다년간 연구비와 시설 투자로 많은 메뉴를 각 영업체의 특성에 맞게 개발하여 일반 통닭 영업소나 대리점과 같이 통닭 원육이나 파우더 및 부자재를 공급하는 사업과는 달리 체인점 유통뿐만 아니라 각 업체의 특성에 맞게 소비자에게 즉석에서 메뉴를 제공할 수 있도록 다양한 메뉴를 냉동 가공하였습니다.

연습 문제 ❷

학교 신문, 웹진 기사 등 학생들이 쓴 글을 대상으로 잘못된 문장이나 어색한 표현을 찾아 보자.

연습 문제 ❸

주요 일간지나 주간지, 월간지 기사 등 기자들이 쓴 글을 대상으로 잘못된 문장이나 어색한 표현을 찾아 보자.

연습 문제 ❹

다음은 '군복무 가산점 제도'에 관한 대학교 1학년 학생의 글이다. 문장 구성적인 면, 내용적인 면, 표현적인 면에서 다시 고쳐 쓰기를 해 보도록 하자.

예문

보호받아야 할 사람에게 혜택을, 그들을 제외한 사람에겐 공감을

군복무를 마친 사람들이 취업 시험을 치룰 때 일정 범위의 가산점을 부여하는 '군

필자 가산점 부여 제도'의 실행 여부를 놓고 여성부와 국방부가 대립하고 있다. 군가산점 제도는 1961년 상이군인 의무고용할당제가 뿌리가 돼 시작된 것으로 37년간 지속되다가 1998년 여대생과 장애인이 헌법 소원을 내면서 폐지되었다. 폐지 이유로 공무담임권, 평등권, 직업 선택의 자유를 침해한다고 판결된 바 있다. 최근 국회에서 통과시키려는 군 가산점제는 가산 비율을 2.5%로 낮추고 가산 점 부여횟수를 3~6회로 제한하며, 가산점으로 합격한 사람이 전체의 20%를 넘지 않는다는 제한 조치를 덧붙여 위헌 소지를 없애겠다는 취지를 가진 것으로 밝혀졌다. 하지만 근본 원인이었던 평등권과 직업 선택의 자유를 해결하지 않은 상태에서 퍼센트만 조정하고 있어 또다시 반대에 직면할 것으로 전망되며, 보호받아야 할 사람이 제대로 보호 받고 그들을 제외한 사람에겐 피해가 가지 않게 하기 위해 문제를 조정해야 하기에 중요하다고 할 수 있다.

이에 대해 국방부는 군 가산점 제도의 도입 찬성 비율이 높은 여론 조사의 결과를 들며 빠른 시일 내에 여성부와의 협의를 거쳐 실시하겠다는 강한 입장을 보였으나 여성부는 극소수의 군필자에게만 혜택이 돌아가서는 안 된다는 논리로 계속해서 반대하고 있다. 나 역시 여성가족부의 입장에 동의하며 이 제도의 실행에 반대한다.

첫 번째 근거는 군필자에게만 취업 시험 가산점을 부여하는 것은 사회에서 볼 수 있는 많은 역차별 중 하나라고 생각하기 때문이다. 이 사회에 속한 사람들은 가정환경, 성향, 태어날 때부터 가진 장애 등 수많은 이유로 어떤 일을 할 때 동등한 선에서 시작할 수 없는 경우가 많다. 그런 사람들에게 최대한 출발선을 같게 해 주기 위해 우리 사회는 제도와 장치를 마련했다. 하지만 그것이 지나칠 때에는 혜택을 받는 사람을 제외한 나머지에겐 역차별로 다가올 수 있을 것이다. 즉, 부당하게 차별을 당하는 쪽의 차별을 막기 위한 제도나 방침, 행동 따위가 너무 급진적이어서 도리어 반대편이 차별을 당하게 되는 경우가 생길 수 있다는 말이다. 이러한 역차별의 대표적인 예로 고위 공무원 선출 시 일정 비율을 여성으로 채우는 '여성 할당제'가 있다. 국회의원 여성 할당제 고위 공무원 여성 할당제 등을 시행하는 과정 중에 진정한 실력을 가진 남성(또는 여성)이 불이익을 보는 일이 발생하고, 이는 사회적 약자에게 주어지는 혜택이 너무 한쪽에 치우쳐 있어 진정 노력하거나 실력이 뛰어난 사람이 역차별 받는 사례가 될 수 있겠다. 이와 마찬가지로 최근 자료를 근거로 들어 군 가산점 제도 또한 역차별의 사례가 됨을 입증할 수 있다. 2007년 한국여성정책연구원의 공무원 시험 군 가산점 시뮬레이션 결과 현재의 합격률에서 최대 15%까지 그 비율이 하락하는 반면, 남성의 경우 15%까지 합격률이 높아질 수 있는 것으로 나타났기 때문이다. 적용 결과, 7급의 경우 2%의 가산점을 부여하면, 여성의 합격 비율은 31.4%에서 20.4%로 감소한 반면, 가산점을 받게 되는 군필 남성의 비율은 받기 전인 64.4%에서 75.6%로 증가했다. 합격선도 부여 전 85.14점에서 부여 후 86.11 점으로 약 0.97점 상승했다. 여성의 비정규직화가 급속도로 확산되고 여성 임금이 남성의 66% 수준에 머무르고 있는 현실에서 군 가산점 제도는 구조적 차별을 당하고 있는 여성에게 오히려 역차별이 될 수 있다. 국방부의 입장은 군필자들이 자신이 선택해서가 아닌 '사회'에 의해 강제적으로 군 복무의 의무를 지기 위해 일정 혜택을 주어야 한다는 것이다. 하지만 자신이 선택하지 않았음에도 사회적으로 불리한 일을 겪는 사람과 그 위치에 있는 사람은 너무나 많다. 군필자들에게 취업 시험을 치를 때 가산점을 준다면 이러한 사람들의 호소를 외면할 수는 없을 것이다.

두 번째 근거는 여성부가 제시한 것처럼 혜택의 범위가 취업 시험에 제한되면서 당장 또는 미래에도 취업을 하지 않을 사람은 혜택을 받지 못하게 된다는 것이다. 청소년기에 군 제대를 한 이들 또는 취업을 하지 않을 사람들은 군 복무를 했음에도 군복무 후에 군 가산점 제도로 이득을 보는 사람들과 달리 아무 혜택도 받지 못한다. 또한 혜택 대상이 '취업'이라는 것도 문제가 될 수 있는데, 4년제 대학을 졸업해도 '88만 원 세대'로 살아갈 수도 있다는 위협을 받는 대학생들이 단연 민감해질 수밖에 없는 문제이다. 88만 원 세대란 고용 불안에 시달리는 2007년 전후 한국의 20대를 지칭하는 말이며 88만 원은 비정규직 평균 급여 119만 원에 20대 평균 급여에 해당하는 73%를 곱한 금액을 의미한다. 지금 대한민국의 미래는 지금의 20대 중 상위 5% 정도만이 5급 사무원 이상의 단단한 직장을 가질 수 있고 나머지는 평균 임금 88만 원 정도를 받는 비정규직 삶을 살게 될 것으로 예상되고 있다. 따라서 단순히 취업에만 중점을 두는 것보다 다른 길로 나갈 수 있게 도움을 주는 것이 더 제도 도입의 진정성을 살릴 수 있을 것이다. 만약 군필자에게 혜택을 주기 위한 제도를 도입해야 한다면 그 범위는 취업 시험에 국한되어서는 안 되며 제대 군인 전체에게 이득이 돌아가야 할 것이다.

지금까지 군필자들이 취업 시험을 치룰 때 가산점을 부여하는 것이 하나의 사회적 역차별일 수 있고, 범위가 민감한 사항이라는 근거로 군필자 가산점 부여 제도에 반대하는 의견을 펼쳤다. 군 가산점 제도를 찬성하는 사람들은 국가를 지킨 이들이 군대를 안 간 후배보다 호봉이 낮거나 승진에서 뒤처지는 현실을 언급하며 이런 불합리를 막기 위해 군 가산점 제도를 실시해야 한다고 주장한다. 하지만 군 가산점 제도가 아니더라도 이런 불안함을 줄여줄 수 있는 방법은 다양하다. 국민 연금, 의료보호를 통해서 또는 호봉을 인상하는 방안을 통해서 불안함을 줄여줄 수 있고 99년 이후에는 제대 군인 지원에 관한 법률이 개정되어 호봉이나 승진 부분도 제대 군인들에게 좀 더 혜택을 주고 있으며, 공무원 시험을 보는 시험 응시 연령도 복무 기간만큼 연상했다고 한다. 따라서 대책이 있음에도 군가산점제도를 도입하는 것은 무리가 있다. 보호해야 할 사람에게는 혜택이 돌아가고 그들을 제외한 사람들은 공감하고 납득할 수 있는 제도를 마련해야 할 것이다. (학생 글)

04

글쓰기의 과정

좋은 글을 쓰기 위해서는 글쓰기의 과정을 이해하는 것이 중요하다. 이 과정은 대개 '주제 정하기 → 개요 짜기 → 초고 쓰기 → 글 수정하기'의 4단계로 이루어진다. 이 과정을 따르지 않으면 불필요한 시행착오를 반복하게 되어 효율적으로 글을 쓰기가 어렵다.

그렇다고 이 과정에 따라 순차적으로 글을 써야 한다는 것은 아니다. 개요를 짜면서 주제가 적당하지 않다는 점을 깨닫게 되면 다시 처음으로 돌아가서 주제를 바꿀 수 있다. 또 초고를 쓰는 과정에서 개요의 문제점이 발견되면 개요를 수정한 뒤 다시 글을 쓸 수 있다. 이것을 회귀적 과정이라고 부른다.

글쓰기의 절차가 순차적이 아니라 회귀적이라는 것을 아는 것은 중요하다. 이것은 각 과정을 완벽하게 마무리 지으면서 글을 쓰는 것이 현실적으로 불가능하며, 오히려 필요할 때마다 앞 단계로 돌아가 고쳐야 할 대목을 수정하면서 글을 써 나가야 글이 훨씬 더 나아질 수 있다는 것을 의미한다.

그렇지만 이 글쓰기 과정은 비교적 간단하고 단순해 보여서 따로 배울 필요가 없다고 생각하는 사람들이 많다. 하지만 이 과정을 잘 따라가면서 글을 쓰는 것은 생각보다 쉽지 않다. 훈련을 거치지 않으면 실제 글을 쓸 때 제대로 활용하기 힘들다.

4. 1. 주제 정하기

글을 쓸 때 가장 먼저 해야 할 일은 주제를 정하는 것이다. 여기서 주제는 글쓴이가 글에서 드러내고자 하는 중심 생각을 말한다. 좋은 글을 쓰려면 주제가 명확해야 한다. 누구나 경험하듯이 주제가 불명확하면 두서없고 산만한 글을 쓰게 되기 마련이다.

◇ 좋은 주제란?

• 관심이 가는 주제여야 한다

억지로 정한 주제일수록 관심이 생기지 않을 가능성이 높다. 내 의지에 따라 자유롭게 정했다 해도 끝까지 흥미를 유지하면서 글을 써 나갈 수 없다고 판단된다면 주제를 바꾼다.

• 내 능력에 맞아야 한다

아무리 좋은 주제라도 다루기 어려운 주제라면 선택하지 않는다. 다루기 어려운 주제는 보통 범위가 너무 넓은 주제이거나 탄탄한 지적 바탕이 요구되는 전문적인 주제이다. '한국 사회의 배타적 민족주의 극복을 위한 사회 변화의 필요성'이 그러한 주제에 해당한다. 범위를 좁혀서 내가 도전해 볼 만한 주제로 만드는 것이 필요하다. '한국에 거주하는 이민족 차별과 배타적 민족주의' 정도로 주제를 좁히면 글을 쓰기

가 훨씬 더 수월해질 뿐만 아니라 구체적인 분석을 바탕으로 자신만의 글을 쓸 가능성이 높아진다.

- **독자의 관심과 흥미를 불러일으킬 수 있어야 한다**

독자가 내 글에 관심을 보여주지 않는다면 내 글의 주제가 흥미롭지도, 중요하지도 않을 가능성이 높다. 주제에 문제가 있는 상황이라고 판단된다면 주제를 변형시키거나 바꾸어야 한다.

하지만 처음부터 주제가 명료하게 떠오르는 것은 아니다. 그렇기 때문에 글을 쓸 때는 대개 가주제에서 참주제로 주제를 좁히면서 자신이 다룰 수 있는 주제로 구체화하는 과정을 밟는다.

4.1.1. 가주제와 참주제

가주제란 범위가 넓어서 다루기 막연한 주제를 말한다. 글을 쓸 때 사람들은 대체로 범위가 넓은 가주제에서 주제를 찾기 시작한다. 그러나 이것은 범위가 너무 넓어서 개론서나 총서를 쓸 예정이 아니라면 글쓰기에 적합하지 않다. 그래서 사람들은 가주제의 범위를 한정해서 자신이 다룰 수 있는 구체적인 주제로 좁히는 과정을 밟는다. 이렇게 정해진 주제를 참주제라고 부른다. 참주제는 다음 두 가지를 충족시켜야 한다. 하나는 다루는 대상인 제재의 범위를 좁히는 것이다. 다른 하나는 그에 대한 나의 관점과 의견을 구체적으로 정하는 것이다.

다음 사례를 통해 가주제와 참주제의 차이를 살펴 보자.

회전문의 기만

삶의 세 가지 기본 요소가 의·식·주라는 것은 초등학교 때부터 공식적으로 배우는 것이다. 그 가운데서도 집을 생각하면 이와 연관된 것이 여럿 떠오르는데, 아마도 문(門)이 그 으뜸이 아닌가 생각한다. 문이 있어야 집에 들어가고, 또한 집에서 나올 수 있기 때문이다. 그리고 문을 닫고 집에 있을 수 있기 때문이다. 문은 집에 사는 사람을 위해 하나의 세상을 구성해 주고 그 세상이 바깥 세상과 소통하는 통로가 되어 준다.

그리고 그 소통 방식은 '열림과 닫힘' 또는 개방과 폐쇄, 단절과 연결, 환영과 박대 등으로 구체화된다. 그러니까 문은 '열림'과 '닫힘'의 구체적 본보기이자 또한 모든 열림과 닫힘, 그 파생적 행동들을 매우 적절하게 상징하는 것이라고 할 수 있다.

문은 분명 열림과 닫힘 모두를 위해서 존재한다. 계속 닫혀 있는 문이 제 기능을 하지 못하고 무의미하듯이, 계속 열려 있는 문도 그 존재 가치와 의미가 없다. 계속 닫혀 있는 문을 만들 바에야 담이나 벽으로 빈틈없이 둘러싸면 되고, 계속 열려 있는 문을 만들 바에야 그냥 담이나 벽 한 군데를 뚫어 놓으면 될 일이다. 열림이 있으면 닫힘이 있고, 닫힘이 있으면 또 열림이 있는 법이다.

그런데 우리 삶의 지향점으로서 열림과 닫힘은 반드시 대칭적 균형을 이루고 있지는 않다. 한때는 닫힘과 폐쇄를 더 지향하고, 또 한때는 열림과 개방을 더 지향한다. 지금 우리 사회는 열림을 지향하고 있다. '열린 마음', '열린 교육', '열린 음악회', '열린 마당', '열린 장터' 등 열림을 지향하는 것이 당연시되고 있다. 그리고 그것이 삶에서 어느 정도 보편적 가치를 지니고 있다고 믿게 되었다.

이것은 우리가 타인을 대할 때에도 열린 자세를 가져야 한다는 것을 의미하며, 또한 이 사회의 수많은 문들이 열린 구조로 사람들을 맞아야 한다는 것을 뜻한다(여기서 문은 상징적인 의미가 아니라 구체적인 실물을 가리킨다). 그런데 현대 사회의 문은 대부분의 경우 닫힌 구조로 사람들을 맞고 있다. 따라서 사람들을 환대하는 것이 아니라 박대하고 있다고 할 수 있다.

그 대표적인 예가 회전문이다. 가만히 회전문의 구조와 그 기능을 머릿속에 그려보라. 그것이 어떤 식으로 열리고 닫히는지 알고는 놀랄 것이다.

회전문의 축은 중심에 있다. 축을 중심으로 통상 네 짝의 문이 계속 돌게 되어 있다. 마치 계속 열려 있는 듯한 착각을 일으키지만, 사실은 네 짝의 문이 계속 안과 밖을 차단하도록 만든 것이다. 실질적으로 열려 있는 순간 없이 계속 닫혀 있는 셈이다. 회전문은 움직이고 있을 때나 정지하고 있을 때나 네 짝의 문이 계속 안과 밖을 차단하고 있는 구조로 되어 있다.

또한 회전문을 이용하는 사람들은 회전문의 구조와 운동 메커니즘에 맞추어야 실수 없이 문을 통과해 안으로 들어가거나 밖으로 나올 수 있다. 어린아이, 허약한 사람, 또는 민첩하지 못한 노인은 쉽게 그것에 맞출 수 없다(회전문의 구조에 갇혀서 계속 돌고 도는 어떤 '불행한' 사람을 코미디의 소재로 한 영화 장면도 있다). 더구나 휠체어를 탄 장애인이라면 더 말할 나위도 없다. 따라서 장애인에게 회전문은 문이 아니다. 실질적으로 닫혀 있는 기능만 하는 문은 문이 아니기 때문이다.

상징적 차원에서도 들어오는 사람을 맞이하는 사람의 틀에 맞추도록 하는 열림은 진정한 열림이 아니다. 그것은 중심에 축을 가진 회전문의 구조처럼, 맞이하는 자가 모든 것의 중심에 군림하려 하고 찾아오는 타인의 개별적 특성을 고려하지 않은 것이기 때문이다.

그런데 우리나라에서는 그것을 과용하고 있다. 더구나 호텔같이 '사람맞이'를 주업으로 하는 곳에서도 말이다. 한여름에는 각 건물에서 냉방을 효율적으로 하기 위해 여닫이문을 아예 폐쇄하고 회전문만 사용하는 경우도 생긴다. 하지만 회전문은 영원히 '닫힌 사회'를 상징할 뿐 아니라 실제로도 그 폐쇄성을 적지 않은 사람들에게 강요한다.

회전문은 인간이 만들고 실용화한 문 가운데 가장 문명적이고 가장 발전된(?) 형태일지 모르지만, 또한 가장 야만적이고 가장 미개(未開)한 통과 구조다. 그것은 열림을 가장한 닫힘의 연속이기 때문이다. 더구나 들어오고 나가는 사람이 없을 때도 계속 돌고 있는 자동 회전문은 그 가장의 극치이다. 그것은 아직 진정으로 열 줄 모르는 인간 사회의 한 단면을 보여준다. (김용석, 「회전문의 기만」)

여기서 가주제는 '일상의 (재)발견을 통한 한국 사회 비판'이다. 참주제는 '회전문을 통해 드러나는 우리 사회의 폐쇄적인 소통 방식에 대한 비판적 성찰'이다.

가주제의 제재인 '일상'은 범위가 너무 넓다. 그래서 저자는 일상생활에서 자주 접하는 '회전문'을 참주제의 제재로 선택하였다. '회전문'이라는 제재에 대한 관점인 '한국 사회 비판' 역시 범위가 상당히 넓다. 이에 따라 한국 사회의 수많은 문제점 중 저자가 자신의 관점으로 선택한 것은 '우리 사회의 소통 방식에 대한 비판적 성찰'이다.

참주제가 완성되면 주제문을 만들어야 한다. 참주제만으로는 비판적 성찰의 구체적인 내용과 방향을 명시적으로 드러내기가 어렵기 때문이다. 주제문은 평서문으로 작성하며, 완전한 문장으로 서술한다. 그리고 주장하는 글의 주제문을 만들 때에는 반드시 자신의 의견을 포함시킨다.

문장으로 완성된 주제문은 글의 목표와 방향을 분명하게 하는 데 적지 않은 도움을 준다. 특히 주제문을 직접적으로 드러내면서 글을 쓰고자 할 때에는 미리 만들어 두는 것이 효율적이다.

이를 정리하면 다음과 같다.

가주제	참주제	주제문
일상의 (재)발견을 통한 한국 사회 비판	회전문을 통해 드러나는 우리 사회의 폐쇄적인 소통 방식에 대한 비판적 성찰	열림을 가장한 닫힘의 연속인 회전문은 영원히 '닫힌 사회'를 상징하는 미개한 통과 구조이다.

주제를 가주제와 참주제로 구분하는 것은 생각보다 큰 장점이 있다. 대학에 들어와 본격적으로 글을 쓰기 시작하는 학생들에게는 특히 도움이 된다. 대부분의 학생들은 자신이 다룰 수 있는 주제를 구체적으로 정하는 데 능숙하지 못하다. 따라서 가주제를 생각해 보는 과정 없이 참주제부터 정하게 되면 좋은 주제를 찾는 데 실패하기 쉽다. 이와 달리 가주제에서 참주제로 주제를 좁히는 과정을 밟으면 좋은 주제를 찾을 가능성이 높아진다. 또한 이것은 주제를 정하는 과정에서 자신이 드러내는 문제점을 파악하는 데도 도움이 되며, 자신이 선택한 주제가 다룰 만한지 그렇지 않은지 검토해 보는 데에도 요긴하다.

연습 문제 ❶
  2인이 1모둠이 되어 다음 글의 가주제와 참주제가 무엇인지 생각해 보자. 이 글의 주제문도 적어 보자.

된장녀 이야기

'된장녀'라는 단어, 여느 유행어와 마찬가지로 이 또한 얼마 뒤 사라질 것처럼 보였다. 그러나 사라지기는커녕 오히려 더 큰 파급력으로 인터넷 전체를 뒤덮었다. 다수의 남성들이 만들어낸 여성 비하 발언의 하나로 치부하고 넘어가기에는 이 단어의 영향력이 만만치가 않다.

단순히 어느 커피 전문점의 커피 가격에서 시작된 이 논란은 남성과 여성의 성대결 구도로까지 이어졌다. 과거에 있었던 조그만 사건이 지속적인 사회적 논란의 대상이 되고, 한때의 인터넷 유행어로 그칠 수 있었음에도 불구하고 그 단어가 지금까지도 사용된다는 것은 흥미로운 사실이다. '된장녀'라는 단어의 형성 배경과 방식, 또한 그 단어가 내포하고 있는 의미를 살펴봄으로써 우리는 오늘날 한국이라는 사회의 한 단면을 비판적으로 성찰해 볼 수 있을 것이다.

'된장녀'의 등장 배경과 그 내막은 다음과 같다. '된장녀'라는 단어의 의미를 정확히 한 가지로 규정할 수는 없지만 일반적으로 "값비싼 상품을 소비하는 문화를 좇는 허영심이 가득 찬 삶을 사는 여성"이라고 할 수 있다. 이러한 사람들을 지칭할 때에 왜 '된장'이라는 단어가 사용되었는지는 그 어원에 대한 의견이 분분하다. 분별력이 없는 사람에게 사용하는 "똥인지 된장인지도 모른다"라는 말에서 출발했다는 설도 있고 '젠장'이 '된장'으로 전이된 것으로 보는 설도 있다. 혹자는 테이크아웃(Take-Out) 커피의 컵 색깔이 된장의 색과 비슷하기 때문이라고 주장한다.

'된장녀'라는 단어의 등장은 엉뚱하게도 '스타벅스'라는 커피점의 커피 가격에서 출발했다. 발단은 스타벅스의 커피 가격이 다른 나라에 비해 한국에서 높게 책정되어 있음에도 그 성장세가 가파르다는 조선일보의 기사였다. 아무래도 커피를 소비하는 주 소비자가 여성이기 때문에 일부 네티즌들이 이를 보고 "한국 여성들은 값비싼 스타벅스 커피를 마시는 것을 고급스러운 것이라고 생각한다."라며 이들을 비난했다. 이 과정에서 등장한 단어가 바로 '된장녀'이다.

그런데 이 당시 네티즌들은 '값비싼 상품을 소비하는 성향'을 지닌 여성만을 공격하였을 뿐, 여성 전체를 공격하지는 않았다. 가령 평소에 1,500원짜리 점심을 사먹으면서 5,000원짜리 커피를 마신다거나, 한 달 넘게 라면으로 끼니를 때우면서 수십만 원대의 명품을 사는 여성들 말이다. 밥값보다도 비싼 커피를 아무렇지도 않게 사 먹는 여성들에 대한 비난일 뿐이었다.

사실 이 '된장녀' 논란이 확장된 원인은 여성 회원이 주 고객층인 '마이클럽'이라는 사이트에 올라온 글 때문이다. 최고의 조회수를 기록한 그 글의 내용은 이랬다. "아무 능력도 없이 남자인 것을 자랑으로 여기는 사람들이 꼭 있다. (중략) 무능력한 남자들이, 돈이 없어서 못 사 먹는 커피를, 우리가 (여성들이) 사먹는 것을 배 아파한다."

이 상황에서 TV 예능 프로그램에서 "근사한 이벤트를 열어 주고 난 뒤 계산을 하면서 할인 카드를 사용하면 분위기가 좀 깨진다."라는 한 여성 연예인의 발언이 전파를 타게 되면서 '된장녀' 논쟁은 성 대결 구도로 접어들었다. 이로 인해 '된장녀'는 '스스로의 능력 없이 남자들의 지갑에 의존해 소비하는 여성'이라는 또 다른 의미를 갖게 되었다. 즉, '된장녀'라는 단어의 의미가 '허영심에 빠져 있는 여성'에서 '허영심에 빠져 있거나 무능력한 여성'으로까지 확장된 것이다.

여기서 눈여겨볼 점은 이러한 발언의 기저에는 남성의 억눌린 불만이 표출된 측면이 있다는 것이다. 남자와 여자의 데이트에서 비용은 당연히 남자가 책임져야 한다는 사람들의 일반적인 인식 때문이다. 게다가 이 시기 발생한 여러 문제에 대한 여성부의 비합리적인 대응은 남성들이 불만을 터뜨리는 촉매 역할을 했다. 이것이 기폭제(?)가 되어 '된장녀' 논쟁은 광기에 휩싸인 남성과 여성들의 전투의 장이 되었고 거기에서 논리와 이성은 찾아볼 수 없게 되어 버렸다.

소위 밥보다 비싼 커피, 한 달 월급보다 비싼 핸드백을 소비하는 '된장녀' 논란에는 문화적 편견과 갈등이 있다. 커피는 밥보다 소중하지 않고 핸드백은 굳이 비쌀 필요가 없다는 것이 그러한 편견이다. 즉, '된장녀'들의 소비는 비합리적 소비로 여겨져 비난받을 수도 있으나 한편으로는 자유로운 문화적 선택의 관점에서 존중받을 수도 있어야 한다. 분명한 것은 된장녀 논쟁이 문화적 편견에서 비롯된 '문화적' 논쟁인 것이지 결코 '성차별' 논쟁이 되어서는 안 된다는 것이다. (학생 글)

– 가주제 :

– 참주제 :

– 주제문 :

4. 1. 2. 참주제 찾기 위해 구상하기

김용석은 '회전문에서 드러나는 우리 사회의 폐쇄적인 소통 방식에 대한 비판적 성찰'이라는 참주제를 찾기 위해 어떤 사고 과정을 거쳤을까. 개인차가 있겠지마는 일상의 발견이라는 넓은 범위를 내가 다룰 수 있는 좁은 범위로 좁히기 위해서는 아이디어 발산 과정을 거쳐야 한다. 이것을 구상하기라고 한다. 작가 역시 이러한 과정을 밟았기 때문에 구체성이 살아난 글을 체계적으로 쓸 수 있었을 것이다.

구상하는 데 가장 많이 활용되는 방법은 브레인스토밍이다. 구상을 위한 브레인스토밍은 다음의 3단계로 진행하는 것이 효과적이다.

■ 1단계 브레인스토밍: 글의 제재 찾기

'일상의 (재)발견'을 위해 자신의 주변을 살펴보고 그중 글감에 알맞다고 생각하는 것을 제재로 선택한다.

> **일상:** TV, 스마트폰, 놀이공원, 테이크아웃, 아메리카노, 하이힐, 문

일상에서 흔히 보이는 것 중에서 저자가 선택한 것은 '문'이다. 그런데 문에 대해 막상 글을 쓰려고 하니 이 역시 생각보다 범위가 넓다는 것을 느끼게 된다. 문의 종류와 역할 및 의미가 다양하기 때문이다. 제재의 범위를 더욱 좁히는 작업에 착수해야 한다.

■ 2단계 브레인스토밍: 제재의 범위 좁히기

> **문:** 미세기문, 미닫이문, 여닫이문, 회전문, 한옥 대문, 싸리문, 정낭(제주도의 옛날 대문), 아파트 문

다양한 문 중에서도 저자는 '회전문'을 선택하였다. 이 회전문이 한국 사회의 문제점을 지적하고 그에 대한 입장을 밝히는 데 가장 적합하다고 판단하였기 때문일 터이다.

그런데 어느 사회나 그렇듯이 한국 사회도 문제점이 한둘이 아니기 때문에 회전문을 통해 어떤 문제점을 지적하고 싶은 것인지 구체적으로 확정할 필요가 있다. 제재에 대한 관점을 정하기 위한 3단계 브레인스토밍이 필요한 것이다.

■ 3단계 브레인스토밍: 제재에 대한 내 관점 정하기

회전문에 대한 관점 정하기 ⇨
- 회전문의 불편함
- 타인을 박대하는 회전문
- 전통 사회의 문의 역할과 회전문의 역할 비교를 통한 한국 사회의 비개방성 비판
- <u>회전문의 구조에서 드러나는 우리 사회의 폐쇄적인 소통 방식</u>
- 대형 건물에 주로 달려 있는 회전문과 그 권위적 성격

회전문에 대한 소박한 비판적 관점에서부터 학문적 깊이까지 요구하는 비판적 관점에 이르기까지 여러 관점이 있을 수 있다. 저자는 그중에서 회전문에서 드러나는 우리 사회의 폐쇄적인 소통 방식을 선택하기로 하였다. 이렇게 해서 참주제가 완성되었다.

하지만 참주제만으로는 구체적인 입장이 드러나지 않으므로, 이를 주제문으로 완성해서 내가 무엇에 대해 글을 쓰는지 명료하게 해야 한다. 저자는 "열림을 가장한 닫힘의 연속인 회전문은 영원히 '닫힌 사회'를 상징하는 미개한 통과 구조이다."라는 주제문을 글의 중심으로 삼았다. 이를 통해 열린 사회를 표방하면서도 실제로는 닫힌 사회에 우리가 살고 있으며 이것은 비문명적인 사건임을 분명하게 드러내었다.

연습 문제 ❶

2인 1모둠이 되어 다음이 가주제를 위한 제재인지 참주제를 위한 제재인지 구분해 보자.

> 놀이공원, 테이크아웃, 하이힐, 혼밥, 오타쿠, 금수저

가주제에 해당하는 제재를 참주제에 해당하는 제재로 혼자 고쳐 보고, 다시 2인 1모둠

으로 모여 잘 고쳤는지 상호 평가해 보자.

연습 문제 ❷

일상의 발견을 가주제로 삼고, 그 범위를 좁혀 참주제를 정해 보자. 이를 위해서 먼저 교실에 있는 학생 전원이 참여하는 1단계 집단 브레인스토밍을 해보자. 한 명씩 참주제에 알맞은 제재라고 생각하는 것을 제시하면 교수자는 칠판에 이를 모두 적는다. 참주제가 아니라고 판단하면 이를 수정하는 의견을 제시해도 좋다.

의견이 모두 나왔으면 이제 저마다 제재를 하나 선택해서 제재의 범위를 가급적 크게 좁히는 2단계 브레인스토밍을 해 본다. 그런 다음 관점과 의견이 드러나는 참주제를 정하기 위한 3단계 브레인스토밍을 시도한다.

가주제	일상의 (재)발견을 통한 한국 사회 성찰	
참주제	제재 정하기	예 1〉 실내 놀이공원 예 2〉 테이크아웃 예 3〉 하이힐
	제재에 대한 관점을 드러내는 방식으로 참주제 정하기	예 1〉 실내 놀이공원과 인공 낙원의 향유 예 2〉 테이크아웃과 장소 문화의 소멸 예 3〉 하이힐과 전문직 여성의 자기표현 욕망

자신이 정한 참주제를 주제문으로 구체화해 보자.

예 1〉 **실내 놀이공원과 인공 낙원의 향유:** 낙원을 대체하는 가상의 인공 낙원인 실내 놀이공원은 자본주의 사회가 만들어낸 첨단의 소비 공간이다.

예 2〉 **테이크아웃과 장소 문화의 소멸:** 테이크아웃이 유행하면서 서로 모르는 사람들이 함께 모여서 만들어 내는 장소 문화가 소멸되고 있다.

예 3〉 **하이힐과 전문직 여성의 자기표현 욕망:** 전문직 여성이 하이힐을 가장 선호하

는 것은 자신을 다른 계층의 여성과 구별 짓고자 하는 욕망의 반영이다.

3인 1모둠으로 모여 좋은 글을 쓸 수 있는 참주제와 주제문을 만들었는지 서로 조언해 보자.

4. 2. 개요 짜기

참주제와 주제문을 정했으면 본격적으로 글을 쓸 준비를 시작한다. 이 과정에서 가장 중요한 것은 글의 개요를 작성하는 일이다. 개요를 작성할 때 반드시 해야 할 일은 다음 두 가지이다. 먼저 글에 필요한 내용을 준비하고, 다음으로 글의 논리적 흐름에 맞게 내용을 배열해야 한다.

4. 2. 1. 개요 작성에 필요한 내용 준비하기

개요는 글의 전체적인 내용과 구조를 드러내는 밑그림이다. 개요를 작성하지 않고 글을 쓰는 것보다는 개요를 작성하고 글을 쓸 때 일관성이 살아난 글을 쓸 가능성이 높다. 개요가 없으면 글의 일관성이 지켜지지 않거나 꼭 들어가야 할 내용이 빠지기 쉽다. 가장 위험한 것은 논점에서 이탈되기 쉽다는 점이다.

그런데 많은 학생들이 개요를 형식적으로 작성하여 실제 글을 쓸 때 개요의 도움을 전혀 받지 못한다. 글쓰기에 실제적인 도움이 되는 개요를 체계적으로 작성하기 위해 다음의 과정을 밟아 보자.

■ 개요에 필요한 내용 목록 만들기

무작정 개요를 작성하려고 하면 필요한 내용이 별반 떠오르지 않는다. 그래서 먼저 할 일은 개요 짜기에 필요한 내용 목록을 만드는 것이다. 다음과 같은 방법으로 내용 목록을 만들어 보자. 주제에 대해 내가 이미 알고 있는 것을 목록으로 만든다. 그런 다음 그 주제에 대해 알고 싶은 것, 알아야 할 것의 목록을 만든다.

주제에 대해 내가 이미 알고 있는 것	그 주제에 대해 알고 싶은 것 / 알아야 할 것

연습 문제 ❶

3인 1모둠으로 모여 목록에 대해 조언해 보자. 목록에 있는 내용이 적절하고 충분한가?

■ 자료 수집하기

내용 목록을 만들었으면 이제부터 주제에 대해 알고 싶은 점이나 알아야 할 점을 찾아 보기 위해 자료를 수집한다.

김용석은 「회전문의 기만」을 쓰기 위해 어떤 자료를 수집했을까. 김용석의 자료 수집 방식을 따라가면서 자료 수집 방법에 대해 알아 보자.

먼저 효율적으로 자료를 찾기 위해서는 핵심어를 정한 뒤 도서관 사이트에서 자료를 검색한다.

연습 문제 ❷

김용석의 글에서 핵심어가 무엇일지 최소한 3개를 정해 보자. 2인 1모둠이 되어 서로의 핵심어를 비교하고 그중에서 더 중요하다고 생각하는 핵심어 3개를 최종적으로 선택해 보자.

중앙학술정보관에 들어가서 핵심어들로 단행본 자료들을 검색해 보자. 그리고 김용석의 주제를 살릴 수 있는 단행본과 학위 논문의 목록을 만들어 보자.

RISS와 DBPIA 또는 KISS에 들어가서 핵심어들로 학위 논문과 소논문 자료들을 검색해 보자. 마찬가지로 김용석의 주제를 살릴 수 있는 소논문의 목록을 만들어 보자.

자료를 검색할 때 유의할 점은 자료가 주제의 성격에 맞는가이다. 같은 핵심어로 찾은 자료일지라도 자료의 주제와 서술 방향 등은 서로 다를 가능성이 높다. 따라서 자료를 검색한 다음에는 주제에 부합하는 자료만 따로 추려내는 과정을 밟아야 한다.

연습 문제 ❸

아래의 참고 문헌 중 김용석의 주제에 적합하다고 판단되는 자료를 선택해 보자. 2인 1둠이 되어 어떤 기준으로 선택했는지 설명해 보자.

1) 변화영, 「열림과 소통의 글쓰기 교육: 소설에 등장하는 소수자를 중심으로」, 『현대문학이론연구』 제35권, 현대문학이론학회, 2008. 12.

2) 박나래, 「공간구성체계에서 門의 본질적 의미와 현대적 적용에 관한 연구」, 건국대
학교 대학원 석사학위논문, 2001.

3) 우인식, 「한국전통건축 공간구성의 영역과 경계에 관한 연구」, 국민대학교 대학원
석사학위논문, 1995.

4) 정선아, 「문의 상징적 표현에 관한 연구」, 서울여자대학교 대학원 석사학위논문, 1992.

5) 이경재, 『문: 한국건축의 공간과 통로』, 서울: 열화당, 1987.

6) 아시하라 요시노부, 『외부공간의 미학』, 강건희 옮김, 서울: 기문당, 1995.

7) 칼 포퍼, 『열린사회와 그 적들』, 이한구 옮김, 서울: 민음사, 1982.

이번에는 내가 선택한 참주제에 맞는 자료를 찾아 보자. 먼저 내 주제의 핵심어를 3개 이상 선택한다. 그리고 중앙학술정보관에 들어가서 핵심어로 단행본 자료 및 학위 논문과 소논문 자료를 찾는다. 자료를 선별해서 읽은 뒤 개요에 필요한 내용을 간추려 둔다.

연습 문제 ❹

내 주제에 맞는 핵심어를 3개 이상 선택해 보자.

중앙학술정보관에 들어가서 핵심어들로 단행본 자료들을 검색해 보자. 그리고 내 글의 주제를 살릴 수 있는 단행본과 학위 논문의 목록을 만들어 보자.

RISS와 DBPIA 또는 KISS에 들어가서 핵심어들로 학위 논문과 소논문 자료들을 검색해 보자. 마찬가지로 내 글의 주제를 살릴 수 있는 소논문의 목록을 만들어 보자.

연습 문제 ❺

자료를 선별해서 읽은 뒤 개요에 필요한 내용을 간추리기 위해 다음과 같은 활동을

해 보자.

- 자신이 만들 목록에 따라 자료를 직접 찾아 본다. 인터넷을 활용할 수 없는 자료일 경우에는 반드시 도서관을 방문해야 한다.
- 내 글에 필요한 자료인지 검토해 본다. 이 과정에서 내용을 샅샅이 다 읽을 필요는 없다. 적합한 내용이 눈에 뜨일 때까지 훑어보는 방식으로 검토한다.
- 필요한 자료를 정했으면 꼼꼼히 읽어 본다. 내 글의 개요를 짜는 데 필요한 내용은 적어 둔다.

4. 2. 2. 글의 논리적 흐름에 맞게 내용 배열하기

자료를 찾아서 내 주제에 필요한 내용을 간추렸으면 개요를 짤 준비를 한다. 이를 위해 먼저 내가 알고 있었던 내용과 자료를 찾아 새로 간추린 내용을 함께 모은다.

열림을 가장한 닫힘의 연속인 회전문은 영원히 '닫힌 사회'를 상징하는 미개한 통과 구조이다. ⇨

- 소수자가 문을 이용할 때 발생하는 문제점
- 회전문이 과용되는 사례: 병원, 호텔 등
- 열린 사회의 특성
- 문의 환대적 성격과 박대적 성격
- 회전문의 구조와 운동 메카니즘
- 문명 사회와 미개 사회의 구분 기준

필요한 내용을 모았다고 해서 그것이 바로 개요가 되지는 않는다. 글의 논리적 흐름에 맞게 내용을 배열했을 때 비로소 개요가 완성되는 것이다. 이 과정에서 모아 놓은 내용의 순서를 바꾸거나 불필요한 내용을 삭제하고 더 필요한 내용을 추가하는 작업이 동반되어야 좋은 개요를 짤 수 있다. 다음은 위 내용을 보완하고 순서를 재배치하여 유기적으로 배열한 사례이다.

열림을 가장한 닫힘의 연속인
회전문은 영원히 '닫힌 사회'를   ⇨
상징하는 미개한 통과 구조이다.

① 닫힌 사회와 열린 사회의 차이

② 회전문의 구조와 운동 메커니즘

③ 문의 환대적 성격과 박대적 성격

④ 회전문이 과용되는 사례: 병원, 호텔 등

⑤ 소수자가 회전문 이용 시 발생하는 문제점

⑥ 문명 사회와 미개 사회의 구분 기준과
　회전문이 미개한 이유

"열림을 가장한 닫힘의 연속인 회전문은 영원히 '닫힌 사회'를 상징하는 미개한 통과 구조이다."라는 주제문에 맞게 글의 개요를 짤 때 염두에 두어야 하는 것은 글의 논리적 흐름이다.

그런데 글의 논리적 흐름은 정해져 있는 것이 아니다. 김용석은 자신의 주제문을 살리기 위해 회전문의 메커니즘 '분석'과 한국 사회에의 '적용'이라는 방식을 택했다.

그렇지만 여전히 많은 학생들은 논술형 글쓰기로 널리 사용되고 있는 다음 두 가지 방식을 고수하는 경향이 강하다. 하나는 찬성 입장과 반대 입장을 검토하고 그에 대한 의견을 제시하는 방식이며, 다른 하나는 문제의 원인을 나열하고 대안을 제시하는 방식이다. 이 두 가지 방식이 꼭 필요한 글도 있겠지만 모든 글의 내용을 이런 방식에 맞추어 쓰게 되면 주제를 깊이 탐색하는 태도를 기르기 힘들다. 특히 글쓰기 초보자가 이러한 전개 방식을 택할 경우 자료 의존적인 인용 위주의 글을 쓰기 쉽다.

동일한 사람이 쓴 다음 두 글을 통해 그 차이를 비교해 보자.

생명 연장은 타당한가?: 존엄사에 대한 고찰

연세대 세브란스 병원의 김 할머니 사건에 대한 대법원의 연명 치료 중단 판결을 계기로 존엄사에 대한 논쟁이 뜨거워지고 있다. 현대의 의학 및 의료 기술의 비약적인 발전은 인간에게 질 높은 삶을 보다 오랜 기간 유지할 수 있게 해주었다. 하지만 한편으로는 말기 의료와 관련하여 죽음 또한 인위적인 조작이 가능하게 되었다. 따라서 죽음을 앞두고 있음에도 무의미한 연명 치료에 의해 생명만 연장되는 현상이 발생하게 되었다. 이러한 현상은 환자, 나아가 보호자에게도 고통을 가중시킬 수 있다. 그리하여 말기 연명 치료의 거부, 인간답게 죽을 권리 등의 요구가 주장되고 있다. 앞으로 이 글은 존엄사 인정의 타당성을 중심으로 존엄사에 대한 세계적 인식 변화와 한국의 인식 변화를 언급하고 한국 사회에서도 존엄사가 인정되어야 한다는 점을 기술하려고 한다.

존엄사의 문제는 1960년대 이후 '품위 있게 죽을 권리'가 논의되면서 시작되었다. 이에 대한 법적 정비가 일찍부터 진행된 국가는 미국이다. 미국에서 존엄사 논의는 '사전의 사법 심사'라는 신중한 형식으로 진행되어 왔다. 그 선례로 1976년 카렌 퀄란 사건이 있다. 선례에서 뉴저지주 대법원은 생전 유언뿐만 아니라 대리인에 의한 존엄사도 허용하였다. 또한 1983년 낸시 크루젠 사건을 계기로 연방대법원이 죽을 권리에 대해 판단하고, 치료 거부권이 미치는 범위를 확정하였다.

한국의 경우 과거에는 존엄사에 대한 인식이 매우 부정적이었다. 이는 "생명권은 인간 기본권 중에서 가장 본질적인 가치이고 신성불가침의 원리로 이해되고 있으며 우리 현행 헌법 또한 인간의 존엄과 가치를 최고의 국가 근본 규범으로 규정하고 있다(헌법 제10조). 형법 역시 절대적 생명 보호의 원칙을 최고의 가치로 여기고 이것에서 출발하고 있다.[1]라는 법 규정과 생명 인식 방법이 자리잡고 있었기 때문이다.

그러나 최근의 논의 상황은 달라졌다. 최근 존엄사에 대한 대법원의 판결은 법률 규정이 없더라도 '자연스러운 죽음'의 과정에서 연명 치료의 중단은 '엄격한 요건'을 충족시킬 때에 치료 중단이 가능하다고 판시했다. 이에 대한 근거는 2가지가 제시되었다. 첫째로, 품위 있는 죽음을 선택할 권리이다. 이미 의식의 회복 가능성을 상실하여 더 이상 인격체로서의 활동을 기대할 수 없고 자연적으로는 이미 죽음의 과정이 시작되었다고 볼 수 있는 회복 불가능한 사망의 단계에 이른 후에는, 의학적으로 무의미한 신체 침해 행위에 해당하는 연명 치료를 환자에게 강요하는 것이 오히려 인간의 존엄과 가치를 해하는 것으로[2] 무의미한 연명 치료에 의한 생존은 살아 있는 무덤에 불과하다는 것이다. 둘째로, 의료윤리학의 일반론에 의할 때 치료 중지는 치료의 한 형태이기 때문이다. 의료윤리학의 일반론에는 "연명 치료로 생존 기간을 늘리는 것보다 짧더라도 편안하게 삶을 마무리하는 것이 환자에게 더 낫다."라고 명시되어 있다.

그러나 이러한 타당성에도 불구하고 존엄사를 반대하는 의견이 있다. 반대 의견의 근거 중 가장 핵심적인 것은 제도의 오·남용에 대한 우려이다. 그들은 우리 사회가 아직 존엄사에 대한 연구가 부족하고, 오판을 막을 수 있는 제도적 장치가 부족하여 생명 경시 풍조를 야기할 수 있다고 말한다. 그러나 이는 다음 두 가지를 통해 해결 가능하다. 첫째, 연명 치료의 중단을 결정할 때 환자의 의사를 확인하고 이와 관련해 의료 종사자 사이에 충분한 의견 교환을 한 후, 그 합의 내용을 문서로 작성해 놓

---

1) 이재상, 『형법각론』, 서울: 박영사, 2007, 10쪽.
2) 이재석, 「존엄사에 관한 고찰」, 『법학연구』 제37권, 성남: 한국법학회, 2010, 175쪽.

는 것이다. 이러한 절차는 문서 그 이상의 가치를 가지기 때문이다. 둘째, 대법원이 언급한 '엄격한 요건'을 지키는 것이다. 존엄사를 판단하기 위해 한 사람의 독자적 판단에 의한 결정이 아니라 상이한 지식과 경험을 가진 다수의 전문가들이 다양한 입장에서 존엄사를 판단하는 것이다. 이럴 경우, 다양한 의견을 중심으로 토론이 생기게 되고 그에 따른 가장 합리적인 결론을 내릴 수 있다. 그 결과 성급한 판단에 의한 오류를 제거할 수 있게 되고, 이는 반대 의견이 근거로 하는 '생명 경시 풍조'를 막을 수 있다.

　연명 치료 중단에 대한 대법원의 판결을 계기로 환자가 기계적 연명 장치에 의존한 연명을 원하지 않는다면 본인의 의사를 존중해 연명 치료를 중단해야 한다는 원칙에 대한 사회적 공감대는 상당하게 형성되었다.[3] 여기서 대법원의 판결이란 법률 규정이 없더라도 '자연스러운 죽음'의 과정에서 연명 치료 중단의 '엄격한 요건'을 충족시킬 때에 치료 중단이 가능하다고 판시한 것을 가리킨다. 이것은 기존의 존엄사 개념에 대한 논쟁에서 나아가 존엄사를 인정하기 위한 조건과 제도에 대한 공론화 요구를 의미한다. 따라서 입법화와 관련하여 제도 마련의 가이드라인 설정, 말기 환자의 개념 정의, 절차 확보, 가족이나 의료인 등의 이해관계 등 다양한 의견 제시와 그에 대한 치열한 논증을 통해 우리 사회도 하루 빨리 존엄사를 개방적으로 인식하는 방향으로 나아가야 한다. (학생 글/초고)

---

3) 위의 글, 193쪽.

첫 번째 글은 비문도 많지만 무엇보다 논리가 상투적이다. 또한 글의 내용이 인용 자료에 크게 의존해 있다. 그런데 이것은 개요 작성에서부터 예견되었던 것이다.

글쓴이가 만든 개요를 살펴보면 다음과 같다.

> ### 생명 연장은 타당한가?: 존엄사에 대한 고찰
>
> - 서론: 특정 사례 제시를 통한 논의 유도
> - 본론:
>   1. 존엄사에 대한 세계적 인식 변화
>   2. 존엄사에 대한 한국의 인식 변화
> - 결론: 존엄사 인정의 중요성 강조

이 개요는 구체적이지 못하다는 점도 문제이지만, 더 큰 문제는 자신의 목소리로 글을 전개할 가능성이 거의 없는 개요라는 데 있다. 본론을 1과 2처럼 잡으면 자료를 보고 요약해서 쓸 수밖에 없다. 또 존엄사는 인정되어야 한다는 결론의 주장 역시 본론의 연장선 상에서 이루어지기 때문에 독창적인 견해에 입각해서 제기되기 어렵다.

개요를 짜면 주제가 어떤 방향으로 흘러갈지 짐작이 가능하다. 따라서 개요를 작성하는 동안, 내가 글의 논리적 흐름을 주도하면서 개요를 짜고 있는지 수동적으로 개요를 짜고 있는지를 판단하는 것이 매우 중요하다.

아직은 글쓰기에 능숙하지 않기 때문에 개요를 짤 때 무엇이 문제인지 느껴지지 않을 수도 있다. 그렇더라도 실제로 글을 쓰는 과정에서는 무엇인가 문제가 있음을 느낄 수 있을 것이다. 앞의 글을 쓴 학생은 초고를 쓰면서 자신이 글의 주체가 되는 것이 아니라 다른 사람들이 쓴 글을 요약해서 옮기는 느낌에 시달렸다고 회고한 바 있다.

그렇다면 글을 쓰는 과정에서 문제가 발견되었을 때 계속 밀어붙이는 것이 아니라 바로 개요를 수정하는 작업에 착수해야 한다. 이것은 글의 밑그림을 조정해서 글의 방향을 더 명확하게 만드는 행위이다.

두 번째 글의 개요는 첫 번째 글과 크게 다르다.

존엄사 판단: 누가 주체인가?

- 서론: 현재의 존엄사 판단 주체와 그에 대한 문제 제기
- 본론:

    1. 김 할머니 사례에서 보이는 존엄사 판단 과정 및 주체

    2. 전문가 집단이 판단이 주도하는 이유

    3. 전문가 집단의 판단이 드러내는 불완전성

    4. 존엄사 판단의 또 다른 주체는 환자와 보호자임
- 결론: 주장의 재확인과 강조

이 개요에서 보이듯 지금은 글쓴이가 능동적으로 글을 쓸 수 있는 여지가 많아졌다. 이렇게 개요를 짜기 위해서는 자료를 수집하면서 개요에 필요한 내용을 찾아나가는 과정이 동반되어야 한다. 그저 책상에 앉아서 생각이 떠오르기를 기다린다고 해서 좋은 개요가 만들어지지는 않는다. 가령 글쓴이는 본론 1에 따라 김 할머니 사례를 구체적으로 살펴보기로 하였다. 이를 위해 그 시기에 나온 신문 기사와 사설 등을 참고해서 존엄사 판단 과정 및 주체에 대해 설명할 수 있는 근거를 확보하였다. 이 자료들은 글쓴이 스스로 해석하고 의미를 부여할 수 있는 1차 자료에 해당한다. 이를 해석하면서 전문가들이 쓴 자료, 즉 2차 자료를 찾아 읽어 나가면 구체적인 글을 쓸 수 있는 개요를 마련할 가능성이 높아진다.

글쓴이는 이와 같은 준비 과정을 거쳐 다음과 같은 글을 다시 썼다.

존엄사 판단: 누가 주체인가?

지금까지 우리나라에서 이루어진 존엄사에 대한 판단은 전문가 집단에 의해 이루어져 왔다. 최근 연세대 세브란스 병원의 김 할머니 사건은 표면적으로는 환자 본인과 보호자에 의해 존엄사가 판단된 것처럼 보였지만 실제로는 역시 전문가 집단에 의해서 이루어졌다. 이러한 방법이 잘못된 것은 아니다. 전문가 집단에 의한 존엄사 판단은 '정확성'이라는 측면에서 장점이 있다. 그러나 과연 이러한 '정확성'이 환자 본인과 보호자가 받는 육체적, 정신적, 경제적 부담을 덜어줄 만큼 가치가 있는 것일까? 지금부터 김 할머니 사건을 중심으로 전문가 집단의 존엄사 판단이 드러내는 장단점을 분석하고 환자 본인과 보호자의 목소리가 존엄사 판단에 더 큰 영향력을 미쳐야만 하는 이유를 기술하려 한다.

먼저, 김 할머니의 존엄사가 어떠한 방식으로 결정된 것인지를 알아보자. 2008년 2월 18일 김 할머니는 폐렴 여부를 확인하기 위해 기관지 내시경 검사를 받던 중 출혈로 식물인간 상태에 빠졌다. 그 이후 치료를 지속하던 가족들은 환자의 의견을 존중하여 무의미한 연명 치료의 중지 가처분 신청을 하였다. 이렇게만 보면 존엄사 인정이 환자 본인과 가족들의 요구가 받아들여져서 이루어진 것처럼 보인다. 하지만 존엄사 판단에 있어서 가장 중요한 역할을 한 것은 전문가 집단의 판단이었다. 2008년 10월 8일, 재판부는 서울대병원과 서울아산병원에 환자의 신체에 대한 감정을 의뢰하였고, 이 과정에서 병원 측은 2번이나 존엄사에 대한 판단을 거부하였다. 그 뒤 논란이 되자, 법률 전문가와 의학 전문가들은 2009년 5월 18일 재심의 끝에 존엄사에 대한 찬성을 표명하였다.

이처럼 모든 과정의 중심에는 전문가 집단이 있었다. 그렇다면 거부를 하든 찬성을 하든 존엄사에 대한 판단은 왜 전문가 집단이 주도하는 것일까? 그 이유는 바로 '정확성'에 있다. 생명권은 인간 기본권 중 가장 본질적인 가치이고 신성불가침의 원리로 이해되고 우리 현행 헌법 또한 인간의 존엄과 가치를 국가의 근본 규범으로 보장하고 있다.[1] 그리하여 생명을 다룰 때에는 생명에 대한 전문적인 지식과 이해를 갖춘 전문가 집단이 필요한 것이다. 생명을 올바르게 이해하고 그에 대한 전문적인 지식을 갖춘 전문가 집단이야말로 생명권을 지킬 수 있는 '정확성'을 지녔다고 말할 수 있다. 이 집단의 '정확성'은 존엄사를 올바르게 판정할 수 있도록 하는 가장 중요한 기준이 된다.

하지만 이러한 '정확성'을 지녔다고 간주되는 전문가 집단도 완벽하지는 않다. 김할머니 사건에서 법률 전문가들은 '의식 회복 가능성 거의 없음', '신체 기능 회복 어려움', '짧은 시간 안에 사망'이라는 세 가지 조건을 존엄사의 허용 기준으로 삼았다. 또한 의학 전문가들도 김 할머니의 호흡기를 떼면 짧게는 10분, 길어도 3시간 안에 임종할 것으로 예측하였다. 하지만 김 할머니는 자발적인 호흡이 가능하였고, 눈물을 흘리거나 발가락을 움직이는 등 전문가들의 판단과는 상이한 행동을 보였다. 김 할머니는 호흡기를 뗀 뒤로 201일이나 더 생존하고서 죽음을 맞이했다. 완벽하게 보이는 전문가들의 판단이 존엄사의 모든 방면을 책임질 수는 없다는 것을 보여준다.

우리는 전문가 집단이 지닌 '정확성'이 존엄사 판단의 모든 측면을 대변할 수 없다는 것을 알게 되었다. 그렇다면 무엇이 존엄사 판단에 있어서 좀 더 큰 역할을 맡아야 하는 것일까? 바로 환자 본인과 보호자의 목소리이다. 존엄사를 요청한 사람들은 환자 본인과 보호자였기 때문이다. 김 할머니 사건의 경우, 환자 본인은 자필 유서를 남겼다. 그 유서에는 "수술 후 깨어나지 못하면 존엄사를 시행해 달라."라는 내

---

1) 이재상, 『형법각론』, 서울: 박영사, 2007, 10쪽.

용이 담겨 있었다. 그리고 김 할머니의 가족은 이러한 할머니의 의사에 따라 존엄사를 요구하였다. 이 사례에서 볼 수 있듯이, 존엄사를 판단할 때는 환자 본인의 목소리와 보호자의 목소리가 존중받을 수 있어야 한다. 먼저 환자 본인의 경우, 품위 있는 죽음을 선택할 권리가 있기 때문이다. 즉 환자는 존엄사 판단의 주체이다. 이미 의식이 회복될 가능성을 상실하여 더 이상 인격체로서의 활동을 기대할 수 없고 자연적으로는 이미 죽음의 과정이 시작되었다고 볼 수 있는 사망의 단계에 이른 환자에게 무의미한 연명 치료를 강요하는 것은 인간의 존엄과 가치를 해하는 것이다.[2] 육체적, 정신적 고통을 감당하는 환자 본인이 존엄사에 대해 주체적으로 인식하고 스스로 목소리를 내었을 때, 이를 받아들일 수 있는 사회 분위기와 법적 제도가 마련되어야만 한다.

다음으로 보호자의 경우, 환자가 겪고 있는 육체적, 정신적 고통뿐만 아니라 경제적 고통마저도 감당해야만 한다. 이와 같이 환자보다 더욱 극심한 부담을 지고 환자를 보호해야 하는 상황에서 전문가 집단의 '정확성'만이 아닌 보호자의 목소리 또한 존엄사의 판단에 있어서 고려 대상이 되어야만 한다.

이 글에서 말하고자 하는 바는 환자 본인과 보호자의 의견이 존엄사 판단에 있어서 최우선이 되어야 한다는 것이 아니다. 앞서 살펴보았던 것처럼 지금의 존엄사 판단 과정의 문제점은 전문가 집단에 의해 주도되어 환자 본인과 보호자의 입장이 무시되기 쉽다는 것이다. 현재의 전문적인 전문가 집단의 '정확성'을 유지하고 발전해 나가는 것은 존엄사를 올바르게 판단하기 위한 하나의 방법이 될 수 있다. 하지만 환자 본인과 보호자의 목소리는 듣지 않은 채 '정확성'만 주장한다면 존엄사 판단은 잘못

---

2) 이재석, 「존엄사에 관한 고찰」, 『법학연구』 제37권, 성남: 한국법학회, 2010, 175쪽.

된 길을 걷게 될 것이다. 존엄사 판정이 좀 더 신중하고 엄격하게 이루어지기 위해서는 환자 본인과 보호자의 입장을 충분히 이해하고, 그들이 받는 고통과 부담을 고려해야만 한다. 또한 전문가 집단과 환자 본인, 보호자 상호 간의 정확한 의사소통을 통해 각 입장에서 요구하는 사항에 대해 올바르게 인식하고 이를 존엄사 판단 과정에 적극적으로 수용하도록 해야 한다. (학생 글/수정고)

연습 문제 ❶

자신의 주제문에 맞는 개요를 짜보고 3인 1모둠으로 모여서 개요의 내용과 구성이 알맞은지 서로 조언해 보자. 개요의 방향이 정해졌으면 그에 맞는 자료를 수집해서 개요를 구체화해 보자.

4. 3. 초고 쓰기

논리적 흐름이 살아난 개요가 준비되었으면 이제 본격적으로 글을 쓰기 시작한다. 초고를 쓸 때 가장 주의해야 하는 것은 글의 제목을 다는 일과 내용이 충실한 단락을 만드는 일이다.

4. 3. 1. 글의 제목 달기

글을 쓸 때 제목을 다는 일에 무심한 학생들이 생각보다 많다. 제목의 중요성을 아는 학생들도 막상 글을 쓰게 되면 쓰는 행위에 몰두해서인지 제목을 달아야 한다는 사실을 잊어버리곤 한다.

제목은 글의 얼굴이다. 독자는 제목을 보고 주제와 흐름을 짐작하면서 글을 읽을 것인지 아닌지를 결정한다. 제목이 없는 글은 읽고 싶은 욕망을 크게 반감시킨다. 반면 인상적인 제목이 달려 있는 글은 독자의 눈길을 끈다. 제목을 다는 것이 그만큼 중요한 까닭이다.

제목은 글을 쓰기 전에 다는 것이 좋지만, 미처 좋은 제목이 떠오르지 않았다면 가제목이라도 달아 두어야 한다. 글의 주제와 방향을 잊지 않기 위해서이다. 그리고 글을 써 나가는 과정에서든 글을 마무리 지은 후에든 좀 더 적합한 제목이 생각나면 제목을 바로 바꾸어 준다.

◇ **제목을 다는 방식은 글의 갈래와 상관없이 동일할까?**

글의 갈래와 상관없이 동일한 방식으로 제목을 다는 것은 피하는 것이 좋다. 에세이나 평론 같은 글에는 다양한 독자의 시선을 끌기 위해 수사적 표현을 가미하면서 간접적으로 주제를 암시하는 식으로 제목을 달곤 한다. 김용석의 '회전문의 기만'이라는 제목은 '회전문에서 드러나는 우리 사회의 폐쇄적인 소통방식'이라는 제목보다 독자의 호기심을 더 강하게 자극한다.

그러나 보고서나 논문같이 학술적인 성격이 강한 글에는 호기심을 부추기는 자극적인 제목보다는 글의 주제와 방향이 명확히 드러나는 제목을 다는 것이 낫다. 글의 객관성이 좀 더 보장되기 때문이다.

이때 주의해야 할 것은 막연한 제목이 아닌 구체적인 제목을 다는 일이다. 예컨대 앞서 인용한 학생 글인 「된장녀 이야기」는 제목이 막연하다. 이보다는 「된장녀와 성 대결」이라고 했을 때 글의 방향이 더 잘 드러난다.

---

4. 3. 2. 단락 쓰기

모든 글은 단락으로 이루어진다. 아주 짧은 글은 하나의 단락만으로 이루어질 수 있지만, 대부분의 글은 여러 개의 단락으로 완성된다.

개요를 쓸 때부터 필요한 단락이 몇 개인지 결정되기 때문에 개요를 잘 작성하면 글을 효율적으로 쓸 수 있다. 그러나 잘 작성된 개요라도 실제로 글을 써나가면서 수정할 대목이 생길 수 있으므로 단락의 수는 가변적이다. 개요에서 예상한 것과 달리 본격적으로 글을 쓰게 되면 단락을 더 나누어야 하거나 단락과 단락을 묶어야 하는 경우가 생기기 때문이다. 개요는 글의 방향을 안내하는 역할을 맡지만 완전하지 않다. 그래서 글쓰기의 회귀적 원리에 따라 개요 역시 필요하다면 언제든지 수정해야 한다.

그래도 애초부터 단락을 나누지 않고 글을 쓰는 학생들은 단락에 대한 감각이 거의 없거나 단락의 중요성을 모른다고 보아야 한다. 단락이란 생각의 단위여서, 생각과 생각이 분리되는 지점에서 나누어 주어야 한다. 그래서 단락은 중심 문장과 뒷받침 문장으로 이루어진다고 흔히 말하는 것이다. 단락을 나누는 습관이 없는 학생들은 대체로 생각을 구분하고 정리하는 데 익숙하지 못하다고 할 수 있다.

단락에 대한 감각을 키우기 위해 다음 단락에서 중심 생각을 드러내는 문장(소주제문)과 뒷받침 문장을 찾아 보자. 그리고 뒷받침 문장이 중심 생각을 지지하고 보완해 주는지 그렇지 않은지 생각해 보자.

예문 5

도심에서의 휴식은 완전한 휴식이 아니다. 여전히 업무 처리와 일거리에 대한 걱정에서 놓여나지 못하기 때문이다. 많은 도시인들이 여전히 일에 대한 의무감을 느끼면서 휴가를 보내는 실수를 저지르고 만다. 그로 인해 피로감만 더해져 휴식의 의미는 사라진다. 하지만 휴양지에서의 휴식은 다르다. 모든 의무감에서 완전히 벗어나 최고의 휴식을 만끽할 수 있다. 이러한 최고의 휴식은 몸의 긴장을 이완 상태로 바꾼다. 흥분 상태를 유발하는 부신 호르몬의 분비는 줄게 되고, 교감 신경보다 부교감 신경이 우세하게 된다. 그 결과 요동치던 심장은 느려지고 혈압과 혈당도 서서히 떨어진다. 반면 소화 기능은 촉진되어 장의 운동은 빨라진다. 이런 이완 상태에서 활동을 위한 에너지 생산의 기반이 마련된다. 또한 지쳐 있던 세포들 역시 재생된다. 휴식을 통해 비로소 신체는 건강을 회복하는 것이다. (학생 글)

연습 문제 ❶

자신의 주제로 중심 문장과 뒷받침 문장으로 이루어진 단락을 만들어 보자.

3인 1모둠으로 모여 서로의 글을 읽고 뒷받침 문장이 부족한지 충분한지, 내용이 상투적인지 창의적인지를 평가해 보자.

◇ 글에 개인적인 경험이 들어가도 될까?

일기나 수필같이 사적인 성격이 강한 글은 개인적인 경험을 다루는 것이 어울린다. 하지만 객관성과 보편성을 띠어야 하는 설명문이나 주장문에서는 개인적인 경험을 보편적인 경험으로 바꾸는 것이 필요하다.

위의 학생 글에서 "도심에서의 휴식은 완전한 휴식이 아니다. 여전히 업무 처리와 일거리에 대한 걱정에서 놓여나지 못하기 때문이다."는 현대인의 보편적인 경험에 해당한다. 이를 "나는 휴양지에 왔을 때 몸과 마음이 모두 편안하다는 것을 느낀다. 서울에서는 아무리 시간이 많이 나도 이런 느낌을 만끽할 수 없었다. 집에서 쉬면서도 해야 할 과제들을 떠올려야 했고 만나야 할 사람들에게 연락해야 했기 때문에 머릿속은 항상 복잡했던 것이다."처럼 개인적인 경험으로 바꾸면 일기나 수필 같은 사적 성격이 부각되어 설명문이나 주장문의 특성이 상실된다.

4. 3. 3. 서론 쓰기

서론을 쓰는 데 애를 먹는 학생들이 생각보다 많다. 서론을 쓰는 다양한 사례를 통해 자신의 글에 알맞은 서론 쓰기 방법을 찾아 보자.

■ 사회적인 관심사나 시사적인 사실 제시하기

우리 사회의 관심사나 시사성이 풍부한 사실을 글의 도입에 끌어온다. 글 전체의 주제와 관련되도록 서술하는 것이 관건이다.

예문 6

매년 과학 기술 관련 논문이 수도꼭지에서 물 흘러나오듯이 쏟아져 나오고 있다. 한국에서 해마다 새로 발표되는 과학과 관련된 논문의 수는 4만 편에 이른다. 이 수많은 논문을 모두 읽으려면 하루에 약 100편의 논문을 독파해야 한다. 그러나 현실적으로 이 많은 논문들을 읽는 것은 불가능하며, 필요성 또한 없다. 이것은 일반 대중뿐만 아니라 전문성이 있는 과학자 또한 마찬가지이다. 그렇다면 이 수많은 연구 결과 중 어떤 것을 읽어야 할까? 바로 여기서 언론의 역할이 기대된다. 언론은 수많은 정보 중에서 대중에게 바람직한 정보를 선택하여 전달하는 역할을 수행한다. 그런데 바람직한 정보를 선택하고 전달하는 과정에서 기존 정보가 왜곡될 가능성이 있다. 특히 과학 기사의 경우 그런 왜곡의 가능성이 유독 큰 경향을 보인다. 과학 기사가 편파적이거나 주관적이며 때로는 잘못된 형태로 나타나는 것은 무엇 때문이며 그 결과 대중에게 미치는 영향은 무엇일까. (학생 글/주장문)

■ **명언이나 경구 활용하기**

한 사회에 널리 알려진 명언을 이용해 글을 시작한다. 자신이 쓰고자 하는 내용에 권위를 부여하는 데 도움이 된다.

예문 7

유명 축구 해설위원인 신문선은 이렇게 말했다. "축구는 각본 없는 드라마다." 혹자는 이 표현에 거부감을 느낄 것이다. 고작 축구 경기 하나에 그런 극적인 표현은 과분하다고. 그러나 나는 그 말에 충분히 공감할 수 있다. 왜냐하면 나는 그 각본 없는 드라마의 현장에 여러 번 있었기 때문이다. 모든 관중과 선수들이 하나가 되어 마지막 1분, 1초까지 승리를 위해 달리는 축구란 정말 열정적인 하나의 극이라 할 만하다. 그런데 이러한 이야기가 내 꿈과 도대체 무슨 상관이 있을까? 길지는 않은 20년의 내 인생은 이 축구라는 스포츠에 녹아 있다고 해도 과언이 아니다. 이제, 축구 때문에 내가 겪은 꿈의 좌절과 극복에 대해 풀어보려고 한다. (학생 글/수필)

■ 다루는 대상에 대해 정의하기

아직 널리 알려지지 않은 대상을 다루거나 다루려는 대상의 개념이 모호하여 정의가 필요할 때 사용하는 방법이다.

예문 8

지금, 세계는 바야흐로 'Social Network Service(이하 SNS)'의 시대이다. SNS란 '일련의 관계에 의해 모인 사람들 간의 관계망을 특정 체계를 통해 대중에게 제공하는 것'이라고 할 수 있다. 이러한 정의에서 알 수 있듯이 SNS는 작은 사회이다. 우리는 가상의 제2 사회를 삶의 영역에 추가하게 된 것이다. 그에 따라 사회적 상호작용의 토대라고 할 수 있는 정체성 또한 변화를 맞게 되었다. SNS 사회의 발달과 함께 정체성이 어떻게 분화되고 충돌하고 있는지 살펴 보자. (학생 글/주장문)

■ 문제 제기하기

주장문의 서론은 대체로 문제를 제기하는 역할을 맡는다. 그중 문제 제기형 서론은 첫 문장에서부터 다루고자 하는 문제를 명확히 드러낼 수 있다는 특징이 있다.

예문 9

청년 실업은 중등교육 과정에서부터 기업의 고용 시스템, 정부의 정책, 사회 풍토까지 여러 측면이 관련되어 있어 쉽사리 해결되기 어렵다. 그래서 청년들은 예전이나 지금이나 취업 스트레스를 받으며 살 수밖에 없다. 그런데 이러한 모습이 요즘 대학생들에게서는 더욱 두드러지고 있다. 올해 10월 23일자 경향신문에는 대학생들이 술을 마시지 않는다는 기사가 난 적이 있다. 취업을 위해 준비하려면 이것저것 할 게 많은데 유흥을 즐길 시간이 어디 있느냐는 것이 요즘 대학생들의 생각이다. 하지만 과거의 청년들이라고 손쉽게 일자리를 얻을 수 있었던 것은 아니다. 청년 실업 문제는 항상 존재했기 때문이다. 왜 우리 시대의 대학생들에게 취업이 특히 더 큰 벽으로 다가오는 걸까. (학생 글/주장문)

■ 일반론으로 시작하기

일반적인 상황을 언급하면서 글을 시작한다. 가장 많이 사용하는 서론 쓰기 방법이기는 하나 상투적인 서론이라는 인상을 줄 가능성도 높기 때문에 주의해서 선택한다.

예문 10

과거 5, 60년 전에 비해 인간의 수명은 크게 늘어났다. 하루가 다르게 발전하는 과학 기술과 이에 따른 의학과 약학의 비약적 발전이 수명 연장에 많은 도움이 되었다. 그런데 현재 이 발전의 중심에 서 있는 약학이 끊임없는 비판의 대상이 되고 있다. 이미 상당한 규모로 성장한 약 시장이 더 이상의 진전을 보이지 않을 뿐만 아니라 과도한 기업화로 비정상적 이윤 추구를 감행하고 있기 때문이다. 일각에서는 제약 회사도 이윤 추구를 목적으로 하는 기업이므로 이러한 현상은 당연하다는 주장을 펼치기도 한다. 그러나 과연 우리는 제약 회사를 일반적인 기업과 동일하게 생각할 수 있는 것일까? (학생 글/주장문)

■ 비교·대조하면서 시작하기

　다루려는 대상을 소개하기 위해 비교나 대조의 방법을 선택할 수 있다. 이 방법은 다루고자 하는 대상의 특징을 명확하게 하는 장점이 있다.

예문 11

　　곤충의 세계는 다채롭다. 또한 인간과 다르게 자유롭다. 하늘을 자유로이 날아다니는 나비, 물 위를 자유롭게 헤엄치는 소금쟁이, 풀밭에서 폴짝폴짝 뛰어노는 메뚜기 등 자연 속의 곤충들은 인간과 대조되게 자유롭게, 혹은 비조직적으로 움직인다. 하지만 언뜻 보면 인간과 비슷한 움직임을 드러내는 곤충이 있다. 그것은 바로 개미이다. 질서정연하게 움직이며, 서로를 돕는 협동심을 보이고, 마치 배려가 무엇인지 아는 듯이 행동한다. 왜 개미는 이런 행동을 보이는 것일까? 오늘 하루도 열심히 일하는 일꾼인 개미의 하루 일과를 살펴 그 특성을 파헤쳐 보자. (학생 글/설명문)

■ 독자의 관심을 끄는 질문으로 시작하기

　의문문으로 서론을 시작하면 독자의 관심을 환기시키기 쉽다. 다만 "우리 사회는 왜 대학생에게 스펙을 요구할까?"같이 잘 알려져 있어 호기심을 불러일으키지 않는 질문은 자제한다. 독자가 생각하지 못했을 법한 내용을 질문으로 던져야 효과를 얻을 수 있다.

예문 12

　　성의 상품화는 어느 시대에나 존재했을까? 누구나 알고 있듯이 아름답고 건강한 몸

매에 호감을 느끼는 것은 이미 오래전부터 있었던 일이다. 그러나 몸에 대한 환상, 특히나 몸의 성적 매력을 판매하는 성 상품화는 현대 사회의 고유한 특징이다. 그런데 이 성 상품화는 수요자의 성별에 있어서 편중된 경향이 있었다. 성 매매 사업에서 구매자인 남성을 위한 상품은 여성인 것이 대부분이었다. 이것은 불법이지만, 성의 상품화는 노골적인 성 매매가 아니어도 일반적으로 일어나는 일이었다. 아이돌 그룹이 섹시한 콘셉트로 남성 시청자들을 즐겁게 해주면서 수익을 벌어들이거나, 여배우나 유명 여자 연예인이 과감히 노출하고 찍은 화보가 남자들의 지갑을 열게 하는 경우가 많았던 것이다. 이렇게 상품화된 성의 고객은 주로 남성들이었다. 그런데 2000년대로 들어서면서, 여성들을 위한 남성들의 성 상품화가 점점 흔한 일이 되어가고 있다. (학생 글/주장문)

4. 3. 4. 결론 쓰기

본론을 요약하고 대안을 제시하는 방식을 유일한 결론 쓰기 방식으로 생각하는 학생들이 많이 있다. 하지만 결론은 본론의 흐름에 맞게 다양해야 한다.

■ 대안 제시하기

본론을 요약하지 않고 바로 대안을 제시하는 방식의 결론이다. 자세히 적을 수 있는 구체적인 대안이 있을 때 선택한다.

인류의 생존 위기는 나와 그리 먼 일이 아니다. 우리는 지금도 지구 온난화로 인한 생존의 위협을 충분히 받고 있다. 환경운동연합은 지구 온난화를 늦추기 위해 우리가 쉽게 할 수 있는 몇 가지 행동 수칙을 제안하였다.[1] 우리는 먼저 일기예보를 보면서 기후 변화를 떠올려 지구 온난화의 심각성을 인식해야 한다. 우리 집은 얼마나 많은 온실 가스를 배출하는지 한번 생각해보는 것도 좋다. 전력의 절반 이상은 석탄이나 천연 가스, 석유를 태워서 만들기 때문에 전력 소비를 줄이는 것도 지구 온난화를 늦추기 위한 한 방법이다. 가능하다면 자가용을 두고 대중교통을 이용하는 것, 물을 적게 쓰는 것, 나무를 심는 것 등은 모두 지구 온난화를 늦출 수 있는 일이다. 어렵지 않은 이 방법들을 하나하나 실천해 나가면 우리는 갈 곳을 잃고 헤매는 북극곰의 모습이 아닌, 콜라를 마시며 즐거워하는 북극곰의 모습을 다시 볼 수 있을지도 모른다. (학생 글/주장문)

---

[1] 정혜진, 『착한 도시가 지구를 살린다』, 대구: 녹색평론사, 2007, 218~220쪽.

그러나 위의 글처럼 다양한 대안을 나열만 하는 것보다는 해결 방안의 우선순위를 정해 주고 그 구체적인 실천 방법까지 서술하는 것이 바람직하다.

■ **예시 활용하기**

서론과 본론에서만 예시를 사용할 수 있는 것은 아니다. 결론에서도 예시를 활용하면서 주장을 재확인하는 방법을 선택할 수 있다.

KBS의 주말 개그 프로그램 〈개그콘서트〉의 '사마귀 유치원'에서는 '쌍칼'이라는 캐릭터가 여성의 외모에 대한 개그를 하고, '사마귀'라는 캐릭터가 "여자는 무조건 예뻐야 해요." 하고 말하면서 장난스럽게 개그를 마무리한다. 이는 여성에 관한 한 외모가 매우 중요한 요소 중 하나인 것처럼 인식하고 있는 사회에 대한 비판이라고 볼 수 있다. 여성에 대한 변화된 인식이 개그에도 반영될 수 있는 것은, 여성의 권리가 강화되면서 여성의 사회적 위치를 견고하게 만들기 위해 사회 제도를 개선하라는 목소리가 점차 커지고 있기 때문이다. 여기서 여성들의 고위직 진출을 가로막는 보이지 않는 장벽인 '유리 천장' 같은 직장 내 성차별 등을 없애기 위해 사회적 제도를 개선하는 것은 중요하다. 그러나 이렇게 눈에 보이는 제도적 문제점을 개선하는 것뿐만 아니라, 여성에 대한 묘사의 방향 또한 바뀌어야 한다. 이러한 묘사들이 여성의 능력에서 외모로 시선을 돌리게 만드는 중요한 원인이 되고 있기 때문이다. 이제, 코가 낮든 높든 뛰어난 외교 능력을 선보였던 클레오파트라를 새롭게 바라보아야 할 필요가 있는 것이다. (학생 글/주장문)

■ 문제가 되는 상황 강조하기

결론에서는 반드시 대안을 제시해야 한다는 강박 관념을 갖고 있는 학생들이 많다. 그러나 문제 해결형 글쓰기를 하는 것이 아니라면 반드시 결론에서 해결 방안을 제시해야 할 필요는 없다. 때로는 문제가 되는 상황을 환기시키는 것만으로도 결론의 역할을 다할 수 있다.

예문 15

　길거리를 지나가다가도 명품은 나의 안정적 기반을 타인에게 재빨리 드러내 주고, 이것이 집단성이 강한 한국에서 순식간에 하나의 유행 코드가 되어 다른 사람들의 명품 소비를 부추기는 것이다. 비록 사치성이 강한 명품 소비가 바른 소비 행태는 아니지만 이러한 사회 구조 속에서 단순히 명품 소비만을 질타하는 것은 아무 소득이 없을 것이다. 빠르게 변화하는 사회에서 나를 드러내 주는 소속감을 얻을 수 있는 다른 무언가가 나오지 않는 한 한국에서의 명품 소비는 계속해서 증가 추세에 놓일 것이기 때문이다. (학생 글/주장문)

■ 질문하면서 결론 끌어내기

　결론에서 의견을 본격적으로 제시하고자 할 때 사용한다. 이것은 지금부터 내 의견을 말하겠다는 점을 암시하고 그에 대한 독자의 주의를 환기시키는 역할을 맡는다.

예문 16

　파마라는 단어는 'permanent'라는 단어에서 유래되었는데, 이 단어는 '영구적인'이라는 의미를 담고 있다. 그렇다면 과연 파마는 영구적인 것일까? 바꿔서 말하면, 원하는 대로 바꾼 황-황 결합은 영구적인 것일까? 안타깝게도 그렇지 않다. 이황화 결합은 위에서 설명한 파마약의 화학적 작용뿐만이 아닌 대기 중의 물질이나 목욕할 때의 물, 혹은 물리적인 힘 등에 의해 쉽게 끊어질 수 있고, 이황화 결합의 끊어짐은 곧 파마의 풀림을 의미하기 때문이다. 다른 처리 없이 가는 원통에 강한 힘을 가하면 원통이 휘는 모양을 생각하면 이해하기 쉽다. 무엇보다도, 우리의 머리카락은 계속 자라기 때문에 새로운 머리카락이 기존에 있던 머리카락에 이어 자라게 되므로, 결과적으로 파마는 영구적으로 유지될 수가 없다. 원하는 헤어스타일을 유지하기 위해서는, 우리는 미용실에 주기적으로 가야만 한다. (학생 글/설명문)

■ 본론의 분석을 바탕으로 결론 끌어내기

본론에서 다루는 대상을 충분하게 분석하고 이를 바탕으로 결론을 도출해 내는 방식이다.

예문 17

이러한 현상은 결과를 보장할 수 없는 것을 두려워하는 개인들의 심리와도 밀접하게 연관되어 있다. 일반적으로 소개팅에는 '소개팅의 정석'이라 불리는 것이 존재한다. 예를 들어, 여성의 경우에는 대화를 주도하기보다는 남성이 하는 말에 귀 기울여 주거나 여성스러움을 강조할 수 있는 옷을 입고 나가는 것이 소개팅에서 성공하는 지름길로 간주된다. 이렇듯 '소개팅의 정석'은 수동적인 여성상과 능동적인 남성상으로 구현되어 있다. 그리고 대부분의 경우 이 정석들은 기대하는 결과를 보장해 준다. 그러나 이에 벗어나는 행동들은 그러한 결과를 보장할 수 없다. 따라서 개인들은 모험을 하기보다는 바라는 결과를 불러올 가능성이 높은, 기존의 '소개팅의 정석'이라는 방법을 따르게 되는 것이다. (학생 글/주장문)

이 외에도 서론과 마찬가지로 명언이나 경구를 인용하거나, 속담을 활용해서 결론을 쓸 수 있다. 또한 본문의 주장을 강조하고 재확인하면서 결론을 마무리할 수도 있다.

◇ 상투적인 결론을 피하는 방법은 없을까?

1. "지금까지 ~의 문제점에 대해 살펴보았다."라는 식의 결론은 상투적이다. 이런 표현을 쓰지 않으려면 결론의 첫 문장에 대해 더 고민해야 한다.

> 예〉 <u>우리는 여태껏 시간 왜곡 현상을 당연하다고만 생각했다.</u>**(관심을 환기시키는 결론의 첫 문장)** 시간이 빨리 가면, 빨리 가서 불만이었다. 시간이 느리게 가면 느리게 간다고 다시 불평하곤 하였다. 하지만 우리가 아는 유명한 위인들은 시간 왜곡 현상을 다른 방식으로 써 왔다. 우리가 요즘에 성공의 비결이라고 익히 들어온 '몰입'이라는 현상이 바로 그것이다. 위인들은 시간 왜곡 현상의 하나인 '몰입' 상태에 빠진 채로 위대한 일을 해낼 수 있었다. 부처는 보리수나무 아래에서 깨달음을 얻었다. 아인슈타인은 상대성 이론을 만들어 내었다. 인간이라면 누구나 이 당연한 시간 왜곡 현상에 들어갈 수 있다. 우리도 유명한 위인들처럼 될 수 있는 것이다. 그러기 위해서 먼저 멈춰버린 수업시간 시계에 불만을 토로하기보다는 우리도 위인들처럼 시간 왜곡 현상을 유용하게 활용해 보는 건 어떨까? (학생 글/과학칼럼)

2. 추상적이고 당위적인 결론은 상투적이다. "우리는 소셜네트워크를 현실 세계를 초월하려는 목적이 아닌, 현실 세계의 나를 더 잘 이해하고 표현하기 위한 수단으로 사용해야 할 것이다."나 "과도한 소비 풍조를 막기 위해서 사회의 분위기를 전환하고 그에 대한 지속적인 관심을 기울여야 한다."와 같은 대안이 상투적인 이유는 그것이 막연하기 때문이다. 구체적이고 현실적인 대안을 제시하려고 애써야 한다.

> 예〉 이러한 문제를 해결하기 위해서는 심도 있는 접근이 필요할 것으로 보인다. 청소년기는 자신의 모습이 타인들에게 어떻게 비춰지는가를 굉장히 많이 고민하는 시기이고, 이성에 대한 관심도 싹트는 시기이다. 따라서 이들이 외모를 꾸미거나 아이돌 스타를 모방하고 싶어 하는 것은 자연스러운 현상이다. 그래도 학생답지 못할 정도로 지나치면 안 되기에 규제를 해야 하긴 하지만, <u>과거에 비해 사회적으로 크게 변화한 현재에도 계속 엄격한 규제 방식만 고수하는 것은 시대착오이다.</u>**(현실적임)** <u>학생들의 심리 상태를 이해하고, 용모에 대한 규제의 범위가 적정 수준에서 정해져야 할 것이다. 그렇지만 청소년 아이돌 스타들의 지나치게 선정적인 모습이나 청소년들을 겨냥한 화장품 광고, 그리고 청소년들의 화장품 구입에 대한 규제는 엄격하게 이루어져야 할 것이다.</u>**(상대적으로 구체적임)** (학생 글/주장문)

내 주제에 적합한 서론과 결론 쓰기의 방법을 선택해 보자. 3인 1모둠으로 모여 적합한 방법을 선택했는지 조언해 보자.

4. 4. 글 수정하기

완벽한 초고는 없다. 초고를 썼으면 반드시 글을 다듬어야 한다. 여러 번 수정할수록 글이 향상될 가능성은 높아진다. 하지만 글을 수정하는 일은 새로운 글을 쓰는 것보다 번거롭게 느껴진다. 인내심이 필요하지만 수정을 거쳐 글이 나아졌을 때의 성취감은 크다.

그렇지만 초고를 쓰자마자 수정에 들어가기보다는 동료나 교수자의 조언을 듣고 글을 보완할 자료를 찾아 읽은 후에 수정을 시작하는 것이 바람직하다.

또한 수정을 하기 전에 점검표를 활용하는 것이 효과적이다. 아래의 점검표는 자신의 글을 직접 점검할 때나 동료와 상호 점검할 때, 교수자의 점검을 받을 때 등 다양하게 이용할 수 있다.

점검표의 항목에 따라 점검을 마쳤으면 수정을 한다. 다음은 수정 사례이다. 이 사례에는 수정 전에 점검표에 따라 받은 조언 및 평가와, 수정할 때 이를 반영하여 얻은 성과가 잘 드러나 있다.

점검 항목	점검 내용	평가		
		그렇다	보통이다	아니다
제목	• 제목이 구체적인가.			
	• 제목이 글의 방향이나 내용을 암시하는가.			
	• 제목이 창의적인가.			
주제	• 다룰 만한 가치가 있는 주제인가.			
	• 주제가 글에 분명하게 드러나는가.			
	• 주제가 일관성이 있는가.			
내용 (근거)	• 주제를 뒷받침하는 근거가 충분한가.			
	• 불필요한 근거는 없는가.			
	• 내용이 반복되어서 통합해야 하는 곳은 없는가.			
	• 상식이나 인용 자료 등에 크게 의존하고 있는가, 아니면 자신의 (독창적인 혹은 주체적인) 의견을 내세우고 입증하기 위해 노력하고 있는가.			
	• 다루는 대상에 대한 설명과 분석이 충분히 이루어졌는가. 아니면 성급하게 주장을 앞세우고 있는가.			
	• 타당성이 큰 설명과 분석인가, 타당성이 떨어지는 설명과 분석인가.			
	• 이것저것 나열만 하여 설명과 분석이 산만하고 깊이가 없는가, 하나라도 심 도 있게 다루어 체계적이고 깊이가 있는가.			
	• 상식적인 수준의 설명과 분석을 피하기 위해 참고 문헌을 더 찾아보아야 하는가.			
	• 다양한 참고 문헌 중 어느 분야의 참고 문헌을 찾는 것이 도움이 될 것인가.	※서술할 것.		
구성	• 구성(서론, 본론, 결론)의 순서는 체계적으로 잡혔는가.			
	• 서론: 서론의 역할에 충실한가.			
	• 본론: 각 단락의 구성(중심 문장 + 뒷받침 문장)은 논리적인가.			
	• 결론: 결론의 역할에 충실한가.			
표현	• 단어나 구절을 고쳐야 하는 대목은 없는가.			
	• 비문(비문법적인 문장)은 없는가.			
	• 현학적인 표현을 써서 전달력을 떨어뜨리지는 않았는가.			

■ 수정 사례

• **수정 전**

예문 18

① 제목 없음

② 텔레비전이나 인터넷을 통해 본 상류층의 화려하고 멋진 삶을 동경하여 본 적이 있는가? 현대사회에서 상류층을 모방하면서 향유할 수 있는 물품을 소비자에 국한되지 않는다. 그 범위는 점점 넓어져서 주관적인 만족감을 가장 중요시하는 서비스 상품까지 등장하고 있다. 여기서 ③ 관광이라는, 사람들의 이동 혹은 여행 문화가 사회·문화적 현상으로 인식되어가고 상류층에 대한 서민의 관광 ④ 소비 문화에대한 모방의식이 확대되고 있다.

⑤ 첫째, ⑥ 골프관광에대한 상류층의 관심이 높아지면서 서민의 모방의식이 호화 골프관광에 과소비하도록 조장하고 있다. 일반인들이 골프라는 스포츠를 즐기기에는 비용상의 문제와 귀족스포츠라는 부정적 시각으로 사회계층의 위화감을 조성하기 때문이다. 자연환경 훼손과 환경오염 문제를 뒷전으로 하고 서민이 골프관광에 모방의식을 품는 이유도 귀족스포츠라는 인식에서 기인한 것이다. 이러한 인식은 텔레비전 드라마나 다른 대중 매체를 접하는 서민이 골프를 즐기는 상류층을 자주 접하기에 경제적인 면이 충족되지 않더라도 무조건적으로 모방하려 하는 것이다. ⑦ 골프관광 마케팅 전략으로 여행사들뿐만 아니라 경북과 전남지역에서도 귀족스포를 내세워 골프관광을 포장하고 있다. ⑧ 자연스럽게 골프를 귀족스포츠로 인식한 서민이 이러한 마케팅 전략에 빠져들기 쉽다.

⑨ 두번째, 호화 크루즈 관광 역시 서민층들의 과소비와 모방의식을 이끌어내는 데 한 몫을 한다. 해외여행의 수요가 늘어나면서 영화에서나 볼 법한 호화 크루즈 관광이 서민층의 시선을 사로잡기 때문이다. ⑩ '타이타닉'같은 영화에서 크루즈 위에서의 낭만적인 분위기와 파티장에서의 호화스러움을 동경하는 서민층이 영화 속 상류층등의 소비문화를 의식하여 계층화를 심화시키는 모방의식

① 제목을 넣지 않아 글의 전체적인 방향을 알 수 없다.
② 질문하기 방법을 택한 도입이나, 주제와 연관성이 떨어져서 환기하고자 하는 바가 모호하다.

⑤ 첫째, 둘째, 셋째 등의 구성은 나열식이 되기 쉽다.

⑦ 중산층을 대상으로 하는 골프 관광 마케팅 전략의 특징이 설명·분석되어야 한다.
⑨ 골프 관광과 크루즈 관광을 모두 다루기에는 전체적인 분량이 적다. 이럴 때에는 하나를 집중적으로 분석하는 것이 효과적이다. 크루즈 관광을 글에서 제외하도록 한다.

③ 관광에 대한 정의는 필요하지 않다.
④ 골프 관광에 대한 모방 의식이 강한 계층은 서민이 아니라 중산층일 것이다.

⑥ 비문이다. "상류층의 골프 관광을 모방할 수 있을 만큼 경제력이 생긴 중산층은 호화 골프 관광으로 과소비를 하는 방식으로 자신의 지위 향상을 확인하려 한다." 정도로 고친다.

⑧ 이들이 왜 귀족 스포츠를 모방하려고 하는지에 대한 내적 동기를 설명하지 않고 계속 같은 단어만 나열하고 있다는 인상을 준다.
⑩ 영화 제목을 나타낼 때 사용하는 문장부호는 「 」이다.

에 빠져들게 되는 것이다.

　이렇게 서민이 상류층의 소비문화에 대해 모방의식을 잠재적으로 가지고 그것을 어떻게 표출하게 되느냐는 대중매체가 가지는 영향력과 직결된다고 본다. 서민의 골프와 크루즈 관광에 대한 모방의식은 이러한 호화관광과 그에 따른 과도한 소비문화를 상류층의 것이라고 과장 보도한 대중매체의 문제점이라고 본다. 대중매체가 보다 현실적인 관광으로 서민에게 다가간다면 모방의식 없는 적절한 관광 소비문화를 주도할 수 있을 것이다. (학생 글/주장문)

⑪모방 의식이 왜 문제인지 명확하지 않다. 계층에 따라 소비 형태가 달라야 한다는 의견 때문인지 상류층의 소비문화 자체가 문제가 있다는 판단 때문인지 분명하게 입장을 정해야 한다. 그리고 "적절한 관광 소비문화"에서 "적절한"은 무엇을 뜻하는지 매우 모호하다.

• 수정을 거친 글

　글쓴이는 초고에 대한 조언에 따라 다루는 대상을 서민의 모방 의식에서 중산층의 모방 의식으로 수정하고, 이들의 소비 행위를 분석하기 위해 골프 관광을 선택하였다. 짧은 글이라서 수정고에서는 크루즈 관광을 다루지 않았더니 골프 관광에 대해 충분히 분석할 수 있는 시간상, 지면상의 여유가 생겼다.

　수정을 거친 글은 아래와 같다.

예문 19

골프 관광과 상류층의 소비문화에 대한 중산층의 모방 의식

　텔레비전이나 인터넷을 통해 본 화려하고 멋진 삶을 동경해 본 적이 있는가? 그런데 화려하고 멋진 삶을 위해 현대 사회에서 향유할 수 있는 소비재는 더 이상 물품에 국한되어 있지 않다. 주관적인 만족감을 가장 중시하는 서비스 상품까지 등장하는 등 그 범위는 더욱 넓어지고 있다. 그에 따라 관광을 이해하고 소비하는 방식 역시 달라지고 있다. 특히 최근에 드러나는 중산층의 관광 소비 방식은 상류층에 대한 모방 의식이라는 차원에서 설명 가능하다. 상류층의 모방을 통해 충족시키려는 이들의 지위 향상의 욕망은 우리 사회의 중산층이 지향하는 바를 보여주는 흥미로운 사회 문화적 현상의 하나이다.

중산층의 모방 의식은 골프 관광에서 가장 잘 드러난다. 골프 관광은 대표적인 상류층의 소비 문화였다. 이에 대한 중산층의 모방 의식과 관심이 높아지면서 최근 호화 골프 관광에 대한 과소비가 빈번해지고 있는데, 이러한 모방 의식은 중산층을 고객으로 흡수하려는 마케팅 전략에 따른 것이다. 즉 골프를 귀족 스포츠로 인식하는 우리 사회의 특성을 마케팅 전략에 활용하여 중산층을 새로운 소비층으로 부상시키고자 한 것이다. 골프는 상류층의 소비 품목이라는 인식이 박혀 있었지만 최근에는 중산층 역시 이를 향유할 수 있게 되었다. 골프 관광 마케팅 전략을 활용하는 여행사들이 증가하고 있으며 경북과 전남 지역에서도 골프를 귀족 스포츠로 포장하여 골프 관광에 대한 소비 성향을 만드는 데 기여하고 있다. 자연스럽게 골프를 귀족 스포츠로 인식한 중산층이 이러한 마케팅 전략에 빠져드는 것이다.

일반인들이 골프라는 스포츠를 즐기기에는 비용상의 문제가 있다. 하지만 중산층은 비용 문제를 해결할 수 있을 만큼의 경제력과 지위 상승 욕망이 있다. 그뿐만 아니라 골프 관광은 상류층의 소비 품목을 모방하는 것이기 때문에 결코 동일한 비용을 지불할 정도로 과다한 소비를 요구하지 않는다. 게다가 이제는 골프 관광을 하지 못하는 계층은 서민이라는 인식도 생겨나고 있기 때문에 "서민적으로 보이는 걸 싫어"하며 "상류층이 되고 싶어하는 중류층은 가급적 하류층 '티'를 내지 않으려고 애를 쓸 것이다."[1] 즉 이들은 골프 관광을 선택함으로써 자신의 지위를 재확인할 것이다. 이러한 행위를 프랑스 사회학자 부르디외는 '티 내기'라고 불렀는데, 중산층을 유혹하는 마케팅 전략이 그들의 '티 내기'를 자극하여 골프 관광에 대한 소비를 증가시킨다.

또한, 골프 관광에 대한 장벽이 '대중 매체'의 끊임없는 선전을 통해 허물어지고 있는 것도 그들의 모방 의식이 확산되는 계기이다. 이제 중산층은 아무런 계층적 위화감 없이 골프 관광을 즐길 수 있게 된 것이다. 물론 경제적인 면에서 충분하지 않더라도 무조건적으로 모방하려 하는 중산층 역시 등장하고 있다. 호화 골프 관광에 대한 욕망은 해외 여행에 대한 욕망과 결합하여 중산층의 모방 의식을 극대화하고 있는 것이다.

중산층은 상류층의 소비 문화에 대한 모방 의식을 잠재적으로 가지고 있다. 하지만 그것이 표출되는 방식은 시대에 따라 다르다. 우리 시대에는 마케팅 전략과 대중 매체의 지속적인 선전에 의해 이들의 모방 의식이 자극되어 이전에는 상류층의 소비 품목이었던 골프 관광이 중산층이 향유할 수 있는 소비 품목으로 이전되었다고 볼 수 있다. 이러한 과정에서 상류층을 모방할 때 장벽이 되었던 계층적 위화감마저 허물어져 중산층은 새로운 소비에 대한 자신감을 얻게 되었다. 요컨대 부르디외가 주장하는 '티 내기'가 중산층의 상류층처럼 보이고 싶은 모방 의식과 골프 관광이라는 소비 문화로 드러나는 것이다. (학생 글/주장문)

---

1) 강준만, 『대중 문화의 겉과 속』, 서울: 인물과 사상사, 2003, 24쪽.

연습 문제 ❶

3인 1모둠으로 모여 점검표의 항목에 따라 다른 모둠원의 글을 평가해 보자. 점검표를 돌려받은 사람은 자신의 글을 어떻게 수정할지 구상해 보자.

수정을 위해 더 읽어야 할 자료의 목록을 만들어 보자.

수정할 준비를 마쳤으면 글을 다시 써 보자.

05

보고서 쓰기

5. 1. 보고서 작성법

5. 1. 1. 보고서란 무엇인가

대학에 들어와서 학생들이 가장 많이 쓰는 글은 보고서이다. 대학의 수업에서 요구되는 과제물은 대체로 보고서의 형태를 띤다. 그런데 대학에서 쓰는 보고서는 일반적인 보고서와 성격이 좀 다르다. 일반적인 보고서는 객관적으로 관찰하고 분석한 내용을 보고하는 것이 주종을 이룬다. 물론 대학에서 요청하는 보고서는 독서 감상문에서 답사 보고서에 이르기까지 다양하기는 하다. 하지만 여기서 다루려는 것은 본격적인 학술 논문은 아니라도 논문의 격식과 내용을 어느 정도 갖춘 글이다. 이것은 대학 글쓰기에서 가장 중요하다. 대학 수업에서 이러한 글쓰기를 요청하는 것은 본격적인 학술 논문을 쓰기 위해 훈련을 거칠 필요가 있기 때문이다.

보고서의 주제를 정할 때 누구나 알고 있는 사실을 선택하는 것은 별로 의미가 없다. 대학에서 쓰는 보고서는 전문적인 글을 쓰기 위한 훈련에 해당하며, 새로운 문제의식 없이 쓰는 글은 이에 전혀 도움이 되지 않는다. 보고서 쓰기를 통해 학생들은 앞으로 글을 쓸 때 요구되는 독창성과 사고력을 기름으로써 대학 수준의 학문 연구가 가능한 숙련된 필자가 되어야 한다.

그런데 학생들은 지금까지 새로운 문제의식을 바탕으로 독창적인 주제를 발굴해서 글을 쓴 경험이 거의 없을 것이다. 이 때문에 본격적으로 연구 과정을 거치며 써야 하는 보고서는 큰 부담일 터이다. 하지만 독창성은 천재들의 독점물이 아니므로 안심해도 좋다. 누구나 아는 평범한 사실도 다른 각도에서 보면 신선하고 가치 있는 주제가 될 수 있기 때문이다. 또한 다양한 각도에서 접근하는 훈련만 잘 받는다면 누구나 이 능력을 기를 수 있다. 그래서 중요한 것은 비슷비슷한 글을 쓰지 않겠다는 마음을 먹었을 때, 다루려는 대상을 다양한 시각으로 바라보면서 주제를 선정하는 연습에 들어가려는 적극적인 자세이다.

주제를 정하는 방법은 1부의 4장에 있는 글쓰기의 과정에서 이미 배웠다. 이제 우리는 좋은 주제를 정하기 위해서는 가주제에서 참주제로 주제를 좁혀 나가는 방법을 택하는 것이 바람직하다는 사실을 알고 있다. 또한 제재에 대한 관점을 수립하는 것이 중요하다는 점도 기억하고 있다. 마지막으로 이를 주제문으로 정리해야 글의 방향이 명료해진다는 점 역시 이해하고 있다.

■ **가주제에서 참주제로 주제를 좁혀 나가는 방법**

- 다루는 대상 좁히기
- 대상에 대한 관점 수립하기
- 주제문으로 정리하기

그렇지만 주제를 잘 정하는 것은 아주 중요하기 때문에 보고서를 쓰는 방법을 본격적으로 익히기 전에 사례를 통해 주제를 정하는 방법을 다시 한번 확인해 본다. 여기 한 대학생이 1960년 4월 19일에 본격화된 4월혁명에 대한 연구 보고서를 쓰려고 한다. 이 보고서를 쓰기 위해 그(녀)는 가주제에서 참주제로 주제의 범위를 좁히는 과정을 밟았다. 1960년 4월 19일에 본격화된 4월혁명에 대해 관심을 두었던 그(녀)에게 가주제는 4월혁명일 터이다. 그러나 이것은 범위가 지나치게 넓어서 4월혁명의 전개 과정, 성격, 주체, 이념의 특징 등 다루어야 할 사항이 너무나 많다. 이 모든 것은 다 다루는 것은 그(녀)의 능력에 부칠 뿐 아니라 관심사도 아니다. 또한 A4용지 5~10장 정도로 짧게 쓰는 보고서에서 이것을 다 다루는 것은 불가능하다. 그럼에도 불구하고 억지로 무리하게 보고서를 쓴다면 사항마다 단편적으로 짤막하게 서술할 수밖에 없다. 그렇지만 단편적인 내용을 대충 짜깁기하는 글은 가치가 없다.

따라서 그(녀)는 자신이 흥미를 느끼고 있는 쪽으로 폭을 한정하였다. 그것은 4월혁명 당시 청년 세대로 불리었던 사람들이 혁명의 와중에 선택한 의례 행위를 분석하는 일이다. 그(녀)가 가정한 것은 이 의례 행위를 분석하면 이들의 정치적 성향과 지향점이 구체적으로 드러날 것이라는 점이었다. 그래서 참주제를 '청년 세대의 의례 행위와 4월혁명에 대한 이들의 정치적 상상력 분석'으로 확정했고, 이에 따라 보고서의 제목을 '4월혁명기에 채택된 저항 의례와 청년 세대의 정치적 상상력'으로 정하였다. 이를 하나의 문장으로 명료화하기 위해 쓴 주제문은 "4월혁명기에 채택된 저항 의례는 정권의 동원 경험에 의거해 있으며, 이것은 청년 세대의 정치적 상상력이 매우 제한적이었음을 보여준다."이다. 주제문에서 보이듯이, 그(녀)는 4월혁명기에 채택된 저항 의례를 분석함으로써 의례 행위를 주도한 청년 세대의 정치적 상상력이 혁신적이지는 않았음을 주장하려는 것이다.

보고서 주제를 자유롭게 정해 보고 3인 1모둠으로 모여서 보고서 주제에 적합한지 의견을 나누어 보자.

5. 1. 3. 주제 실현을 위한 논거 제시 방법

논문의 격식과 내용을 어느 정도 갖춘 글인 보고서를 쓸 때에는 자신의 주제와 관련된 대상을 체계적으로 설명하고, 주제를 뒷받침하는 논거를 충분하게 제공하면서 논증하는 것이 중요하다. 여기서 '설명'과 '논증'이 주제를 실현하는 구체적인 방법에 해당한다.

설명의 방법에는 정의하기, 사례 들기, 비교 · 대조하기, 부연 설명하기 등이 있다.

논증을 위한 논거 제시 방법에는 실증하기, 예증하기, 비교 · 대조하기, 기호 분석하기, 권위에 의거하기 등이 있다. 단 논증을 할 때에는 제시한 논거를 바탕으로 자신의 의견이 옳다는 것을 입증하는 추론 행위가 뒤따라야 한다.

설명의 방법은 논증을 위한 논거 제시 방법과 유사한 면이 많다. 사례를 통해 이를 확인해 보자.

예문 1

한국의 배타적 민족주의는 과거의 유산이 아니다. 이는 현재에 와서까지 타국과의 분쟁의 씨앗이 되고 있을 뿐 아니라 국내의 타 민족과의 심각한 갈등 또한 불러온다. 이러한 배타적인 민족성에도 불구하고 우리나라에 체류하는 외국인은 상당히 많은 편이다. 아래의 표는 통계청에서 2006년 기준으로 조사한 한국 속의 외국인 현황이다.

현재 한국의 총 인구는 약 5000만 명 정도이다. 그런데 국가통계포털 KOSIS에서

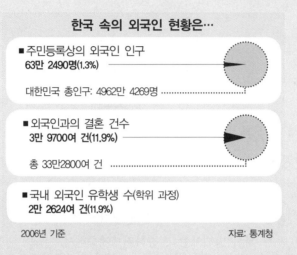

2010년 기준으로 조사한 통계에 따르면 외국인 등록 인구는 90만 명에 육박하고 있다
고 한다. 전체 인구에 대비해 이는 무시할 수 없는 숫자이지만, 등록되지 않은 불법
체류자들의 수까지 고려하면 사태의 심각성은 더욱 커진다. 또한, 위 표에서 보여주고
있는 바와 같이 외국인과의 결혼 건수는 전체의 10%를 넘어서고 있다. '한민족'을 외
치며 전혀 줄어들고 있지 않은 민족주의적 태도와는 반대로 현실에서는 점점 혈연적,
문화적 공동체로서의 민족의 기반 자체가 흔들리고 있는 것이다. (학생 글/주장문)

예시에서 볼 수 있듯이 글쓴이는 한국 속의 외국인 현황표에 대해 설명하면서 우
리 사회에는 배타적 민족주의가 여전함을 주장하고 있다. 표를 분석하면서 주장을
입증하는 것은 논증 방식 중 실증에 해당한다. 하지만 실증 과정에서도 자세한 설
명이 동반되어야 하는 경우가 있으며, 여기에서는 그와 같은 설명에 주목하였다.

다음은 논증에 필요한 논거 제시 방법들이다.

■ 실증하기

실증은 사실 증거에 기반하여 주장을 입증하는 방식이다. 신뢰할 만한 기관에서 발표한 정확한 통계 자료를 이용하는 것이 대표적이다.

예문 2

　하지만 여성들의 사회 참여가 활발해지면서 이런 결혼관이 바뀌어가고 있다. 고학력의 전문직 여성들의 수가 갈수록 많아지고 있고 핵가족화가 진행되면서 맞벌이 부부가 점차 증가하기 시작하였다. 95년 맞벌이 가구는 전국 12.7% 정도였는데 2010년 인구조사 결과 약 20%까지 기록하였다. 이에 발맞추어 남성이 여성보다 더 많이 벌어야 한다는 기존의 결혼관은 점점 희석되고 있으나 이 결혼관이 퍼지는 속도는 여성들의 사회 참여가 늘어나는 속도에 미치지 못하고 있다. 따라서 여전히 기존의 결혼관을 유지하고 있는 가정이 많다. 최인철의 「대한민국 2030 미혼남녀 결혼인식」이라는 제목의 보고서에 의하면 남성의 소득 기대치는 연 4348만 원, 여성은 3161만 원으로 남성의 소득 기대치가 더 높다는 것을 확인할 수 있다. 게다가 학력 수준이 높은 여성일수록 배우자의 소득에 대한 기대치가 더 높았다. 이런 상황에서 골드미스의 '능력'은 결혼하는 데 장애가 되고 있는 셈이다. 또한 이 보고서에 따르면 경제력이 높은 30대 남성들의 55%가 배우자의 성격과 외모를 가장 중시한다고 응답하였고, 경제력을 중시한다는 응답은 7%밖에 되지 않았다. 이들은 고학력 30대 여성의 경제력의 수준에 별로 신경을 쓰지 않았다. 하지만 여성의 경우 배우자의 경제력을 중시한다는 응답은 24%로 높은 수치를 기록하였다. 여성들이 자신보다 배우자의 경제력이 더 낫기를 원한다

는 것을 확인할 수 있다. 이런 상황에서 높은 수준의 경제력을 갖춘 골드미스들은 경
제력이 있는 남성에게나 없는 남성에게나 부담이 된다. (학생 글/주장문)

예문에서는 실증을 통해 골드미스의 경제력은 모든 미혼 남성들에게 부담을 준다
는 점을 추론하였다.

■ **예증하기**

예증은 자신의 주장을 사례를 들어 증명하는 방식이다. 정확한 통계 수치를 통해
주장을 입증하는 실증과 달리 보편적인 경험을 제시하여 주장의 타당성을 확보한다.

예문 3

더 큰 문제는 이렇게 형성된 다중의 정체성들이 독립적으로 존재하지 못하고 개방
된 공간에서 충돌한다는 점이다. 조종혁은 상황에 따라 각기 다른 인상을 보여야 할
필요성이 우리로 하여금 '인상 관리'를 하게 만드는데 이러한 인상 관리가 비일관성
의 문제를 야기한다고 본다.[1] 즉, 상이한 상황에서 상이한 청중들에게 각각 이상적
인 연기를 제공하는 여러 명의 '나'가 생길 때, 한 상황에서의 연기를 다른 상황에서
의 청중들에게는 보이려 하지 않는 인상 관리의 원칙에 실패한다면 그 개인의 사회
적 정체성은 혼란을 면치 못한다는 것이다. 그러나 온라인과 같이 개방된 공간에서
상이한 상황, 상이한 청중들을 분리시키는 것은 불가능하다. 페이스북을 예로 들어

---

1) 조종혁, 『커뮤니케이션학: 이론과 관점』, 서울: 세영사, 1992, 339~340쪽.

보자. '친구 목록'에는 대학교 동기, 고등학교 동창, 동아리 사람들, 가족 등 다양한 사람들이 섞여 있고 각자와 나누는 대화는 모든 '친구'에게 노출된다. (학생 글/주장문)

이 예문은 페이스북을 예로 들면서 온라인과 같이 개방된 공간에서는 상이한 상황 및 상이한 청중들을 분리시키는 것이 불가능하다는 것을 추론하고자 하였다. 그러나 아직은 추론이 불충분하다. 페이스북에 대한 상세한 설명과 분석이 뒤따라야 추론이 타당성을 얻을 수 있다.

■ 비교 · 대조하기

비교는 둘 사이의 공통점을, 대조는 둘 사이의 차이점을 드러냄으로써 주장을 입증하는 방식이다.

예문 4

하지만 이들이 진품을 사지 못하는 이유는 따로 있다. 20~30대는 이제 막 사회생활을 시작한 세대로 40~50대의 부모 세대보다 경제적 능력이 적기 때문에 명품의 부담스러운 가격을 감당할 수 없다. 즉, 20~30대의 명품 구매 욕구는 매우 높으나 이를 구매할 수 있는 경제력이 부족하기 때문에 진품을 사지 못하고 이미테이션을 사게 되는 것이다. 그렇지만 이러한 구매 욕구는 단순히 내적 동기로만 볼 수는 없다. 이러한 내적 동기를 갖게 한 외적 동기의 역할이 크기 때문이다. 20~30대의 이미테이션에 대한 외적 동기는 사회적 분위기가 가장 크다. 특히, 한국 사회는 이 연령대가 명품을 사고 싶은 것이 아니라 사야 하는 것으로 만든다. (학생 글/주장문)

세계가 주목할 만큼 거센 명품 열풍을 가능하게 하는 한국만의 특징은 무엇일까? 바로 서구의 개인 의식과 구별되는 동양의 집단 의식이다. 동양에서도 유달리 집단 의식이 강한 한국 사회에서는 사람들이 물질을 소비하여 소속감을 획득하려 하며, 이것은 명품 현상을 설명할 때 빠뜨릴 수 없는 점이다. 어느 정도 이상의 금액을 지불해야만 구입할 수 있는 명품은 중산층이라는 소속감을 개인에게 부여해 준다. 이러한 소속감은 불안정한 현대인들에게 안정감을 부여해 준다. 즉, 한국에서 명품을 사는 대부분의 대중들의 행위는 파편화된 개인에서 벗어나 안정적인 기반에 속하고 싶어하는 파노플리 효과에 해당한다고 볼 수 있다. (학생 글/주장문)

앞의 예문은 대조를 통해 경제력이 없는 20~30대의 명품 욕망이 이미테이션 소비를 촉진한다는 점을 추론한 것이다. 뒤의 예문 역시 대조를 통해 한국 사회는 집단 의식과 소속감이 강한 점을 지적하고 이를 바탕으로 중산층은 명품 소비를 통해 소속감을 얻는다는 점을 추론하였다.

■ 기호 분석하기

문화 연구자들이 많이 사용하는 방식이다. 이들은 다양한 사회 문화적 현상을 우리 사회의 기본적인 신뢰 체계나 이데올로기를 드러내는 기호로 간주한다. 여기서는 경험, 관찰, 통찰, 직관을 모두 동원해서 설득력 있는 해석을 내리는 것이 매우 중요하다.

　　카페베네는 고객들의 욕망을 만족시킴과 동시에 새로운 욕망을 창출하여 상업적으로 큰 성공을 거두었다. 카페베네는 카페를 이용하는 고객의 특성을 파악하고 이에 맞는 마케팅을 실시했다. 카페베네의 마케팅 전략은 그들이 타깃으로 삼은 주요 소비자층을 공략하는 것이다. 카페를 이용하는 집단은 주로 대학생과 직장인이다. 이들의 특징은 카페를 단지 커피만 마시고 이야기하는 공간으로 활용하지 않는다는 것이다. 카페는 이미 이들의 사적 공간 나아가 1인 공간이 된 지 오래다. 그들이 카페를 찾는 목적은 자유로운 분위기에서 커피를 마시며 개인적 업무를 보거나 공부하기 위해서이다. 카페베네의 내부 인테리어 전략은 이들의 욕구에 부응하기에 충분하다.

　　넓고 네모반듯한 테이블과 한 사람이 앉아도 공간이 남는 큰 의자가 매장에 놓여 있다. 다른 카페들의 동그란 테이블과는 달리 이곳의 테이블은 책상 같다는 느낌을 강하게 준다. 테이블의 넓은 면적은 책을 펴 놓고 공부하거나 노트북을 사용하는 사람들을 위한 것이다. 모든 의자에는 쿠션이 있어서 아늑하고 편안하게 해 준다. 따라서 공부나 회의를 하며 오래 앉아 있어도 불편하지 않게 한다. 특히 카페베네는 이른바 '코피스족'이라고 불리는 이들을 위해 편의 시설을 강화했다. 매장에 컴퓨터를 비치하고 노트북을 사용하는 사람들을 위해 전 좌석에 콘센트를 설치했다. 또한 테이블 사이의 거리가 멀어서 개인적 공간이 그만큼 넓다. 각 공간의 구분이 확실하여 다른 이들의 방해를 받지 않고 혼자서도 부담 없이 일을 할 수 있다. 이는 사람이 없는 공간을 찾아다니는 번거로움을 줄인다. 실제로도 카페베네에는 다른 커피 전문점보다 혼자 앉아 일을 보는 사람들이 훨씬 많다. 이처럼 카페베네는 프라이버시를 중시하는 사람들의 욕구를 공간 분할을 통해 만족시켰다. (학생 글/설명문)

> 혼자 오는 대학생들은 대부분 과제나 공부를 하러 오는 사람들인데 이런 손님들은 갈수록 늘고 있다. 카페의 구조 자체가 학생들이 혼자 공부할 수 있도록 되어 있기 때문이다. 긴 테이블을 배치해서 혼자 온 손님들이 같이 앉을 수 있도록 하거나 노트북을 편리하게 이용할 수 있게 충전을 가능하게 하는 등 과제나 공부를 하기 쉽고 편하게 만들었다. 과제나 공부를 하러 카페에 온 손님들은 커피 가격에 자릿세도 있다고 여겨 비싼 돈을 내고도 커피를 산다. 혼자 오는 대학생들뿐만 아니라 공강 시간에 시간을 때우러 오거나 조별 과제를 하기 위해서 오는 등 대학생들이 카페에서 할 수 있는 일들은 매우 다양하다. (학생 글/설명문)

예문 6에서 보이듯이 글쓴이는 카페베네의 공간을 분석함으로써 학생들이 이를 학습 공간이자 사적 공간으로 인지하게 되는 단서들을 찾아내었다. 이를 통해 카페베네의 전략이 무엇임을 추론해 내었다. 예문 7 역시 그와 같은 작업을 수행하려고 하였으나 미약하다.

■ **권위에 의거하기**

우리는 모든 주제에 대한 정보를 다 알고 있지 못하다. 따라서 해당하는 주제에 대한 전문가의 연구에 의존하면서 글을 써나가야 할 때가 많다. 2차 자료를 인용하면서 글을 쓰는 것이 대부분 이에 해당한다. 하지만 잘못하면 인용 위주의 글이 될 수 있으니 주의한다.

▼

4월혁명 당시 의례의 수행자들이 기존의 문화 체계에서 도입해 온 것은 무엇보다 국민 형성 및 통합을 위한 문화적 기초로 국가가 제정하고 성화(聖化)한 다양한 민족적, 국가적 상징물들이었다. 대한민국 수립 직후부터 국가 권력은 태극기를 강조하면서 국기에 대한 공경 의례를 제정하고 무궁화를 국화로 지정하였으며, "개식→(주악)→국기에 대한 경례→애국가 봉창→선열에 대한 묵념→본행사→만세 삼창→(주악)→폐회"의 순서로 이른바 '국민의례'를 정착시켰다.[1] 또한 학도호국단이 주도한 학생 관제 행사의 형식 역시 "국기 게양, 애국가 제창, 개회사, 궐기사, 시가 행진"으로 구성되어 있었다. 이 행사에 수시로 동원된 학생들은 관제 행사 자체에는 설사 비판적이었을지라도 그 방식에는 매우 익숙했을 것이다. 따라서 4월혁명의 저항 의례는 국민의례와 학도호국단의 행사 형식 등을 충실하게 모방했다고 할 법하다. (교수자 글)

---

1) 강인철, 「한국전쟁과 사회의식 및 문화의 변화」, 『한국 현대사의 재인식: 한국전쟁과 사회구조의 변화』, 서울: 백산서당, 1999, 224~225쪽.

이 예문에서 보이듯이 글쓴이는 4월혁명 당시 의례의 수행자들은 다양한 민족적, 국가적 상징물들에서 의례 행위를 선택했을 것이라고 가정하고 있다. 그리고 이에 대한 근거를 직접 찾기보다는 다른 연구자들이 이미 수행한 연구를 찾아 준비 시간을 단축시켰다. 연구는 혼자 하는 것이 아니기 때문에 이러한 협력 작업은 매우 중요하다. 이를 통해 글쓴이는 "4월혁명의 저항 의례는 국민의례와 학도호국단의 행사 형식 등을 충실하게 모방한 것이다."라는 점을 추론해 내었다.

논거를 들어서 추론하는 방법은 이처럼 다양하다.

이 중 대학생들이 본격적으로 훈련해야 하는 것은 분석을 통한 추론이다. 학생들에게는 가장 취약한 측면이기 때문에 충분한 연습이 필요하다.

지금부터는 실습을 통해 대상을 분석하고 추론하는 연습을 해 보자.

연습문제 ❶

© 대한항공

다음의 광고 사진에 대한 분석적 질문에 답해 본 뒤, 분석한 내용을 살려 한 단락 쓰기를 해 보자.

질문 ① 이 광고는 무엇을 목표로 삼고 있다고 생각하는가?

질문 ② 광고의 목표를 달성하기 위해 선택한 소재들은 무엇인가?

질문 ③ 각 광고 사진에서 선택된 인물의 특성은 무엇인가? 이것은 광고의 목표를 어떤 방식으로 실현하는가?

질문 ④ 여성의 시선은 어떤 특징을 지니는가? 이것은 광고의 목표를 어떤 방식으로 실현하는가?

질문 ⑤ 여성의 신체와 비행기 본체의 관계는 어떠한가? 이것은 광고의 목표를 어떤 방식으로 실현하는가?

질문 ⑥ 배경의 색조는 어떠한 이미지를 불러일으키는가? 이것은 광고의 목표를
　　　　어떤 방식으로 실현하는가?
질문 ⑦ 광고 의뢰자나 제작자가 아닌 소비자의 입장에서 이 광고를 평가하라.

연습 문제 ❷

　다음 그림을 보고 조별로 분석을 위한 질문들을 만들어 보자. 조원들과 함께 답변을 충
분히 해 본 다음 글의 주제(참주제)를 정한 뒤 그림 분석이 위주가 되는 두 단락의 글을
써 보자.

질문 ①

질문 ②

질문 ③

질문 ④

질문 ⑤

질문 ⑥

질문 ⑦

질문 ⑧

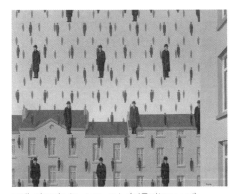

르네 마그리트(René Magritte), 〈겨울비(Golconde)〉

실증하기, 예증하기, 비교·대조하기, 기호 분석하기, 권위에 의거하기 중에서 다음 글에 쓰인 논거들은 무엇인지 찾아 보자. 또한 좀 더 보충되어야 하는 논거는 무엇인지 생각해 보자.

예문 9

여성의 묘사에서 드러나는 남녀 성차별

"클레오파트라의 코, 그것이 조금만 낮았더라면 지구의 모든 표면은 변했을 것이다." 프랑스의 저명한 수학자 파스칼이 한 이 말은 클레오파트라를 묘사하는 가장 유명한 구절이다. 이 유명한 표현처럼, 대부분의 사람들은 클레오파트라를 치명적인 아름다움을 가진 여성으로 생각하지만, 사실은 그렇지 않았다는 의견도 제시되고 있다. 오히려 그녀는 얼굴이 검고 뚱뚱했으며, 키도 땅딸막했다는 이집트 고대서의 기록도 있다. 대신 그녀는 10개 국어에 능통하고 정치적인 통찰력이 뛰어난 위대한 통치자로서의 면모가 더욱 두드러졌다. 그러나 이 사실을 알고 있는 사람들은 클레오파트라의 코에 대해 알고 있는 사람보다 결코 많지 않다. 한편 그녀의 연인이었던 율리우스 카이사르는 가장 대표적인 로마의 정복자이자 정치가로 알려져 있다. 누구도 그의 코가 얼마나 높았는지, 그가 얼마나 멋진 몸매를 가지고 있었는지에 대해 관심을 가지지 않는다. 왜 같은 시기, 같은 정치가에 대한 평가가 이렇게 대조적인 것인가?

그것은 클레오파트라가 여성이기 때문이다. 사실 능력 있는 여성을 외모 중심으로 묘사한 사례는 어디에서나 찾아볼 수 있다. 조선 시대 최고의 기생 황진이가 그 대표적인 예이다. 그녀는 시문과 그림 등에 남자 못지않은 지식과 조예를 갖추고 있었다. 그러나 많은 영화와 드라마에서는 그녀를 남자를 유혹하는 매혹적인 미녀 기생으로만 다루고 있다. 가끔 그녀가 시문을 읊거나 난을 치는 장면이 나오지만, 그때도 남자에게 묘한 눈길을 보내면서 끊임없이 남자를 흔드는 모습이 카메라에 더 많이 잡힌다. 이처럼 황진이의 뛰어난 재능은 그녀의 미모에 가려진 것처럼 보인다. 조선 시대에는 여권이란 개념이 없었을 때이고, 황진이는 기생이었으니 외모에 치중한 묘사가 어쩔 수 없다는 반박이 있을지도 모른다.

그러나 이러한 여성의 외모에 치중한 묘사는 여성의 지위가 많이 향상된 현대 사회에서도 종종 발견할 수 있다. 스포츠 스타들을 묘사하는 것을 살펴보면 '두산 베어스'의 고영민 선수는 안타성 타구를 잘 잡아 '고제트'라는 별명을 가지고 있고, 체력이 뛰어난 박지성에게는 '두 개의 심장'이라는 수식어가 붙어 있다. 한편 체조 선수 손연재는 '체조 요정', '체조 얼짱' 등의 별명이 늘 따라다니고, 그녀에 관한 기사 내용도 "여성미 물씬", "체조 여신의 아름다운 자태" 등 그녀의 운동 능력과는 크게 상관이 없어 보인다. 농구 선수 '김연주' 또한 "농구계의 얼짱" 혹은 "늘씬한 각선미" 등 외모에 대한 찬사가 그녀에 대한 묘사의 대부분이다. 또한 올림픽에서 장대 높이뛰기 선수의 기사에 "미녀새의 비상"이라는 제목이 붙고, 인터넷 기사에는 "역도 선수라기에 너무나 깜찍한"이라는 표현이 여성 역도 선수에게 쓰이기도 한다. 종합해 보면, 남성은 그의 능력에 관한 묘사가 주된 반면, 여성은 능력보다는 외모에 관한 묘사가 주됨을 알 수 있다.

이러한 표현의 차이는 남성의 '차별화(distinction)' 현상으로 설명할 수 있다. 차별화, 혹은 '티 내기' 현상은 특정한 계층이 다른 계층과는 다르다고 생각하며 그들과 자신들을 분리시키려는 경향이다. 현대의 짧은 시간을 제외하면 사회의 주도적인 사회 계층은 남성이었다. 여성들은 집 안에서 남편의 뒷바라지를 하거나 조용히 숨어 있어야 하는 소외 계층에 가까웠다. 그러나 20세기 후반부터 여성의 인권 신장 문제가 제기되면서 여성은 빠른 속도로 남성의 사회적인 위치를 차지해 나갔다. 실제로 여성의 대학 진학률, 의대 진학률, 연수원 합격률 등은 지난 50년 남짓한 기간 동안 빠르게 늘어났다. 이렇게 여성들이 사회 주도권을 가져가는 상황에서 남성들은 여성들의 발전을 자신들의 특권을 침해하는 공격적인 제스처로 이해하게 되었다. 그 결과 남성들은 여성들의 지위 향상을 마치 외모에 의존해서 실력 없이 거저 얻은 것인 양 표현하기 시작하였다. 즉, 실력을 가지고 사회를 이끌어가는 것은 남자들이며, 성공한 여성들은 자신들과 다르다고 '티'를 내기 시작한 것이다. 후세에 클레오파트라에 대해서 저술하던 파스칼도 그녀의 뛰어난 능력과 높은 사회적 지위가 남성들을 위협하는 것이라고 여겼기 때문에 위에서처럼 심술궂은 묘사를 해서 그녀를 비꼬았다. 마치 그녀가 내세울 무기라고는 아름다운 얼굴뿐이라는 듯이. 그리고 세계적으로 많은 사랑을 받는 뛰어난 여성 스포츠 선수들도 남초 산업이었던 스포츠계에서는 스포츠를 이끌어가는 남자들을 위협하는 존재였기 때문에 미녀, 얼짱, 몸짱 등의 지나친 외모 편중적인 묘사들이 주로 적용되고 있는 것이다. 그리고 이런 묘사의 문제는 별로 큰 의미를 가지는 것처럼 보이지는 않지만, 미디어를 수용하는 사람들에게 무의식적으로 여성은 외모가 능력보다 더 중시된다는 생각, 혹은 여성이 유명해지기 위해서는 예뻐야 된다는 생각을 심어줄 수도 있다.

　KBS의 주말 개그 프로그램 〈개그콘서트〉의 '사마귀 유치원'에서는 '쌍칼'이라는 캐릭터가 여성의 외모에 대한 개그를 하고, '사마귀'라는 캐릭터가 "여자는 무조건 예뻐야 해요." 하고 말하며 장난스럽게 개그를 마무리한다. 이는 여성에 관한 한 외모가 매우 중요한 요소 중 하나인 것처럼 인식하고 있는 사회에 대한 비판이라고 볼 수 있다. 여성에 대한 변화된 인식이 개그에도 반영될 수 있는 것은, 여성의 권리가 강화되면서 여성의 사회적 위치를 견고하게 만들기 위해 사회 제도를 개선하라는 목소리가 점차 커지고 있기 때문이다. 여기서 여성들의 고위직 진출을 가로 막는 보이지 않는 장벽인 '유리 천장'같이 직장 내 성차별을 개선하기 위한 사회적 제도를 마련하는 것이 물론 중요하다. 그러나 이렇게 눈에 보이는 제도적 문제점을 보완하는 것뿐만 아니라, 여성에 대한 묘사의 방향 또한 바뀌어야 한다. 이러한 묘사들이 여성의 능력에서 외모로 시선을 돌리게 만드는 중요한 원인이 되고 있기 때문이다. 이제, 코가 낮든 높든 뛰어난 외교 능력을 선보였던 클레오파트라를 새롭게 바라봐야 할 필요가 있는 것이다. (학생 글/주장문)

연습 문제 ❹

2인 1모둠으로 모여 다음 글에서 논거가 불충분한 대목을 찾아 보자. 그리고 실증하기에서부터 권위에 의거하기에 이르기까지 어떤 논거가 불충분한지를 논한 뒤 논거를 보완하는 내용을 함께 만들어 보자.

예문 10

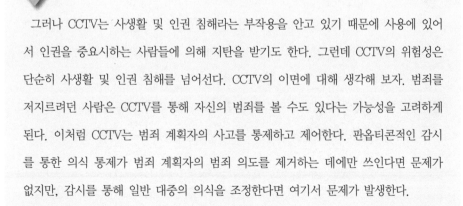

그러나 CCTV는 사생활 및 인권 침해라는 부작용을 안고 있기 때문에 사용에 있어서 인권을 중요시하는 사람들에 의해 지탄을 받기도 한다. 그런데 CCTV의 위험성은 단순히 사생활 및 인권 침해를 넘어선다. CCTV의 이면에 대해 생각해 보자. 범죄를 저지르려던 사람은 CCTV를 통해 자신의 범죄를 볼 수도 있다는 가능성을 고려하게 된다. 이처럼 CCTV는 범죄 계획자의 사고를 통제하고 제어한다. 판옵티콘적인 감시를 통한 의식 통제가 범죄 계획자의 범죄 의도를 제거하는 데에만 쓰인다면 문제가 없지만, 감시를 통해 일반 대중의 의식을 조정한다면 여기서 문제가 발생한다.

영화 〈브이 포 벤데타〉나 소설 『1984』에서 감시는 범죄 의도 제거를 넘어서 전체주의적 사고를 개인에게 강요하는 데 이용된다. 영화나 소설 속의 주인공은 정부의 감시를 의식하며 스스로의 행동을 제어하고 사고를 통제한다. 영화 〈브이 포 벤데타〉에서 정부는 감시 카메라와 도청 장치로 일상을 감시하며 소설 『1984』에서 지배 계층은 '텔레 스크린'이라는 특수한 장치를 어디에나 설치해 사람들을 감시한다. 〈브이 포 벤데타〉와 『1984』의 사회에서는, 각 개인의 정체성이 사회 질서에 의해 변질되고 억압되기보다는 오히려 사회 질서 속에서 개인이 형성된다. (학생 글/주장문)

연습 문제 ❺

다음 글은 문제의식과 주제가 흥미로우나 분석은 불충분하다. 2인 1모둠으로 모여 다음 글에서 분석이 불충분한 대목을 찾아 이를 보완해 보자.

예문 11

먼저 이 법안은 마치 판옵티콘의 형태를 띠고 있는 것 같다. 푸코의 판옵티콘은 자유로운 광장의 중앙에 감시탑을 설치하고 저격수를 배치함으로써 개인들의 자유로운 의사 활동을 저지하는 것이 특징이다. 이를 두고 박정자는 시선의 불균형이 앎의 불균형을 낳고, 앎의 불균형은 권력의 불균형으로 이어지며 이는 담론이 되어 사람들을 억압하는 교묘한 수단이 되는 것으로 설명한다.[1] SNS 규제법은 불특정 다수의

---

1) 강준만, 「미셸 푸코: 판옵티콘이란 무엇인가」, 『대중문화의 겉과 속』, 서울: 인물과사상사, 2009, 52쪽.

네티즌들에게 감시의 존재를 각인시키되 감시의 시선을 직접적으로 드러내지 않는다. 여기서 시선의 불균형이 발생하게 되며 이로 인한 권력의 불균형은 개인으로 하여금 '자기 검열'을 유도하게 된다. 현재 각종 인터넷 규제 정책을 시행하고 있는 중국을 보면 이 '자기 검열'이란 매우 위험한 통제 장치임을 알 수 있다. 중국은 개인과 국내 기업을 비롯하여 외국인들과 외국 기업에까지 온라인 사용에 관한 '서약'을 요구하며 각 국가 기관은 조직적으로 인터넷 검열과 통제를 실시하고 있다.[2] 이에 인터넷 서비스 사업자, 인터넷 카페 운영자, 일반 이용자 등 모든 인터넷 관련 개인과 단체들에 자기 검열을 사실상 강제하고 있으며 상당한 효과를 발휘하고 있다. (학생의 글/주장문)

---

[2] 고경민, 「인터넷 통제의 현실」, 『인터넷은 민주주의를 이끄는가』, 서울: 삼성경제연구소, 2006, 205쪽.

5. 1. 4. 보고서 내용 만들기

보고서에서 가장 중요한 것은 내 생각을 담고, 그에 대해 논증하는 일이다. 그러나 내가 알고 있는 지식만으로는 충분한 논증을 하기 어렵다. 따라서 내 주제를 살릴 수 있는 관련 자료를 찾는 일이 매우 중요하다.

■ 자료 찾기

인터넷 자료는 출처가 분명하지 않은 경우 신빙성이 떨어지므로 내 주제를 증명할 수 있는 논증 근거로 채택하는 것은 위험하다. 따라서 보고서를 쓸 때 참조할 수 있는 인터넷 자료는 신문이나 잡지 자료 정도로 한정하는 것이 좋다. 신문 잡지 자료는 현재 진행 중인 사건이나 상황을 파악하는 데 도움이 된다.

그러나 본격적인 분석에 도움이 되는 자료는 인터넷이 아닌 도서관에 있다.

도서관에서 자료를 찾을 때는 내 주제와 관련이 크지 않거나 막연한 자료는 피한다. 나의 주장을 살리고 뒷받침해 줄 수 있는 자료를 구해야 하는 것이다. 도서관에서 내 주제를 살릴 수 있는 전문적인 수준의 단행본, 학위 논문, 연구자들이 쓴 소논문 등을 찾아서 글 쓸 준비를 한다. 가장 새로운 발상으로 쓴 최신의 글을 원한다면 RISS나 DBPIA, KISS에서 연구자들이 쓴 소논문들을 찾으면 된다.

■ 내 주제를 살리기 위한 자료의 수집과 해석

자료는 내 주제가 다룰 가치가 있으며 타당한지 확인하고, 주제를 심화시켜 더 정교하게 만들고, 주제에 대한 증명을 할 수 있는 방법을 알려준다. 하지만 이 중심에는 내가 있어야 한다. 모든 자료는 자료 해석자인 나의 시각과 관점에 따라 다르게 해석되기 때문이다. 객관적인 사실을 열거하거나, 상식적인 해석을 나열한 글은 좋은 보고서가 될 수 없다. 따라서 자료를 참고하면서 연구 과정을 거친 글을 쓰는 것이 중요하지만, 자칫하다가는 인용 위주의 글이 되어 표절의 혐의를 받게 된다. 이를 피하기 위해서는 설득력 있는 근거를 바탕으로 독창적인 해석을 내리는 것이 요구된다. 그러므로 나의 시각과 관점에 따라 자료를 해석하는 과정이 글쓰기 전(前) 단계에서 가장 중요하다.

내가 선택한 자료는 다양한 해석이 가능하다. 상식적인 해석을 유일한 답으로 생각하지 말고 다른 관점에서 접근하려고 애써야 한다. 특히 독창적인 글을 쓰려면 무엇보다 인용 중심의 글을 피해야 한다. 이것은 독창적인 글을 위해 자료를 내 것으로 만들어야 한다는 점을 가리킨다.

그렇다면 나만의 독창적인 글을 쓰기 위해 자료를 내 것으로 만들어야 한다는 것은 실제로 무엇을 의미할까? 사례를 통해서 이에 대해 알아 보자.

국가과학기술위원회의 문제점과 개선책

우리나라의 내년 총 예산은 올해보다 약 5.5% 증가했다. 하지만 과학 기술 분야의 예산은 총 예산의 증가율보다 큰 약 7%의 증가율을 보였다. 실제 16조 원 정도이다. 이 엄청난 예산은 국민들의 세금으로 시행된다. 따라서 우리는 국가 과학 기술 발전에 투자한 투자자라고 볼 수 있다. 그렇다면 우리가 과학 분야에 투자하는 정도와 투자 분야를 정해주는 펀드 매니저는 누구일까? 바로 '국가과학기술위원회'이다. 국가과학기술위원회는 국가 과학 기술의 발전을 위한 중장기적인 계획을 세우고, 국가 연구 개발 사업을 조사, 분석, 평가하여 투자할 예산을 결정하는 역할을 한다. 5천만 국민의 투자를 담당하고 있는 '펀드 매니저' 국가과학기술위원회는 우리가 큰 수익을 얻을 수 있도록 그 역할을 잘 수행하고 있을까?

먼저 이 펀드 매니저의 구성원에 대하여 알아 보자. 현재 이명박 정부의 국가과학기술위원회는 대통령이 위원장, 정부 위원 10명, 민간 위원 14명으로 구성되어 있다.[1] 여기서 우리는 민간 위원에 대해 주목해야 할 필요가 있다. 과학 기술은 특성상 전문적인 지식이 필요한 분야이기 때문에 다른 분야들에 비하여 민간 전문가의 참여가 중요하다.[2] 하지만 이 민간 위원을 선정하는 데 큰 문제점이 있다. 위원들의 구성은 각 부처에서 분야별 전문가를 추천하여 임명하는 방식으로 결정된다. 이때 각 부처는 자신들이 계획한 정책에 유리하게 예산을 측정받기 위해서 전문 분야가 아닌 사람에게 위원직을 요청하고, 또 그것을 그대로 무책임하게 받아들이는 전문가들

---

1) 김성수, 「과학 기술 정책결정에서 관료와 민간전문가 역할의 비교분석」, 『한국공공관리학보』, 제24권, 천안: 한국공공관리학회, 2010. 6, 9쪽.

2) 위의 글, 19쪽.

이 있다.[3] 따라서 평가의 공정성과 전문성이 떨어지게 된다. 또한 제대로 된 전문가를 선정한 경우에도 한 위원회에서 여러 안건을 다루다 보니 개별 안건들이 모두 위원들의 전문성에 맞을 수 없어 전문가적 훈련에 토대한 판단이 제대로 작용하지 못하는 경우가 많다.[4] 예산안을 직접 회의하고 결정하는 위원들의 구성 문제는 국가과학기술위원회의 위상과 신뢰를 흔들 수 있다. 따라서 반드시 개선해야 할 것이다.

그다음, 펀드 매니저의 운영 방식에 대하여 살펴 보자. 각 정부의 기관들, 부처들이 정책 과제에 대한 실질적인 계획과 예산안을 준비한다. 이 개별 부서의 안건을 합하여 본회의에 상정하게 되고, 우리의 펀드 매니저들은 상정된 안건들을 회의를 통해 결정하게 된다. 이때, 우리는 의문점이 생길 수 있다. 국가 과학 기술의 발전을 위한 정책을 개발하고 합리적인 예산을 측정할 것이라 기대한 것과 다르게 그저 회의를 통해 각 부처의 안건들을 평가하여 조율하는 형식적인 통과 기구로서의 역할을 하는 게 아닌가[5] 하는 것이다. 이렇게 본래 위원회에 대한 국민들의 기대와 다르게 운영되고 있다면, 그것은 분명 문제라고 할 수 있다. 이렇게 단순한 통과 기구로서의 역할이 아닌 국가적 정책의제를 대비할 수 있는 실질적인 정책 개발에 초점을 둬야 할 것이다.[6]

이렇게 우리나라 국가과학기술위원회의 문제점을 살펴 보았는데, 다른 나라의 경우는 어떻게 운영되고 있고, 그것을 통해 개선 방안에 대해 알아 보자. 미국의 경우에는 우리나라보다 과학 기술에 대한 예산도 훨씬 많고 그 투자 분야도 훨씬 다양하고 복잡하다. 하지만 우리나라와 다르게 위원회가 하나의 안건을 가지고 평균 8회의

---

3) 양지원, 「현장에서 보는 국가 과학기술 정책의 문제점」, 『계간 과학사상』, 서울: 범양사, 2003. 8, 99쪽.

4) 김성수, 앞의 글, 19쪽.

5) 위의 글, 9쪽.

6) 위의 글, 9쪽.

회의를 열고, 직접 정책 이슈를 채택, 조정한다. 또한, 민간 위원의 참여도 위원회의 재량으로 필요시 언제나 전문가에게 요청할 수 있어 높은 편이다. 여기서 예산 부처는 필요시 참여하게 된다.[7] 이렇게 미국의 경우, 우리나라의 단점을 많이 보완한 것을 알 수 있다. 우리나라도 미국의 경우처럼 정부 부처나 관료들보다 위원회의 위원들, 특히 민간 위원들의 참여를 높여야 할 것이다.

지금까지 국가과학기술위원회의 문제점에 대해 살펴 보았다. 본론에서 언급한 문제들 외에도 정책의 일관성 결여, 예산 배분의 형평성 등의 문제점도 지적되고 있다. 우리의 삶의 거의 모든 부분이 과학과 연결되어 있다고 해도 과언이 아닌 시대가 왔다. 그만큼 국가의 과학 발전은 국가 전체뿐만 아니라 국민 모두에게 중요한 문제이다. 따라서 우리의 펀드 매니저인 국가과학기술위원회의 역할이 더욱 중요하다고 할 수 있다. 단지 명목상 있는, 평가만 하는 기구가 아닌 실질적인 계획과 방안 등을 세우는 역할을 하여 국민들의 세금이, 투자가 효율적으로 쓰일 수 있도록 노력해야 한다. (학생 글/주장문)

---

7) 위의 글, 19쪽.

이 예문에서처럼, 글쓴이는 국가과학기술위원회의 문제점에 대해 글을 쓰기 위해 자료를 찾아 열심히 공부하였다. 그럼에도 불구하고 이 글은 인용 위주의 글이 되어 버렸다. 자신이 글의 주인이 되지 못한 것이다. 그렇게 된 까닭은 무엇인가? 가장 중요한 원인은 '국가과학기술위원회의 문제점 비판'이라는 주제 설정 때문이다.

너무 주제가 넓다 보니 윗글의 필자는 다른 사람의 연구에 전적으로 의존하게 되었고 그 결과 인용 위주의 글을 쓰게 되었다. 국가과학기술위원회의 문제점은 다양한 측면에서 발견될 것이고, 그에 대한 연구는 이미 산처럼 쌓여 있다. 이런 상황에서 주제를 '국가과학기술위원회의 문제점 비판과 해결책'으로 잡으면 다른 연구자들이 쓴 논문을 요약해서 정리하는 글을 쓸 수밖에 없다. 그런데 이처럼 지나치게 인용이 많은 글은 내 글이 아니다. 인용은 자신의 생각을 보완하는 역할을 맡아야지 글의 중심을 차지하면 안 되는 것이다.

그렇다면 어떻게 해야 하는가. 먼저 중요한 것은 다루는 대상을 좁히면서 주제를 정하는 것이다. 그다음에 참고할 자료들을 찾아 읽고 주장과 근거 등이 타당한지 비판적 태도로 따져 보는 과정이 있어야 한다. 이때 인용 자료와는 상반되는 의견이 제시된 자료를 읽는 것도 여러 가지 관점에서 주제에 접근하는 능력을 기르는 데 도움이 된다.

즉, 좋은 내용이라고 성급히 인용하지 말고 잠시 멈추어서 내 글에 왜 필요한지 다시 한 번 판단한다. 그래야 자료가 내 것이 된다. 그렇다고 이것이 인용 표시 없이 자기 글처럼 끌어오라는 의미는 아니다. 인용을 할 때는 반드시 출처를 제시해야 표절의 의혹을 받지 않는다.

정리하자면, 자료는 내 생각을 보완하거나 확장하기 위해 존재하는 것이지 내 생각을 대신해 주기 위해 있는 것이 아니다. 즉 인용하는 자료가 글의 주인이 되고 내 생각이 그에 덧붙여지는 식으로 쓰는 글은 '나의 글'이 아님을 잊지 말아야 한다.

◇ **어떻게 인용해야 인용 위주의 글이 되지 않을까?**

자료는 1차 자료와 2차 자료로 구분된다. 1차 자료는 다루고자 하는 원자료를 말한다. 2차 자료는 1차 자료를 이용하여 연구한 자료들을 말한다. 1차 자료와 2차 자료는 다음과 같이 구분한다.

- **1차 자료**

이강현 편, 『민주혁명의 발자취: 전국 각급학교 학생대표의 수기』, 서울: 정음사, 1960.

김성식, 「학생과 자유민권운동」, 『사상계』 제83호, 서울: 사상계사, 1960. 6.

「허영 씻고 새 살림」, 『경향신문』, 1960. 7. 6, 3면.

· 2차 자료

천정환, 「해방기 거리의 정치와 표상의 생산」, 『상허학보』 제26집, 서울: 상허학회, 2009. 6.

김동춘, 『근대의 그늘』, 서울: 도서출판 당대, 2000.

에이프릴 카터, 『직접행동』, 조효제 옮김, 서울: 교양인, 2007.

이 중 2차 자료만 인용하면서 글을 쓰는 것을 피하라. 그렇지 않으면 인용 위주의 글이 될 가능성이 크게 높아진다.

◇ **어떤 인용이 불성실한 인용일까: 재인용을 피하라!**

참고 자료를 읽다 보면 그 자료를 쓴 저자가 다른 사람의 책이나 논문을 인용한 대목이 나온다. 그것은 참고 자료의 저자가 글을 쓰기 위해 공부한 흔적이다. 이것을 그대로 인용하는 것은 자신이 불성실하다는 것을 보여주는 일이다. 그 내용이 나에게도 도움이 된다고 생각한다면 바로 중앙학술정보관으로 들어가 자료를 검색한다. 단행본이면 대출하고, 학위 논문이거나 소논문이면 RISS나 DBPIA, KISS에서 검색해서 직접 읽어 본다. 꼼꼼히 읽고 내 글에 도움이 되는지 판단한 후 인용해야 제대로 된 인용으로 인정받는다.

아무리 찾아도 그 자료를 국내에서 구할 수 없거나 자신이 모르는 외국어로 쓰여 있어서 자료에 접근하는 것이 불가능할 때에만 5. 2. 인용 및 주석 참고 문헌 작성법 (3) 재인용에서 설명하는 방법을 따른다.

■ **자료 추가하기**

글을 써 나가면서 추가 자료가 필요하다고 판단되면 바로 자료를 찾아서 보충해야 한다. 예컨대 4월혁명기에 나타난 학생들의 의례 행위를 분석하는 과정에서 이러한 의례 행위는 무엇을 통해 학습된 것일까 하는 의문이 생겼다고 하자. 자료를 탐색하고 추적하면 다음과 같은 자료를 얻을 수 있다.

자료 1〉 연정은, 「감시에서 동원으로, 동원에서 규율로: 1950년대 학도호국단을 중심으로」, 『역사연구』 제14호, 서울: 역사학연구소, 2004. 12.

자료 2〉 강인철, 「한국전쟁과 사회의식 및 문화의 변화」, 『한국 현대사의 재인식: 한국전쟁과 사회구조의 변화』, 서울: 백산서당, 1999.

자료 3〉 박태순·김동춘, 『1960년대의 사회운동』, 서울: 까치, 1991.

자료 1〉과 자료 2〉는 학생들의 저항 의례가 1950년대의 학도호국단 활동을 통해 국가에 의해 동원된 경험을 대거 살린 것이라는 새로운 정보를 제공해 줄 것이며, 자료 3〉은 학생들의 독자적인 시위 문화와 저항의 형식이 나타난 것은 한일회담을 반대하는 6·3시위에서부터였다는 정보를 알려줄 것이다. 이와 같은 새로운 정보는 학생들의 저항 의례가 새로 발굴된 문화 양식인지 아닌지 판단하는 근거가 될 것이다.

◇ **사소하지만 알고 있어야 할 몇 가지 점들**

• 보고서에는 경어체를 사용하지 않는다.

• 감정이 드러나는 글을 쓰지 않기 위해 의문문과 감탄문 사용을 가급적 자제한다.

• 인용하려는 글의 저자를 보고서의 본문에 밝히고 싶을 때에는 ○○○ 선생님, ○○○ 교수님 등의 직위 표현을 하지 않고 성과 이름만 쓴다.

자료가 모아졌으면 개요를 작성한다. 이때 주의할 점은 내적 연관성이 있게 글의 순서를 잡아야 한다는 것이다. 내적 연관성이 없는 나열식의 순서는 내 주제를 효과적으로 드러내는 데 도움이 되지 않는다. 그리고 가급적 구체적으로 개요를 짜야 실제적인 도움을 받을 수 있다. 구체적인 개요 짜는 방법은 4장 글쓰기의 과정을 참고하라.

대학에서 쓰는 보고서는 본격적인 논문을 쓰기 위한 훈련에 해당한다. 따라서 이 보고서는 논문에 준하는 형식을 어느 정도 갖추어야 한다. 표지와 목차, 본문과 참고 문헌의 체재를 갖추는 것이 일반적이다. 여기서 본문은 대체로 서론, 본론, 결론으로 구성된다.

■ 표지

보고서의 표지에는 제목, 수강 과목명, 담당 교수자의 이름, 소속 학과명(소속 학부/계열명), 제출자의 이름, 학번, 제출일 등을 써 넣는다.

■ 목차

목차는 글의 구성을 일목요연하게 보여주는 역할을 맡는다. 독자는 제목과 더불어 목차를 보고 글의 전개를 짐작하고 읽을 만한 글인지 아닌지 판단한다. 따라서 보고서에는 반드시 목차를 써 넣어야 한다는 점을 잊지 않는다. 목차는 대체로 보고서의 제목과 본문 사이에 위치한다.

■ 본문

일반적으로 보고서의 본문은 서론, 본론, 결론의 3단 구성으로 이루어진다. 관찰

보고서와 같이 설명이 중심이 될 때에는 도입, 전개, 마무리의 3단 구성을 선택한다. 하지만 이것이 유일한 본문 구성 방식은 아니다. 다루는 글의 특성에 따라 기(起), 승(承), 전(轉), 결(結)의 4단 구성도 간혹 쓰인다. 3단 구성과 4단 구성의 차이는 글의 분량 배치에서 잘 드러난다. 3단 구성의 분량은 서론 10~15%, 본론 70~80%, 결론 10~15%로 나누어지는 것이 일반적이다. 반면 4단 구성은 기 20% 내외, 승 30% 내외, 전 30% 내외, 결 10~15%가 일반적이다. 때로는 기승전결의 분량 차이가 거의 없게 쓰기도 한다. 어느 쪽이든 4단 구성에서는 글의 시작에 해당하는 기가 3단 구성의 서론보다 더 상세하고 역할도 더 클 것임은 짐작 가능하다.

■ 참고 문헌

보고서의 본문을 완성했으면 글을 쓰면서 참고했던 자료들의 서지 사항을 밝혀 준다. 참고 문헌은 별도로 정리해서 보고서의 제일 뒤에 첨부한다.

연습 문제 ❶

다음 순서에 따라 보고서를 한 편 써 보자.

① 글의 주제 정하기

② 글 제목 정하기

> ◇ 주의할 점
>
> "~~를 읽고.", "~~에 대하여"와 같은 모호한 제목이 아니라 무엇에 대해 쓰는지가 구체적으로 드러나는 제목이어야 한다.

③ 보고서 주제에 맞는 방법론 찾기

④ 글 쓰는 순서 정해 개요 짜기

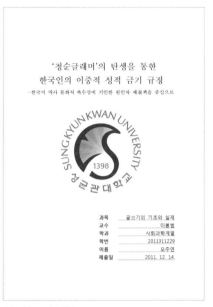

보고서 표지 예시

보고서 목차 예시

I. 서론

1. '포르노그래피와 금기'에 대한 고찰

포르노그래피, 즉 오브신(obscene)의 본뜻은 '무대(scene) 밖의 것', 표출시킬 수 없는 이면의 것이다. 표출에 대한 구분은 당국의 검열에 의하여 구분되지만 검열의 규정이 시대, 사회, 독자층과의 관계에 따라 상대성과 다양성을 수반하기 때문에 포르노그래피는 필연적으로 유동적인 경의를 합축을 지닌다. 이러한 특성을 기반으로 포르노그래피에 대한 주요한 논의는 포르노그래피를 의성로 정의하는 보수주의자와 자유로운 표현으로서의 매술을 정의하는 자유주의자의 반박과 제한박으로 그 맥락을 이어왔다. 하지만 본 연구에서 주제인 '한국인의 이중적 성적 금기 규정'과의 연관성을 고찰하여 포르노그래피와 금기를 이러한 유동성에 대한 경의를 함가가 아닌 사회 구성원이 표현하는 성에 대한 관념과 금기 규정의 측면에서 이해하고자 한다. 즉, 포르노그래피 그 자체의 가치 혼재에 논의의 범위를 넘어 금기에 대한 내면적 욕망의 특성 파악과 이것이 표상하는 사회의 모습 고찰에 중점을 두고자 하는 것이다. 이러한 의미에서 포르노그래피와 금기는 본 연구의 개념적 토대가 되며 특히 본 연구에서 주목하고자하는 성 관념, 성적 금기의 측면은 중요한 의의를 지닌다.

2. 연구의 필요성 및 목적

현재 한국 사회에서의 성문화는 매우 기형적이다. 세계적으로 3번째의 성범죄율을 기록하고 있으며 1993년에 벌써 성범죄 연간 25만 건, 하루 평균 685건을 기록했다는 통계가 동방예의지국이라 불리는 한국의 통탄을 금치 못해야 할 수치임이 틀림없다.[1] 하지만 사회적으로 일각성을 더해가고 있는 이러한 범죄에도 불구하고 우리 사회는 격국적으로 '성'에 대해 고찰하거나 공개적으로 문제 해결에 경각을 꺼르지 못하고 있다. 우리 사회에서 '성'이라는 개념이 비공식적이며 은밀한 곳에서 주로 연급되어야 하고, 비공개적이며 사적인 영역으로만 어물어야 하는 존재로 자리 갑아 왔다는 것이다.[2] 본 연구는 한 사회의 성문화에 대한 본격적인 반영을 한국인의 이중적 성적 금기 규정이라고 보았다. 이러한 측면에서 '청순글래머'라는 신조어는 가장 은밀히, 그리고 가장 최근에 한국인의 성에 대한 이중적 잣대를 드러내고 있는 상징이라고 할 수 있다. 이를 화두로 하여 논의를 이끌어 가는 이유는 한국 사회에서 공개적으로 찬양되고 있는 이 신조어가 성규범과 잣대에 대한 공론화와 문제 해결이 결실한 상황에도 불구하고 존재하고 승기려고한 편인 우리 사회의 모순적 태도를 강조할 수 있을 뿐만 아니라 문제에 대한 격극적이며 공개적인 고찰로 이어질 수 있는 단초를 제공할 수 있기 때문이라고 할

───────────────
[1] 김영한, 「성문화와 성윤리」, 『복지행정론총』, 한국복지행정학회, 1997, 1쪽.
[2] 위의 글, 1쪽.

- 1 -

보고서 본문 예시

참고 문헌

고요한, 「청소년의 性(능)경제성 문제와 교육의 책무」, 『기독교언어문화논집』, 국제
    기독교언어문화연구소, 2003.

종미애, 「문화집 성, 과정별 성 대학생들의 성의식에 대한 연구」, 『여성연구논집』,
    신라대학교 여성문제연구소, 1993.

김영희, 「성문화의 성윤리」, 『복지행정론총』, 한국복지행정학회, 1997.

김지혜, 「성성의 성문화 실태조사 성산업에 유입된 청소년에 대한 경험과 태도를
    중심으로」, 『나눔터』, 한국성문학상담소, 1999.

백미숙, 강형구, 「순결한 가정과 건전한 성윤리」, 『한국방송학보』, 한국방송학회,
    2007.

이현재, 「성적 타자(sexual other)가 인정될 도시 공간을 위한 시론 - 매춘 여성의
    몸과 복수법티를 중심으로」, 『한국여성철학』, 한국여성철학회, 2008.

김경섭, 「한국의 성문화의 성비틀의 원인에 대한 고찰」, 『학생생활연구』, 숭남대학
    교, 2005.

참고 문헌 예시

⑤ 보고서 쓰기

◇ 주의할 점
• 보고서 체재에 따라 글을 전개한다.
• 자료는 인용법에 맞게 인용한다.
• 글을 써 나가면서 더 필요한 자료가 생기면 바로 보충한다.

연습 문제 ❷

칼럼과 보고서는 문체, 논증의 방식 및 정도, 글의 분량 등에서 차이가 크다. 다음의 칼럼을 보고서에 알맞게 고쳐 써 보자.

예문 13

'웰빙'의 뒤안길

지난 1~2년간 사회적 측면에서 우리를 지배한 화두(話頭)는 웰빙(well-being)이라는 것이었다. 안녕, 행복, 복리라는 사전(辭典)적 뜻을 지닌 이 단어는 한마디로 '잘 먹고 잘사는 것'으로 요약된다. 온갖 대중매체를 통해, 많은 상업적 선전을 통해 웰빙은 우리 사회생활의 중심에 들어섰다고 해도 과언이 아니다.

그러나 웰빙 의식(意識)은 그 말의 선진적, 미래 지향적 성격에도 불구하고 우리 사회에 부정적 그림자를 드리우고 있다. 웰빙이 정신적 풍요로 인식되기 이전에 물질적이고 재화(財貨)적인 업그레이드로 변질되고 있기 때문이다. 그리고 웰빙이 사회적,

집단적 삶의 질(質) 향상을 의미하기보다 개인적, 이기적 이득 추구로 둔갑하고 있기 때문이다.

다시 말해 지금 우리 사회를 풍미하는 웰빙에는 공동선(共同善)의 개념이 사라지고 있다. '잘 먹고 잘살자는 것'이 어느 틈에 '못 먹고 못사는' 사람들의 고통을 외면한 채 '나만 잘 먹고 잘살면 되는 것'으로 추락하고 나아가 부지불식간에 이 사회를 양극화하는 쪽으로 이끌고 있는 것은 아닌지 모두 깊이 생각해 볼 일이다.

여느 연말처럼 이번에도 불우한 이웃을 돕는 손길은 이어졌다. 그러나 우리는 그 '손길'들이 일회성이고 면피성이고 의례적이라는 인상을 받는다. 일년 내내 웰빙을 떠들던 각종 매체와 선전들이 연말 한번 인심 쓰는 척 할애하는 이 이웃돕기에는 위선의 냄새가 난다.

거기에는 사회 전체로서 제도적 장치를 만들어가려는 의지가 없어 보인다. 노숙자는 더욱 늘어나고 결식 가정은 줄어들지 않고 있다. 취업은 더욱 어려워지고 결손 가정은 늘어나고 있다는데, 그리고 배가 고파 가판대에서 핫바를 하나 얻어 먹으려는 비참한 상황이 여기저기서 벌어지고 있는데 그 반대쪽에 웰빙이 따로 놀고 있다.

휴대전화가 없을 때는 어떻게 살았는지 이제 휴대전화 안 가진 사람은 갓난아이밖에 없을 정도다. 일본 자동차의 한국지사 사장은 한국에서 고급 세단이 많이 팔리는 것이 "신기하다."라고 했다. 아파트는 갈수록 대형화하고 백화점의 상품들은 갈수록 고급화하고 있다.

해외여행은 엄청 늘어나 이제 해외여행은 일상의 생활로 돼 버렸다. 인터넷으로 모든 것이 처리되는 세상이라 시장에서 사람들과 어깨 부딪힐 이유도 없고 극장 매표소에서 줄을 설 필요도 없다. 마을버스가 집 앞까지 들어오는 판이라 한두 정거장은 걸어다니던 것이 옛일로 돼 버렸다. 걸을 때는 자동차의 횡포를 욕하고 차 타면 보행자들이 귀찮다. 이것이 오늘날 웰빙의 현주소가 돼 버렸다.

인간에게는 다섯 가지 욕심이 있다고 한다. 재물욕, 명예욕, 성욕, 식욕, 그리고 편하고자 하는 욕심이 그것이다. 편하고자 하는 욕심은 인간을 게으르게 한다. 오늘날 웰빙 의식은 어쩌면 우리를 게으르게 하고 움직이지 않게 하고 자기만의 편의를 우선시하는 버릇을 키우고 있는지도 모른다.

웰빙의 또 다른 문제는 허장성세(虛張聲勢)에 있다. 웰빙 의식은 '있어서 잘 먹고 잘사는 것'에 못지않게 '없어도 있는 것처럼', '잘 먹고 잘사는 것처럼 보이려는' 허위 의식을 동반하는 경우가 많다. 우리를 당혹하게 하는 '황우석 사건'도 어쩌면 웰빙 의식이 채근한 허장성세에 그 원인(遠因)이 있다고 할 수 있다.

이영표 선수는 한국이 월드컵에서 과도한 자신감을 갖는 것을 경계했다. 거기에도 우리의 허장성세 버릇이 엿보이기 때문일 것이다. 우리가 OECD 가입을 서두른 것도, 우리 스스로 자주(自主)하고 자위하며 '균형자' 역할을 할 수 있다고 믿는 것도 정치적 웰빙 의식의 산물인지도 모른다.

여당 쪽 사람들은 야당인 한나라당을 웰빙당(黨)이라고 비아냥거리기도 한다. 여당이 보기에 한나라당은 싸울 줄 모르고 편한 것 좋아하고 잘 먹고 잘사는 것에 편향된, '부잣집 자식' 같은 정당인 모양이다. 그러나 아마도 그 웰빙 호칭 속에는 가난하고 불우하고 기회를 거부당한 계층의 고충과 어려움을 이해할 줄 모르는 정당으로 몰고 가려는 의도가 담겨 있으리라.

신년 들어 이 나라의 대통령이 서민(庶民)에게 보다 다가가겠다고 했다. 그동안 웰빙의 그늘에 가려진 '못 먹고 못사는 보통사람'들에게 덜 신경을 썼다는 고백이 아닐는지. 이제 우리 모두 웰빙의 허위 의식에서 벗어나 내면의 굿빙(good-being)으로 이행할 때가 됐다. (김대중, 「김대중 칼럼」)

5. 2. 인용 및 주석, 참고 문헌 작성법

글을 쓰면서 다른 사람의 글이나 자료 등을 활용할 때에는 그 출처를 명확히 밝혀야 한다. 인용 및 주석, 참고 문헌 작성법은 서로 다르며 표기 방식과 작성법 또한 학문 분야마다 조금씩 차이가 있다. 여기서는 일반적으로 사용되는 작성 방법으로 설명하도록 한다.

5. 2. 1. 인용

1) 인용이란?

보고서나 논문 작성 혹은 기타 글쓰기 과제를 수행함에 있어 글쓴이는 선행 연구나 권위 있는 학자의 견해 또는 이론 등을 활용해서 자신의 견해를 제시하거나 뒷받침할 수 있다. 이처럼 다른 사람의 말이나 글을 빌려와 자신의 글에 사용하는 것을 '인용'이라고 한다. 이때 중요한 것은 자신의 글과 남에게서 빌려온 글을 분명히 구분하는 일이다. 즉, 독자들이 보아서 인용된 것임을 분명하게 알 수 있도록 해 주어야 한다. 그러므로 인용 규정을 정확하게 이해하고 형식에 맞춰 처리해야 한다. 자칫 이를 소홀히 하거나 누락시켰을 경우 표절 시비에 휘말릴 우려가 있으며, 저작권 보호와 관련하여 법률적인 분쟁에 휩쓸릴 가능성도 있다.

2) 인용의 방식

인용에는 직접 인용과 간접 인용, 재인용의 세 가지 방식이 있다.

(1) 직접 인용

직접 인용은 필자가 원문의 내용을 그대로 옮기는 것을 말한다. 흔히 원문의 내용이 아니고는 특별한 표현을 찾을 수 없는 경우이거나, 원문을 제시하여야만 독자들의 오해 소지를 막을 수 있다고 판단되는 경우에 직접 인용을 사용한다.

직접 인용에는 보기 1에서처럼 행을 바꾸지 않고 큰따옴표를 사용하여 인용하는 방식과 보기 2와 같이 큰따옴표를 사용하지 않는 대신 행을 바꾸고 인용문 전체를 한 칸씩 뒤로 미루어 기재하는 방식이 있다. 양자를 명확하게 구분하는 기준은 없으나, 인쇄하였을 때 3행 이내인 경우는 따옴표를 사용하여 인용하며, 3행이 넘을 경우에는 행갈이를 하여 독립된 형태로 인용하는 것이 보통이다.

보기 1 큰따옴표를 사용한 경우

『프랑스 여성 글쓰기사』의 편집자는 그 서문에서 "여성 글쓰기의 역사에 있어 (중략) 어느 시대나 여성의 문학적 생산을 설명하려고 한다면, 널리 퍼져 있는 성별 이데올로기, 여성의 활동, 사회적·정치적·경제적·문화적 영역들과 관계에 대해 설명하지 않으면 안 된다."[1]라고 여성주의 시각에 대한 입장을 밝혔다.

---

1) Sonya Stephens, ed., *A History of Women's Writing*, New York: Prentice Hall, 1998, p.2.

보기 2 행갈이로 독립시킨 경우

일찍부터 이 문제에 대해 깊이 관심을 가져왔던 이어령 교수는 최근 출판된 그의 저서에서 다음과 같이 언급한 바 있다.

> 생물학적으로 봐도 인간의 특성은 되어가는 데에 있다고 한다. 사람과 비슷한 원숭이의 경우 태어날 때의 그 뇌는 벌써 성체의 75퍼센트에 달해 있다. 그러나 사람의 신생아는 어른의 뇌에 비해 25퍼센트밖에 되지 않는다. 점점 자라나서 만 세 살이 되어야 75퍼센트가 되고 뒤에도 계속 성장해 간다. 웬만한 짐승은 1, 2년이면 성장을 끝내지만 인간은 19년이나 걸려야 한다. 그래도 키는 30세까지 자라고 뼈의 용적 증대는 죽을 때까지 계속된다고 한다.[1]

---

[1] 이어령, 『뜻으로 읽는 한국어 사전』, 서울: 문학사상사, 2002, 23쪽.

직접 인용을 할 때에는 맞춤법, 구두점, 문단 등을 원문대로 인용하여야 한다. 현재의 표기법과 일치하지 않을 경우에는 원문대로 인용하고 인용문 뒤에 보기 3과 같이 [원문대로]라고 병기하여 준다. 보기 4처럼 인용자의 필요에 의해 인용문 중 일부를 강조하고자 할 경우에는 반드시 인용문 뒤에 '(밑줄-인용자)', '(방점-인용자)' 등을 표시하여 혼란의 여지를 없애야 한다. 또한 보기 5와 같이 인용의 필요상 불가피하게 중간 부분을 생략해야 한다거나, 하단을 줄일 필요가 있는 경우도 인용문에 이 사항을 명시해 주어야 한다.

보기 3

우리는 寂寞한 가운데서 더욱 사뭇처오는 歡喜를 경험한 것이며, 孤獨의 안에서 더욱 보드랍은 同情을 알 수 잇는 것이며, 비로소 사름의 아름답은 발내한 옷이 生命의 봄두던에 나붓기는 것을 볼 수도 잇습니다[원문대로].

이미지가 곧 대상 그것이 된다. 현대의 무의미시는 시와 대상과의 거리가 없어진
데서 생긴 현상이다. 현대의 무의미시는 대상을 놓친 대신에 언어와 이미지를 실체
로서 인식하게 되었다고 할 수 있다(밑줄-인용자).

몽고 사람들의 말에 대한 지식은 독특하다. 말들에게 따로 이름을 지어주는 것이
아니고 색깔에 따라 부르는데, 이러한 색깔 이름들이 거의 100가지가 된다. (중략)
말의 색깔과 형을 묘사하는 두 단어가 보통으로는 무리들 가운데 이 말인지 저 말
인지 꼭 집어내기에 충분하다.

(2) 간접 인용

간접 인용이란 직접 인용과는 달리 필자가 원문의 표현을 그대로 옮기는 것이 아
니라 자기 나름대로의 표현으로 일부 수정하여 옮겨 적는 것을 말한다. 요약의 형
태를 취하는 것이 일반적이며, 중심 개념이나 용어는 반드시 포함시켜야 한다. 따
옴표를 사용하거나 인용문을 별도로 독립시키지는 않지만, 직접 인용의 경우와 마
찬가지로 인용된 내용의 말미에 주석 번호를 달고 주석에서 그 출처를 명시해 놓아
인용임을 확인할 수 있게 해 주어야 한다.

보기 6 직접 인용의 보기 1을 간접 인용으로 쓴 경우

『프랑스 여성 글쓰기사』에서는 여성 글쓰기의 역사를 바라봄에 있어서 페미니스트
적 접근 방식을 고집하지 않고, 더 넓은 시각으로 성별 이데올로기나 여성의 활동,

사회적 · 정치적 · 경제적 · 문화적 영역들과의 관계까지도 함께 고려하고 있다.[1]

---

1) Sonya Stephens, ed., *A History of Women's Writing*, New York: Prentice Hall, 1998, p.2.

(3) 재인용

일반적으로 학술적인 글에서 재인용은 바람직하지 않다. 재인용을 할 경우 잘못 인용되거나 편의대로 인용된 것을 그대로 사용할 위험이 있다. 원본을 확인할 길이 없어 부득이 다른 사람의 글을 재인용해야 할 경우 누구의 글에서 재인용했다는 것을 반드시 밝혀야 한다. 사정상 재인용해야 할 경우, 다음과 같은 방법으로 써 주어야 한다.

보기 7

오늘날 한글이라 부르는 전적으로 독창적이고 아주 훌륭한 음성표기의 글자체를 창조했는데, 이것은 어떤 나라에서고 일반적으로 사용되는 아마 가장 과학적인 문자체계이며 더 간단히는 '세계 최상의 알파벳'[1]으로 묘사되어 왔다.

---

1) F. Vos, "Papers on Korean studies in J. K.", *Papers of the CIC Far Eastern Language Institute*, Ann Arbor: The University of Michigan Press, 1964, p.35.(제프리 샘슨, 『세계의 문자체계』, 신상순 옮김, 서울: 한국문화사, 2000, 162쪽에서 재인용.)

5. 2. 2. 주석

1) 주석이란?

보고서나 논문 작성 과정에서 참조한 자료의 서지 사항을 밝히거나, 주장을 효율적으로 전개하기 위하여 관련된 논의를 보충할 때 본문과 별도로 삽입하는 내용을 주석이라 한다. 본문의 내용을 부연 설명할 때 주로 사용한다. 주석의 종류로는 본문 내에서 괄호 안에 표시하는 '내각주'가 있고, 본문 밖에서 표시하는 '외각주', '미주/후주'가 있다. 후자는 크게 주석 번호와 주석란의 두 부분으로 구성된다. 주석 번호는 아라비아 숫자로 본문의 해당 용어나 문장의 오른쪽 윗부분에 작게 기입하며, 주석란은 각 페이지 하단 부분에 두거나(각주), 아니면 각 장이나 절의 말미, 글 전체의 끝 부분에 둔다(미주/후주). 이때 주석란에서 인용된 문헌은 반드시 참고 문헌에서 언급하여야 한다.

주석은 주석란의 형식에 따라 완전 주석과 약식 주석으로 구분된다. 완전 주석은 어떤 글의 내용이 처음 인용되었을 때 그 글의 관련 서지 사항을 빠짐없이 기재하는 방식이며, 약식 주석이란 동일한 논문에서 완전 주석의 형태로 이미 한 번 이상 인용된 글의 내용 중 일부를 다시 찾아 인용하고자 할 경우 서지 사항의 일정 부분을 생략하고 약호로 처리하는 방식이다.

2) 주석의 종류와 표기 방식

(1) 주석의 형식에 따라

① 완전 주석

어떤 글의 내용이 처음 인용되었을 때 그 글의 관련 서지 사항을 빠짐없이 기재하는 방식이다. 실제의 사례는 앞에서 언급한 인용의 예들을 참조하라.

가. 저서

> • **동양서의 경우**
>
> 저자명, 『서명』, 출판지: 출판사, 출판 연도, 인용 면수.

(보기) 강신항, 『훈민정음 연구』, 서울: 성균관대학교출판부, 2005, 145쪽.

> • **서양서의 경우**
>
> 저자명, *서명(이탤릭체)*, 출판지: 출판사, 출판 연도, 인용 면수.

(보기) Henry David Thoreau, *Walden and Civil Disobedience*, New York: Penguin Books, 1986, p.13.

> • **번역서의 경우**
>
> 저자명, 『서명』, 옮긴이, 출판지: 출판사, 출판 연도, 인용 면수.

이 경우 '옮긴이'는 저자명 뒤 『서명』 앞에 쓸 수도 있다.

(보기) 월터 옹, 『구술문화와 문자문화』, 이기우·임명진 역, 서울: 문예출판사, 1995, p.18.

나. 논문의 경우

- **동양 논문**

  저자명,「논문 제목」,『학술지명』 잡지의 권(호)수, 발행지: 발행처, 출판 연월, 인용 면수.

(보기) 이병근,「음장의 사전적 기술」,『진단학보』 제70호, 서울: 진단학회, 1990, 45쪽.

- **서양 논문**

  저자명, "논문 제목", 학술지명(이탤릭체), 잡지의 권(호)수, 발행지: 발행처, 출판 연월, 인용 면수.

(보기) Evelyn Abberton, "Some Laryngographic Data for Korean Stops", *Journal of the IPA*, vol.2-2, London: Cambridge University Press, 1972. 12, p.56.

다. 신문 기사의 경우

  기자명, "기사 제목", 〈신문 이름〉, 날짜, 면수.

(보기) "20세기 최고 지성 러셀 사상의 결정판", 〈중앙일보〉, 2011년 3월 16일, 제15면.

라. 인터넷 기사의 경우

> 집필자명, "글의 제목", 〈인터넷 매체명〉, 작성 일시(사이트 주소, 접속 일자).

(보기) 이승우, "한글공정 때문에 휴대폰 한글자판 표준화 서두른다", 〈오마이뉴스〉, 2011. 3. 17.(http://www.ohmynews.com/NWS_Web/, 2011. 3. 17.).

마. 사전류의 경우

> 항목 필자명, 「항목명」, 『사전명』, 출판지: 출판사, 출판 연도, 인용 면수.

(보기) 황적륜, 「금기어」, 『영어학사전』, 서울: 신아사, 1990, 27~28쪽.

② 약식 주석

동일한 논문에서 완전 주석의 형태로 이미 한 번 이상 인용된 글의 내용 중 일부를 다시 찾아 인용하고자 할 경우 서지 사항의 일정 부분을 생략하고 약호로 처리하는 방식이다.

가. 바로 위에서 인용한 책이나 논문을 다시 인용하는 경우

> (체재) Ibid., 인용 면수.
> 　　　위의 책(글), 인용 면수.

'Ibid.'는 라틴어 'Ibidem'(=at the same place)을 줄인 용어이다. 이는 동일 저자의

동일 저작을 연이어 인용했을 때에만 사용되는 것으로 만일 중간에 다른 저술에 대한 주석이 끼어들 경우에는 사용할 수 없다.

(보기 1)

    1) 김윤환, 『한국노동운동사』, 서울: 일조각, 1970, 126면.

    2) Ibid., 137면.

(보기 2)

    1) 오세영, 「모더니스트: 비극적 상황의 주인공들」, 『문학사상』 제28호, 서울: 문학사상사, 1975. 1, 132면.

    2) 위의 글, 145면.

나. 앞에서 한 번 인용한 적이 있는 책이나 논문을 다시 인용하는 경우

> (체재) 저자명, op. cit., 인용 면수.
>
>   저자명, 앞의 책(글), 인용 면수.

(보기 1)

    1) 김석득, 『우리말 연구사』, 서울: 정음문화사, 1983, p.237.

    2) 신상순, 『훈민정음의 이해』, 서울: 한신문화사, 1988, p.77.

    3) 김석득, op. cit., p.154.

(보기 2)

    1) 권오운, 『우리말 소반다듬이』, 파주: (주)문학수첩, 2011, 129면.

    2) 김문창, 『국어문자표기론』, 서울: 문학세계사, 1984, 77면.

    3) 권오운, 앞의 책, 160면.

'op. cit.'는 라틴어 'opere citato'(in the same work cited)를 줄인 용어이다. 앞에서 인용한 문헌을 다시 인용하지만 사이에 다른 주석이 끼어 있어 'Ibid.'를 사용할 수 없게 된 경우 사용하는 용어이다. 'op. cit.'나 '앞의 책' 등은 'Ibid.'의 경우와는 달리 단독으로는 쓰이지 못하며 반드시 앞에 저자명을 곁들여야 한다.

(2) 주석의 위치에 따라

① 외각주(footnote)

각 페이지의 본문 밑에 기재하는 방식이다.

보기 1

　가공할 만한 사실은 인간이 그러한 매체의 생식기관 노릇을 하고 있다는 점이다. "생리학적으로 말하면, 기술을 사용하는 인간은 언제나 이것들에 의해 변하고, 또한 반대로 기술을 바꾸는 새로운 방법을 계속 발견해 간다."[1] 기술이 단순히 수동적인 도구에 ……

1) 마샬 맥루언, 『미디어의 이해』 박정규 역, 서울: 커뮤니케이션북스, 2001, p.58.

보기 2

　예를 들어, 20세기 초 유럽에서 미국으로 이민 온 폴란드인, 이탈리아인, 유태인 등은 미국에 도착한 이래로 미국화의 압력에 시달렸다. 즉 그들은 알게 모르게 주류 미국 사회가 규정하는 미국적 가치관에 동화될 것을 강요당했다. 그러한 미국적 관념은 다음과 같은 1933년 글에도 나타나 있다.

> 육체적 안락과 신체적 청결 역시 미국 표준 생활에서 상대적으로 중요도가 높게 매겨지는 것으로 일컬어진다. '미국인화', 그것은 솔직히 말해서 더운 물과 크고도 많은 타월, 비누, 목욕용품이나 그 밖에 다른 청결용품들에 대한 열망을 의미한다. 육체적인 편안함이란 요소는 중앙난방, 선풍기, 냉장고, 그리고 안락의자 같이 이미 널리 퍼진 시스템 속에서 찾을 수 있다.[1]

1930년대 미국에서 건너 온 이들에게 강요된 미국화란 ……

---

1) Hazel Kyrk, *Economic Problems of the Family*, New York: Harper & Brothers Publisher, 1933, p.382.(에이드리언 포티, 『욕망의 사물, 디자인의 사회화』, 허보윤 옮김, 서울: 일빛, 2004, p.302에서 재인용.)

② 내각주(parenthetical note)

본문 안의 해당 부분 바로 뒤에 괄호한 후 참조한 글의 서지 사항을 간략히 기재하는 방식이다.

최근 많이 활용되는 주석 처리 방식이 내각주 방식이다. 내각주 방식은 저자 혹은 집필자와 출판 연도, 인용 면수와 같은 최소한의 서지 사항만을 본문 가운데에 밝히는 주석 방식이다. 이 경우 전체 서지 사항은 참고 문헌에서 확인할 수 있다. 내각주가 효과적으로 활용될 수 있는 예는 동일 저자의 글을 여러 번 인용하는 경우이다. 이 방식을 따른다면 '(Catford, 1977: 23), (Catford, 1988: 157)' 등으로 표시할 수 있다. 동일 저자가 같은 해에 쓴 여러 글들을 한꺼번에 인용했다 하더라도 '(김민호, 2005a: 314), (김민호, 2005b: 58)' 등과 같은 형태로 구분해서 표기하기가 용이하다. 저자나 집필자를 영문으로 적는 경우에는 이름은 생략하고 성만을 제시하는 것이 일반적이다.

(보기 1) 그러나 글쓰기의 방향과 기호의 발음, 의미를 알고 나면 이들의 문자가 매우 과학적인 것임을 알 수 있다. 다음에 있는 기호는 김진경(1997: 86~87)에서 인용한 것으로 '위대한 알렉산드르'와 '클레오파트라'를 의미하는 상형문자이다.

(보기 2) 20세기 텔레비전 화상 시대와 컴퓨터 애니메이션 시대의 그림은 세상을 모방한 것이 아니라 개념들에서 만들어진 것이다(Flusser, 1992: 146~161). 이러한 그림들은 도구나 기계를 이용해 창조된 기술적 형상으로서 커뮤니케이션 혁명, 더 정확히 말하면 '그림의 혁명'을 일으켰다.

③ 미주(endnote, 후주)

장이나 절의 말미 혹은 글 전체의 끝 부분에 주석의 내용만을 따로 모아 기재하는 방식이다. 각주의 형식을 글의 끝 부분에 모두 모아쓰는 방식이다. 일일이 뒤로 넘겨 확인해야 하는 방식이므로 최근에는 잘 사용하지 않는다.

5. 2. 3. 참고 문헌 목록

1) 참고 문헌이란?

참고 문헌 목록이란 연구를 진행하는 동안 자신의 글에서 참고했거나 자신의 글과 관계가 있는 저서, 논문, 기사 등의 목록으로, 이 자료들을 일정하게 규정된 순서와 양식에 입각하여 글의 맨 끝에 실어 놓은 것을 말한다. 참고 문헌에 포함되는 자료들은 대부분 주석을 통해 이미 언급한 것들이지만 드물게는 순수하게 참고로만 활용되었던 자료들도 포함될 수 있다.

2) 참고 문헌 목록 작성 요령

- 주석에서 여러 번 인용되었던 자료라도 참고 문헌 목록에는 한 번만 제시한다.
- 주석에서는 인용 면수를 표시하지만, 참고 문헌 목록에는 서지 사항만을 기록하기 때문에 인용 면수를 적을 필요가 없다.
- 서양 인명의 경우 주석란에서는 Ernest Hemingway와 같이 '이름-성'의 순서로 적지만 참고 문헌에는 Hemingway, Ernest와 같이 '성-이름'의 순서로 적는다.
- 참고 문헌 목록은 인용 순서와는 관계없이 반드시 저자명의 한글 가나다순(동양서)과 알파벳순(서양서)으로 정리한다.
- 동일한 저자가 쓴 논저가 여럿일 경우에는 간행 연도가 빠른 것에서 나중의 것 순으로 배열한다.

3) 외각주 방식의 주석을 달았을 경우의 참고 문헌 목록

김민호, 「이중모음의 통시적 연구」, 성균관대학교 대학원 박사학위논문, 2005a.

김민호, 「하향이중모음의 음성학적 성격」, 『국어국문학』 제125집, 서울: 국어국문학회. 2005b.

박혜숙, 「서사한시의 장르적 성격」, 『한국한문학연구』 제17집, 서울: 한국한문학회, 1994.

리처드 앨런 포스너, 『표절의 문화와 글쓰기의 윤리』, 정해룡 옮김, 부산: 산지니, 2009.

마샬 맥루언, 『미디어의 이해』, 박정규 옮김, 서울: 커뮤니케이션북스, 2001.

에이드리언 포티, 『욕망의 사물, 디자인의 사회화』, 허보윤 옮김, 서울: 일빛, 2004.

Catford, J. C., *Fundamental Problems in Phonetics*, Edinburgh: Edinburgh University press, 1977.

Catford, J. C., *A Practical course in Phonetics*, Oxford: Clarendon Press, 1988.

Kyrk, Hazel, *Economic Problems of the Family*, New York: Harper & Brothers Publisher, 1933.

Thoreau, Henry David, *Walden and Civil Disobedience*, 3rd ed., New York: Penguin Books, 1986.

4) 내각주 방식의 주석을 달았을 경우의 참고 문헌 목록

국립국어원(2000), "표준국어대사전 편찬 지침 Ⅱ", 〈국립국어원 홈페이지 표준국어대사전 자료실〉, 2000. 9. 18.(http://www.korean.go.kr, 2005. 12. 24.).

김성재(1998), 「기술적 형상의 미학과 새로운 매체현실」, 『매체미학』, 서울: 나남.

김진경(1997), 『이집트 상형문자 이야기』, 서울: 예문.

김하수(1978), 「'-ㄹ까'의 의미와 통사적 특징」, 『말』 제4집, 서울: 연세대학교 한국어학당.

위르겐 뮐러·장경렬 외 6인(2006), 『뉴미디어시대의 글쓰기』, 서울: 도서출판 계간문예.

장영준(1999), 『언어의 비밀』, 서울: 한국문화사.

Chomsky, N. & Halle, M.(1968), *The Sound Pattern of English*, New York:
      Haper & Row.

Flusser, V.(1992), *Die Schrift. Hat Schreiben Zukunft?* Frankfurt A. M.: Fischer.

O'Connor, J. D.(1993. 2.), "Vowel consonant and Syllable", *Word*, vol.20,
      London: Academic Press.

제 2 부

글쓰기의 실제

자기소개 글쓰기

1. 1. 이력서

1. 1. 1. 이력서란?

이력서(履歷書)란 입사 지원에 꼭 필요한 서류로 '나'를 최대한 간결하고 명확하게 알리기 위해 작성한다. 자신의 이력을 '학력 및 경력, 봉사, 수상, 자격' 등의 항목으로 간단명료하게 작성한다. 대체로 국문으로 작성하는 국문 이력서와 영문으로 작성하는 영문 이력서[레주메(Resume)]가 있는데, 필요한 사항을 일정한 양식에 맞춰 명확하게 적는 점이 공통적이다.

이력서를 작성할 때는 다음 세 가지 사항을 염두에 두어야 한다. 첫째, 이력서는 취업을 하기 위해 필요한 '서류'다. 아무리 뛰어난 능력을 가지고 있는 사람이라 하더라도 자신의 능력을 '말'이 아닌 '글'을 통해 적절하게 드러내지 못한다면 이력서를 쓰는 의미는 줄어든다. 둘째, 이력서는 자신이 보기 위한 것이 아니라, 서류를 통해 사람을 판별하고 선발하는 데 오랜 경험을 가지고 있는 전문가들에게 보이기 위한 것이다. 따라서 사적인 감상이나 주관적인 내용은 피하고 입사를 원하는 직종, 단체, 조직, 모집 분야 등과 거리가 먼 사항을 장황하게 나열한다는 인상을 주는 서술은 좋지 않다. 셋째, 이력서를 작성하면서 허위 사실이나 과장된 내용을 기입해서는 안 된다. 면접이나 입사 후에라도 허위 사실이 드러날 경우 난처한 상황이 발생할 수 있으므로 정확하고 명료하게 작성해야 한다. 단 한 항목도 오기나 허위 기재가 없어야 한다. 만약 실수로 잘못 썼다면 수정 표기나 수정액으로 고치는 것이 아니라 처음부터 다시 써서 완벽한 서류를 제출해야 한다. 왜냐하면 이력서는 최소한의 법적 효력을 가진 공식 문서이기 때문이다.

많은 사람들이 다른 사람을 대할 때 첫인상을 중요하게 여기는 것처럼 첫 느낌이 좋은 이력서가 내용이 엇비슷한 이력서를 수없이 봐야 하는 인사 담당자의 시선을 끌게 되는 것은 당연한 이치이다. 따라서 전체적인 스타일, 글자체, 종이의 질감과 색 등 세밀한 부분의 조합이 첫인상이 되는 것이다. 동등한 실력을 보유하고 있는 지원자라고 할 경우 두말할 것 없이 성실하고 꼼꼼하고 깔끔하게 이력서를 작성한 사람을 선택하게 된다는 점에서 작은 부분이라도 온 정성을 기울이는 자세가 필요하다.

대학교 1학년 때에 작성한 이력서에서는 고등학교 학력과 대학 재학 중이라는 사항 외에는 적을 것이 별로 없을 것이다. 대학을 졸업할 무렵까지 어떠한 경력을 쌓고, 무슨 자격증을 취득하겠다는 구체적 계획을 세워 보고, 그 계획을 바탕으로 미래의 이력서를 작성해 보는 것도 진로를 결정하는 좋은 방법이 된다.

1. 1. 2. 국문 이력서의 작성 요령

국문 이력서의 경우 일반적으로 인적 사항, 학력 및 경력 사항, 봉사 · 자격 · 수상 및 특기 사항 등 항목별 분류를 일정한 양식에 맞추어 조목조목 기록해야 한다. 대체로 간단명료하게 적되 자신의 기록, 즉 출신 학교나 학과, 자격증뿐만 아니라 수상 경력, 대내외 활동 등 자신의 능력이나 장점을 돋보이게 할 수 있는 사항들을 구체적으로 정리하여 적어야 한다. 또한 사진을 첨부하고 도장 또는 사인도 반드시 해야 한다.

국문 이력서 작성의 세부적인 항목을 살펴 보자.

1) 인적 사항

좌측 윗부분에는 응시 부문을, 우측 윗부분에는 연락처를 적는다. 특히 이력서 상의 주소와 현 거주지가 일치하지 않을 경우에는 직접 연락이 가능한 주소나 휴대 전화 번호, 이메일 주소 등 분명한 연락처를 밝혀 두어야 한다. 이는 요즈음 대부분의 기업들이 합격 여부나 연락 사항을 휴대 전화 문자 메시지나 이메일을 통해 통보하고 있기 때문이다.

사진은 이력서용(3×4cm, 3개월 이내의 상반신 컬러 사진)으로 미리 준비해 사용한다. 스캔한 사진을 사용할 수 있다면 스캔 받아서 적당한 크기로 만들어 둔다. 그러나 사진에 대해 과도한 이미지 수정 작업은 되도록 하지 않는 것이 좋다.

인적 사항에서 가장 유의해야 할 항목이 바로 호주(戶主)와의 관계를 적는 것이다. 호주와의 관계란 '호주 쪽에서 본' 작성자 자신과의 관계를 말하는 것이다. 자기 쪽에서 본 관계를 쓰지 않도록 주의해야 한다. 예를 들어 '부(父)'나 '모(母)'가 아닌 '자(子)' 또는 '장녀(長女)' '장남(長男)' '차남(次男)' '차녀(次女)', '손(孫)' 또는 '손자' '손녀' 등으로 기재해야 한다.

2) 학력 및 경력 사항

학력은 보통 고등학교부터 쓰며, 가능하면 졸업 연도만 적는다. 남자들의 경우

'육군 입대, 육군 제대' 식으로 병역 사항도 기입한다. 특히 지원하는 해당 업무와 유사했던 부분이 있다면 군 생활에 대한 내용을 적는 것도 도움이 된다.

3) 자격·수상 및 특기 사항

국가 공인 자격증이나 면허증 취득 사항 등을 기재하는 부분이다. 특히 응시하는 기업의 모집 업종과 연관이 있는 비공인 자격증을 취득하였을 경우 그 내용도 빠짐 없이 기록하고, 이때 취득일과 발령 기관을 적는 것도 잊지 말아야 한다.

상벌 사항은 교내외 행사나 대회에서의 수상 경력이라도 지원하는 회사의 업종과 관련이 있는 경우라면 적는 것이 좋다. 특히 어학 실력이 강조되는 요즈음에는 외국어 구사 능력을 매우 중시하므로 외국어와 관련된 인증서나 수상 경력이 있으면 강조하여 언급하는 것이 좋다. 또한 봉사 활동을 한 경험이 있으면 그것도 일목요 연하게 언급하도록 한다.

사진

사진은 3개월 이내 촬영(칼라)한 정면 얼굴 사진을 붙인다. 디지털 사진 파일도 허용되지만 3분 속성 사진은 피하는 것이 좋다.

지망 부서

지망 부서(직종)는 특별한 지시가 없을 경우 좌측 상단에 쓴다.

연락처

연락처는 우측 상단에 붉은색으로 작성하되, 흑백 출력 후 붉은색으로 밑줄을 쳐도 된다.

성명

한글, 한자를 구분하여 정자로 쓴다. 서명 뒤에는 반드시 도장을 찍거나 사인을 해서 빈틈 없는 인상을 준다.

주소

주민등록상의 주소를 구·동·번지·아파트 동 호수까지 정확히 기입한다.

학력 사항

대졸의 경우는 대개 고등학교 학력부터 기입한다. 남자의 경우 병역 사항은 학력 속에 포함시켜 연대순으로 쓴다.

경력 사항

이력은 경력 증명을 받을 수 있는 사원(인턴 포함)으로 근무했던 근무처를 모두 쓴다.

자격·특기 사항

면허·자격증은 취득 연도순으로 적는다. 직접적인 연관이 없더라도 써두는 것이 좋다.

상벌 사항

상벌 사항은 원칙적으로 시·도지사 이상 급에서 수상한 것을 기록한다.

모집분야:

연락처:

사 진		이 력 서		
	성명	(한글)	㉙	주민등록번호
		(한자)		−
	생년월일	19 년 월 일생 (만 세)		
주소				
호적 관계	호주와의 관계		호주 성명	
년월일	학력 및 경력 사항			발령청
	위 내용은 사실과 틀림없음			
	2016년 월 일			
	○ ○ ○ ㉙			

주의사항

1. **검은 잉크로 정성껏**
   이력서는 검정색 펜으로 정성껏 써야 한다. 다만 요즘에는 컴퓨터 문자편집기로 입력해서 출력해도 된다.
2. **공백은 없는지 확인**
   특별히 쓸 사항이 없을 경우는 '특기 사항 없음'이라고 쓴다.
3. **수정액 사용이나 복사는 금물**
   수정은 금물이며 단 한 곳이라도 틀렸으면 다시 써야 한다. 복사해도 안 되며 반드시 원본을 제출한다.
4. **자신에 대한 사항을 솔직히 기입했는지를 확인**
   자신의 능력이나 장점이 드러나도록 각종 면허·자격증·상벌 사항 등은 자세하게 기입하되 발령청도 써야 한다.
5. **보내기 전에 최종 점검**
   만 나이와 연도가 맞으며 사진과 도장(사인)은 빠지지 않았는지, 오탈자는 없는지 최종 확인한 후 제출한다.

모집 분야: 성대신문 기자　　　　　　　　　　　　　　연락처: 010-1234-4321
　　　　　　　　　　　　　　　　　　　　　　　　　　이메일: kjs90@naver.com

이 력 서

성명	한글	김 정 수	(인)	주민등록번호	
	한자	金 正 洙		940921-1253710	
생년월일		1994년 9월 21일생 (만 22세)			

주소	인천광역시 계양구 임학동 28-3번지 산장타운 가-101

호적 관계	호주와의 관계	長男	호주 성명	金 明 一

년 월 일			학력 및 경력 사항	발 령 청
2014	2	17	인천 계양고등학교 졸업	
2014	3	1	성균관대학교 공과대학 기계공학과 입학	
2014	7	10	군 입대 휴학	
2014 ~2016	7 6	19 11	육군 보병 병장 만기 제대	
2016	9	1	군 제대 복학	
2016	10	현재	성균관대학교 공과대학 기계공학과 1학년 재학 중	
			위 내용은 사실과 틀림없음	
			2016년 10월 4일	
			김 정 수 (인)	

모집 분야: 서울시립청소년직업체험센터   연락처: 010-3456-6543
(하자센터) 창의교육팀   이메일: chohee93@skku.edu

이 력 서

성명	한글	허 초 희	(인)	주민등록번호	
	한자	許 楚 姬		970720-2054621	
생년월일			1997년 7월 20일생 (만 19세)		

주소	서울특별시 강서구 내발산동 푸르지오아파트 101동 501호

호적 관계	호주와의 관계	長女	호주 성명	許 燁

년	월	일	학력 및 경력 사항	발 령 청
2016	02	10	서울 명덕여자고등학교 졸업	
2016	03	02	성균관대학교 사범대학 교육학과 입학	
2016	10	현재	성균관대학교 사범대학 교육학과 1학년 재학 중	
			〈 경 력 사 항 〉	
2014 ~2014	04 12	10 20	서울 명덕여자고등학교 영자신문 'EDGE' 디자인 에디터, 기자	
2014 ~2016	09 10	24 현재	서울시립청소년직업체험센터 '청소년 창의리더 프로젝트'〈혹,_ 이심?〉 1기 회원, 2기 기장	
2016 ~2016	03 10	02 현재	인문사회계열 국가 장학생	한국장학재단
2016 ~2016	03 10	10 현재	성균관대학교 교육개발센터 주관 학습 포트폴리오 〈교육심리학〉, 〈정치학입문〉, 〈예술의 말과 생각〉 개발	
2016 ~2016	03 06	14 13	성균관대학교 학생상담센터 '또래학습세미나' 〈이상심리와 긍정심리〉, 〈독서를 통한 자아존중감 향상〉 수료	
2016 2016	06 08	27 27	서울시립청소년직업체험센터 '교육사업단 인턴십 프로젝트' 인턴	
2016 ~2016	07 09	04 10	성균관대학교 사범대학 교육학과 학생회실 리모델링 팀장	

년 월 일			학력 및 경력 사항	발 령 청
			〈 자 격 사 항 〉	
2004	06	05	정보처리기능사 자격 취득	한국산업인력공단
2004	08	05	워드프로세서 1급 취득	대한상공회의소
			〈 봉 사 활 동 〉	
2014 ~2016	12 10	03 현재	강서점자도서관 점자 도서 워드 타이핑, 낭독 봉사 40시간	강서점자도서관
2016 ~2016	07 07	18 29	성균관대학교 사범대학 주최 '빵점학교' 사회 교사 35시간	성균관대학교
2016 ~2016	08 10	08 현재	서울시립청소년직업체험센터 창의 캠프 'C-cube' 자원봉사 78시간	서울시립청소년직업체험센터
			위 내용은 사실과 틀림없음	
			2016년 10월 7일	
			허 초 희 (인)	

1. 1. 3. 영문 이력서의 작성 요령

영문 이력서[레주메(Resume)]는 작성하는 방식이 국문 이력서와는 다소 다르다. 영문 이력서는 지원자의 경력을 단순히 늘어놓는 것이 아니라 주된 사항—경력, 능력, 성격, 학력 등—의 요점만을 간략하게(1~2면 이내) 정리해 제시하는 서류라고 할 수 있다. 그렇다고 일정한 서식이 있는 것은 아니고 다만 일반적으로 사용하는 양식만이 있을 뿐이다.

Resume와 Curriculum Vitae는 원칙적으로 둘 다 이력서를 뜻하는 같은 의미인데, 전자는 불어에서 유래되어 주로 미국에서, 후자는 라틴어에서 유래되어 주로 영국에서 사용된다. 때로는 주소, 성명, 나이, 경력, 학력, 특기 등을 일목요연하게 간추려 쓰는 레주메(Resume)와 작문 형식으로 쓰는 Personal History(라틴어 표현 Curriculum Vitae)를 구별하기도 한다.

외국계 기업의 경우 대부분 지원 분야를 정해 두고 그것에 적합한 능력을 가지고 있는 사람을 채용하면서 영문 이력서를 요구하는 경우가 많다. 따라서 영문 이력서를 작성하기 전에 기업이 요구하는 분야가 어떤 것인가를 미리 파악하는 작업이 선행되어야 한다. 그러고 난 뒤에 거기에 적합한 학력, 경력, 자격 등을 중점적으로 적음으로써 그 기업이 요구하는 직종이나 직책에 어울리는 인재로서 자신의 경험과 자격이 얼마나 적절한가를 효과적으로 드러내 보이는 것이 가장 중요한 점이라 하겠다. 또한 각 항목들이 면접 시에는 질문 사항으로 작용할 수도 있다는 점에서 솔직하고 정확하게 있는 그대로의 사실을 적는 자세가 필요하다.

1) 영문 이력서의 구성 요소

영문 이력서의 경우 아래 언급한 항목들을 모두 기재할 필요는 없고 자신에게 맞게 선택하여 적는다. 순서 역시 자기가 강조하고 싶은 것을 먼저 써도 무방하다. 단, 개인 정보, 학력, 경력, 신용 조회처 등은 빠짐없이 기재해야 하고, 희망 직종은 직종 표시를 요구한 경우에만 기입한다.

(1) 개인 정보(Personal Data)

개인 정보 항목에는 이름(Name), 주소(Address), 연락처(Contact), 생년월일(Date of Birth), 성별(Sex 또는 Gender) 등을 적는다. 성별 표시는 성 구분 항목 뒤에 Female(여성) 또는 Male(남성)을 적는다. 일반적으로 본적(Permanent Address)은 적지 않는다.

> 보기 1 **Name:** Jisung Lee
> **Date of Birth:** May 3, 1993
> **Gender:** Male
> **Address:** Seoul, KOREA
> **Contact:** (Home) 02-760-5114
> (M.P) 010-345-6789

(2) 입사 가능 시기(Availability Date)

입사가 가능한 날짜를 구체적으로 언급하는 것이 좋다. 만일 입사가 결정되는 대로 바로 출근이 가능하다면 보기와 같이 쓰면 된다.

> 보기 2 **Available:** Immediately

(3) 희망 직종(Career Objective)

입사 후 일하고 싶은 분야나 직종을 쓰는 것으로 일반적인 이력서에는 안 쓴다.

> 보기 3 **Career Objective:** Sales Business

(4) 자격(Qualifications)

희망하는 직무에 대응하는 능력과 자질을 적는다.

보기 4   Qualifications: Good at English(Toeic 920)
                             Good at operating computer
                             (MS–Office, Internet)

(5) 학력(Education)

특별한 요구가 없는 한 고졸 후 대학 이상 학력만 적으면 된다.

보기 5   Education:
          Feb 25, 2018   Graduated from Sungkyunkwan University
                            (B.A. degree of Economics)
          Nov   2014~2015 Military Service (ARMY)

(6) 경력(Job Experience 또는 Work Experience)

국문 이력서와는 달리 최근의 사실부터 기록한다. 경력자인 경우에는 경력을 학력보다 먼저 쓴다. 신입 사원 지망자의 경우는 학력을 먼저 써야 한다.

보기 6   Work Experience
          6/2021 – 8/2022 Office Assistant at Philocean line Co.
          5/2020 – 5/2021 Receptionist at Sungkyun Plaza
          3/2018 – 3/2019 File Clerk and Office Assistant at Pan Ocean

(7) 각종 활동 경력(Activities)

학교에서의 동아리 활동(Extracurricular Activities)이나 자원 봉사 등 지역 사회 활동(Social Activities)을 기입하면 된다.

보기 7   Activities: Vice–President of Korea Secretary Club
                      Member of Cinema Club

RESUME

PERSONAL DATA
Name   : Junsu Kim
Gender   : Male
Date of birth: July 27, 1993
Address   : 156-100 Hongje-dong, Seodaemun-gu, Seoul, 120-092, Korea
Telephone : (02) 755-5555, MP (010) 3755-5555

OBJECTIVE
Secretariat position with a Shipping Company

EDUCATION
Sungkyunkwan University, Seoul, Korea
Bachelor of Computer Science, February, 2016
Honors GPA: 3.8
Presidential Scholarship (Four Years)

ADDITIONAL COURSES
Secretarial Office Procedure, Business English,
Word-processing, Information Processing,
Korean Shorthand, English Shorthand

EXPERIENCE
Part-time Job: September, 2018 - February, 2020
Energy Research Institute, Seoul

Programmer
Full-time Job: March, 2020 - February, 2021
Pan Ocean, Seoul
Office Assistant

ACTIVITIES
Vice-President of Koran Secretary Club
Member of Cinema Club

RELATED COURSE WORK
Word-processing
Computer Science
Programming
Data Communication

연습 문제 ❶

공공 기관용 인사 서식 제1호 이력서와 각 기업체용 이력서 양식을 구분하여 작성해 보자.

연습 문제 ❷

향후 대학 생활과 졸업 후 취업할 때까지 어떠한 경력을 쌓고, 무슨 자격증을 취득하겠다는 구체적 계획을 세워 보고, 그 계획을 바탕으로 10~20년 후의 시점에서 가상 이력서를 작성해 보자. 이번 기회에 자신의 어릴 적 꿈을 구체화하여 실질적인 진로 설정의 계기로 삼을 수도 있다. 다음은 그 예들이다.

보기 9 미래 가상 이력서

모집 분야: 하자작업장학교 디자인 교사

연락처: 010-1234-4321
이메일: kjs90@naver.com

<table>
<tr><td colspan="6" style="text-align:center"><h1>이 력 서</h1></td></tr>
<tr><td rowspan="2">성명</td><td>한글</td><td>허 초 희</td><td rowspan="2">(인)</td><td>주민등록번호</td></tr>
<tr><td>한자</td><td>許 楚 姬</td><td>930720-2054621</td></tr>
<tr><td>생년월일</td><td colspan="3">1993년 7월 20일생 (만 29세)</td></tr>
<tr><td>주소</td><td colspan="4">서울특별시 종로구 명륜3동 와룡빌라 201동 302호</td></tr>
<tr><td>호적 관계</td><td>호주와의 관계</td><td>妻</td><td>호주 성명</td><td>金 誠 立</td></tr>
</table>

년	월	일	학력 및 경력 사항	발 령 청
2012	02	10	서울 명덕여자고등학교 졸업	
2012	03	02	성균관대학교 사범대학 교육학과 입학	
2016	08	25	성균관대학교 사범대학 교육학과, 사회학과 졸업	
2017	03	02	서울대학교 대학원 교육학과 석사과정 입학	
2019	02	07	서울 SADI communication design(커뮤니케이션 디자인학과) 입학	
2019	02	25	서울대학교 대학원 교육학과 수료, 교육학 석사학위 취득	
2022	02	21	서울 SADI communication design(커뮤니케이션 디자인학과) 졸업	
			〈 경 력 사 항 〉	
2010 ~2012	09 10	24 현재	서울시립청소년직업체험센터 '청소년 창의리더 프로젝트' 〈혹,_이심?〉 1기 회원, 2기 기장	
2012 ~2012	06 08	27 27	서울시립청소년직업체험센터 '교육사업단 인턴십 프로젝트' 인턴	
2013 ~2013	07 08	04 30	서울시립청소년직업체험센터 '창의교육팀 창의캠프 C-cube' 인턴	
2013 ~2014	12 02	30 24	'아름다운 가게' 홍보 & 디자인 인턴	

년 월 일			학 력 및 경 력 사 항	발 령 청
2015 ~2016	06 10	01 30	청소년, 청년 인문학 & 예술 강좌 공동기획	
			〈 자 격 사 항 〉	
2000	06	05	정보처리기능사 자격 취득	한국산업인력 공단
2000	08	05	워드프로세서 1급 취득	대한상공 회의소
2014	03	07	한자 자격증 1급 취득	한국어문회
2015	05	20	한국사 1급 취득	국사편찬 위원회
			〈 상 벌 사 항 〉	
2021	09	10	레드닷 디자인 어워드-communication design 부문 best of best 수상	RED DOT
			〈 봉 사 활 동 〉	
2010 ~2012	12 10	03 현재	강서점자도서관 점자 도서 워드 타이핑, 낭독 봉사 40시간	강서점자 도서관
2012 ~2012	07 07	18 29	성균관대학교 사범대학 주최 '빵점학교' 사회 교사 35시간	성균관 대학교
2012 ~2014	08 08	08 13	서울시립청소년직업체험센터 창의 캠프 'C-cube' 자원봉사 210시간	서울시립 청소년직업 체험센터
2014 ~2016	01 12	01 31	'사랑을 그리는 모임' 벽화 봉사활동 150시간	사랑을 그리 는 모임
2017 ~2019	04 01	25 20	'하자작업장학교' 보조 교사 250시간	하자작업장 학교
			위 내용은 사실과 틀림없음	
			2022년 10월 7일	
			허 초 희 (인)	

보기 10 미래 가상 이력서

모집 분야: 금융감독원 회계총괄팀

연락처: 010-2345-5432
이메일: hgd93@naver.com

이 력 서

성명	한글	홍 길 동	(인)	주민등록번호	
	한자	洪 吉 童		930921-1253710	
생년월일			1993년 7월 20일생 (만 39세)		

주소	서울특별시 송파구 가락2동 프라자아파트 101동 905호

호적 관계	호주와의 관계	本人	호주 성명	洪 吉 童

년 월 일			학력 및 경력 사항	발 령 청
2012	2	17	인천국제고등학교 졸업	
2012	2	28	성균관대학교 경영학부 경영학과 입학	
2013	8	5	군 입대 휴학	
2013 2015	9 6	15 14	육군 카투사 병장 만기 제대	
2015	9	1	군 제대 복학	
2018	2	25	성균관대학교 경영학과 졸업	
2025	3	1	성균관대학교 대학원 경영학과 석사과정 입학	
2028	7	11	성균관대학교 대학원 경영학과 석사과정 수료, 석사학위 취득	
			〈 경 력 사 항 〉	
2018 2021	3 6	2 27	회계법인 삼정 법무팀 일반사원, 대리	회계법인 삼정
2021 2025	7 2	23 15	회계법인 안진 세무팀 대리, 과장	회계법인 안진

년 월 일			학력 및 경력 사항	발 령 청
			〈봉 사 활 동〉	
2012 ~2013	3 11	25 31	인천광역시 계양구 청소년수련관 멘토링 활동 150시간	인천광역시 계양구
2021	2 12	8 15	서울특별시 송파구 노인복지회관 자원봉사 170시간	서울특별시 송파구
			〈상 벌 사 항〉	
2024	6	5	우수사원 표창장 수상	회계법인 안진
2023	8	22	TESAT 최우수상 수상	한국경제신 문 경제교육 연구소
			〈자 격 사 항〉	
2013	5	27	워드프로세서 1급 취득	한국산업인력 관리공단
2016	1	12	한자능력검정시험 2급 취득	대한검정회
2017	9	15	공인회계사 자격 취득	금융감독원
2023	8	22	TESAT 1급 취득	한국경제신 문 경제교육 연구소
2026	12	31	HSK 5급 취득	중국국가한반
2027	10	15	TEPS 905점 취득	TEPS 관리위원회
			위 내용은 사실과 틀림없음	
			2032년 10월 5일	
			홍 길 동 (인)	

1. 2. 자기소개서

자기소개서는 자기를 알리는 공식적인 문서이다. 특히 입사를 원할 경우 이력서와 함께 채용을 결정하는 데 있어 가장 기초적인 자료로 사용된다. 이력서가 개인을 개괄적으로 이해할 수 있는 자료라면, 자기소개서는 한 개인을 좀 더 심층적으로 이해할 수 있는 자료로 활용된다.

기업은 취업 희망자의 자기소개서를 통하여 채용 여부를 일차적으로 판별한다. 자기소개서를 통해 대인 관계, 조직에 대한 적응력, 성격, 인생관 등을 알 수 있으며, 성장 배경과 장래성을 가늠해 볼 수 있다. 자기소개서를 통해 문장 구성력, 논리성뿐만 아니라 자신의 생각을 표현해내는 능력까지 확인할 수 있다.

인사 담당자는 자기소개서를 읽다가 시선을 끌거나 중요한 부분에 대해서는 표시를 해 두기도 하는데, 이는 면접 전형에서 질문의 기초 자료로 활용되기도 한다. 대부분의 지원자들이 여러 개의 기업에 자기소개서를 제출하게 되는데, 그때마다 해당 기업의 아이템이나 경영 이념에 따라 자기소개서를 조금씩 수정하는 것이 유리하다.

면접 시의 답변이 자기소개서와 다르다면 지원자의 신뢰성에 큰 타격을 주게 된다. 따라서 자기소개서를 포함하여 기업에 제출한 모든 자료는 반드시 복사본을 보관하고 면접하기 전에 충분히 숙지할 필요가 있다. 특히 자기소개서에서 애매하게 표현되었거나 약점이라고 생각하는 부분에 대해서는 반드시 답변을 준비하는 것이 좋다.

요즘 인터넷에 널리 퍼져있는 취업 관련 사이트에 이미 등록된 다른 사람의 자기소개서를 베끼거나 적당히 고쳐내는 것은 절대로 피해야 한다. 관련 서적에 실린 예시나 친구의 자기소개서 형식을 빌려서 자신의 이야기를 채우는 방식으로는 효과적으로 자신을 알릴 수 없다.

1. 2. 1. 자기소개서 항목별 도움말

자기소개서는 대체로 제목, 성장 과정, 자신의 장단점 등 성격 소개, 지원 동기 및 경력 사항, 입사 후 계획 등의 항목으로 나눌 수 있다.

1) 성장 과정

성장 과정은 되도록 짧게 적는다. 성장 과정은 특별히 남달랐던 부분에 대해서만 언급하는 것이 좋다. 자기소개서는 보통 A4 용지 1~2장 이내로 하는 것이 일반적인데, 한정된 분량에서 개인의 장점이나 능력, 지원 동기, 입사 후 포부에 대해서만 기술하더라도 1장은 쉽게 채워지므로, 성장 과정은 가급적 짧게 적는 것이 좋다. 다만 대학에서의 학업과 대내외 활동 등은 입사 지망 분야와 관련지어 상세하게 적는다.

2) 성격 소개

자기 성격의 장점과 단점을 같이 기술한다. 먼저 장점부터 써서 상대에게 긍정적인 인상을 준다. 그러고 나서 단점도 기술해야 한다. 다만 단점의 경우 이를 극복하기 위해 어떤 노력을 했는지 구체적으로 적고, 이러한 단점이 업무적인 면에서 오히려 장점으로 승화시킬 수 있도록 부각시킨다. 예를 들면 성격이 급한 것이 단점이라면, 업무 처리의 추진력이 빠르다는 장점으로 승화시킬 수 있음을 내세워야 한다. 해당 기업의 특징과 관련되어 비슷한 자신의 성격이나 적성, 소질이 있다면 그 점을 집중적으로 부각시키는 것도 필요하다.

3) 지원 동기

지원한 기업만을 위한 지원 동기를 쓴다. 지원 동기는 자신의 적성과 비전이 지원 분야와 얼마나 적합한지를 제시하는 것이 좋다. 취업하고자 하는 기업의 업종,

경영 이념, 회사 문화, 성격, 인재상 등을 치밀하게 조사하여 파악한 상태에서 그 기업의 특성에 맞게 지원 동기를 기술한다면 좋을 것이다. 그와 관련된 이전의 경력이 있다면 그 핵심을 기술하는 것이 좋다. 모든 것을 빠짐없이 보여 주려고 하기보다는, 지원 분야나 부서에 왜 적합한지를 일목요연하게 기록해야 한다.

4) 입사 후 계획

지원한 회사, 또는 조직이나 단체에서 가장 궁금해 하는 것은 지원자가 입사 후 포부를 얼마나 구체적으로 가지고 있는가 하는 점이다. 단순히 회사에 필요한 인물이 되겠다는 막연한 말보다는 회사의 특징과 실제로 맡을 만한 업무 분야에 대한 목표 성취나 자기 계발을 위해 어떤 계획을 가지고 있는지 가능하면 상세하고 구체적으로 언급하는 것이 좋다.

1. 2. 2. 자기소개서 작성 시 유의 사항

1) 간결한 문장으로 군더더기가 없도록 쓴다

'저는', '나는' 등 자신을 지칭하는 말과, 앞에서 언급했던 부분을 반복하는 불필요한 말들만 빼도 훨씬 간결한 문장이 될 것이다. 적어야 할 내용은 다 적되 너무 길게 늘어놓아서는 안 되며, '매사에 단호한, 매우 획기적인, 참으로 탁월한'같이 지나친 표현이나 반대로 '어느 정도는, 아마 그럴 것 같다. 때로는 그런 생각도 없지 않다.'같이 애매모호한 표현도 피해야 한다. 또한 '그래서, 그리하여, 그러므로, 또한' 등의 접속사가 너무 많이 들어가지 않도록 유의한다. 모집처에서 800자, 2천 자 등 분량을 정한 경우라면 그것에 따르도록 하고, 그렇지 않으면 A4 용지 1~2장 정도가 적당하다.

2) 초고를 작성하여 쓴다

한 번에 작성하지 말고, 초고를 작성해 여러 번에 걸쳐 수정·보완을 해야 한다. 자기소개서의 경우 여러 회사에 제출하기 때문에 원본을 두고, 각 업체별로 수정을 가해 제출하는 것이 바람직하다.

3) 일관성 있는 표현을 사용한다

문장의 첫머리에서는 "나는 …… 이다."라고 했다가 어느 부분에 이르러서는 "저는 …… 습니다."라고 혼용해서 표현하는 경우가 많다. 어느 쪽을 쓰더라도 한 가지로 통일해서 써야 한다. 동일한 대상에 대한 반복 표현을 피하기 위해 다양한 표현을 쓰는 것은 좋으나 호칭, 종결형 어미, 존칭어 등은 일관된 표현으로 쓰는 것이 바람직하다.

4) 최소한의 정보는 반드시 기재한다

기업 측에서 제시한 양식으로 쓰는 경우에는 그에 준해서 쓰면 되지만, 그렇지 않은 경우 개성적이고 독특한 글을 쓰려는 욕심에 자기소개서가 갖추어야 할 기본적인 사항을 빠뜨리는 경우가 종종 있다. 자신이 강조하고 싶은 부분을 중점적으로 언급하되, 개인을 이해하는 데 기본 요소가 되는 성장 과정, 지원 동기 등은 반드시 기재하도록 한다.

5) 구체적으로 쓴다

"다양한 아르바이트를 통해 경험을 쌓았습니다.", "여행을 통해 많은 것을 느꼈습니다."라는 말보다는 어떤 아르바이트를 하면서 무슨 일을 하였고, 어떤 식으로 도움이 되는지 구체적으로 기술하는 것이 좋다. 여행을 예로 들자면, 여행의 어떤 점이 와 닿았는지, 또 그것이 스스로의 성장에 어떻게 작용했는지 언급해 준다면 훨씬 훌륭한 자기소개서가 될 것이다.

업무적인 면을 쓸 때는 실적을 중심으로 하되 '숫자'를 강조하여 쓴다. 열 마디의 말보다 하나의 숫자가 더 효과적이다. 구체적으로 표현해야 인사 담당자도 구체적으로 생각한다.

6) 진부하거나 당연한 표현은 쓰지 않는다

문장의 첫머리를 '저는' 또는 '나는'이란 단어로 시작하지 않는 것이 좋다. 마치 일기의 첫머리를 '오늘'이란 말로 시작하는 것과 같다. 지금 쓰고 있는 자기 소개서는 그 누구의 것도 아닌 바로 자기 자신에 대한 소개서이기 때문이다. "저는 19○○년 ○월 ○○일에 태어나……" 같이 출생 연월일은 이력서에 이미 있으니 중복해서 쓸 필요가 없다. 또한 의례적이고 당연한 말은 쓰지 않는 게 낫다. 예를 들면 "학생 때는 공부를 열심히 했습니다.", "군대 시절 군 복무를 충실히 했습니다.", "친구들과의 우정을 굳게 지켰습니다.", "성장 과정에서 부모님께 효도를 다했습니다.", "입사하면 진심으로 열심히 일하겠습니다." 같은 표현은 쓰지 않는 것이 바람직하다. 굳이 쓰려면 구체적으로 예를 들어 개성 있게 표현하는 글쓰기 전략이 필요하다.

7) 인터넷 은어나 이모티콘, 통신 언어는 쓰지 않는다

이력서와 마찬가지로 자기소개서는 사회적 규칙을 지켜야 하는 실용 문서이다. 따라서 맞춤법과 띄어쓰기 등 한글 정서법을 지키는 것은 기본이다. 어떤 경우 사회적 소통을 위한 실용적 글쓰기인지 인터넷 웹사이트에 올리는 자유 형식의 글인지 분간하기 어려운 자기소개서가 없지 않다. "～했구여.", "～하구.", "～있슴다." 등 어미를 통신 용어로 그대로 쓸 뿐 아니라, 어미 끝에 "…….."의 남발, 온갖 감정 표정을 나타내는 이모티콘 "^^ ^^", "*^^*", "-_-", "ㅋㅋㅋ", "ㅠㅠ" 등 실로 다양하다.

자기소개서는 입사를 위한 서류이다. 개인이 기업이나 단체에 제출하는 공문으로 자신의 인생이 달려 있는 서류라고 해도 과언이 아니다. 대부분의 인사 담당자는 수백, 수천의 지원서 중에서 맞춤법 등 사회적 규칙도 제대로 지키지 않은 서류를 끝까지 읽지 않는다는 사실을 명심해야 한다.

예문 1

자기소개서

(지원 부문: 금융감독원 회계총괄팀)

| 성장 과정 |

농약을 치지 않은 유기농 작물과 방목해 키운 가축들은 일반 상품보다 높은 가치를 부여받습니다. 그 이유는 자유로움과 천연의 혜택을 마음껏 누리고 자랐기 때문이기도 하지만, 인위적 손길이 미치지 않은 거친 자연 환경을 온몸으로 견뎌낸 강인함을 증명했기 때문이기도 합니다. 제 부모님께서는 유기농 작물을 고집하는 농부이셨습니다. 저희 집 형편은 풍족한 편이 아니었지만, 넉넉지 않은 형편에도 부모님께서는 제게 투자를 아끼지 않으셨습니다. 목장의 소가 이리저리 먹고 싶은 풀을 뜯으러 돌아다니듯, 부모님께선 제가 하고 싶은 일을 하고 배우고 싶은 것을 배우는 데 무리가 없도록 모든 여건을 만들어주셨습니다. 다만, 특별했던 점이 있다면 자유와 방종의 차이를 언제나 주지시켜 주셨다는 것입니다. 이를테면, 기타를 치고 싶다면 기타 연주에 투자한 시간만큼 하지 못한 다른 일에 대한 책임을 스스로 감당해야 했습니다. 그것이 숙제이든, 성적 관리이든, 책임을 직면하지 않고 회피하거나 부인했을 때에는 엄하게 혼났습니다. 덕분에 저는 어렸을 때부터 자유라는 것 뒤에는 남에게 떠넘길 수 없는 책임이라는 것이 같은 크기만큼 존재한다는 사실을 잘 인지하며 자랐습니다. 이처럼 방목과 절제된 훈계라는 부모님의 교육 방침이 오늘날의 저를 강인

하고 통찰력 있는 사회인으로 성장시켜 주었습니다.

| 장·단점 |

"成事不說, 遂事不諫, 旣往不咎" 즉, "이미 이루어진 일을 말하지 않으며, 끝나 버린 일을 간하지 않으며, 지나간 일을 탓하지 않는다."라는 『논어』의 한 구절을 사회생활의 지표로 삼아왔습니다. 혼란스럽고 절망스러운 상황에서도 차분하고 냉철한 태도로 다음의 한 수를 고민해 보는 태도 덕분에 동료들과 주변인들에게 포괄적인 신뢰를 받았습니다. 실제로 낙천적이고 미래지향적인 제 성격은 회계사 생활을 하는 동안 큰 도움이 되어주기도 했습니다.

그러나 반대로, 지나간 일과 앞으로의 일을 명확하게 구분하는 제 성격은 사람에 따라서는 지나치게 냉정하다는 인상을 주기도 합니다. 공적인 일에서 뿐만 아니라 사적인 관계에 있어서도 다소 이성적인 제 면모에 위화감과 거부감을 갖는 동료들이 생겨 학교, 직장 등의 단체생활에 어려움을 겪었던 경험이 있는 것도 사실입니다. 그러나 오해의 기간을 무사히 넘기고 냉정해 보이는 태도 뒤에 숨겨진 깊은 의중에 공감해 주는 때가 오면 사람들과의 관계는 오히려 돈독하고 단결하는 관계로 발전합니다. 업무 면에 있어서나, 인간 관계에 있어서나, 노력 여하에 따라 얼마든지 좋은 결과를 이끌어 낼 수 있는 장점이 있다고 생각합니다.

| 입사 지원 동기 |

학부 과정을 마치고 시작한 공인회계사 생활은 제 꿈의 성취였던 동시에 새로운 문제의식을 가지게 해 준 계기이기도 합니다. 학부 시절 회계란 기업에 대한 이해 관계자들의 의사 결정을 도와주는 학문이라고 배웠습니다. 그러나 회계사 수습 과정과 실무를 거치며 경험한 우리나라의 회계 환경은 제 생각과는 다른 것이었습니다. 무엇보다도 문제라고 느꼈던 점은 회계 정보의 신뢰성이었습니다. 회계 정보는 투명한 과정을 거쳐 산출되어야 함에도 불구하고 우리나라 곳곳에서는 아직도 불투명한 회계 정보가 유통되고 있고, 결과적으로 기업과 이해 관계자들 간의 의사소통에 혼선이 빚어지고 있습니다. 회계사 생활을 접고 대학원에 진학한 이유도, 전문 분야에 대한 지식을 더 쌓아 제가 가진 문제의식을 해결할 수 있는 길을 찾기 위해서였습니다.

금융감독원 회계감독권역의 운영 방침은 선진화된 회계 인프라를 구축하고 우리나라 기업들의 회계 투명성을 제고함으로써 회계 정보의 신뢰성을 높이는 것입니다. 저는 현재 우리나라 기업들의 회계 투명성에 적잖은 문제가 있다는 점을 주지하고 있으며, 이를 해결하는 데 보탬이 될 만한 능력과 자질, 회계 분야의 경력, 그리고 의지를 가지고 있습니다. 금융감독원은 제 뜻을 펼칠 수 있는 좋은 장이 되어줄 것입니다. 귀원에 도움이 되는 인재가 되고 싶습니다.

| 입사 후 계획 |

입사 후에는 정약용의 제자 황상과 같은 태도로 업무에 임할 것입니다. 그는 불우한 주변 환경에도 불구하고 정약용의 가르침을 부지런히 받아들이고, 그 내용을 천착하며 삶을 살았고, 결국 높은 경지에 이른 사람이 되었습니다. 비록 당장 우리나라의 회계 환경은 이상적이지 못하지만, 지금까지 배우고 겪어 온 것, 앞으로 경험할 것을 부지런히 수용하고, 비판하고, 실천하며 제 능력의 저변을 넓히는 일을 게을리하지 않을 것입니다.

구체적으로는, 금융감독원 회계총괄팀에 입사한 후에는 그동안 쌓아온 전문 지식과 회계사 시절의 실무 경험을 되살려 기업 회계 또는 회계 감사를 기획·감독하는 데

온 힘을 다하고 싶습니다. 나아가, 회계감사 제도를 개선하고 보다 나은 회계 인프라를 구축할 구체적인 방안을 강구하는 데 있어 저와 비슷한 생각과 뜻을 가진 동료들의 보탬이 되고 싶습니다. (학생의 글)

예문 2

자기소개서

(지원 대상: 하자작업장학교 디자인 교사)

| 성장 과정 |

저는 조용하신 아버지와 활기찬 어머니의 막내딸입니다. 위로는 두 살 차이 나는 오빠가 있는데 온유하며 조용한 성품입니다. 반면 저는 어머니의 영향을 더 많이 받아서인지 활발하고 명랑합니다. 저희 부모님께서는 자식들을 교육하실 때에 어떤 강요나 규정들을 만드시지 않으셔서 저는 어렸을 때부터 자유롭게 하고 싶은 것들을 하고 자랐습니다. 많은 시간을 밖에서 친구들과 뛰어놀고 곤충들을 관찰하거나 채집하였고, 유치원을 다닐 때부터 유달리 손재주가 좋아서 그림 그리기와 공예 등 미술과 관련된 것이라면 모두 좋아했고 또 잘했습니다. 책도 자연스레 친해져서 여러 분야의 책을 두루두루 섭렵했습니다. 학교생활을 하면서 무엇이든지 성실하고 열심히 하려는 의욕이 넘쳐서 "쟤는 못하는 게 없어."라는 말을 자주 듣곤 했습니다. 그 말은 "잘 못하는 게 없어."라는 의미도 담지만 저는 무엇이든지 도전하는 것을 즐겼기 때문에 "하지 못하는 것은 없어."라는 의미로도 쓰일 정도로 어렸을 때부터 하고 싶은 일을 하면서 즐겁게 사는 법을 터득했었습니다.

| 장·단점 |

제가 생각했을 때 첫 번째로 꼽는 저의 장점은 순수하다는 것입니다. 이는 성품이 맑고 순진무구하다는 것이 아니라 세상을 대하는 태도가 순수한 것을 말합니다. 그렇다고 해서 '세상은 정말 아름다워!'라고 무작정 대하는 것을 말하는 것이 아닙니다. 전 세계 현대 사회의 어둡다 못해 깜깜하여 답조차도 보이지 않는 문제들을 직시하고 지혜로써 통찰한 뒤, 이를 해결하기 위해 온 힘을 다해야 할 때에 가져야 하는 마음가짐은 '지금 아무리 암울하다 해도 세상은 언젠가 꼭 나은 방향으로 변할 거야.'라는 세상에 대한 긍정적인 태도를 가지고 있습니다. 저는 '모든 것은 변한다.'를 신조로 삼고 있기 때문에 더 밝은 세상을 만들기 위해 사람들과 더불어 그 길을 모색하고 있습니다.

단점이라기보다 약점에 가까운 것은 감정 변화에 얼굴이 쉽게 빨개지는 것입니다. 화가 나거나, 부끄럽거나, 당황스러울 때 등 제 피부의 특성상 얼굴이 쉽게 달아오르는데 그럴 때마다 사람들 앞에 제 얼굴을 보이는 것이 부끄러울 때가 많습니다. 하지만 오히려 감정을 숨길 수가 없기 때문에 거짓말 같은 부끄러운 행동들을 하지 않고, 화가 났는데 아닌 척, 창피한데 아닌 척하는 것보다 자신의 감정에 솔직해질 수 있기에 사람들에게 인간적이라는 인상을 주기도 합니다. 아무리 유능한 교사라 한들 자기 자신과 아이들에게 솔직해지지 않으면 형식적인 관계만 유지될 뿐 서로 마음을 열 수 없다고 생각합니다. 그래서 장자크 상폐의 '얼굴 빨개지는 아이'의 순수한 주인공처럼 얼굴 빨개지는 것이 오히려 저의 교사로서의 장점이 될 수 있다고 생각합니다.

| 지원 동기 |

제가 하자센터를 알게 된 것은 운명과도 같은 일이었습니다. 아니, 운명이었습니다.

2001년판이었던 『사회를 보는 논리』라는 책에서 우연히 하자센터라는 실험적인 시도가 벌어지고 있는 학습 공간을 알게 되어 흥미를 느꼈는데, 또 마침 하자센터에서 청소년 창의리더 프로젝트 〈혹,_이심?〉(한 달에 한번, 청소년들이 모여 창의성을 삶에서 몸소 실천하고 계시는 분들을 초청하여 강연을 듣고, 서로 자유롭게 생각을 말하고 감정을 나누는 모임)에서 청소년들을 모집하고 있었기에 '호기심'이 강하게 생겨 신청하게 되었고, 선발되어 1기가 된 것이 제 인생에서 가장 큰 전환점이 되었다고 생각하고 있습니다. 처음 하자센터를 갔을 때의 그 신세계에 온 듯한 이상하고도 신기한 느낌……. 지금도 하자센터를 갈 때마다 언제나 새롭고 신기하기 그지없습니다. 하자센터 내의 대안학교인 하자작업장학교에 오는 아이들도 아마 그렇겠지요.

하자센터에서 〈혹,_이심?〉과 특성화고교 학생들을 대상으로 한 창의 캠프〈C-cube〉의 인턴, 사범대학교의 〈빵점학교〉 교사, 〈배움을 나누는 사람들〉 교사 등의 경험을 쌓으면서 교육자의 자질을 길렀다면, 대학교 1학년 여름방학 동안 하자센터 '교육사업단' 내에서 멘토들과 함께 인턴을 하면서 교사가 되기 위해 필요한 일을 하는 전문성, 하자에서 일컫는 '일머리'를 길렀습니다. 다시 말해서, 저는 학교를 막 졸업한 사회인이지만 학교를 다니면서 교육 분야에서 많은 경험을 쌓았고, 그만큼의 철학을 가지고 있기 때문에 교사가 될 자질은 어느 정도 충족시키고 있다고 생각합니다.

그리고 제가 다른 학교보다 귀교에 지원하려는 이유는 하자센터에서 인턴을 하면서 탈학교 10대 중심의 작업자를 길러내는 하자작업장학교가 어느 대안학교보다도 좋아졌고, 저의 커뮤니케이션 디자인 전공이 귀교의 작업 중심 커리큘럼에 적절히 조화를 이룰 것이라고 생각하기 때문입니다. 또한 10년 동안 하자센터를 다니면서 알게 된 하자사람들과의 네트워크도 돈독하기 때문에 제가 첫 교사 생활을 하는 데 있어 큰 도움이 될 것이라고 생각합니다.

| 앞으로의 계획 |

저는 대학에서 교육학과, 사회학과를 전공하였고 대학원에서는 교육학을 심도 있게 탐구하고 치열하게 교육 문제를 분석하였습니다. 이러한 바탕으로 SADI의 커뮤니케이션 디자인학과에 입학하니, 산업적인 관점에서가 아닌 교육적인 관점에서 디자인을 바라보게 되었고 그것이 다시 현재 제가 지원하려는 하자작업장학교의 디자인 교사의 자질에 바탕이 되었습니다. 귀교의 교사가 되면 그 또한 훌륭한 교사의 바탕이 될 것이라고 생각합니다.

제가 귀교의 디자인 교사가 된다면 시대적 추세인 'Universal design'(성별, 연령, 국적, 문화적 배경, 장애의 유무에도 상관없이 누구나 손쉽게 쓸 수 있는 제품 및 사용 환경을 만드는 디자인, 즉, 모든 사람을 위한 디자인)을 중심으로 미적인 가치가 전부가 아닌 디자인을 아이들에게 보여주고 느끼게 하며, 꼭 유형의 디자인만이 아닌 무형의 디자인도 삶 속에서 적용할 수 있게 하는 커리큘럼을 만들고 싶습니다. 그리고 아이들과 10살 정도의 차이가 나는데, 아이들과 진심 어리고 활기찬 소통을 할 수 있도록 저의 정규 시간 외에도 많은 시간을 아이들과 함께하려고 합니다. 저의 장점이라고 했던 '순수함'을 아이들과 함께 나누고, 많은 사람들이 인간적으로 잘 살 수 있는 세상을 위한 길을 같이 걸어 나가고 싶습니다. (학생 글)

자기소개서

(지원 대상: 삼일회계법인 금융부)

| 성장 과정 |

저는 자수성가하신 아버지와 자상하신 어머니의 2녀 중 장녀로 태어났습니다. 아버지는 자수성가하셨기 때문에 경제 관념이 철저하셨습니다. 그래서 저는 어렸을 때부터 아버지로부터 "절약하라!"는 말을 수도 없이 들으며 자랐습니다. 아버지께서 말씀하시는 '절약'은 먹고 싶은 것을 사먹지 않는 것, 사고 싶은 책을 사지 않는 것이 아니었습니다. 쓰지 않는 전기 코드는 반드시 빼놓고 외출할 때에는 반드시 불을 끄고 휴지를 아껴 쓰고 학용품은 싫증이 나더라도 끝까지 쓰는 등의 사소한 일이었습니다. 처음에는 귀찮은 일들이었지만 습관을 들이다 보니 절약 정신이 몸에 배게 되었습니다. 지금은 제가 오히려 아버지께서 깜빡하시고 전기 코드에 꽂아놓은 핸드폰 충전기를 빼곤 합니다. 또한 저희 부모님은 맞벌이 부부이셨기 때문에 저는 초등학생 때부터 자립심을 기르게 되었습니다. 제가 장녀인 까닭에 동생 아침밥도 제가 챙겨주고 설거지도 하는 등의 일을 하게 되었습니다. 숙제도 알아서 해야 했고 준비물도 스스로 챙겨 가야 했기 때문에 저는 자연스럽게 자립심과 책임감을 기르게 되었습니다. 그러한 책임감을 기른 덕분에 초등학교 내내 학급 임원을 할 수 있었고 중학교, 고등학교에서까지 학급 임원을 하였습니다. 성장기의 저는 책임감 있고 절약할 줄 아는 조금은 노숙한 아이로 자란 것 같습니다.

| 장 · 단점 |

저의 최대의 장점은 성실한 것입니다. 저는 주어진 일을 미루지 않고 정해진 기한

내에 혹은 더 빨리 합니다. 왜냐하면 제 성격상 저에게 해야 할 일이 있는데 그 일을 제쳐두고 다른 일을 한다거나 휴식을 취하지 못하기 때문입니다. 일을 끝내야 한다는 생각에 불안해서 다른 일을 제대로 하지 못하거나 불편한 휴식을 취합니다. 저의 이러한 성실함 때문에 저는 모범생이 되었고 다른 사람들로부터 신뢰도 얻을 수 있었습니다. 그런데 성실함이 '주어진 일에 최선을 다하는 것'이라고 하면 이러한 성실함을 거꾸로 볼 때 '주어진 일에만 최선을 다하고 스스로 찾아서 하는 일은 하지 않는다.'로 해석할 수 있습니다. 저의 단점은 수동적인 태도에 있었습니다. 주어진 일은 잘 해내지만 스스로 무언가를 찾아서 일을 하지는 않았습니다. 그런데 대학생이 되고 나니 고등학교 때와 달리 모든 것을 수동적으로 했을 때 생기는 불이익이 크다고 판단되었습니다. 그래서 적극적인 사람이 되고자 2개의 동아리를 스스로 찾아서 들었습니다. 또한 단순히 과제를 하는 것뿐만 아니라 그와 관련된 책을 다방면으로 읽는 등의 노력도 하였습니다. 동아리 활동에 적극적으로 참여하고 노력한 결과 활동적이고 능동적인 사람이 될 수 있었습니다.

| 입사 지원 동기 |

저는 중고등학교를 거치면서 수학에 큰 흥미를 느꼈습니다. 문학 작품을 읽고 감상하는 것보다 이런저런 시도를 해 봐서 답을 이끌어 내는 과정이 재미있었고 답을 이끌어냈을 때의 뿌듯함이 지적 욕구를 만족시켰습니다. 고등학교 때 경제 과목을 공부하게 되었는데 시장이 어떻게 작동하는지에 대해 배우는 것 또한 매우 흥미가 있었습니다. 고등학교 진로 탐색 시간에 경제 관련 직업을 알아보던 중 회계사라는 직업을 알게 되었습니다. 회계사는 투명한 경제 시스템을 가능하게 하고 복잡한 경제 시스템을 정리하여 경제를 원활하게 작동시키게 한다는 것이 매력적이었습니다. 귀사를 지원하게 된 이유는 'Respect, Trust' 비전이 저의 신념과 일치하기 때문입니다. 저도 다른 사람들에게 믿음을 주고 존경받을 수 있는 사람이 되고 싶습니다. 인간관계에서 믿음이 있으면 더욱 깊은 사귐이 가능해지고 일로 만나는 관계에서도 믿음이 있으면 의심으로 인해 생기는 낭비를 줄이고 효율적으로 투명하게 일을 처리할 수 있게 되는 것을 믿기 때문에 저의 신념을 실행할 수 있는 귀사에 지원하게 되었습니다.

| 입사 후 계획 |

오늘날 대부분의 기업이 분식회계를 통해 투명하게 기업을 운영하고 있지 않습니다. 그 때문에 기업이 부도가 나면 건실한 기업인 줄 알고 그 기업에 투자했던 투자자들은 막대한 손해를 보게 됩니다. 투자자들은 투자 심리가 위축되고 경제 주체로서 활발한 활동을 하지 못하기 때문에 경제에 전반적인 악영향을 줍니다. 따라서 회계사의 역할은 굉장히 중요하다고 생각합니다. 저는 기업이 투명한 재정 운용을 할 수 있도록 하여 고객에게 믿음을 주는 데에 최선을 다하겠습니다. 그래서 믿음을 기반으로 작동하는 경제 체제를 만들어서 효율적인 경제 운용을 가능하게 하여 귀사의 비전을 실현시킴과 더불어 사회에 이바지하겠습니다. 또한 현대사회는 매우 빠르게 변화고 있고 글로벌화되고 있습니다. 저는 영어뿐만 아니라 중국어에도 능통합니다. 이러한 제 장점을 살려서 글로벌 마인드로 변화에 빠르게 적응할 것이고 해외와의 소통도 원활하게 하겠습니다. 또한 귀사의 중국 지점에도 활용될 수 있는 인재가 될 수 있습니다. 제자리에 머물러 있기보다는 빠른 변화에 적응할 수 있도록 발전하려고 노력하는 사원이 될 것임을 약속드립니다.

앞에 제시한 예문들은 대학교 1학년생이 10, 20년 후의 미래 시점에서 자신이 취업하기 원하는 곳에 자기소개서를 낸다고 가정하고 쓴 가상 이력서이다. 제시한 예문에서 잘된 점과 부족한 점을 가려 지적해 보자.

여러분에게 해외 문화 체험 지원서를 내라는 조건이 주어졌을 때 자기소개서를 어떻게 쓸 것인지 생각해 보고, 전략적이고 계획적인 자기소개서를 써 보자. 다음은 그 예이다.

예문 4

해외 문화 지원서

접수번호	※ 기입하지 마세요.			팀 명		
성 명	한 글	박지수		성 별	남 · 여	
	한 문	朴智壽		연 락 처	031-700-0000	
	영 문	Park, Ji Su		핸 드 폰	010-3700-0000	
주민 등록 번호	890727-1000000			학 번	2009312888	
현 주소	(우편번호 482-107) 경기도 양주시 회정동 금용아파트 200동 100호					
소속대학 학부(과)	성균관대학교 사범대학 교육학과 2학년 1학기					
E-mail Add.	pjs1111@naver.com			병역 유무	필 · 미필 · 면제	
여 권	유효 기간: 년 월 일까지			여권 번호	※ 소지자만 기입	
병력사항	※ 평소에 앓고 있거나 앓았던 적이 있는 병명					

해외 연수 (여행) 경 험 ※ 해당자만 기재	기 간	국 명	사회봉사 활동 경험	기 간	기관명	봉사내용
				2007.07.29 ~2007.08.31	사회복지법인 요셉의집	장애인 케어 보조
				2009.01.10 ~2009.12.10	정신지체 장애인 생활 시설 나루터 공동체	정신지체 장애인 생활동(生活棟) 보조

응급시 연락처	성 명	박광철	관 계	부	전화 번호	010-9999-1111
	주 소	(우편 번호 482 - 170) 경기도 양주시 회정동 금용2차아파트 200동 100호				

본인은 위와 같이 해외 문화 체험을 지원합니다.

2012년 5월 28일

신 청 인 박지수 ㉑

1. 지원 동기

해외에 나가 다른 나라 젊은이들과 어울려 한국을 알리고 전 지구적 마인드를 익히는 프로그램에 꼭 참가하고 싶었습니다. 대학생이 아니면 할 수 없는 이런 경험을 중학교, 고등학교 시절부터 꿈꾸어 왔고 지금이 비로소 그 꿈을 실현할 수 있는 기회라고 생각했습니다. 저는 외국에 한 번도 나가 본 적이 없습니다. 여권이란 것조차 만들어 본 적이 없습니다. 집이 그렇게 부유하지 않은 것도 이유가 될 수 있겠지만 사실 자신이 없었습니다. 부유한 사람만이 여행을 즐길 수 있는 것은 아니니까요. 아마도 그건 '내가 과연 외국에 나가서도 잘 생활할 수 있을까'와 같은 막연한 불안함 때문이었던 것 같습니다. 하지만 어렵게 재수라는 힘든 시간을 버티고 입학하게 된 성균관대학교에서 박지수라는 인간의 몸 안에 갇혀 있던 소심함과 걱정, 불안들을 날려버리고 대한민국의 한 대학생으로서 당당함과 열정을 갖고 한 번 도전해 보고 싶었습니다. 사실 저는 이번 여름에 가까운 나라 일본에라도 여행을 가고 싶어서 주말마다 과외와 아르바이트로 조금씩 돈을 모으고 있었습니다. 아직 40만 원 정도밖에 모으지 못했지만, 제 힘으로 번 돈으로 해외여행을 갈 수 있다는 생각에 매일 즐겁게 학교를 다니고 있었습니다. 그런 제가 평범한 개인으로서 하는 일본 여행이 아닌 성균관대학교 학생이라는 신분으로 유럽 문화를 접하고 현지인들과 소통할 수 있는 이 여행에 참여할 수 있게 된다면 정말 평생에 잊지 못할 추억이 될 것 같습니다.

2. 생활신조

저의 생활신조는 기회를 놓치지 않는 사람이 되는 것입니다. 그리스의 시라쿠사 거리에 있는 한 동상을 모두들 알 것입니다. 그 동상은 앞머리는 숱이 무성하고, 뒷머리는 대머리인 데다가 발에는 날개가 있는 우스꽝스러운 모습을 하고 있습니다. 사람들은 처음 그 동상을 보고 다들 웃고 지나가지만 동상의 밑에 쓰여 있는 말을 보고는 고개를 끄덕인다고 하죠. "나의 이름은 기회이다. 앞머리가 무성한 이유는 사람들이 처음 나를 보았을 때 쉽게 잡기 위함이고, 뒷머리가 없는 이유는 나를 지나간 사람들이 더 이상 나를 잡지 못하게 하기 위함이며 발에 날개가 달린 이유는 최대한 빨리 사라지기 위함이다." 이 이야기를 처음으로 들은 것은 중학교 때 학원 부원장 선생님을 통해서였습니다. 그 후부터 '기회를 놓치지 말자!'라는 것이 생활신조가 되었습니다. 지금 이 글을 쓰고 있는 시간도 새벽 2시입니다. 여태 내일 어떤 수업의 조 발표 준비를 하고 있었는데 갑자기 제 앞에 기회의 여신이 보이더군요. 내일이면 조 발표를 한 뒤, 또 다른 수업의 조 모임을 해야 하고, 그 외에도 남은 과제가 2개 정도 있는 상황이지만 저는 지금 기회의 여신의 앞머리를 잡고 있다고 생각합니다. 과연 제가 잡은 기회의 신께서 저에게 평생에 잊지 못할 특별한 기회를 선사해 줄까요?

3. 성격

남들이 보는 저의 성격은 "쾌활하다. 웃기다. 재미있다. 생각했던 것 이상이다" 등등 외향적인 성격이라고 평가를 많이 합니다. 실제로 제가 평소에 하고 다니는 모습들이 충분히 그렇게 보일 수 있다고 생각합니다. 대학 입학 통보 후 동기들과 처음 만나는 자리에서 벌칙에 걸리자 거리낌 없이 소녀시대 춤을 추고, 어떤 자리에서든 친구들과 잘 어울리려고 노력을 많이 하는 등 외향적으로 행동하는 편이기 때문입니다. 하지만 외향적으로 보이는 행동이나 말들을 하기 위해서 정말로 마음속으로 몇 번이고 생각을 합니다. 그리고 실행했을 때 그것이 성공적이면 시너지 효과를 내면서 더욱더 빨리 활발해지지만 실패를 하게 되면 다음 실행을 할 때 수십 번은 생각을 더하게 됩니다. 속내는 좀 내성적이지요. 그리고 첫 만남에서 누군가가 먼저 나에게 말을 걸거나 하기 전에는 제가 먼저 말을 걸거나 하지 못합니다. 부끄러운 것도 있고 사실 제가 자랐던 곳의 제 나이 또래의 남자애들은 첫 만남에서 먼저 나서서 말하고 그러면 '나댄다. 깝친다.'라고들 생각하곤 해서 그런 것도 있습니다. 하지만 지금까지 그래 왔던 저를 바꾸기 위해서 많이 노력했습니다. 특히 대학에 입학하고 새로운 친구를 사귀면서 제가 많이 바뀌었다고 생각합니다. 역시 처음이 힘들었지만, 웬만하면 먼저 말을 걸기 위해 노력하다 보니 점점 그것이 별로 어렵지 않은 일이라 생각하게 되더라고요. 또 대학에서는 학생들이 다들 개방적이라 먼저 말을 걸어도 잘 받아주고 이상한 눈초리로 보지 않아서 좋습니다. 대학 입학 후 점점 변화하는 저의 모습이 정말 즐겁고 행복한 일인 것 같습니다.

4. 학교 생활

저는 교육학과에 속해 있습니다. 재수를 한 이유도 경영학과가 뭔가 제 자신과 잘 맞지 않는다고 생각해서였습니다. 다들 말렸지만, 저는 사범대를 가기 위해서 다시 도전했고 그 결과 성균관대학교 교육학과에 입학할 수 있었습니다. 입학한 후 교육학과의 모습은 제가 상상하던 대학 생활과 매우 흡사해서 입학 후부터 지금까지 너무나 행복한 하루하루를 보내고 있습니다. 선배들과 밥을 먹고, 동기들과 모여 수다도 떨고 과제하고 나들이도 함께하는 등 즐거운 일만 계속되었습니다. 하나 아쉬웠던 것은 다른 활동을 하지 않다 보니 교육학과가 아닌 사람들과 교류하는 일이 거의 없다는 것입니다. 그래서 학회를 알아보기도 하고, 동아리도 알아보기도 했는데 그렇게 끌리는 것도 없고 현재의 과 생활만으로도 일주일이 빡빡한데 다른 모임을 갖게 되면 더 힘들어질 거라는 막연한 두려움 때문에 과감히 시도해 보지 못했던 것 같습니다. 사실 시도하고 나면 생각처럼 힘들거나 빡빡하지 않을 수도 있겠지만 마음속에 소심하게 자리 잡고 있는 막연한 불안감과 두려움 때문인 것 같습니다. 하지만 이번 여름방학에 이 프로그램에 참가하고 나면, 정말 저의 학교생활이 확 달라질 것 같습니다. 막연한 불안함과 두려움이 없는 패기와 열정이 가득한 대학생으로 거듭날 수 있을 것 같습니다.

일단 해외여행이라는 것을 한 번도 해보지 않은 한국 토박이로서 몇 가지 나열해 볼 수 있을 것 같습니다. 먼저 세계를 보는 눈이 달라질 것 같습니다. 여태 한국에서만 살아오던 저에게 다양한 나라의 모습을 경험하다 보면 뭔가 한국에서 잘 먹고 잘 살자 식이었던 제 사고가 좀 더 폭넓게 확장될 수 있을 것 같습니다. 그리고 제 머릿속에서 고민하고 있는 문제가 해결될 수 있을 것이라는 기대도 하고 있습니다. 저는 지금 교사의 꿈을 갖고 사범대에 들어왔지만 정말 가슴 깊숙한 곳에 하고 싶은 일이 하나 있습니다. 바로 테마파크 디자이너의 꿈으로 중학교 2학년부터 지금까지 가슴속에만 품었던 것입니다. 테마파크 디자이너가 되기 위해서 어떤 것을 공부해야 하고 어떤 학문을 해야 하는지도 애매하고, 부모님께서는 교사가 되는 것을 원하셔서 마음속에만 담고 있었습니다. 그렇다고 교사가 되는 것이 싫다는 것은 아니지만 테마파크와 관련된 일을 할 수 있다면 더욱 행복하게 할 수 있을 것입니다. 이런 처지에서 제가 넓고 넓은 곳으로 나가 다양한 사람들을 만나 보면 해결의 실마리를 찾을 수 있지 않을까 생각했습니다. 그리고 마지막으로 이 여행을 하고 나면 다른 사람들과 교류하는 방법에 대해서 많이 배울 수 있을 것 같습니다. 먼저 가까운 팀원들부터 외국에서 만나는 사람들까지 서로 교류하면서 이전에는 알지 못했던 좀 더 심층적이고 새로운 상호 교류 경험을 해 볼 수 있을 것 같습니다.

6. 해외 여행 경력 / 해외 연수 경험(한 적이 있는 분만 작성해 주세요)

연습 문제 ❸

  자신이 미래의 기업체나 기관의 인사 담당자라면 입사 지원자의 자기소개서에서 어떤 점에 중점을 두어 판단할 것인지 말해 보자. 다음 웹툰 패러디 작품을 참고 삼아 자기만의 어릴 적 꿈을 이루는 일과 사회적 출세 사이의 관계를 깊이 생각해 보자.

◇ **차주영(디자인학과 07학번) 그림 (주호민 웹툰 〈무한동력〉의 패러디)**

02

성찰적 글쓰기

2. 1. 자기 발견과 치유의 글쓰기

글쓰기란 무엇이고 어떻게 써야 좋은 글이 되며, 그 절차는 어떤 순서를 밟는 것이 좋은지, 미리 정해진 교본대로 따라하는 실습보다 더 중요한 것이 있다. 우리에게 설득력 있게 다가오는 글쓰기의 궁극적인 본질은 삶과 영혼의 상처를 치유하는 기능이다. "지금 여기 우리/내 삶에서 글쓰기가 도대체 무슨 의미가 있단 말인가?"란 말로 치환될 수 있는 질문의 답을 찾기 위하여 자기 속내를 털어놓을 차례가 되었다.

누구나 처음부터 글을 잘 쓸 수 있는 것은 아니다. 그게 어려우면 남들이 쓴 글을 읽거나 소설, 만화, 영화, TV 드라마, 웹툰 등을 보고 나의 자화상을 찾는 것도 한 방법이다. 인터넷에 있는 남들의 사연을 찾아보고 "맞아, 나도 저랬어, 어어, 내 친구 중에 저런 경우를 겪은 걸 아는데, 어쩌면 저런 일이 있을 수가 있을까, 나 같으면 저렇게 하지는 않았을 텐데." 등등 상상하는 것도 한 방법이다. 자신만의 느낌과 생각을 친구 등 주변 사람들과의 대화를 통해 교환해 보고 그 과정을 글로 쓰면서 자연스레 삶에 대한 자기 태도를 바꾸게 되는 글쓰기 과정이 바람직한 순서라고 하겠다.

좋은 글을 쓰려면 무엇보다도 자기가 스스로 생각하고 속에서 욱하고 밀려나와 말하고 싶어 어쩔 줄 모르는 내용, 평소 '이 이야기는 꼭 쓰고 싶었다.'는 것을 써야 한다. 그러려면 마음의 문을 열어야 한다. 하지만 자기 속살을 드러내는 고통이 무척 클 것이다. 지금 여기 자신의 처지를 솔직하게 글로 쓰는 자화상 그리기는 그 과정이 매우 고통스럽지만 보람도 크다.

예문 1

나를 부숴야 한다

늘 그래 왔다. 언제부터였는지는 모르겠지만 난 늘 도망쳤다. 어머니 뱃속의 세포 시절부터 그랬는지는 잘 모르겠지만 학창 시절부터 이미 도망의 달인이 되어 있었다. 처음엔 열심히 하지 않았는데도 항상 좋은 성적을 유지했다. 하지만 점차 학년이 올라갈수록 노력하지 않는 자에게 성적은 보장되지 않았다. 그렇게 성적이 매년 떨어져 갔지만 나는 실패를 용납하지 않고 스스로에게 퇴로를 열어주었다. 그렇게 시작된 아집이 "내가 노력만 하면 되는데 노력을 하지 않을 뿐이야."라는 전형적인 변명이 되어 내 안의 정신 속 깊숙한 곳에 둥지를 틀었다. 장남의 불안감이었을까, 아니면 어릴 적 많이 읽었던 역사 속의 영웅들에 대한 동경 때문이었을까? 나는 내가 실패를 한다는 일은 있어서도 안 되고, 있더라도 그것은 내 능력으로 일어난 일이 아니라고 생각해 왔다. 실패는 은폐·축소하고 성공은 부풀리고 과대 포장해서 항상 스스로를 크게 여겼던 것이다. 하지만 20년 공부의 1차 종착지인 수능에서 드디어 도망갈 길이 없는 처절한 실패를 맛보게 된다. 라이벌이라고 여겼던 친구가 의대에 진학하는 동안 나는 어떻게든 성적에 맞춰 좋은 대학에 가려고 처절한 몸부림을 쳤다. 눈물이 날 정도로 분하고 스스로 실망스러웠다.

나는 내 자신을 너무 사랑한다. 환경도 남들에 비해서 훨씬 좋은 편이라 무서울 것이 없어야 하는데 항상 겁에 질려 있다. 실패할까 봐 두려워 도전조차 못한다. 아는 체 있는 체하지만 도전하지 않는 내게는 허만 가득할 뿐 실이 없다. 뭐가 무섭냐고 다그치고 충고하는 사람들의 말을 이해하고 그렇게 행동하려 하지만 결과는 늘 회피이다. 이런 사실을 깨달을 때면 가장 사랑하는 내가 세상에서 가장 역겹고 화나게 만드는 존재가 된다. 끊임없이 새로운 환경을 마주하며 새로운 일을 하는 사람들을 보고 있으면 존경심이 생긴다. 이렇게 스스로 비참해지면 나는 생각한다. 나를 부수고 싶다고.

글을 쓰면서 내 자신에 대해 진지하게 생각하는 기회를 가졌음은 물론이고 이런 글을 쓰는 것 자체가 실패에 대한 인정이라는 사실도 느꼈다. 드디어 내가 실패를 실패 그대로 받아들인 것이다. 게다가 도전까지 하고 있다. 글 한 편이 짧다면 짧지만 지금까지 살아온 날들에 드리워져 있던 흑막을 조금씩 거둬들이고 있는 것이다. 거기에다 치유의 글쓰기까지 하게 된 셈이니 이 얼마나 좋은 일인가. (학생 글)

글쓰기란 글쓴이와 읽는 이 사이의 영혼의 대화이기도 하다. 자신의 트라우마를 솔직히 글로 쓰면서 그 과정에서 자기 성찰을 하고 독자와 함께 고통과 카타르시스의 환희를 교감한다면 그것은 일종의 글쓰기 치료를 시도한 셈이 된다. 글쓰기 치료 이론에 따르면, 치료자(촉진자)는 엄선해 온 문학 자료를 나누어 주거나 문학을 이용해 글쓰기 주제를 제시하여 참여자(내담자)들이 자신의 느낌, 생각, 사상, 개인적 문제들을 이끌어낼 수 있도록 도와준다. 이상적인 것은 좋은 글을 나눠 읽고 함께 대화하는 일이다. 특히 다른 사람들의 진솔한 자전적 글을 읽고 관련된 성장 드라마, 영화도 보면서 대화를 나누면 글쓰기는 점점 나아진다.

대학 글쓰기 교육의 이상이 특정 전공, 학과, 학문에 종속되기보다는 범교과적인 성격의 학제적 방향, 가칭 '범교과적 글쓰기(WAC)'로 가는 것이 맞다면, 가령 이러한 글쓰기 과제는 어떨까 한다: 20~30년 후 미래의 자기 자식에게 보내는 편지 형식으로 스무 살에 어떻게 살면 좋을지 (자기소개와 장래 계획을 겸하여) 상담하는 글을 쓰라. 다음은 새내기 시절 술자리에 열심히 어울리다가 글쓰기에서 F 학점을 맞을 위기에 놓인 어느 여학생이 면담 수업 후 과제로 낸 글쓰기이다.

예문 2

47학번 딸에게: 미래 가상 편지

사랑하는 딸내미!

우선 치열하고 고된 입시 경쟁을 뚫고 어엿하고 예쁜 대학생이 된 것을 진심으로 축하해. 수능이 끝나고 네가 그동안 공부했던 수많은 문제지와 공책들을 정리하고 나니 대견한 마음이 들었지만 한편으로는 네가 참으로 열심히 했구나 싶어서 마음 한 쪽이 찡하더라. 입시 공부에 시달릴 때마다, 시험 성적에 낙담할 때마다, 너와 내가 다정하게 같이 누워서 앞으로 펼쳐질 대학 생활의 낭만에 대해 이야기했던 것 기억나니? 요즘 그 낭만을 제대로 누리며 살고 있는지 궁금하구나. 걱정되기도 하고.

이 엄마는 네가 자랑스러운 47학번 대학생이 된 것을 축하하는 마음도 크지만 그에 못지않게 걱정하는 마음도 크단다. 유치원, 초·중·고등학교를 거치며 늘 가슴에 품고 곁에 두고 있던 너를 이제 멀리 타지로 보내야 하는 불안한 마음 또한 안 들 수가 없단다. 거친 바다에 홀로 배를 띄워 보내는 심정이랄까, 아니면 어린애 혼자 강가에 놀도록 놔 둔 느낌이랄까……

요즘 대학의 신입생 오리엔테이션이라든지 새내기 배움터라든지 어느 정도 생각은 하고 있었고, 우리 딸내미 착하고 잘하고 있는 것 알지만 자정이 가까워 오도록 너와 연락이 닿지 않아 바짝 타들어 갔던 이 엄마의 심정을 조금이라도 알고는 있었니……

깜빡해서, 다들 그러는데, 어쩔 수 없어서, 술 때문에, 눈치 보여서, 분위기 때문에 라고 하기에는 엄마가 얼마나 걱정했겠는가를 부모의 입장에서 이해할 수 있는 속 깊고 성숙한 우리 딸이 되었으면 해.

그런데 내가 너를 마냥 혼낼 수만은 없는 것이 30년 전 이 엄마 모습이 자꾸 떠올라서란다(웃음). 엄마도 긴 수험 생활을 끝내고 막 '17학번'이라는 이름표를 달았을 때, 신입생이라는 이유로 술을 엄청 먹어댔단다. 술 먹는 이유도 참 다양했어. 신입생이니까, 술자리 게임에 걸려서, 선배가 마시라니까, 동기가 마시니까, 중간에 화장실 갔다 와서. 정말 말 그대로 주는 대로 마셨지. 요즘 너희들 술자리 문화는 어떤지 잘 모르겠다. 술자리에서 하는 게임도 얼마나 변했는지 궁금하기도 하고.

네가 술 때문에 엄마 걱정하게 하는 것처럼, 이 엄마도 술로 할머니 속을 부단히도 썩였단다. 네가 알다시피 엄마는 대구 출신이잖니. 서울로 대학을 가다 보니 독립해서 생활하게 되었는데 부모님 통제도 없고 해서 술을 더 자유롭게 먹었던 기억이 난다. 엄마의 대학 신입생 생활, 특히 3월 한 달은 정말 매일같이 술, 술, 술이었어. 술을 얼마나 마셔댔던지 3월 말에는 위염과 소화 장애에 걸려 며칠씩 고생 고생했어. (이건 할머니한테 비밀이다!)

술……. 물론 마시면 기분도 좋아지고 사람들과 편하게 이야기할 수 있는 분위기도 만들어주지. 하지만 술이 너의 모든 생활을 지배하도록 내버려두어서는 안 된다.

가끔 정말 좋은 사람들과 분위기 좋게 이야기하고 싶을 때, 그 매개체로서 적당하게 마셔야지 올바르게 술을 이용하는 거란다. 네가 대학교 올라와서 처음 술을 접해서 신기하기도 하고 재미있기도 하고 해서 그러는 거라고 이 엄마가 너그럽게 이해할 테니, 너도 엄마의 입장에서 딸이 술 먹는 것을 얼마나 걱정할지 한 번만이라도 생각하고 점차 술을 줄이도록 노력해 주라.

　오랜 기간의 지루하고 힘든 수험 생활을 벗어나 대학이라는 새로운 환경을 접하다 보면 해방감에 취해, 또 캠퍼스의 낭만에 들떠 자칫 일탈하기 쉬운 분위기에 휩쓸릴지도 모르겠다. 하지만 우리 딸내미, 그동안 크게 속 썩인 일 한번 없이 늘 잘해 왔으니까 이번에도 엄마 아빠 실망시키지 않고 잘해 내리라 믿을게. 조금 보수적인 이야기이긴 했지만 우리 딸 향해 가슴으로 전하는 절절한 사랑의 말이라고 생각해 주라. 항상 사랑해. 우리 딸!

2047년 4월

우리 딸내미의 영원한 팬, 엄마가

(학생 글)

　글쓰기 절차를 미리 마련된 매뉴얼대로 가르치는 것도 중요하다. 하지만 "나라면 그 상황에서 어떻게 했을까?" 역지사지, 입장을 바꿔 상상하면서 쓰는 것도 한 방법이다. 자신만의 느낌과 생각을 친구 등 주변 사람들과의 대화를 통해 교환해 보고 그 과정을 글을 쓰면서 시나브로 자신의 삶에 대한 태도를 바꾸게 되는 글쓰기 과정이 바람직한 순서라고 하겠다. 흔히 신입생이면 경험하게 되는 술자리 문화를 소재로 해서 '자기소개서'를 통한 장래 계획을 수립하는 것도 물론 좋다. 하지만 위에 인용한 예문처럼 현재의 내 삶을 반성하고 새로운 의미를 실천하는 '치료'로서의 글쓰기 교육까지 가능할 수 있다. 다음 글도 좋은 예라 할 수 있다.

2등 콤플렉스 극복기

좋아하는 숫자를 선택하라는 질문에 '2'라고 대답하는 사람은 대체적으로 1등에 대한 강박관념이 있다고 한다. 나는 2등 콤플렉스를 가지고 있다. 초등학교부터 고등학교까지 이상하게 2반에 소속된 적이 많았다. 중학교 1학년 때는 우리 반에 전교 1등이 있었다. 사실 '전교 1등을 해보겠다.'는 욕심이 있던 것은 아니었지만 우리 반의 1등이 하필이면 전교 1등이었다는 것이 문제였다. 내가 다른 반이었다면 1등을 했을 텐데 그 친구 때문에 나는 고작 반 2등에 머물러 있어야 한다는 사실에 주눅이 들었다. 그렇게 전교 2등으로 졸업했다.

고등학교 입학 때 일이다. 으레 신입생 선서는 반 배치고사 1등이 한다. 내심 시험을 잘 봤다고 생각해서 입학식 단상에서 멋지게 선서하는 나의 모습을 상상해 보기도 했다. 허나 내가 아닌 다른 친구의 이름이 호명되었다. 나중에 알게 된 사실이지만 선서를 했던 친구와 나는 동점이었던 것이다. 그 친구는 '이씨'였고 나는 '전씨'였기 때문에 이름 순서상 그 친구가 선서를 하게 되었다는 것이다. 나는 또 2등이 되어 버렸다. 선서를 했던 친구는 첫 중간시험에서 반 1등이자 전교 1등을 차지했다. 반복되는 상황에 허탈하기도 했고 패배감, 열등감에 빠졌다. 1학년 내내 그 친구와 반 1, 2등을 주고받으며 총점 0.03점 차이로 그 친구는 수석, 나는 차석이 된 채로 2학년에 진급하게 되었다.

사람들은 2등은 기억해 주지 않는다. 오직 1등만이 주목받고 칭찬을 받는 현실이 나를 슬프게 했다. 이렇게 초, 중, 고 12년 내내 나는 숫자 '2'라는 악연과 떨어질 수 없었다.

2017년 3월, 나는 반수 끝에 대학생이 되었다. 대학에 대한 환상은 거의 없었다.

나에게 주어진 자유라는 것이 사실상 그렇게 꿈꾸던 자유가 아니라는 것과 내가 모든 것을 알아서 계획하고 나의 틀을 찾는 책임이 수반된다는 것을 일찌감치 알았기 때문이다. 미팅, 소개팅은 어쩌면 서로 아는 사람들끼리만 하는 것이고 잔디밭에서 햇살을 맞으며 낭만적 이야기를 하는 것은 TV 속의 이야기일 뿐이었다. 어깨 너머로 듣던 '취업'이 나를 짓누르는 바람에 인생의 목표가 취직이 될 수 없다고 생각하면서도 그것을 걱정할 수밖에 없었다.

사실 대학에서 내가 가장 얻고자 했던 것은 정말로 좋아하고 잘할 수 있는 일을 찾는 것이었다. 학점도 신경 써야 하고 동아리, 학회, 기타 등등 다이어리에 빽빽이 정보를 기록했다. 매일 신문과 잡지를 읽으며 좀 더 도움이 되는 자료는 없을까 찾았다. 꼭 무엇인가 하지 않으면 안 되는 강박증에 시달린 사람처럼. 그래서 내가 쓴 지원서나 신청서만 해도 20장은 넘을 것이다. 조금이라도 도움이 될 것 같으면 다 지원했으니까.

친구들과의 인간 관계나 학점 관리 등 보이지 않는 스트레스로 지친 나에게 문득 스스로를 돌아볼 시간이 있었다. 어느 순간 내가 목표는 잊은 채 '수단'에만 집착하고 있지는 아닌지 반성하게 되었다. 모든 것을 다 완벽하게 할 자신도 없으면서 남이 그 기회를 누릴까 봐 초조했던 것은 아니었는지, 내가 진짜로 원했던 것이 아니라 그 타이틀을 얻으려고 했던 일은 아니었는지 지난날을 돌아보며 내 지나친 욕심에 대해서 경계하게 되었고 좀 더 현실성 있는 목표와 계획을 세워야겠다고 다짐했다.

사실 2등 콤플렉스, 반수의 시기, 학기 초의 방황과 혼란을 통해 얻은 것이 있다면 바로 '지나친 욕심을 부리지 말되 내가 할 수 있는 일을 끈기를 가지고 실천하자.'는 교훈이다. 어느 정도의 욕심이 있었기에 '재'도전이라는 것을 할 수 있었다. 내가 2등이었기 때문에 1등이 되기 위해 더 노력했고 학업에 소외된 친구들을 이끌 수 있었다. 반수를 했기 때문에 조금이나마 인생의 시련을 겪어 볼 수 있었고, '대학'이라는 공간에서 공부할 수 있음을 감사하게 여기게 되었다. 미래에 대해 좀 더 생각해 볼 수 있는 시기를 가질 수 있었고 정신적으로 성숙할 수 있었다. 욕심을 부려 감당할 수 없이 많이 지원했고 또 탈락했기 때문에 내 자신의 문제점에 대해서 생각해 보게 되었다. 또 도전 그 자체만으로 내가 어떤 부분에서 강점이 있고 약점이 있는지 생각할 수 있었다. 그리고 가장 중요한 '끈기'에 대해 체득할 수 있었다.

이제 겨우 21세, 나름대로 많은 고민과 혼란의 시기이지만 앞으로 더 많은 시련이 있을 것이다. 아직은 2등 콤플렉스를 완전히 벗어던지지도, 열등감을 모두 해소하지도 못했다. 또 나보다 나은 누군가를 보면 부러워할지도 모른다. 하지만 다른 사람을 돌아보고 나에 대해 객관적으로 생각하면서 길게는 미래를, 짧게는 이번 1학년을 어떻게 보낼지 진지하게 생각하게 되었다.

우선 매일 신문과 책을 읽으며 나를 둘러싼 세상을 이해하자는 목표를 가지게 되었다. 요즘은 수업 시간보다 일찍 나와 도서관에서 신문을 읽는다. 또 동아리에서 '글로벌 문화 교육'이라는 프로젝트를 수행하는 중이다. 이렇게 1년, 2년 나 자신을 스스로의 틀에서 깨 나간다면 2등 콤플렉스와 반수의 아픔, 그리고 21세 새내기의 초보 대학 생활은 좋은 추억이 될 것 같다.

예전에는 2라는 숫자가 참 싫었다, 나의 아픔을 대변하는 숫자인 것 같아서. 하지만 지금은 생각을 바꾸고 있다. '다시', '재도전'이라는 것이 나에게 준 큰 가치와 생각의 기회를 발판 삼아 좀 더 멋진 모습으로 성장하고 싶다. 나는 아직도 걷는 중이다. 목적지에 빨리 도달하기 위해 페이스를 잃고 무작정 뛰지도 않고 멈춰서지도 않고 꾸준히 말이다. 누구보다도 가장 멋진 모습으로, 그리고 당당한 모습으로 나의 '목표'에 도달하고 싶다. (학생 글)

"역사는 1등만 기억한다."라는 말이 있다. 하지만 2등부터 꼴등까지의 삶과 그들의 영혼도 나름 소중하다. 2등이란 1등을 향해 쉬지 않고 앞만 보고 내달려야 하는 자리만 의미하는 것이 아니다. 2등이란 1등의 그림자가 아니라, 꼴등을 비롯한 나머지 사람 모두, 공동체 구성원 전체를 함께 이끌고 나갈 수 있는 빛나는 자리임을 깨달았으면 한다. 만약 우리가 최상위권만 유지한다면 "지금 이대로가 좋아!" 하면서 현실에 안주하고 싶을 뿐, 우리 사회의 구조적 모순이나 부조리를 고치려고 노력하지는 않을 것이다. 아픔을 겪고 상처를 알아야 그것을 바꾸려는 노력이 빛난다. 이렇게 생각할 때 비로소 2등의 설움, '식스맨의 비애'가 나만 경험하는 개인적 상처가 아니라 사회 전체의 문제임을 깨닫게 되는 보편적 시각을 갖추게 되는 것이다.

자기 발견과 치유의 글쓰기는 개인의 사적 차원에서 이루어지는 심리적 상처의 극복만 있는 것은 아니다. 오히려 개인의 상처가 실은 사회적 부조리의 반영이라는 사회 비판적 문제의식으로 시선을 확대할 때 비로소 현실적 힘을 발휘한다. 가령 대학 신입생이면 누구나 겪게 되는 대학 입시 과정에서의 심리적 상처는 개인 문제에 그치는 것이 아니라 사회적 제도 차원의 여러 모순이 원인이라는 사실을 통찰해야만 할 것이다.

우리가 겪는 숱한 교육 문제는 개인이 아닌 사회 구조에 더 큰 원인이 있다. 우리 사회의 고착화된 학벌, 학연, 연고주의는 무조건 좋은 대학교만 가면 된다는 그릇된 사고방식을 심어 주었다. 이러한 학벌, 학연주의로 말미암은 대학 입시의 문제는 대입에서 끝나는 것이 아니라, 학생들의 대학 생활에까지도 영향을 미친다. 고통스런 입시의 터널을 뚫고 대학에 들어온 대부분의 학생들은 "이제 대학에 들어왔으니 미래가 결정되었다."라고 착각하고 더 이상 자신의 지적 수준을 향상시키기 위한 공부를 하지 않는다. 이러한 잘못된 구조를 비판하고 근본적으로 문제를 해결할 수 있는 대안을 찾는 일이 자아 성찰적 글쓰기의 최종 목표가 되어야 할 터이다.

2. 2. 일기, 편지, 자서전

인간의 경험과 가치 판단은 상대적인 것이며 또한 주관적인 것이다. 자기가 처한 조건과 환경에서 충실하게 살아왔다면 숱한 성공과 좌절을 겪었을 것이고 나이는 중요한 문제가 아닐 수 있다. 대학생으로 새롭게 출발한 마당에 한 번쯤 살아온 과정을 되돌아보고 여러 가지 의미를 되새기면서 자아 성찰의 글을 써 보는 것은 좋은 경험이 될 것이다. 자기 발견과 성찰적 글쓰기는 결국 나에 관한 이야기라 할 수 있다. 일종의 고백체 글쓰기로서 일기, 자서전, 사적 편지 등이 이에 해당된다.

2. 2. 1. 일기

일기란 매일 일어난 일이나 감상 등을 기록한 것이다. 기본적으로는 사적인 기록이기 때문에 내용, 형식, 방법에서 기록 일자 이외의 특별한 규칙은 없다. 중요한 것은 기록자 혹은 기록자를 포함하는 집단 구성원이 무엇 때문에, 어떤 식으로 기록하는지에 의해서 일기의 성격이 달라진다는 것이다.

다음은 일제 강점기의 진보적 시인이자 비평가였던 임화가 1936년 여름, 합포 바닷가에 휴양하러 갔다가 쓴 일기의 한 대목이다.

예문 4

8월 X일

사흘 전부터 비. 오늘은 더욱 몹시 쏟아진다. 창문을 닫고 일부러 책상을 대하여 책을 펴려고 하나 자꾸만 파스칼을 읽고 싶다.

지난해 겨울 XX병원에서 밤을 새면서 이 무서운 늙은이에게 위협을 받은 나는 다시 그 책을 펴고 싶지 않았다.

유리창을 두드리는 빗발은 더 한층 요란하다. 담벽을 흘러나려 창틈을 새어드는 물이 자꾸만 방바닥을 적신다. 까닭없이 무서운 일기다. 암만해도 내 방에 앉았을 수가 없다. 날마다 허리만 펴면 내다보이던 바다가 비바람이 자옥해 가지고 아무것도 안 보인다.

세 시 넘어 진주 가는 기차가 동떨어지게 기인 고동소리를 지르고 집 뒤를 지내간다. 아마도 우중이라 특별히 주의하는 모양이다.

시뻘건 산 같은 물결. 창대 같은 빗발. 바람은 완전히 자기의 위력을 실험할 것이다. 지척을 분간키 어려운 폭풍우 속이 남아 아늑한 포구가 당하는 봉변을 상상할 수가 있었다. 언제나 한번 나는 이런 바다, 정말 자기의 마음껏 노한 바다를 보구 싶었는지.

우비를 갖추고 맨발에 고무신을 신고 용기를 내어 바닷가로 가보니 어리석은 일이다. 단 몇 걸음 못 가 우산은 부서져 풀숲에 내버리고 몸은 쥐강아지가 되었다.

바다! 뿐만 아니라 자연이란 우리의 상상보다 훨씬 장엄하고 웅장하다. 요 조그만 포구는 유린당할 대로 유린당하야 전혀 면목이 없다. 만일 방파제(防波堤)만 없었더면 크고 작은 범선, 증기선 나부랭이들은 가랑잎같이 밀려나갔거나 모조리 엎어 저 바다 밑으로 가라앉았을 것이다.

지난 보름께 그렇게 아름답고 잔잔하던 바다, 꿈속 같던 바다가 이렇게 몹시 노할 수가 있는가?

나는 바다가 참말 좋아졌다. 바다는 그의 아름다운 로맨티시즘과 더불어 웅대한 히로이즘을 가리고 있다. 그러나 맞바람을 거슬러서 남쪽으로 날려는 갈매기는 날개짓만 하고 자꾸 뒤로 불려간다. 그러나 갈매기는 또 얼마큼 앞으로 날다 밀려갔다 앞으로 왔다. 이러는 새 그러다 점점 멀리 남쪽으로 가는 모양이다.

알 수 없는 노여움에 미쳐 날뛰는 물결과 바람, 그러나 이것을 거슬러 제 방향을 갈매기는 날고 있다.

물결, 비바람, 갈매기. 누가 더 위대할까……. (임화, 「합포에서: 작가의 생활 기록」)

이 글은 일기를 통해 자연 앞에 겸손해지는 자기 발견의 한 대목을 잘 보여주고 있다. 이처럼 자기 발견과 성찰적 글쓰기로서의 일기는 날마다 사건과 사연을 반드시 기록해야 하는 '비망록으로서의 일지'와는 다르다. 자기 내면을 확인하는 자기 인식의 수단으로 쓰는 것이기에 날마다 기록할 의무는 없다. 자화상을 그려보는 것도 자아 정체성 확보를 위한 자기 발견과 성찰에 큰 도움이 된다.

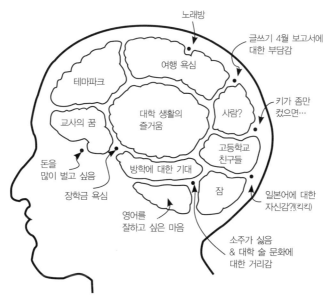

박지수(교육학과 09학번) 그림

2. 2. 2. 편지   1인칭 내면 고백체 글쓰기인 일기와는 달리
편지는 멀리 떨어진 지인에게 안부, 소식, 용
무 따위를 적어 보내는 글이다. 하지만 자기 발견과 성찰적 글쓰기로서의 편지를
지칭할 때는 실용적 서신보다는 누군가 내 말에 귀 기울여 주는 친한 사람이 있다
는 전제 하에 쓰여진다. 즉, 자기 생각과 생활을 고백적 문체로 솔직하게 털어놓는
사적인 내용을 주로 쓴다. 이러한 사적 편지는 자아 성찰의 중요한 기록이 된다.
누군가에게 사랑을 고백하는 연애편지의 경우, 자신의 내면에 대한 성찰이 없다면
진정성을 가지기 힘들 것이다. 나아가 남이 아닌 자기 자신에게 편지를 쓰는 것도
자아 발견과 일상생활을 반성하는 좋은 방법이 된다.

예문 5

대학 친구는 진짜 친구가 아니라고 누가 카드노?

– 마음을 열어 준 LC 동기에게 보내는 편지

00에게

벌써 주말이 끝났네. 요즘 나는 학교 가는 게 참 즐겁다. 오늘이 월요일이니까 니
는 아마 지금쯤 꽉 차 있는 시간표를 보고 한숨 쉬면서 학교 갈 준비를 하고 있겠
네? 또 학교 가기 싫으니 과제가 많으니 하면서 투덜투덜하고 있을 걸 생각하니까
웃음이 픽 난다. 나는 오늘 시간이 꽤 널널해서 하루 종일 뭐 할까 생각을 해 봤는
데, 예전부터 니한테 말해 주고 싶던 얘기가 있어 가지고 이렇게 시작을 했지.

이렇게 솔직하고 느끼한 얘기는 내가 아니라 니가 보통 했었는데 내가 이러고 있다
고 생각하니까 고마 콧등이 간질간질한 거 같고 괜히 머리도 자꾸 긁게 되네. 기집
아는 깔끔도 떨고 그래야 되는데 밖에서 이렇게 남들 보는데도 머리 긁고 이카는 거

를 보니까 내는 아무래도 천상 기집아는 아닌갑다.

솔직히 이런 거 때문에 서울 올 때 진짜 긴장했다 아이가! 서울 사람들은 다들 깔끔하고 교양 있고 그럴 거 같았거든. 근데 나는 덜렁대고 성격도 남자 같은 면이 많고 그래 갖고 서울 사람들 사이에서 못 맞추고 나돌까 봐 서울 오기 일주일 전부터 서울말 연습하고 이랬다. 니도 솔직히 긴장했제? 근데 말이제, 나는 OT 때 머리카락 끝까지 긴장한 상태에서 서울말 아닌 서울말 쓰느라 잔뜩 힘주고 있는데 어떤 아가 익숙한 말투로 자기 소개를 하는 거라. 그게 니였다. 근데 아나? 사투리 듣고 서울에서 살던 애들은 다들 웃었지만 내가 보기에는 진짜 대단해 보이드라. 멋있더라! 나는 나를 감추기에 급했는데 니는 정말 솔직하게 니 그대로를 보여준 거잖아. 그게 참 어떻게 생각하면 자연스러운 긴데, 갑자기 참 대단해 보이다. 내가 참 부끄럽드라.

내가 중국에서 그렇게 오래 살다가 온 거는 아니지만 내가 생각하는 방식이나 행동하는 게 다른 애들이랑은 다르다는 걸 어렴풋이 체감했었거든. 서울 애들 사이에서 사투리 섞인 어투로 어색한 표준어 쓸라고 나름 노력하는 거라든지, 외국에서 그카듯이 아무에게나 자연스럽게 말 걸 수 있는 점 같은 걸 통해서 말이지. 혹시라도 영어를 섞어가며 말하게 될까 봐 노심초사하면서 말을 하고…… 평소 같으면 아무렇지도 않게 내 마음대로 행동했겠지만, 주눅이 들더라. 내 처음 중국에 갔을 때, 주변에서 마카다 외국말만 들리는데, 그 많은 사람들 사이에 앉아 있는데도 너무 외로운 기라. 나만 다르다는 사실이 참 서글플 수 있다는 걸 그때 알았다. 군중 속의 고독이라는 말있제. 그렇게 상투적인 표현은 별로 안 좋아하는데, 그때 정말 딱 그게 실감이 나드라. 그 기분을 또 느끼기가 싫어서 나도 모르게 진짜 내를 감추고 자꾸 다른 사람들한테 맞출라고 그랬던 거 같다.

근데 니가 그렇게 솔직하게 니 그대로를 보여주고 나한테도 웃어주면서, "니도 경상도가?" 카는데 그기 그렇게 정겨울 수가 없드라. 외국 살다 왔다카면 재수 없다카지 않을란가 싶어갖고 조용히 있었는데 니가 오히려 그런 걸 인정해 주고 다른 동기들한테도 잘 말해 주니까 자신감이 생겼다. 서툰 서울말로 힘들여 꾸며 말하지 않고 정말 내 자신을 드러내 보이니까 다른 사람들도 오히려 그런 내 모습을 더 좋아해 주는 거 있제? 외국어나 외국 생활에 대해서 물어보는 걸 핑계로 나한테 말을 걸어 오는 사람들도 생기고……. 내가 만약에 지금까지 힘겹게 서울말 맞춰서 쓴다고 애들하고 이야기도 잘 안 하고, 한국에서 고등학교를 안 다녔으면 모를 이야기들도 다 알아 듣는 척 고개만 까딱거리고 있었으면, 이렇게 친구들을 많이 사귈 수도 없었을 거고 학교 오는 게 이렇게 즐겁지도 않았을 거다. 내 생전에 한국인 친구들이 이렇게 많았던 적이 없었는데, 내 모국에서 여러 사람들에게 넘치는 사랑을 받으면서 학교를 다닐 수 있다는 게 꿈만 같다. 소속감을 느낄 수 없을까 봐 걱정했는데, 지금 나는 이 정도의 행복을 누릴 자격이 있을까 싶을 정도로 정말, 행복하다. 그리고 이게 다 니 덕분인 것 같다. 이렇게 자신감을 가지게 된 게 니 덕분이니까.

있제, 저번에 니가 내 진짜 우울했던 날에 해 줬던 말 기억나나?

"나는 니랑 친구된 지 한 달도 안됐지만 니를 안다. 나는 니를 알아. 니 마음 다 안다."

다른 사람들이 나를 이해 못할까 봐 품 안에 가면을 잔뜩 끌어안고 있다가, 얼굴을 가린 내 손을 잡아끌면서 날 보고 환하게 웃어주는 니를 보니까 서울 생활, 해볼 만할 것 같드라. 나 혼자 뚝 떨어져 있는 기분이었는데, 가족이 생긴 것만 같드라. 그리고 나도 니한테 그런 가족 같은 친구가 됐으면 좋겠드라.

○○야, 진짜 니한테 너무 고맙고 만난 지 얼마 되지 않았지만 날 알아봐 주는 니가 있어서 서울 생활이 정말 즐겁고 행복하다. 니도 대구서 와서 알겠지만, 경상도

사람들 솔직하게 이런 말 잘 못하는 거 알제? 그람은 내가 지금 엄청나게 낯 붉히면서 이런 말 하고 있는 것도 알제? 니는 말 안해도 알 거라고 생각한다. 맞제? 어떠노, 나도 꽤 니를 잘 아는 거 같지 않나?

아, 뭐라카노, 진짜. 고만할랜다. 내 이제 이 말 다하고 나면 챙피해 가지고 당분간 니 똑바로 못 쳐다보지 싶다. 그래도 이 말만 하고 끝낼랜다. 진짜 고맙다. 우리 오랫동안 친구하자. 그리고 이 편지 내용에 대해서는 얘기하지 말기로 하자. 남사시럽구로 뭘 또. 이만!

2011년 3월 21일

XX 보냄

후기: 저는 초등학교를 졸업하기도 전에 중국으로 이사를 가서 학창 시절의 대부분을 해외에서 보냈습니다. 그래서인지 저의 사고방식이나 행동 등이 한국에서만 살아온 아이들과는 다른 것을 알았고, 대학 진학을 위해 한국으로 돌아오면서 무엇보다도 주위 사람들과 어울리지 못할까 봐 고민을 했었습니다. 중국으로 처음 이사를 갔을 때에도 문화 차이나 언어 능력 때문에 겉돌았던 기억이 있기 때문에 고민이 더욱 심했습니다. 실제로 수시 합격생 모임에서도 모두들 조용히 있는 분위기를 보고, 학교 사람들이 활발하고 외향적인 저와는 성격이 많이 다를 것 같아 걱정이 되었습니다. 게다가 재외국민 특례로 입학했다고 하면 싫어한다는 소문도 들은 적이 있고, 사투리를 쓰면 촌스럽다고 싫어할까 봐 어색한 서울 말투를 꾸며 말하곤 했었습니다. 그런데 같은 LC에서 00라는 친구를 알게 되면서 자신감을 얻게 되어 그렇게 제 자신을 꾸미지 않고 남들을 대하게 되었고, 그 결과로 오히려 주위 사람들에게 호감을 사게 되었습니다. 항상 그 친구에게 고마웠지만 고맙다는 말을 직접 하지 못해서 펜

을 듣게 되었습니다. 대구 출신이라 사투리가 심해서 둘만 대화를 나눌 때에는 표준
어를 쓰지 않기 때문에 표준어로 글을 쓰는 것은 너무 인위적이라는 생각이 들어 더
욱 진솔하게 글을 쓰고 싶어 사투리 그대로 글을 쓰게 되었습니다. (학생 글)

2. 2. 3. 자서전

일기는 매일매일 시도하는 성찰과 관찰의
기록이지만 이것만으로 삶 전체를 파악하기는
힘들다. 그래서 자신의 인생을 총체적으로 해석하려는 글쓰기로 자서전이나 회고록
이 시도된다. 자서전은 자기 자신이 살아온 삶을 총체적으로 기록한 글이다. 예전
에는 유명 인사가 스스로 쓴 전기만을 일컬었지만 요즘에는 보통 사람들이 자신에
대하여 내면적 서술을 한 일체의 모든 글쓰기 자료를 폭넓게 말하기도 한다. 자전
적 기록에 의해 그의 정신적 성장과 편력(遍歷)을 엿볼 수 있으며 생활의 지침으로
삼을 수 있다.

회고록이나 자서전이란 이름이 부담스럽다면 '자전적 글쓰기 전략'으로 간단한 연
대기나 연보를 만들어 본 후, 이를 토대로 자세한 자서전을 작성하는 것도 좋은 방
법이다. 연대기나 연보별로 자기 삶을 되돌아보면서 굵직굵직한 사건 위주로 또는
기억에 남는 일 위주로 정리할 수 있다. 이러한 자전적 글쓰기는 성장 과정에 있는
학생들에게 자아 성찰과 인간적 발전을 지향하는 중요한 방법이 된다.

다음의 예문은 일기와 편지의 실존적 기능과 관련된 소설가 이청준의 단편소설
「지배와 해방」의 일부이다. 이 글을 읽고 자전적 글쓰기인 자서전, 일기 또는 미래
의 자기에게 부치는 편지를 진솔하게 작성해 보자.

지배와 해방

(전략) 일반적으로 자신의 생각을 글자로 적기 시작한 최초의 글 형식은 일기이다. 나 혼자 써놓고 나중에 혼자 보기 위한 글 형식이 일기이다. 현실적으로 나 이외는 독자가 한 사람도 없는 글이다.

일기를 적는 동기에 대해서 교과서적 이유 외에 감정적인 것을 생각해 보자. 바깥세상 일이 잘 되는 사람은 별로 일기를 쓰기를 좋아하지 않는다. 사람들 앞에 잘나 보이고 싶은 욕망은 은근히 큰데 친구들에게 우정을 배신당하였거나 해서 바깥세상에 대한 자기 실현의 욕망이 좌절을 당했을 때 슬그머니 자기의 내면으로 숨어 들어와 일기 같은 걸 적기 시작한다. 좋게 말해 자기 관심의 내면화 현상이라 하겠지만 실인즉 일종의 자기 화풀이이고 자기 위로 행위이다. 바깥세상에서 겪은 자신의 낭패를 변명하고 자기를 낭패시킨 그 바깥세상의 풍속과 질서를 원망하면서 스스로 위안을 얻으려는 행위로서 일종의 자기 구제 행위이다. 하지만 바깥세상에서 모든 일이 행복스럽게 잘 실현되어지고 있는 사람들에겐 구태여 그 바깥세상을 원망하면서 그 스스로 자신을 위로할 필요 — 즉 일기를 쓸 필요가 없을 것이다.

최초에 글을 쓰는 행위가 일기를 적는 것이라 한다면 일기 쓰기를 좋아하는 사람이란, 대개 자기 실현의 욕망은 은근히 강한 데다가 그가 살고 있는 사회에선 자신을 만족스럽게 실현할 수 없어서 그 사회의 풍속이나 질서에 원망이 많기 쉽다는 뜻이다.

글이라는 것이 대개 누군가가 후에 가서 그것을 다시 읽어줄 것을 전제하고 쓰여진다는, 독자의 측면에서 생각해 본다면, 글을 쓰는 당사자 이외에 다른 독자가 전제되지 않는 일기 쓰기 다음 번의 글 형식은 편지라 하겠다. 편지는 비로소 한 사람의 현실적인 독자를 전제로 하여 쓰여지는 글이다. 편지라는 것 역시도 그것이 쓰여지는 정서적 동기를 살펴보면 일기와 큰 차가 없다. 정서적 동기가 가장 강한 연애편지를 생각해 보자. 연애가 잘 되어가고 있는 사람들 가운데도 자신을 보다 적극적으로 과시해 보고 상대방을 더욱 완벽하게 소유하기 위하여, 또는 그저 취미삼아 멋진 편지질을 즐기는 경우도 있을 것이다. 그러나 그보다는 물론 일이 별로 수월하게 풀려나가지 않을 때에 편지가 빈번해진다는 것은 분명하다. 상대방으로부터 자신을 인정받고 싶은 욕구는 연애의 실패 쪽에서 훨씬 더 무성한 원망과 호소와 설득의 사연들을 낳게 마련이다.

결국 연애편지 역시 현실적인 자기 욕망의 실현이 좌절당하고 만 사람들의 구차스런 자기 주장의 일종이라 하겠다. 자기 실현의 소극적인 모습이긴 하지만 일기의 경우와는 좀 다르다. 구체적인 독자가 전제되지 않는 일기의 경우는 완전히 자기 울타리 안에서의 자기 위로나 주장인 데 반해 편지의 경우는 그 울타리 밖에서 자신을 실현하려는 구체적인 한 사람의 독자를 가지고 있다. 그 한 사람의 독자와의 관계 속에서 그 독자의 동의를 전제로 자신을 실현해 나가는 행위를 볼 수 있다는 것이다. 일기보다는 한 단계 더 적극적일 뿐 아니라 한 단계 더 사회적인 행위라고 하겠다.

일기를 쓰거나 편지를 하는 그런 것에 자주 매달리는 사람들은 대개가 바깥세계에서 자기 욕망의 실현에 실패를 하는 경향이 많다고 한다. 그러므로 일기를 쓰는 행위가 보다 소극적이고 내향적인 데 반해 편지를 쓰는 사람이 조금은 더 적극적이고 외부 지향적이라는 차이는 있을망정 어느 쪽이나 똑같이 바깥세계에 대한 공통의 원망을 지니게 됨으로써 그 바깥세계가 자기의 생각과 주장에 거꾸로 굴복해 오기를 갈망할 뿐 아니라 궁극에 가서는 그것의 풍속이나 질서도 자기 식으로 온통 바뀌어지길 바라는 은근한 욕망을 가지게 되는 것이다. 현실의 질서에는 자신이 굴복하고 실패할 수밖에 없으므로 이번에는 그 세계가 거꾸로 자신에게 굴복해 올 수밖에 없도록 그 세계 자체를 아예 자기 식으로 뒤바꿔 놓을 수 있을 어떤 새로운 질서를 꾸미기 시작한다. 문학적으로는 자기의 삶의 근거를 마련하려는 일종의 복수심이라 말할 수 있다. 그리고 그 일기 쓰기나 편지하기를 좋아하는 사람들이란 결국은 이 세계의 현실 질서 속에서 감당하기 어려운 자기 패배를 여러 번 경험해 왔거나 적어도 빈번히 패배를 당하기 쉬운 심성의, 복수심 강한 내향적 성격의 소유자이기 쉽다.

글을 쓰는 사람은 충동에 의해서 바깥세계에 대한 복수를 감행하려 한다. 그리하여 복수심으로부터 자신을 해방시키고 싶어 한다. 하지만 나는 글 쓰는 사람의 한 사람으로서 이 세계에 대해 복수를 수행하고 그럼으로써 그 복수심으로부터 자신의 삶을 해방시키는 길은 이 세계로 하여금 내 자신의 질서에 굴복해 오게 하는 방법 외에 다른 길이 없다는 것을 알고 있다. 그리하여 나는 글을 쓴다. 끊임없이 글을 쓴다. (이청준, 「지배와 해방」 중에서)

예문 7

미래의 딸에게 보내는 편지

나의 딸 마리에게

먼저 네 입학을 진심으로 축하한다.

하지만 네가 원하는 최고 명문대에 가지 못해서 힘들어하고 괴로워하는 모습을 보니 안쓰럽구나. 재수도 하고 또 삼반수까지 했는데, 너의 뜻대로 되지 않아 정말 속상하구나. 너의 꿈을 이루길 진심으로 원해서 매일 기도도 했는데……. 요즘 늘어가는 엄마의 잔소리가 너를 더욱 힘들게 하는 것 같아서 미안하구나. 하지만 그 모든 것이 널 위한 말이라는 것을 알아주길 바란다.

네가 목표로 했던 대학이 아니라서 현재 학교를 만족스레 다니기가 힘들 거라는 것을 누구보다도 잘 안다. 하지만 대입의 실패에서 주저앉아서는 안 되고, 이것을 도약의 계기로 삼아야 해! 네가 대입 실패를 통해 오히려 한 단계 성숙할 수 있었으면 좋겠다. 내가 30년 전에 그랬던 것처럼. 너의 고등학교 시절, 재수 시절, 반수 시절을 되돌아보면서 네가 잘못했던 부분은 어떤 것인지 분석함으로써 다시는 그런 잘못이 되풀이되지 않도록 해야 할 것이야. 너의 실패의 원인을 남에게만 돌리지 말고 자신을 철저히 분석함으로써 내적으로 성숙할 수 있고, 진정한 자아를 발견하게 되는 것이란다. 그리고 그렇게 함으로써 보다 나은 미래로 나아갈 수 있는 것이란다.

마리야! 대입에 실패했다고 인생까지 끝난 것은 아니라는 것을 명심하길 바란다. 대학교 입학이 아니라 대학 생활을 어떻게 하느냐에 따라 인생은 크게 바뀐단다. 너에겐 지금까지 살아온 날보다 앞으로 살아갈 날이 훨씬 더 많이 남아 있어. 내가 항상 잔소리처럼 하는 말이지만, 인생은 크게 봐야 한다. 최고 명문대에 간 아이들은 자신의 성공을 기뻐하며 놀고 먹느라 정신없을 것이다(물론 모두가 그런 것은 아니지만). 이럴 때일수록 너는 더욱 분발하여 너의 '인생 목표'를 이루기 위해 전력으로 달렸으면 좋겠구나. 최고 대학에 들어갔다고 자만해서 현실에 안주하고 놀고 먹는 자는, 대학 평판이 최고가 아니라도 '반드시 다시 일어서겠노라.'고 자신과의 싸움을 치열하게 하는 자를 절대로 이길 수 없다. 나는 네가 열심히 공부해서 네가 원하는 멋진 꿈을 이룰 것이라고 믿는다. 넌 반드시 네가 원하는 삶을 살 것이다!

지난번에 엄마가 컴퓨터에 있는 네 파일들을 지운 것은 정말 미안하구나. 널 미워해서 지웠다거나 일부러 그런 것은 절대로 아니란다. 너에게 그렇게 소중한 것이라는 것을 알았더라면 내가 왜 지웠겠니. 미안하구나. 엄마도 너만 할 때, 이런 일이 있었지. 정말 힘들겠지만, 내가 어렸을 때 그 일로 할머니를 많이 미워하기도 했지만 할머니를 진정으로 이해하고 내적으로 성숙할 수 있었던 것처럼 너도 이번 일을 계기로 성장할 수 있었으면 좋겠다. 내가 옛날에 지금과 같은 일을 겪고 성장할 수 있었던 것은, 그 일을 겪고 '어머니'에 대해 깊이 생각하게 되었기 때문이야. 그 일을 겪고 너무 괴로워하고 있었는데 신경숙의 『엄마를 부탁해』라는 소설책을 읽고 할머니를 이해하게 되었고 용서하게 되었지.

지금도 '어머니'에 관한 책들은 수없이 많지만, 서른 해 전 내가 읽었던 『엄마를 부탁해』라는 책을 꼭 소개해 주고 싶구나. 좀 오래되긴 했지만 읽기도 쉽고 무엇보다도 한국의 '어머니'를 너무나 잘 묘사하고 있어서, 예전 방황하던 내게 도움이 된 것처럼 너에게도 큰 도움이 될 것이라고 믿는다. 내가 인생을 살아보니, 부모나 동생, 친구 등 타인에 대한 오해를 풀어야 진정으로 자신이 성숙하고 성장할 수 있는 것 같아.

마리야! 지금까지 살아오면서 엄마에게 섭섭했던 것들 모두 떨쳐버리고, 엄마의 사랑을 이해하게 되길 바란다. 엄마는 누구보다도 너를 사랑한다는 것을 이해하게 되길 바란다. 그렇게 해서 네가 보다 편안하고 행복해지고 너의 꿈을 향해 정진할 수 있게 되기를 누구보다도 간절하게 바란다. 너는 내 딸이니 분명 잘할 것이야! 항상 생각하고 행동하고 발전하는 내 딸이 되길 바라면서 엄마는 이만 줄일게.

2042. 10. 5.

마리를 사랑하는 엄마가

(학생 글)

연습 문제 **①**

'연표 → 개요표 → 연대기' 의 단계별 글쓰기를 통해 자서전을 쓸 수 있다. 다음은 그 예이다. 예문을 참조하여 '나의 성공과 좌절' 이란 주제로 연대기식 자서전을 써 보자. 자신의 지난 삶을 정리하는 '스무 살의 자서전' 형식으로 쓸 수도 있다.

예문 8

가. 연표

연 대	내 용
1989년	• 4월 24일 출생. 태어날 때부터 어머니 배를 가르고(제왕절개수술) 나오는 불효를 했다. • 부모님께서 맞벌이를 하셨기 때문에 할머니 손에서 자랐다.
1992년 (4살)	• 1월 31일 동생이 생겼다. 혼자였던 나에게는 정말 기쁜 일이었다. • 집에 처음으로 컴퓨터가 생겼고, 각종 게임을 했다.
1995년 (7살)	• 경상남도 창원시에서 경기도 구리시로 이사했다. 하지만 채 일 년도 지나지 않아 성남시로 다시 이사했다.
1996년 (8살-초등학교 1학년)	• 초등학교에 입학했다. 어머니가 근무하시던 학교였다. • 처음으로 컴퓨터 학원에 다녔다. 이때부터 프로그래밍 언어를 접했고 프로그래머를 장래 희망으로 꿈꾸었다.
1997년 (9살-초등학교 2학년)	• 고등학교 교사이신 아버지께 간단한 전기 회로를 배웠다. • 교내에서 컴퓨터나 과학 부문 경진 대회에서 상을 받기 시작했다.
1998년 (10살-초등학교 3학년)	• 프로그래밍 언어를 계속 배우면서 컴퓨터 자격증을 따기 시작했다. • 성남시 교육청의 초등학생 대상 '과학교육반'에 들어가 색다른 경험을 했다.
1999년 (11살-초등학교 4학년)	• 세기말. 종말론이 대두되었다. 진짜로 그것을 무서워했다. 종말은 일어나지 않았지만 그때 이후 종말론과 음모론에 관심이 생겼다. • 정보처리기능사 자격증을 준비하기 시작했다. 그런데 필기시험만 3번 떨어져서 어머니께 무진장 맞았다. • 겨울방학 직전, 갑자기 다른 학교로 전학을 갔다. 친구들과 제대로 인사도 못한 채 헤어지게 되어 서러웠다.

2000년 (12살-초등학교 5학년)	• 학교와 가까운 곳으로 이사를 했다. 지금까지 같은 동네에서 살고 있다. • 이전 학교에서는 해마다 컴퓨터나 과학 부문 경진 대회에서 상을 받았는데, 새 학교에서는 과학 경진 대회 부문이 없었다. 때문에 상장 개수가 줄었다. • 정보처리 기능사 필기시험에 합격하고 실기시험을 준비하였다.
2001년 (13살-초등학교 6학년)	• 멋진 선생님을 만나 즐거운 학교생활을 했다. 한 번은 반 1등을 했는데 부모님께서 기대만큼 기뻐하지 않으셔서 많이 서운했다. • 정보처리 기능사 자격증을 획득했다. 이때부터 별명이 '정보'가 됐다. • 다른 아이들처럼 중학교 과정 선행 학습 학원에 다니기 시작했다. 이때부터 컴퓨터 학원을 다니지 못했다. 하지만 꿈은 여전히 프로그래머였다.
2002년 (14살-중학교 1학년)	• 중학교에 입학했다. 2002년 월드컵 당시의 즐거움은 잊을 수가 없다. • 중학교 성적은 중상위권으로 나름 만족스러웠다. 하지만 교과목 공부보다는 프로그래밍을 하고 싶었다. 시험을 잘 봐 노트북 컴퓨터를 얻었고 그것으로 프로그래밍을 계속할 수 있었다. • 정보 올림피아드 대회를 준비하는 학원에서 새로운 프로그래밍 언어를 배우기 시작했다.
2003년 (15살-중학교 2학년)	• 2학년이 되기 전 겨울방학 때는 학원에서 살다시피 했다. 2학년이 돼서는 학교 수업을 마치고 학원에 갔다가 밤늦게 돌아오는 생활을 반복했다. • 4월 말에 정보 올림피아드 시험을 치르고 5월 초에 학교 중간고사를 치렀다. 올림피아드에서 입상했고 상장이 학교로 배달됐다. 학교 성적도 나쁘지 않았다. • 어머니께서 컴퓨터를 그만두라면서 학교 교과목 학원에 등록하셨다. 엄청 반항했지만 결국 컴퓨터를 그만둘 수밖에 없었다. 그러면서 프로그래머의 꿈을 점점 잊었다. 이때부터 성격이 신경질적으로 변했고 부모님과의 관계도 나빠졌다. 담배를 피우기 시작했다.
2005년 (17살-고등학교 1학년)	• 고등학교에 입학했다. 술까지 먹기 시작했다. • 심리 검사, 적성 검사를 통해 내 성향이 이과와 문과 거의 중간임을 알았다. 하지만 과학에 관심이 많아 이과를 선택했다. • 장래 희망을 심리학자, 뇌 공학자, 또는 정신과 의사로 정했다. 동생에게 약간의 지적 장애가 있어 그것을 고쳐주고 싶었기 때문이다.
2007년 (19살-고등학교 3학년)	• 3학년 1학기 말, 싸움을 하다 크게 다쳐 응급실로 실려 갔다. 크게 반성했고 오랜 방황이 끝나는 듯 보였다.
2008년 (20살-대학교 1학년)	• 대학교에 진학했다. 하지만 아무런 비전도 없었다. 하고 싶은 것이 무엇이며 무엇을 잘하는지, 아니면 해야 할 것이 무엇인지 아무것도 알 수 없었다. • 1학기를 다닌 후 바로 휴학을 했다. 아르바이트를 하면서 친구들과 놀았다. 하지만 그러면서도 물리학과 심리학 등 과학 관련 서적을 많이 읽었다. 우연히 입자물리학 관련 강연 동영상을 보고 물리학에 깊은 감명을 받았다.

2009년 (21살)	• 아르바이트로 모은 돈으로 한 달간 일본 도쿄를 경유하여 호주를 다녀왔다. 많은 경험을 하고 많은 사람을 만났다. 여행 기분 탓인지 달에 가고 싶다는 생각을 했고, 이때부터 내 꿈은 달에 가는 것이었다. 직업으로는 우주비행사 정도. • 6월. 군에 입대하였다.
2011년 (23살-현재)	• 4월. 군 복무를 마쳤다. 군 생활 동안 많은 것을 배웠다. 물리학 등 많은 책을 읽었다. • 군종 목사님을 만나 성경을 배우면서 인생의 목표를 새롭게 정했다. 목사님은 매사에 두려움을 떨쳐내고 행동해야 함을 말하셨고 이것은 내 신념이 됐다. • 군대 말년, 잉여 시간을 보내는 동안 '과학과 성경의 접점'이라는 다소 소설적인 가능성을 고민했다. 이 궁금증이 가장 가치 있다고 생각하여 그 접점을 찾는 것을 꿈으로 정했다. 복학해서 물리학을 전공할 생각이다. • 9월. 1학년으로 복학. 오랜만의 학교 공부라 어려운 부분이 적잖이 있지만, 그동안 잃었던 방향감각을 되찾고 꿈을 향해 조금씩 다가가고 있다.

나. 개요표

순서	소주제	내용
처음	꿈과 함께 잃어버린 나 세상에 대한 두려움, 새로운 신념과 꿈	• 어린 시절부터 세상에 대한 막연한 두려움과 꿈. • 부모님의 기대와 내 꿈 사이의 갈등. 꿈의 좌절과 방황. • 그동안 꿈이 수차례 변했지만 진정한 꿈은 아니었음. • 지금은 새로운 꿈과 그 꿈을 지탱해줄 신념을 품고 삶.
중간	유년기의 첫 번째 꿈과 세상에 대한 두려움	• 어려서부터 컴퓨터를 접하고 프로그래밍 언어를 배워 컴퓨터 자격증을 획득함. • 컴퓨터와 과학 관련 상장을 받기 시작. • '99년, 종말론의 영향으로 종말론과 음모론에 관심.
	꿈의 상실과 방황	• 정보 올림피아드 입상에도 불구하고 부모님에 의해 컴퓨터를 못하게 되자 사이가 틀어지고 방황하기 시작함. • 중학생 시절 담배를 배우고, 고등학교에 들어가 술을 마시기 시작함. 싸움질을 하다 다리를 크게 다친 후 잠시 동안 정신 차림. • 꿈이 심리학자, 우주비행사로 수차례 변하는 등 계속 방황함.
	군종 목사님과의 만남 에서 얻은 새로운 신념	• 군 복무 중에 군종 목사님을 만나 성경을 깊이 있게 접하면서, "긍정적으로 생각하여 두려움에 떨지 말고 그것을 이겨내자."라는 신념이 생김.

	새로운 꿈: '과학과 성경의 접점'	• 문득 "물리학과 성경에서, 세상의 시작이라는 똑같은 이야기를 다른 말로 할지도 모른다."라는 상상을 하게 됨. 그러면서 물리학에 매력을 느끼게 되어 언젠가 답을 찾는 것이 새로운 목표가 됨.
끝	꿈과 신념, 그리고 새로 시작하는 나	• 방황하게 된 이유 두 가지: 두려움, 꿈의 부재. 두려움으로 세상을 부정적으로 보게 되었고, 꿈의 부재로 세상을 헤쳐나갈 방향을 알 수 없었음. • 새로운 꿈을 품는 데 오랜 시간이 걸림. 두려움은 신념을 통해 극복하였고, 새로운 꿈은 신념을 지켜나갈 방향을 가리킴. 신념과 꿈은 인생 항로에서 튼튼한 돛과 나침반 역할을 해줄 것임.

다. 자서전: 새로운 돛과 나침반

내게 꿈은 삶을 살아가는 길이면서 동시에 길잡이다. 꿈이 없으면 갈피를 잡지 못하고 헤매기 시작한다. 지금은 새로운 꿈을 찾았고 그 꿈을 향해 나아갈 수 있게 해줄 신념까지 갖추었다. 이렇게 새로운 나를 찾는 데는 오랜 시간이 걸렸다.

어려서부터 겁이 많았다. 낯선 사람을 보면 울음을 터뜨렸고, 심지어 친척집에 가서도 부모님 곁에만 있으려고 했다. 태어날 때도 세상에 나오는 것이 무서웠는지 세상을 향해 머리를 향하지 않았고, 어머니께서는 결국 나를 세상에 내보내려고 배를 갈라야 했다. 이런 세상에 대한 막연한 두려움 때문에 세상을 부정적인 시각으로 바라봤고, 새로운 무언가에 도전할 의지도 박약했다.

물론 나도 꿈을 품고 살았다. 하지만 꿈을 지금까지 이어오지 못했다. 꿈이 삶의 희망이었지만 그것을 찾지 못하는 동안에는 희망도 없이 계속해서 방황했다. 성격도 신경질적으로 변했다. 삶의 이유를 찾지 못하고 삶 자체를 허무하게 바라보았다.

내 좌절된 꿈은 컴퓨터를 접하면서 시작됐다. 한글을 막 떼고 유치원을 다니던 무렵, 집에 컴퓨터가 생겼다. 나는 그때부터 컴퓨터를 접했고, 이것을 익숙하게 다루게 됐다. 초등학교에 들어가서는 프로그래밍 언어를 배우기 시작했다. 고등학교 이과 교사인 아버지의 영향을 받았는지 과학 과목을 잘했고, 학교에서 컴퓨터나 과학 부문 대회가 있으면 거의 입상했다. 프로그래밍을 꾸준히 배웠고 컴퓨터 자격증을 여러 개 취득했다. 컴퓨터는 장난감이었고 프로그래밍은 게임이었다. 이것이 특기가 되었기에 프로그래머가 꿈이 되었다.

초등학교 5학년 시절, 때는 1999년이었다. 당시 새 천 년을 맞이하면서 사람들은 여러 모로 들떴다. 그중 지구 종말을 얘기하며 들뜬 사람도 있었다. TV나 인터넷에는 각종 예언이 떠돌아다녔고, 그와 동시에 각종 음모론이 대두되었다. 당시 나는 정말로 예언에 따라 1999년 7월 31일에 지구가 멸망할까 봐, 그날을 전후로 잠을 잘 수 없었다. 그때 이후로 각종 종말론과 음모론에 관심을 두었다. 세상은 정말 무섭고 깜깜한 망망대해 같은 곳이라고 인식하게 했다. 두려움은 내가 앞으로 무엇을 해야 할지 알 수 없게 만드는 막연하고 막막한 것이었다.

세상이 무섭더라도 학교는 다녀야 했다. 멋진 담임선생님을 만나 즐겁게 초등학교 6학년을 졸업하고 중학교에 입학했다. 중학교에 입학하기 전에 컴퓨터 학원을 그만뒀고 다른 아이들과 같이 중학교 선행 학습반 학원을 다녔다. 그런 데도 계속해서 프로그래밍을 하고 싶었다. 노트북 컴퓨터를 사달라고 졸랐고 결국 성적을 담보로 하여 노트북을 얻은 후 혼자서 프로그래밍을 공부했다.

정성이 갸륵했는지 고1 겨울방학 때 어머니께서 정보 올림피아드를 준비하는 서울의 컴퓨터 학원에 등록해 주셨다. 그곳에서 새로운 프로그래밍 언어를 배웠는데, 그동안 수준 낮은 테크닉을 이용해 길게 써야 했던 프로그램 소스를 단박에 해결할 수 있었다. 이런 것을 배워나가는 과정이 정말 재미있었다.

얼마 지나지 않아 정보 올림피아드 대회가 열렸다. 학교 대표로 나가 입상하는 성적을 거두었다. 게다가 중간고사에서도 괜찮은 성적을 거두었다. 내 나름대로 쾌거였다. 하지만 부모님이 보시기에는 만족스럽지 못했나 보다. 그동안 학교와 학원을 전전하던 생활에 지쳐 1주 정도 쉬었는데, 어머니께서는 그 사이에 컴퓨터 학원의 등록을 취소하고 대신 교과목 보습 학원에 등록하셨다. 나는 그 처사에 크게 반항했지만 결국 다시 프로그래밍을 배울 수 없었다. 혼자서라도 계속하려 했지만, 프로그래밍 서적을 혼자 보기에는 실력이 못 미쳐서 결국 모든 것을 잊어버리게 됐다.

그날 이후 몹시 방황하였다. 중학생 때부터 담배를 피웠는데 이때는 술까지 마셨다. 성격도 신경질적으로 변했으며, 부모님과의 관계는 말할 수 없을 정도로 나빠졌다. 고등학생 시절 장래 희망은 약간의 지적 장애가 있는 동생을 고쳐주고 싶은 마음에 심리학자로 정했었다. 하지만 고등학교 3학년까지 방황이 이어졌다. 그 무렵 싸움질을 하다가 다리를 크게 다쳐 구급차를 타고 응급실로 실려 갔다. 애써 태연한 척 있었지만 어머니가 오시자 왈칵 눈물이 났다. 그때 응급실로 급하게 오셔서 걱정해 주시던 어머니께 죄송한 마음이 들었고, 그동안의 방황을 뉘우칠 수 있었다. 잠시나마 나는 마음을 다잡고 대학 입시를 위해 최선을 다했다. 결국 대학교에 무사히 입학했다. 하지만 방황이 끝난 것은 아니었다.

대학교에 입학한 후에도 무엇을 해야 할지 몰랐다. 어떤 공부를 하고 싶고 어떤 공부가 내 적성에 맞는지 알 수 없었다. 세상에 대한 두려움으로 이러한 고민은 끝이 나지 않았다. 결국 나는 휴학을 결정했다. 그 이후 아르바이트를 하면서 친구들과 만나 놀기 바빴다. 친구들과 노는 동안에는 두려움이 덜했지만, 나의 두려움을 이해해 주는 사람은 아무도 없었다.

휴학을 하는 동안 많은 교양서적을 읽었다. 성공에 관한 책, 철학에 관한 책, 물리에 관한 책, 뇌과학 또는 심리학에 관한 책, 소설책, 수필책 등등……. 책을 읽으면서 내가 해야 할 것, 하고 싶은 것 또는 할 수 있는 무언가를 찾으려 했다. 한동안 그런 생활을 하다가 아르바이트를 통해 번 돈으로 친구와 함께 호주로 배낭여행을 갔다. 여행하면서 새로운 장소에 가보고, 모르는 사람을 만나는 것이 재미있었다. 하지만 역시 내가 무엇을 해야 할지는 알 수 없었다. 아름다운 밤하늘을 보고 막연하게 '아, 달에 가보고 싶다'라는 생각이 들어 우주비행사가 되고 싶은 꿈을 꾸기도 했다. 하지만 여전히 막연할 뿐이었다. 여행을 마치고 돌아와서 곧 군에 입대했다.

군대에서 군종 목사님과 만나면서 내 방황의 종지부를 찍었다. 처음 교회를 나간 이유는 '초코파이' 때문이었고, 성경 강의를 처음 듣게 된 것도 '짬밥'과는 다른 '사제 음식' 때문이었다. 여하튼 성경 내용에 호기심이 생기면서 꾸준히 교회를 다니게 됐다. 나중에 목사님과 내 막연한 두려움에 관한 얘기를 했는데, 목사님 또한 그런 두려움이 있고 누구나 그런 두려움을 갖고 있다고 하셨다. 두려움 때문에 아무것도 못하는 것은 바보 같은 짓이고, 그것을 극복할 수 있는 것이 용기라는 말에 깊이 감명 받았다. "긍정적으로 생각하여 두려움에 떨지 말고 그것을 이겨내자."라는 '긍정과 용기'라는 신념을 품게 되었다. 더 이상 나는 세상을 허무하거나 각박하다고 부정적인 방향으로 바라보지 않았다. 생각이 긍정적으로 바뀌고 나자 군대 생활조차 즐거워졌다.

입대 전부터 내 주요 관심사는 물리와 성경이었다. 당시 인터넷을 통해 우연히 본 물리학 강연에 깊은 감명을 받았다. 물리라 하면 내가 잘하던 과목이었는데, 그날 이후로 물리와 관련된 교양서적을 많이 읽기 시작했다. 입대 후 목사님을 통해 배운 성경 내용도 정말 흥미로웠다.

군대에서는 당직 근무나 초소 경계를 할 때가 많이 있었다. 그런 시간에 혼자 이런 저런 생각을 하다가 문득 "'물리학과 성경에서 얘기하는 세상의 시작이, 똑같은 이야기를 다른 말로 하는 것일지도 모른다.'는 생각을 하게 됐다. 그러면서 더욱 물리학적 사고와 학문에 매력을 느끼게 되었고, 언젠가 그 둘 사이의 접점을 찾는 것이 새로운 목표가 됐다. 그 궁금증에 대한 답을 찾는 것이 새로운 꿈이 됐다.

나는 꿈과 신념을 새로이 갖추었다. 이전과 확실히 달라졌다. 그동안 오랫동안 방황한 이유는 크게 두 가지라고 생각한다. 하나는 막연한 세상에 대한 두려움이고, 다른 하나는 꿈이 없는 것이다. 두려움 때문에 나는 세상을 부정적으로 바라보았고, 꿈이 부재하여 그런 세상에서 아무것도 하지 못했다. 이 둘을 극복하는 데 오랜 시간이 걸렸다. 내가 새로운 신념과 꿈을 얻게 된 것은 내 인생 항로에서 튼튼한 돛과 정확한 나침반을 얻은 것과 마찬가지이다. 나는 이제 군대 생활을 마치고 다시 학교를 다니고 있다. 이제는 이전과 달리 하루하루가 꿈을 향해 조금씩 나아가는 기분이 든다. 희망이 보이는 듯하다. 꿈을 품고 신념을 지켜 나간다면 언젠가는 꿈과 관련한 궁금증이 해결되리라고 생각한다.

나는 지금처럼 노력하며 살아간 적이 없다. 나는 연대기를 쓰면서 내가 여태까지 살아온 삶을 되돌아보며 내 문제가 무엇이었는지 생각해 보았다. 꿈의 부재와 두려움. 그동안 내가 해 온 고민은 내가 무엇을 해야 좋을지 모른다는 것이었다. 나는 그 고민을 해결할 수 없는 것이라고 여겼다.

꿈이 없고 두려움에 휩싸여 있을 때, 세상은 깜깜하고 아득한 망망대해 같았다. 내 인생은 부러진 돛을 달고 망망대해에 떠있는 배 같았다. 나침반도 고장나서 내가 어디에 떠있는지조차 알 수 없었다. 돛이 부러졌으니 어디로도 나아갈 수 없었고, 나침반이 고장 났으니 어디로도 향할 수 없었다. 배는 어디로도 나아가지 못하고 그저 시간이 흐르듯 물이 흐르는 대로 흘러갈 수밖에 없었다.

그러던 중 군대에서 목사님을 만나 '즐겁고 용기 있게'라는 신념을 얻었다. 그리고 '과학과 성경의 접점'을 찾는 것이 삶의 목표, 곧 꿈이 됐다. 꿈은 나에게 방향을 알려주는 새로운 나침반이 됐으며, 신념은 배를 나아가게 하는 돛이 됐다.

이제 내 배는 어디로든 나아갈 수 있다. 망망대해 같은 세상에서 내가 가야 할 방향을 똑바로 알려주는 나침반이 있고, 그 방향으로 나아가게 해 주는 돛이 있다. 내 인생은 항해 중인 배다. 이전에는 난파선이었다면 이제는 튼튼한 범선이다. 새롭게 항해를 시작하는 내 배는 나침반이 가리키는 방향을 향해 여행을 시작했다. 언젠가는 목적지에 다다르리라는 믿음을 안고……. (학생 글)

연습 문제 ❷

자신의 정체성을 확인하는 글쓰기 전략의 하나로 자신이 소속된 커뮤니티에 대해 소개하는 글을 써 보자. 가족이나 학교, 구체적으로 전공이나 동아리에 대해 소개해도 좋다. 자기가 속한 집단의 특성, 목적, 활동, 재미있었거나 인상 깊은 에피소드, 일화 등에 대한 관련 정보를 먼저 조사하여 개요표를 작성한 후 이를 바탕으로 글을 써 본다. 이때, 그 글을 누가 읽을 것인지에 대하여도 미리 고려하여 예상 독자의 눈높이에 맞는 글을 쓰도록 한다.

연습 문제 ❸

자신의 주변에서 개성이 강하거나 재주가 많은 인물, 혹은 다른 사람들에게 주목을 끌만한 능력을 지닌 명물 등 독특한 인물을 소개하는 글을 써 보자. 우선 소개하려는 대상의 주변 인물로부터 그 인물에 대한 특성을 다양하게 글감으로 확보하고 그 대상의 특성을 명확하게 드러낼 수 있는 일화나 사건 등으로 구성하여 글을 써 본다.

자신의 역할 모델(role model)을 대상으로 실제 또는 가상 인터뷰를 하고 그 내용을 인물 평전으로 정리해 보자. 인터뷰를 하기 전에 자신이 인터뷰하는 대상이나 주제에 대한 사전 조사를 해야 한다. 계획표에는 주제나 인물에 대하여 미리 살펴본 예비 정보, 질문하려는 세부 항목, 인터뷰 진행 시간, 장소, 인터뷰의 결과를 어떻게 사용할 것인가의 향후 계획 등을 포함시킨다. 요즘은 정보 통신 기술의 발전과 컴퓨터의 대량 보급으로 굳이 인터뷰 대상자를 직접 만나지 않더라도 메신저나 채팅, SNS 등 사이버 대화 방식을 통해 인터뷰를 할 수도 있다.

03

논증적 글쓰기

논증적 글쓰기는 자신의 주장을 펴되 구체적인 논거를 가지고 앞뒤 이치가 맞게 쓰는 것이다. 좁게는 논설문이나 논문을 주로 지칭하지만 넓게 보면 성찰적, 실용적, 창조적 글쓰기를 제외한 대학에서의 학술적 글쓰기 대부분을 일컫기도 한다. 여기서는 대표적인 논증적 글쓰기인 칼럼과 독자 투고, 토론문에 대해서 알아보기로 한다.

3. 1. 칼럼과 독자 투고

3. 1. 1. 칼럼

칼럼은 기둥을 뜻하는 라틴어 칼룸나(columna)에서 나온 말로서, 신문 지면의 난(欄), 특별 기사, 상시(常時) 특약 기고 기사, 매일 일정한 자리에 연재되는 단평란 등을 뜻한다. 칼럼은 주로 시사적인 문제에 대하여 논평하는 형식을 취하는데, 최근의 이슈에 대해 논평하는 '관점 칼럼', 필자의 개인 의견을 피력하는 것으로 가장 인기 있는 유형인 '개인 의견 칼럼', 어떤 이슈를 전문가의 시각에서 해설하는 '전문가 의견 칼럼', 잡다한 화제를 다루는 '잡담 칼럼', 독자들의 기고나 논평에 대하여 편집자가 대답하는 형식의 '독자의 편지', '편집자의 반응 칼럼' 등 다양한 유형이 있다. 칼럼은 시사적인 주제에 대해 논평하는 시사 칼럼 외에도, 다양한 사회 문화적 현상에 대한 전문적인 의견을 제시하는 칼럼들이 '경제 칼럼, 과학 칼럼, 문화 칼럼……' 하는 식으로 속속 등장하고 있다. 또한 지금까지는 에세이(수필)로 간주했던 글쓰기도 칼럼의 이름을 달고 등장하는 추세이다.

 칼럼의 기능 중에서 가장 중요한 것은 여론을 형성하는 기능이다. 칼럼은 사회적으로 쟁점이 되는 문제에 대하여 생각을 달리하는 이들이 각자의 의견을 이야기할 수 있는 장(場)이며 아울러 그와 같은 의견 개진이 사회적 쟁점의 합리적인 해결 방안을 모색하려는 것이기에 칼럼은 여론을 형성하는 주요한 수단이 된다고 할 수 있다. 이와 같은 칼럼의 기능을 고려해 볼 때, 칼럼에서는 글쓴이가 제기하는 사회적 쟁점이 구체적으로 무엇인지, 그리고 이 문제가 사회적으로 어떤 의의가 있는지 충분히 설명되어야 한다. 실제로 중요한 사회적 이슈이면서도 아직 주목받지 못한 사안의 경우, 그것이 왜 중요하며 앞으로 어떤 파장을 불러올지를 충분히 서술하는 것이 필요하다. 이를 위해서는 자신이 쓰려고 하는 글감에 대한 폭넓은 정보가 바탕이 되어야 하며 그래서 풍부하고 알찬 정보를 통해 대중에게 알려진 것의 이면을 짚어낼 수 있다. 그뿐만 아니라 이슈가 되는 문제에 대한 글쓴이의 의견이나 해결 방안이 분명하게 드러나야 한다. 문제 자체를 단순히 반복 언급하는 것은 기사문과 별반 차이가 없다. 문제를 대중에게 환기해야 할 필요가 있을 경우는 이와 같은 글쓰기가 유용하겠지만 칼럼을 통해 사회적 쟁점 해결에 기여해야 하겠다고 생각한 경우 합리적인 해결 방안을 제시함으로써 칼럼의 집필 의의를 높일 수 있다.

한류와 문화의 산업화

미국은 아마 오늘날 가장 순수하게 경제 논리가 지배하는 사회라고 할 수 있을 것이다. 경제 논리는 국가적 이데올로기의 일부다. 이에 대하여 문화는 정치와 경제 밖에 있는 중요한 삶의 구역으로 생각되지 않는다. 그것이 적극적으로 삶의 일부가 되는 것은 오락 산업의 일부가 됨으로써이다. 상대적인 말이기는 하지만, 유럽에서 문화는 조금 더 그 나름의 무게를 가진 자율적인 존재로서의 위치를 인정받고 있는 것으로 보인다. 정치나 경제적 의의가 없는 문화에 대한 국가적 지원이 정당한 지출로 인정된다는 점에서도 그러하지만, 적어도 문화적인 고려 또는 그것에 밀접하게 관련되어 있는 사회 윤리적 고려가 정치와 경제에 반영된다는 점에서는 그러하다. 그런데 놀라운 것은 경제나 정치 이외의 보다 복합적인 가치와 목표를 체제 속에 수용하는 유럽 여러 나라들의 경제 성적이 미국을 앞지른다는 보고들이다. 뉴욕대학의 정치학자 토니 저드의 최근의 한 서평은 이러한 보고를 잘 요약하고 있다. (서평의 대상에는 최근에 우리나라를 다녀간 제프리 리프킨의 저서가 포함되어 있다.)

유럽 여러 나라가 복지 혜택—실업 수당, 연금, 유아 보육비, 의료비 등의 소위 복지혜택에 있어서 미국에 앞서 있다는 것은 잘 알려져 있는 일이다. 노동 시간이나 휴가에 있어서도 유럽인들은 더 많은 것을 누린다. 사회적 부의 분배는 훨씬 평등하다. 소득 격차에 있어 제조업 부문의 최고경영자와 평균 노동자의 수입 격차는 미국이 475대 1이고 스웨덴이 13대 1이다. 놀랍다는 것은 이러한 사회정책에도 대부분의 경제지표들에서 유럽이 미국에 앞선다는 사실이다. 유럽 여러 나라들의 개인 국민소득이 미국보다 높다는 것은 자주 보도되는 사실이다. 유럽의 시간 당 국내 국민 총생산은 미국 수준을 7%쯤 밑도는 나라도 있지만 아일랜드, 네덜란드, 노르웨이,

벨기에, 룩셈부르크, 독일과 프랑스의 경우 미국을 앞지른다. 유럽의 경제 풍토는 중소기업을 창업하고 유지하는 데에 더 우호적이고, 그런 만큼 중소기업은 고용을 높이는 데에 크게 기여한다. 실업 수준은 유럽이 높지만, 임금 수준과 실업 보상의 관점에서 고용의 사회 조건이 반드시 미국만 못하다고 할 수는 없다. 의료와 교육에 있어서 투자되는 총액으로 볼 때, 미국은 훨씬 많은 돈을 지출하고 있지만, 결과는 유럽에 미치지 못한다(미국의 사립 명문대의 모델에서 배워야 한다는 논의는 교육의 총체적인 결과보다는 일부 효과에 대한 것이다). 유럽의 사회 지출은 경제 성장에 장애가 되는 것으로 알려져 있지만, 현실은 그 정반대다. 윈스턴 처칠까지도 "아이의 입에 우유를 들어가게 하는 것보다 나은 사회적 투자는 없다"고 말한 바 있거니와, 사회 복지는 최선의 투자가 된다는 것이 증명된 것이다.

그러나 이렇게 말하는 것은 다시 한번 경제 만능주의에 굴복하는 것일 수 있다. 아이의 입에 우유를 들어가게 하는 것은 경제적 투자로서가 아니라 그 자체로서 의미가 있는 일이기 때문이다. 토니 저드는 이 서평에서 미국인이 부와 크기와 풍요를 추구하는 것은 행복을 모르기 때문이라는 유럽인들의 생각을 전하고 있다. 경제나 정치는 행복의 구조적 조건은 되지만, 그것을 창조하지는 못한다. 행복은 보통의 삶에 있고, 조금 더 큰 행복은 문화가 만들어 내는 인간과 세계에 대한 긍정에서 온다. 이 긍정이 보통의 삶의 의미를 뒷받침한다. 문화는 삶의 바른 균형의 유지를 위한 힘이고, 경제를 포함하여 삶의 경영은 삶의 조건의 전체와 당면한 과업을 조정하는 행위이다. 문화와 경제는 대등하면서도 서로 도울 수 있는 관계에 있다. 유럽이 말해 주는 이야기의 하나는 이러한 가능성에 관한 것이다. (김우창, 『시대의 흐름에 서서』)

'소셜'이라는 이름의 사회

최근 우리 사회의 최대 화두, 사람들의 입에 가장 많이 회자되는 단어 가운데 하나가 '소셜'일 것이다. '소셜 네트워크', '소셜 미디어', '소셜 커머스'라는 말들을 듣고 있노라면 이제 현대인의 학명(學名)을 '호모 소셜플(social+people)'로 바꿔야 하지 않을까 하는 생각까지 든다.

예전에도 '소셜'은 있어 왔다. 다만 오늘날과 달리 지역적으로 한계가 있었고 전파력에 있어 제약이 있었을 뿐이다. 오늘날의 '소셜'은 전자 매체와 통신의 발달이라는 날개를 달고 그 어느 때보다 세계 곳곳을 누비고 있다. '소셜'의 특정 영역 하나쯤은 자유롭게 이용하면서 관계를 맺어야 21세기를 살아가는 사람으로서 체모가 설 정도이다.

그러나 '소셜'이라는 세련된 어감 뒤에서 따스한 사람 냄새가 왠지 풍기지 않는다면 그것은 아직 아날로그에 머무른 필자의 정신세계 때문일지도 모르겠다. 필자는 '소셜'의 특성을 대량, 다수, 실리(實利)라는 단어와 연결 짓고 싶다. 블로그(Blog), 위키(Wiki), 사용자 제작 콘텐츠(UCC) 등의 '소셜 미디어'를 통해 사람들은 자신을 알리고 정보를 나눈다. 또한 자신의 실리를 위해선 누가 권하지 않아도 트위터, 페이스북 등 소셜 네트워크 서비스를 통해 자발적으로 정보를 확산시킨다. 굳이 사람을 만나지 않아도 네트워크가 형성되는 '소셜'의 시대. 특별한 감정이나 유대를 맺지 않아도 언제든지 의기투합이 되는 매체상의 사람들. 이런 '소셜'의 특성, 가상의 관계를 이제 한 번쯤은 따뜻한 피가 흐르는 심장으로 바라보라고 하고 싶다. 오늘의 젊은이들은 관심의 지속성보다는 일회성 호기심이 강하고 깊은 관계 형성보다는 언제든지 떠날 수 있는 손쉬운 연(緣)에 익숙해 있다. 단순한 친구는 물론이고 사랑이란 이름 앞에서도 마치 '소셜 쇼핑'을 하듯 필요에 따라 옮겨 다니는 것을 현명한 것처럼 생각하는 경우도 있다. 그런 자신을 소위 '쿨하다'는 단어로 포장해 가면서.

　이것은 어쩌면 '소셜'로 특징지을 수 있는 오늘의 사회 변화에 그 원인이 일부 존재하는 것은 아닐까 생각해 본다. 성장 과정 전체가 진화되는 전자 매체 앞에 고스란히 노출되는 요즘의 젊은이들에게 지금 암묵적으로 말하고 있는 '진지성'은 고리타분한 옛말일 수도 있다. 그럼에도 혹시 자신이 기계적 사고에 너무 물들어 있는 것은 아닌지 한 번쯤 생각해 달라고 부탁하고 싶다. 부자지간(父子之間), 사제지간(師弟之間)조차 단순한 '소셜 네트워크'의 하나 정도로 잠재의식이 규정하고 있는 것은 아닌지. 그래서 자신이 원하는 것을 얻을 수 없다고 판단하면 미련 없이 다른 '팔로우'를 갈망하는 것은 아닌지.

　우리 조상들은 '묵은 것'에 대한 애정이 강했다. 된장, 고추장은 물론이고 김치마저 물러서 흐물거릴 때도 '묵은지'라는 애칭으로 맛있게 요리했다. 원하는 것을 얻기까지, 그것이 사람이든 사물이든 예전의 사람들은 참 많은 공을 들여야 했다. 그렇게 얻은 것이기에 소중함은 자신 이상이었고 비록 그것이 자신의 욕구를 미흡하게 하더라도 함부로 내치지 않았다. 그들은 소유함의 가치를 알았다. 그것이 아니면 다른 팔로우가 없기에 함부로 언팔로우하지 않았다. 마음만 먹으면 언제든지 블로그를 통해 촌수를 맺을 수 없었기에 이미 맺은 인연들에 소홀하지 않았다. 시대를 거슬러 가라는 말은 아니다. 변화의 흐름을 읽지 못하고 거꾸로 가는 청춘은 의미가 없다. 최대한 변화를 즐기고 마음껏 활용하라. 그것이 당대를 사는 사람으로서 문명에 대한 예의이기도 하다. 그러나 한편으론 어떤 것을 끝까지 잃지 말아야 하는지, 무엇을 놓쳐서는 안 되는지 저 가슴 밑에서 들려오는 소리에 귀를 기울여 달라고 부탁하고 싶다. 그 소리의 울림을 '소셜'이라는 기계적 장치가 아니라 '인간'이라는 따뜻한 감성을 통해서, 진지함이라는 깊이를 통해서. 그래야 밀란 쿤데라의 작품 이름을 피해갈 수

연습 문제 ❶

다음은 대학생의 현실을 비판한 칼럼이다. 요즘 학생들이 인터넷에서 접하는 글들은 제목부터 워낙 자극적이고 선정적인 것이 많아서 웬만한 글에는 시큰둥한 반응을 보이는 경우가 많다. 그래서 대학생 독자들의 통감과 분노를 자아내려고 의도적으로 신세대를 격동시키는 전략적 글쓰기의 일환으로 쓰였다. 이를 읽고 반박문이나 대안 칼럼을 써 보자. 다음은 그 예이다.

예문 3

그대 이름은 '무식한 대학생'

그대는 대학에 입학했다. 한국의 수많은 무식한 대학생의 대열에 합류한 것이다. 지금까지 그대는 12년 동안 줄 세우기 경쟁 시험에서 앞부분을 차지하기 위해 부단히 노력했다. 영어 단어를 암기하고 수학 공식을 풀었으며 주입식 교육을 받아들였다. 선행학습, 야간자율학습, 보충수업 등 학습 노동에 시달렸으며 사교육비로 부모님 재산을 축냈다. 그것은 시험문제 풀이 요령을 익힌 노동이었지 공부가 아니었다. 그대는 그동안 고전 한 권 제대로 읽지 않았다. 그리고 대학에 입학했다. 그대의 대학 주위를 둘러보라. 그곳이 대학가인가? 12년 동안 고생한 그대를 위해 마련된 '먹고 마시고 놀자' 판의 위락 시설 아니던가.

그대가 입학한 대학과 학과는 그대가 선택한 게 아니다. 그대가 선택당한 것이다.

줄 세우기 경쟁에서 어느 지점에 있는가를 알게 해주는 그대의 성적을 보고 대학과 학과가 그대를 선택한 것이다. '적성' 따라 학과를 선택하는 게 아니라 '성적' 따라, 그리고 제비 따라 강남 가듯 시류 따라 대학과 학과를 선택한 그대는 지금까지 한 권도 제대로 읽지 않은 고전을 앞으로도 읽을 의사가 별로 없다. 영어영문학과, 중어중문학과에 입학한 학생은 영어, 중국어를 배워야 취직을 잘 할 수 있어 입학했을 뿐, 세익스피어, 밀턴을 읽거나 두보, 이백과 벗하기 위해 입학한 게 아니다. 그렇다면 차라리 어학원에 다니는 편이 좋겠는데, 이러한 점은 다른 학과 입학생에게도 똑같이 적용된다. '인문학의 위기'가 왜 중요한 물음인지 알지 못하는 그대는 인간에 대한 물음 한 번 던져보지 않은 채, 철학과, 사회학과, 역사학과, 정치학과, 경제학과를 선택했고, 사회와 경제에 대해 무식한 그대가 시류에 영합하여 경영학과, 행정학과를 선택했고 의대, 약대를 선택했다.

한국 현대사에 대한 그대의 무식은 특기할 만한데, 왜 우리에게 현대사가 중요한지 모를 만큼 철저히 무식하다. 그대는 『조선일보』와 『동아일보』가 '민족지'를 참칭하는 동안 진정한 민족지였던 『민족일보』가 어떻게 압살되었는지 모르고, 보도연맹과 보도지침이 어떻게 다른지 모른다. 그대는 민족적 정체성이나 사회 경제적 정체성에 대해 그 어떤 문제의식도 갖고 있지 않을 만큼 무식하다.

그대는 무식하지만 대중문화의 혜택을 듬뿍 받아 스스로 무식하다고 믿지 않는다. 20세기 전반까지만 해도 읽지 않은 사람은 스스로 무식하다고 인정했다. 그러나 지금은 대중문화가 토해 내는 수많은 '정보'와 진실된 '앎'이 혼동돼 아무도 스스로 무식하다고 말하지 않는다. 하물며 대학생인데! "당신의 능력을 보여주세요!"에 익숙한 그대는 '물질적 가치'를 '인간적 가치'로 이미 치환했다. 물질만 획득할 수 있으면 그만이지, 자신의 무지에 대해 성찰할 필요조차 느끼지 않게 된 것이다.

그대의 이름은 무식한 대학생. 그대가 무지의 폐쇄회로에서 벗어날 수 있을 것인
가. 그것은 그대에게 달려 있다. 좋은 선배를 만나고 좋은 동아리를 선택하려 하는
가, 그리고 대학가에서 그대가 찾기 어려운 책방을 열심히 찾아 내려 노력하는가에
달려 있다. (홍세화, 『대학생신문』)

예문 4

개인 문제가 아닌 사회구조의 문제

– 홍세화 칼럼 「그대 이름은 '무식한 대학생'」 비판

대한민국 학생이라면 누구나 대학교에 입학하기까지 고통을 겪는다. 나도 대학교에
입학하기까지 많은 고통을 겪었다. 지금은 대입 과정의 트라우마가 많이 치유되었지
만, 그래도 아직 마음 한구석이 아련하게 아파 온다. 그러나 대입 문제는 개인적 상
처로 그쳐서는 안 된다. 대입 문제는 사회적 상처이다. 따라서 현재의 대입 문제를
개인적으로 비판하는 것에서 나아가, 사회적 문제의식을 가지고 30년 후쯤에는 후손
들이 지금처럼 대입으로 인해 고통받지 않도록 현재의 대입 제도를 바꾸려고 노력해
야 한다.

대입 과정의 트라우마와 관련하여 홍세화 칼럼이 무척 인상적이었다. 물론 필자
의 의견에 모두 동의한 것은 아니다. 공감 가는 부분도 있었고, 공감하지 않는 부분
도 있었다. 공감 갔던 부분은 학생들이 진정한 공부가 아닌 대입을 위한 문제 풀이
요령을 익히는 노동을 하고 있다는 것, 대학생들은 공부보다 먹고 마시고 노는 것을
더 중시한다는 것, 학생들이 입학한 대학과 학과는 학생들 자신이 선택한 것이 아니

라 선택당한 것이라는 것, 그리고 '적성' 따라 학과를 선택하는 것이 아니라 '성적' 따라, '유행' 따라 학과를 선택한다는 것이다.

그런데 칼럼에서는 이 모든 한국 교육의 문제 해결을 개인 의지로 돌리는 듯 보인다. '무식한 대학생'에서 벗어날지, 벗어나지 못할지는 대학생들 자신에게 달려 있다는 것이다. 이 부분에서 나의 생각은 다르다. 한국 교육의 문제들의 원인은 개인이 아닌 한국 사회의 구조에 있다고 생각한다. 우리 사회의 고착화된 학벌, 학연, 연고주의 풍조로 인해 학부모들과 교사들은 "좋은 대학교만 가면 된다."라는 사고방식을 갖고 중고생들에게 고전 한 권 읽히지 않은 채 영어 단어를 암기하고 수학 공식을 푸는 등의 주입식 교육을 강요한다. 이러한 학벌, 학연주의로 말미암은 대학 입시의 문제는 대입에서 끝나는 것이 아니라, 학생들의 대학 생활에까지도 영향을 미친다. 대학 입학시험을 통해 대학교에 들어온 대부분의 학생들은 "이제 대학 입시가 끝났으니, 모든 것이 끝났다."라고 생각하고 더 이상 자신의 지적 수준을 향상시키기 위한 공부를 하지 않는다. 소위 명문대에 입학한 대학생들은 4년간 학업에 애쓰지 않고 놀고 먹어도 명문 출신이라는 자만심에 더 이상 발전하기 위해 노력하지 않으며, 비명문대에 입학한 학생들은 미친 듯이 열심히 공부해도 이 학교 출신이라는 낙인이 평생 따라 붙을 것이라는 생각에 힘든 공부를 포기하기 때문이다.

결국, 개인적 무지 때문에 고등학생들이 고전을 읽지 않고 암기 위주의 교육을 받았으며 대학생들이 '무식한 대학생'이 된 것이 아니라, 우리 사회에 깊이 뿌리박힌 학벌, 학연주의가 고등학생들과 대학생들을 무식하게 만든 것이다. 한국 사회에 학벌, 학연주의 대신, "개인적 노력에 따라 인생은 얼마든지 바뀔 수 있다."라는 식의 사고방식이 보편화된다면, 고등학생들은 좋은 대학교에 가기 위한 '문제 푸는 요령'을 배우는 대신 고전 읽기와 같은 '진정한 공부'를 할 것이다. 그리고 명문대에 입학한 대학생들은 다른 경쟁자들에 뒤쳐지지 않으려고 더 열심히 공부할 것이고, 비명문대에 입학한 대학생들은 역전의 인생을 만들기 위해 노력할 것이다.

이처럼 한국 교육의 문제들의 원인은 한국 사회의 구조에 있으므로, 한국의 대학 입시 문제나 대학생들의 낮은 수준을 근본적으로 개선하기 위해서는 한국 사회에 만연한 학벌, 학연주의를 깨야 한다. 한겨레신문의 「스카이, 인서울, 이건 아니다」라는 칼럼을 쓴 우석훈 2.1 연구소 소장은 "'스카이, 인서울'이라는 말을 사용하는 것, 그리고 인간을 그렇게 학력과 간판으로 구분하는 것을 창피하게 생각하는 것이 양심이 돼야 하고 상식이 돼야 한다."라고 말한다. 그리고 지금의 대학 서열은 고정된 것이 아니라 시간이 지남에 따라 변할 수 있다는 것을 사람들이 인식하게 하는 것도 학벌, 학연주의를 깨는 데 도움이 될 것이다. 사회 구성원들, 특히 대학생들은 이러한 사실을 명심하고, 자신이 어떤 대학교를 다니든 거기에 안주하거나 좌절하지 말고 열심히 공부하면서 학벌, 학연주의를 깨고 그럼으로써 현재의 대입 제도를 바꾸기 위해 노력해야 한다.

대입 문제는 개인적 상처가 아니라 사회적 상처이다. 따라서 대학생들은 단순히 현재의 대입 문제를 개인적으로 비판하고 대입이 끝나면 놀고 즐김으로써 그 고통스러웠던 순간들을 잊는 것에 그쳐서는 안 된다. 사회적 문제 의식을 가지고 30년 후쯤에는 후손들이 지금처럼 대입으로 인해 고통받지 않도록 현재의 제도를 바꾸려고 끊임없이 노력해야 하는 것이다. 물론 현재의 대입 제도는 한국 사회의 뿌리 깊은 학벌, 학연주의와 맞물려 있기 때문에 하루아침에 변할 수 없다. 하지만 대입 제도를 바꾸고자 하는 사회 구성원들의 작은 행동들이 쌓이고 쌓인다면 결국 사회는 바뀔 것이다.

대학교에 입학하기까지가 너무 고통스러웠다고 해서 그 상처를 잊기 위해 대학교에 들어와서 놀고먹는 행위는 바람직하지 못하다. 고통스러웠던 대입 제도를 바로잡으려는 노력은 하지 않고 단지 회피하려고만 하는 무책임한 행동이기 때문이다. 현 대입 제도를 바로잡기 위해서는 우리 사회에 만연되어 있는 학벌, 학연주의를 깨야 한다. 그러기 위해서는 대학교에 들어왔다고 안주하거나 좌절하지 말고 열심히 공부해야 한다.

나는 '대학이라는 놀이공원에 수백만 원짜리 자유이용권을 끊고 들어온' 대학생이다. 이 자유이용권을 어떻게 이용하느냐에 따라 나의 인생과 우리 사회가 바뀔 수 있다. 이 자유이용권이 헛되이 사라져 버리지 않게 매일 매일 최선을 다해 살아갈 것이다. 그렇게 해서 30년 후쯤에는 내가 원하는 '나'가 되어 있기를 바라고, 우리 사회에도 지금처럼 학벌, 학연에 얽매이지 않는 새로운 대입 제도가 도입되어 있기를 바란다. (학생 글)

연습 문제 ❷

내가 쓴 학술적 보고서를 칼럼 형식에 맞게 다시 써 보도록 하자. 칼럼은 논증적인 글이지만 목차와 각주, 참고 문헌이 필요하지 않으니 주장하고자 하는 논리만 명료하게 제시하면 된다.

3. 1. 2. 독자 투고와 인터넷 댓글

독자 투고는 독자의 견해를 신문에 기고하는 글을 말한다. 신문의 내용 대부분이 편집 담당자나 기자와 같은 언론인에 의해 채워지는 현실을 감안할 때, 독자 투고란은 독자의 글이 거의 그대로 실리기 때문에 여론이 좀 더 직접적으로 표현될 수 있는 면이라고 하겠다. 독자 투고란에 실리는 내용은, 정치, 교육, 환경

등 사회적인 쟁점에 대한 의견에서부터, 생활 속의 불편 사항을 시정해 달라는 요구, 혹은 훈훈한 미담의 소개까지 다양하다. 신문에 실린 독자 투고의 내용이 정책을 결정하거나 바꾸는 계기가 되기도 한다. 이는 정책 결정자가 독자 투고란에 실린 내용이 여론을 직접적으로 반영한다고 생각하기 때문일 것이다. 독자 투고란에 실린 내용을 보고 다른 독자가 이에 대한 반론을 제기하는 경우도 종종 있다. 이처럼 신문에서 독자 투고란은 여론이 상호 소통할 수 있는 공간인 공론장(public forum)의 역할을 수행하게 된다. 그 때문에 요즘에는 독자 투고를 '독자 칼럼'이라 부르기도 한다.

독자 투고란에 기고할 때는 분량은 짧지만 그 안에서 명확한 주제가 드러나게끔 써야 한다. 독자 투고란에 실리는 글들은 대체로 투고 빈도가 높은 주제의 글 중에서 가장 뛰어난 것이라고 한다. 글을 보낼 때는 자신의 이름과 주소를 정확하게 밝혀야 하며, 비속어 등을 사용하거나, 혹은 특정 인물에 대한 개인적 비방이 포함되어서는 안 된다. 그뿐만 아니라 그 글이 공개됨으로써 어떤 개인이나 단체가 상업적 이익을 얻게 되는 경우에도 실리지 않게 된다.

예문 5

영어 강의 증가와 외국인 학생의 괴리 문제

우리 학교가 당면한 여러 중요 현안 중 하나는 바로 영어 강의 증가라고 생각한다. 몇몇 학생들의 부정적 인식이 있는데도 학교 측에서 강력히 영어 강의를 늘리려고 하는 이유는 바로 국제화를 위해서일 것이다. 영어 강의가 적어도 전체의 절반은 넘어야 비로소 전 세계의 우수 인재들을 자유롭게 우리 학교로 초대할 수 있을 것이고, 이것이 곧 진정한 국제화의 밑거름이 될 것이다. 우리 학생들 입장에서도 궁극적으로 좋은 일이다.

여기서 말하는 외국인 인재란 교환학생도 물론 포함하겠지만, 기본적으로는 학부 재학생들을 가리킨다고 생각한다. 그런데 과연 현재 우리 학교에 있는 학부 외국인 학생들은 영어 강의 비율 증가와 유기적인 관계가 있는가.

우리 학교에 재학하는 전체 외국인 1020명 중 중국인이 무려 819명이나 된다. 나는 이 외국인 학우들을 모두 만나 보았던 것은 아니지만, 수업 시간이나 학교 행사를 통해 만난 다수의 외국인 학우들(대부분은 중국인)은 영어보다 한국어로 수강하는 것을 주로 원한다고 한다. 다른 한편으로 지금보다 더 꼼꼼한 수준의 한국어 교육에 대한 욕구도 이야기했다.

정리하자면 현재 우리 학교는 국제화를 위하여 영어 강의를 늘리고 있지만 정작 우리 학교에 있는 외국인 학생들 중 영어 강의를 적극적으로 수강하는 학생은 별로 없다는 이상한 현상이 있다. 그렇다면 우리 학교 측이 다른 주요 현안보다 더 높은 비중을 두면서까지 영어 강의를 높이려는 절박한 이유는 어디에 있는가.

문제의 본질은 현재 우리 학교의 외국인 입시 정책이 '한국어로 수학할 수 있는 외국인'에게만 주로 초점을 맞추어 진행되다 보니 우리 학교를 입학한 외국인 학우들은 대개 영어보다 한국어로 수학하는 데 관심이 많다는 것이다. 만약 우리 학교의 외국인 입시 정책이 한국뿐만 아니라 전 세계에 있는 외국인들을 대상으로 한다면 영어로 수학할 수 있는 외국인 학생들도 대폭 늘어날 것이다. 물론 이는 학내 영어 강의의 확대 현황과 잘 맞추어 가며 진행해야 할 것이다.

또한 현재 우리 학교를 입학한 이후에도 세심하고 전문적인 한국어 교육을 필요로 하는 외국인 학우들에 대한 학교 측의 배려도 필요하다고 생각한다. 한국어능력시험 자격 요건을 충분히 갖춘 뒤에 우리 학교를 입학했더라도, 얼마든지 학교 공부를 하

시사 문제에 대한 일반인들의 반응이라는 점에서 인터넷 공간에서 이루어지는 댓
글(리플) 달기도 독자 투고와 유사한 성격이 있다고 할 수 있다. 독자 투고에 비하
여 많은 인원이 빠른 시간 안에 반응할 수 있기에 여론을 조성하고 나타내는 데 뛰
어난 장점이 있기도 하지만 자신의 실명이 직접 공개되지 않는다는 점을 이용해 욕
설이나 비속어를 사용하며 댓글을 달거나 혹은 인격을 모독하는 말을 스스럼없이
양산한다는 문제점이 있기도 하다.

인터넷 댓글 달기의 오용과 타락을 막기 위해서 정보통신윤리위원회에서는 '네티
즌 윤리 강령'을 선포하였다. 이는 사이버 공간의 주체인 네티즌의 자유와 권리가
존중되지 않거나 네티즌이 표현의 자유와 권리만을 갖고 의무와 책임을 다하지 않
을 때 일어날 무질서와 타락의 폐해를 막기 위한 것이다. 이는 궁극적으로는 정보
의 품위를 높이고, 모두의 공동선에 이바지하고자 함이다.

모든 예의범절이 그렇듯 네티켓은 누구의 간여도 받지 않는 인터넷 공간의 폐쇄
성으로 인해 자칫 소홀할 수 있어 무례를 범하기 쉽다. 이 같은 문제는 첨단기술이
빠르게 발전하는 만큼 문화와 의식 수준, 제도적 장치 등이 그 속도에 맞춰 발 빠
르게 따라가지 못하는 문화적 지체 현상 때문에 일어난다. 이에 올바른 사이버 문
화를 정립하기 위해서라도 인터넷상의 예절인 네티켓이 반드시 필요하다.

가령 인터넷 서핑 중에 머릿속에 떠오른 생각을 바로 타이핑하는 것까지는 상관
없다. 하지만 인터넷상에 글을 올리려고 엔터 키를 치기 전에는 반드시 한 번 더

생각하는 습관이 필요하다. 글을 읽는 상대방 독자의 입장에서 가능하면 그를 배려하는 글쓰기가 필요하다는 말이다. 지나치게 감정 섞인 말이나, 속어, 유언비어, 욕설 등을 삼가고, 상호 비방이나 제3자의 명예를 훼손할 우려가 있는 내용은 자제해야 한다. 때로는 'smile'을 의미하는 ':-)' 'ㅋㅋㅋ' '〰' 등의 기호문자(이모티콘)를 적절히 사용하여 재치 있게 사이버 대화를 이끄는 등 열린 태도를 가지면 좋다.

연습 문제 ❶

성균웹진, 오마이뉴스 등 인터넷 미디어에 독자 투고를 하거나 다음 아고라 사이트에 최근 이슈 중 관심 있는 주제에 대해서 토론문을 올려 보자. 인터넷에 올린 자기 글에 댓글을 다는 누리꾼들의 반응을 살펴 보고 그에 대한 자기 의견을 댓글에 대한 댓글로 달아 보자.

연습 문제 ❷

인터넷 토론방에서 최근 가장 중요한 쟁점이라고 생각되는 토론 주제를 찾아, 그에 대한 구체적인 찬반 의견을 댓글로 달아 보자. 다른 누리꾼의 모범적 댓글과 악의적 댓글의 예를 찾아 보고 자신의 댓글이 어느 쪽에 가까운지 비교해 보자.

3. 2. 토론과 글쓰기

토론은 특정 문제에 대하여 의견이 다른 사람들이 자신의 주장을 말하고 상대방의 주장을 들으면서 발전적 대안을 만들어 가는 과정이다. 토론은 사회 현안이나 학술 주제를 다루는 자리에서 주로 대면(對面)의 방식으로, 그리고 음성 언어에 의해 이루어지지만 신문이나 인터넷 언론 매체 등의 미디어, 학술 발표회 같은 경우 토론을 위해 토론문이 준비되기도 한다. 여기서는 문자 언어에 의해 실현되는 토론 방식에 한하여 다루어 보도록 한다.

신문의 경우에는 종종 사회적 이슈에 대하여 견해를 달리하는 사람들의 글을 동일 지면 안에 게재함으로써 독자들로 하여금 상반된 입장 차이를 분명하게 읽어 낼 수 있도록 하는 예를 볼 수 있는데, 이러한 경우도 넓은 의미에서 토론문이라고 할 수 있다. 학술 발표회 토론문의 경우는 발표자가 제기한 논의가 논리적으로 문제점은 없는지, 현 단계에서 얼마나 의의가 있는지, 논거로 삼은 자료는 합당한 것인지 등에 대한 내용이 담긴다.

토론문을 작성하기 위해서는 논의할 주제에 대하여 자신의 입장을 먼저 분명히 해 둘 필요가 있다. 그리고 자신이 왜 그러한 입장을 갖게 되었는지 밝혀 정리해야 한다. 합리적인 근거를 들며 자신의 주장을 전개해야 훌륭한 토론문이 될 수 있으며 결과적으로 상대방과 독자들을 설득할 수 있다. 불분명한 입장 표명과 타당하지 않은 근거 제시는 상대방에게뿐만 아니라 독자들에게도 자신의 의견에 대한 설득력을 떨어뜨리는 요인이 된다. 아울러 상대방의 주장에서 드러나는 문제점을 파악하는 것도 중요하다. 토론하고 있는 주제를 상대방처럼 이해했을 경우, 어떤 심각한 사회적 파장이 오며 상대방이 제시하는 근거 자료는 왜 문제가 있는지 그 오류들을 자세하게 짚어 내는 것 또한 자신의 주장을 설득력 있게 만드는 방법의 하나이다.

신문 지면에서의 토론 공간은 제한될 수밖에 없어 그 나름대로 대표성을 띠는 글들이 실리지만, 인터넷 공간에서의 토론 마당은 많은 사람들이 직접 참여할 수 있는 장점이 있다. 따라서 사회적 현안에 대해서 네티즌들이 자신의 생각을 솔직하게 밝힐 수 있는 공간이기에 여론의 일정 부분을 비교적 정확하게 반영한다. 인터넷 공간에서의 토론 마당도 엄연히 토론 공간인 이상 그에 걸맞은 질서가 있어야 하는데, 토론 주제와는 관계없는 논의를 한다든지, 혹은 근거 없는 속설로 타인의 인격을 손상시키는 네티즌들이 종종 있다. 토론의 장이 마련된 것은 그것을 통해 서로 다른 생각의 합의점을 찾고 현안에 대한 발전적 대안을 마련하자는 데에 그 근본 취지가 있는 것이지 자신의 생각이 옳음을 일방적으로 강요하기 위한 것은 아닐 것이다. 좀 더 나은 토론 문화가 자리 잡아야 할 필요가 있다.

예문 6

학술 토론문 논평: 『역사비평』의 임지현-조희연 논쟁에 부쳐

'대중독재'와 '외세(外勢)'의 관계 중요……실증 없어 주장만 대립

최근 『역사비평』에서 제기되고 있는 논쟁은 임지현이 중심이 된 '대중독재론'에 의해서 파생되었다. '대중독재론'에서는 박정희 체제를 '독재와 민주'의 이분법적인 사고에 의해서 평가하는 것을 비판하면서, 그 시대에 존재하고 있었던 다양한 양태의 역사적 현실들에 접근해 보자고 제안했기 때문이다.

'대중독재론'은 박정희 체제를 바라보는 역사적 관점을 한 단계 진전시켰다는 점에서 긍정적으로 평가할 수 있다. 기존의 박정희 체제에 대한 연구에 '선'과 '악'이라고 하는 주관적 평가가 개입됨으로써 박정희 체제가 보여주고 있는 다양한 현실이 간과되었기 때문이다. 한편에서는 민주화 운동의 관점에서, 다른 한편에서는 경제 성장의 관점이 그 기준이 되었다. 박정희 체제에 대한 학술 연구의 장에서 '그렇다면 당신은

박정희를 지지하느냐, 아니면 싫어하느냐라는 정치적인 질문이 횡행했던 것 역시 이러한 현실을 반영하는 것이었다.

또한 '대중독재론'은 그동안 이론적인 틀과 함께 한국 역사의 보편화에 소홀했던 역사학계에 신선한 바람을 불어 넣었다. 기존의 현대사 연구가 실증적인 방법을 강조하면서 동시에 한국사의 특수성만을 강조하였기 때문에, 한국 현대사를 보다 광의의 시각에서 비교론적으로 바라보지 못했다. 파시즘에 대한 세계적인 학문 조류를 한국 현대사에 대입했다는 점은 한국사를 세계적 학문의 장에서 논의할 수 있는 기초를 구축했다고 할 수 있다.

그러나 이에 대한 조희연의 비판 역시 주목할 만한 많은 대목들을 보여주고 있다. 특히 조희연의 통렬한 비판, '대중독재론'이 "파시즘 비판의 확장이 아니라 파시즘 정당화 논리의 징검다리"가 되고 있다는 점은 현하 전개되고 있는 새로운 국사교과서 모임이나 '뉴 라이트' 운동 등을 통해서 잘 드러나고 있다. 이러한 상황에서 "독자들의 다양한 독해 방식에 대해 저자의 책임을 물을 수는 없는 일"이라는 주장이 단순하게 합리화될 수는 없다. 오히려 이 점이 임지현의 '대중독재론'이 갖고 있는 객관성과 진보성을 훼손하고 있다.

또한 박정희 체제 자체가 내포하고 있는 모순적이고 복합적인 성격에 의해서 스스로 '저항'을 만들어 내는 구조를 갖고 있다는 조희연의 분석은 중요한 의미를 갖는다. 즉, 경제적 근대화가 정치적, 사회적 근대화를 동반하고 있지 못함으로 인해서 나타나는 저항, 경제적 근대화로 인해서 나타나는 계급적 양극화 현상 등이 결국 '모순적 복합성'이라는 체제 자체의 성격으로부터 잉태되어 나타난다는 점이다. 조희연은 복합성이라는 규정 속에서 대중들의 다양한 삶의 방식이 녹아날 수 있는 가능성을 보여주고 있는 것이다.

이렇게 현재 진행되고 있는 논쟁이 이전보다 한 단계 진전된 내용을 갖고 있지만, 몇 가지 점에서 중요한 문제들을 짚지 못하고 있다. 첫째로 박정희 체제의 역사성을 충분히 보여주지 못하고 있다는 점이다. 즉, 박정희 체제는 단지 몇 년 동안 존재했던 것이 아니라 한국 현대사의 가장 중요한 시기였던 1960년대와 1970년대를 걸쳐 있었다. 세계사적으로 개발의 시대에서 데탕트의 시대로, 그리고 다시 신냉전의 시대로 전환되는 지점에 있었다. 다양한 변화를 겪었던 시기를 아우르고 있는 것이다.

따라서 박정희 체제를 하나의 이론이나 틀로써 설명한다는 것은 너무나 몰역사적인 분석이 될 수밖에 없다. 박정희 체제라는 것이 하나의 정형화된 틀이 아닌 이상 20여 년의 시기 동안 다양한 형태와 모습으로 나타날 수밖에 없는 것이다. 정치적 차원에서 최소한의 근대성을 포기하지 않았던 1960년대와 1970년대의 유신체제 사이에서는 커다란 '틈'이 존재하고 있으며, 군사 쿠데타 초기에 내세웠던 민족주의와 1970년대 이순신을 통해서 부활한 민족주의 사이에서도 질적인 차이가 나타나고 있다.

둘째로 박정희 체제를 지탱하고 있는 또 하나의 축으로서 '외세'의 문제에 대한 천착이 필요하다는 점이다. 어쩌면 이 점이 서구나 일본의 파시즘 체제와 박정희 체제 사이에서 나타나는 중요한 차이점이라고 할 수 있을 것이다. '외세'의 문제는 단지 박정희 체제에 대한 물적인 뒷받침에서만 나타나는 것이 아니라 대중들의 동의를 얻어내기 위한 연성 권력(soft power)에서도 중요한 역할을 했다. '근대화' 논리는 그 대표적인 예라고 할 수 있다. 또한 박정희 체제가 스스로 들고 나왔던 '민족주의'의 슬로건을 한일협정을 통해 스스로 포기할 수밖에 없었던, 그러나 1970년대 자주국방의 기치 아래 다시 부활시켰던 사실은 '외세'의 문제가 단지 변수의 하나로서만 고려되어서는 안 된다는 점을 잘 보여주고 있다.

물론 박정희 체제에 대한 논쟁의 전제는 실증적 연구가 뒷받침되어야 한다는 점이다. 현재의 논쟁이 모두 이론적인 측면, 그리고 표피적인 분석에 치중되어 있는 만큼 실제 당시의 상황에 대한 구체적인 내용을 규명해 내지 못한다면, 현재 전개되고 있는 끊임없는 논쟁은 평행선을 달릴 수밖에 없을 것이다. (박태균, 『교수신문』)

연습 문제 ❶

다음은 2011년도 2학기 글쓰기 수업용 온라인 카페에서 진행된 '성균관대학교의 6백 년 전통'에 대한 인터넷 댓글 논쟁의 일부이다. 이에 대한 논거를 찾아 찬반 의견을 정리하여 글로 쓰라. 또는 다른 쟁점을 내세워 인터넷 댓글 토론을 해 보자.

예문 7 [수업 토론방] 성균관대학교의 역사적 전통에 대한 의문!

'성균관대의 6백 년 전통'

솔직히 우리 학교 학생들, 전체는 모르겠지만 거의 대부분의 신입생들은 성균관대학교의 유구한 역사에 대해 회의적이라고 생각합니다. 저 또한 그렇구요. 여러 교수님들께서 교과목 강의 외의 일로 강단 앞에 서실 때면 초기에는 매번 성균관대학교의 길고 긴 전통에 대해 설명하시곤 했습니다. '율곡 이이 선배님' '퇴계 이황 선배님' 이렇게 말입니다. 저뿐만 아니라 학생들의 반응은 대부분이 이를 부끄러워하거나 또는 어이없어합니다. 말도 안 된다, 갖다 붙인다, 웃기다, 이런 반응이라고 할까요. 학생들이 말하는 '드립'에 가까울 정도로 여기기도 했으니 말입니다. 그러나 뉴턴을 선배로 자랑한다는 케임브리지 대학생의 예 등, 외국 유명 명문대학이 유구한 역사와 전통을 자랑하며 각종 유명 인사들을 선배로 모시고 있다는 글쓰기 교수님 말씀을 들으니, 우리의 이 모습이 마냥 웃어 넘어갈 일인지 의문이 듭니다. 사실 생각해 보면, 이름도 장소도 같은 이곳에서 우리가 그 예전의 기운을 이어가고 있다고 해도 틀린 것 같지가 않아서 말이죠. 여러분의 생각은 어떠하신가요?

☞ 저도 공감합니다. 역사와 학풍을 전승하는 것은 좋지만 너무 대외적으로 '전통 있는 명문대' 이미지를 강조하기 위해 오버하는 것은 아닌지. 지금의 성균관대 자체로만도 충분히 자부심을 가질 만큼 좋은 학교인데도 뭔가 이미지를 이용해 먹으려고 남용하는 것 같은……. 겸손하게 우리 스스로 자부심을 가지는 정도가 좋을 것 같습니다.

☞ 저도요. 처음에는 솔직히 별 말도 안 되는 소리네라고 느꼈었는데요. 교수님의 말씀 때문에 고민을 조금 했던 것 같습니다. "우리의 선배가 될 수도 있고 안 될 수도 있는 것은 우리 자신에게 달렸다는 것"이라고요. 하지만 역시나 논리적으로 이미 성균관대학교는 완벽한 정통성을 인정받기는 어렵기는 하죠. (일단은 국립교육기관?에서 지금은 사립대학이잖아요) 그것을 자랑할 필요는 없지만 그것을 마음속에 품기는 해야 한다고 생각합니다. 그러면 그것 또한 역사로 이어질 수 있으리라 기대를 할 수 있잖아요. 그런 면에서는 큰 문제가 발생하는 것 같지는 않아요. 우리 학교가 외부로 '퇴계 이황 선배님' 이런 표현은 잘 안 쓰잖아요. 그렇지만 또한, 성대 하면 '유생'이라는 이미지는 살리고 있는 점에서 잘 나아가고 있다고 생각합니다. 나머진 우리의 몫일 테구요.

☞ 저도 공감하는 이야기예요. 실제로 타 학교 학생들도 600년 전통이라고 하면 비웃기도 하고 우리 학교 학생들도 600년 전통이라고 교수님들이나 학부장님, 총장님 등 다른 분들이 말씀하실 때 그냥 웃지요. 저도 지금의 성대도 충분히 좋은데 굳이 왜 600년 전통에 끊임없이 집착하는지 모르겠습니다.

☞ 이 예시가 적절한지는 모르겠지만 우리나라의 길거리를 가다보면 '원조00' '정통000' '옛날 그 방식00' 식의 가게나 선전문구가 많이 보이는 것을 아실 것입니다. 이는 우리나라 사람의 정서상 정통이나 원조 또는 오래된 역사가 깊은 것으로부터 우러나는 긍정의 이미지, 인식에 따른 것이라고 생각하는 데요. 이와 비슷하게 원조(?!), 정통 국립 교육 기관으로서의 성균관의 이미지가 현재의 본교와 연결이 된다면 이미지가 더욱 제고되기 때문에 이를 더욱 알리려고 한다고 생각합니다. 호랑이 등에 날개랄까요? 이유 없는 집착(?!)은 아니겠지요.

☞ 엄밀히 말하면 국내 대부분의 대학교들이 대학교의 역사만 따지면 100년 넘는 학교가 별로 없습니다. 대부분 광복하고 1946년에서야 대학으로 승격됐으니깐요. 몇몇 학교들은 조선 말기에 고종에 의해 대학교로 승격 받은 학교가 있긴 합니다. 저는 역사라는 건 정말 끝이 없다고 생각합니다. 실제로 우리나라 역사도 종종 해석이 바뀌기도 하죠. 학교 역사도 마찬가지 아닐까요? 신촌의 Y대학교는 건학의 원년을 광혜원이라는 의료기관의 설립 연도로 삼고 있습니다. 물론 이 광혜원을 시작으로 세브란스 의과대학이 생겨났지만, 우리 학교의 역사도 어떻게 해석하면 성균관 건학 1398년부터라고도 할 수 있고 다르게 해석하면 일제가 성균관을 폐쇄했으니 성균관과 성대는 별개라고도 할 수 있는 것이죠. 우리 학교 역사를 어떻게 해석하느냐는 우리들의 몫이라고 생각합니다.

☞ 한 교육기관으로서 성균관의 역사와 전통을 잇는 것은 대학 건물 자체의 설립 시기나 사립/국립의 여부를 떠나서 사람들의 인식에 따른 것이라는 입장이신 건가요? 저도 동의합니다만, 그래도 성대가 국립으로 바뀐다면 이 유구한 역사를 받아들이는 것에 좀 더 긍정적 영향을 줄 것이라고 생각하는

바입니다. 그런 의미에선 조금은 중요해질 수도 있지 않을까요? 실현 가능

성은…… 모르겠지만요^^;

☞ 실제로 예전 재단 퇴진 후에 성균관대 국립화 운동이 있었지만 현 재단

영입으로 무산됐다고 선배들에게 들었습니다.

☞ 저도 확실히 600년 전통이라고 보기엔 무리가 있다고 생각해요. 성균관을 계승했다

고는 하지만 그건 건립 이념에 불과한 게 아닐까요? 자료를 찾아보니 1910년 일제에

의하여 경학원 안에 명륜학원이 설치되고 이게 명륜전문학교로 승격되어 우리 학교

의 전신인 것 같군요. 더 엄밀하게 따지면 1946년에 정식으로 성대가 등장한 거구

요. 어쩌면 우리 학교 역사는 600년이 아니라 60년이라는 게 맞을지도 모르겠네요.

하지만 진짜 중요한 건 정말 우리 학교가 성균관을 그대로 계승해서 전통이 600년이

냐 하는 게 아니라고 봐요. 중요한 건 그 정신을 잇고 있느냐 하는 거겠죠! 사실상

학교가 600년 됐다는 건 억지스럽게 느껴지지만, 적어도 과거 우리나라의 최고 교육

기관이었던 성균관의 정신을 잇고 있다는 자부심은 가져도 된다고 생각해요ㅎㅎ

☞ 저는 뭐 옳다 그르다라기보다는 성대생이나 성대에 대해 잘 아는 사람들 빼고는

예전 성균관을 계승해서 우리 학교가 1398년부터 600년이 넘는 전통이 있는 학교

라고 생각하지 않는다는 것이 문제인 것 같아요. 다른 학교 친구들은 예전 성균관

이랑 완전 별개 아니냐고 하는 친구들이 많거든요. 그냥 성균관대 다닌다고 그런

소위 '드립'(..ㅋ)친다고 생각하더라구요. 성균관대가 정말 예전의 성균관의 전통을

잇는다는 것을 강조하고 싶다면 뭔가 더 외부 사람들도 이해하고 알 수 있게끔 해

야 하지 않을까요?

☞ 전 그렇게 생각하지 않는걸요. 역사와 건학 이념을 이었으니 600년 전통이라

고 하지 그럼 도대체 뭘 어떻게 해야 성균관의 전통을 잇는 걸까요. 성균관

대학교는 그냥 이름만 성균관대학교가 아니지 않습니까? 옛 성균관 터에 자리 잡고 있는 대학교이며 학교 안에 대성전과 명륜당 등을 끼고 자리 잡고 있는데 동음이의어가 아니잖아요. 그렇게 따지면 대한민국도 고조선, 고구려, 백제, 신라를 잇는 우리나라가 아니며 조선은 남의 역사이고 임시정부에서 나온 대한민국만이 우리나라일까요? 고조선, 고구려, 고려, 조선 등이 우리나라의 역사를 믿어 의심치 않으면서 성균관대학교 학생이 성균관과 성대를 다르다고 생각하는 건 이해하기 어렵네요. 제가 중학교, 고등학교를 130년 가까이 된 학교를 다녀서 그렇게 생각하는 건진 모르겠지만 남에게 과시하고 자랑할 건 못 되더라도 자기 자신이 전통 있는 학교에 다닌다고 생각하면 조금은 더 학교에 오는 보람이 늘지 않을까요?

☞ 기본적인 인식의 차이와 기발한 예시, 교훈적인 결론까지~ 굉장히 설득력 있는 의견인 듯합니다. 저 포함 대부분 학우들이 사실의 여부를 떠나 우리의 인식 차원에서의 중요성을 중점으로 보고 있었던 와중에 다소 다른 의견이 제시되니 더욱 그러한 듯합니다. 하긴, 터도 같고 건학이념도 같고 이름도 같고……. 무엇이 대부분의 학생들로 하여금 이를 학우처럼 쉽게 이해되지 않게 하는 걸까요……. 저도 잘 이해되지 않았지만 이 댓글을 보니 당연한 사실인가 싶기도 하고 그렇네요.

☞ 한 가지 참고하셔도 좋은 사실 하나 올려보겠습니다. 우리나라 대한민국의 역사가 반만 년이라는 것은 어느 국민도 의심치 않습니다. 그러나 국제법상으로 엄밀히 따지면 대한민국은 조선과 별개의 국가입니다. 국제법에서 인정하는 국가의 요소 영토, 주권, 국민 중 주권을 일제에게 강탈당했으니깐요. 따라서 고려, 조선으로 이어지던 국가는 일제에 의해 소멸되었고 광복

후 건국된 대한민국은 신생 국가일 뿐입니다. 조선 태조 이성계가 쿠데타로 정권을 잡고 고려를 멸하고 조선을 건국한 것같이 한 나라의 내부 사정으로 인한 정권 교체는 국제법상 국가를 건국, 소멸에 영향을 주지 않습니다.

☞ 앗, 좋은 참고자료네요~^^

☞ 저는 학교 다니면서는 몰랐는데, 다른 대학 친구들을 데리고 캠퍼스 투어를 시켜 줬더니 '진짜' 성균관이 학교 안에 있다는 사실에 큰 매력을 느껴 하더라구요. 이 런 전통을 갖고 있다는 게 타 학교와 비교해서 우리가 내세울 수 있는 점이라고 생 각해요. 그래서 우리 학교의 모토도, 대외적인 행사에서도 항상 전통과 첨단의 조 화를 강조하는 것일 거구요ㅎㅎ 그런 600년의 전통을 굳이 부끄러워하고 '드립'이냐 아니냐 따져볼 필요가 있을까요? 성균관과 성균관대학교가 연계되었다는 것 자체는 이미 분명한 사실인데 말이죠. 남이 비웃을지 모른다 한들 학생들부터 자부심, 애 교심이 있어야 우리 학교도 발전하는 것 아니겠어요.

☞ 동감합니다. 솔직히 올해 초 O.T 때 '1398년부터 600년의 역사를 지닌 성균 관대'라고 설명하는데 옆에 앉은 친구랑 같이 피식 했었거든요. 하지만 학교 를 다니다 보니 덮어놓고 회의적이었던 마음이 조금씩 변해 가요. 엄밀히 따 져 100% 계승된 것이 아니라 해도, 위의 학우들 말처럼 성균관 건물이 교내 에 있고 그곳에서 공부하셨던 '선배'들의 학문적 내용을 건립 이념으로 삼고 있는 건 사실이잖아요. 이건 다른 대학교들과 차별되는 우리 학교만의 특징 이고, 그 특징이 우리 선조들과 관련된 것인데 재학생으로서 굳이 이를 불편 하게 생각할 필요는 없는 것 같아요.

☞ 저도 축제 때 타 대학에 다니는 친구들이 성대 내부에 옛 성균관 건 물들이 남아있는 것을 보고 "그래서 성균관대학교라고 하는구나." 하고

말하는 것을 들었던 기억이 있네요. 그땐 깊이 생각해 보지 않았는데, 그 역사적 계승(?) 과정보다는 성균관의 이름과 정신을 이어가고 있다는 점에서 600년 전통이라고 말할 수 있다는 의견에 동의합니다. 이전에 입학식 때나 '600주년 기념관'이라고 말할 때 좀 부끄럽기도 했는데, 교수님 말씀을 듣고 나서는 부끄러워했던 제 자신이 더 부끄럽고 무언가 학교에 대한 자부심을 더 가지게 된 것 같아요. 우리부터 전통을 자랑스러워해야 다른 이들도 이를 존중하고 공감해 주겠죠.ㅎㅎ

(다음 카페 '글쓰기112' http://cafe.daum.net/iloveskk112/Nz6P/1)

04

비평적 글쓰기

4. 1. 독서 감상문

4. 1. 1. 독서와 고전

독서란 글쓴이와 읽는 이의 문자를 통한 영혼의 대화이며, 시공을 뛰어넘는 사회적 의사소통의 의미 있는 행위이다. 우리는 독서라는 의사소통을 통해서 글쓴이와 읽는 이가 함께 살고 있는 사회의 지식과 문화에 대한 공감대를 만들어가는 것이다. 독서를 통해 과거 조상들의 영혼의 숨결을 익히고 문화유산을 맛보며 새로운 문화를 창조하는 데 동참한다. 이처럼 독서는 한 사회 구성원의 삶의 방식과 사유 체계에 커다란 영향을 미치는 매우 중요한 정신활동임에 틀림없다. 이에 글쓰기를 위한 독서 체험을 되돌아보고, 필독 도서를 소개하며 우리에게 적합한 독서법이 무엇인지 생각해보기로 한다.

글을 잘 쓰려면 책을 많이 읽어야 한다. 나아가 가벼운 자기 계발서나 흥미에 치우친 판타지, 무협물보다는 고전부터 제대로 챙겨 읽어야 할 것이다. 고전이란 오래된 과거의 모든 책이 아니라 동서고금을 막론하고 그 가치가 살아남은 검증된 걸작이기에 먼저 읽어야 한다. 그 책들은 우리가 살고 있는 2010년대 현재의 일상 속에서 미래가 제대로 전망되지 않을 때 과거의 사례를 통해 현재를 자리매김하고 미래의 사고와 행동의 지침을 마련해 주는, 당시 사회를 대표하면서도 후세까지 끊임없이 읽힐 수 있는 가치를 지닌 작품이기 때문에 더욱 그렇다.

하지만 고전 읽기가 커다란 의의를 지니고 있음에도 불구하고 현재 독서 상황은 고전과 거리가 먼 것 또한 사실이다. 가령 최첨단 정보화 시대를 살아가는 신세대들은 과연 『삼국유사』나 『적과 흑』, 『죄와 벌』 같은 고전을 읽고 있을까? 또는 『유토피아』, 『방법 서설』이나 『순자』, 『장자』는? 대부분 읽지 않을 것이다.

우리가 고전을 읽어야 한다는 것은, 동서고금 인류의 오랜 삶의 지혜를 모은 정수인 고전을 통하여 꽉 짜인 학교생활과 불안한 미래에 힘들어하는 학생들의 영혼을 풍요롭게 만드는 기름진 토양 구실을 하리라는 것 때문이다. 하지만 고전 읽기가 우리들의 일상과 무관하게, 계절마다 어김없이 반복되는 의례적인 슬로건에 그친다면 과연 설득력이 있을까 의문이다. 문제는 왜 그것이 고전인지 고민하지 못한 채 학계 원로의 권위에만 의존하고 목록을 앵무새처럼 반복해 왔다는 점이다.

고전 목록이나 명사 추천 도서는 명문대 입시 때 논술 준비를 위한 필독서의 정석은 분명 아닐 것이다. 평생 읽어야 할 동서고금의 문학과 사상 분야 교양 명저를 나열한 것이지 지금 우리네 영혼의 필독서라 하긴 어렵다. 진정한 고전, 독서 교육이란 남들이 만들어 놓은 목록을 무비판적으로 반복하고, 재미도 없는 책을 억지로 읽어내는 것이 아닐 터이다. 고전을 통한 전통문화의 계승은 당위일 뿐, 실제로는 급변하는 정보 산업 사회의 현대 문명의 속도를 따라갈 수 없는 것이 사실이다.

고전으로 선정된 도서가 독자에게 고전으로서의 구실을 제대로 하기도 전에 외면당하는 이유는 현재 선정된 고전에 번역, 정전화 등에 따르는 문제가 있기 때문이기도 하다. 독서 교육을 담당하는 쪽이나 독자들 양쪽에서 고전이란 어떤 것이어야 하는가 하는 문제의식을 가지고 특수성을 보편성에 기대 추상하는 힘을 지니고자 노력할 때 해결의 실마리가 보이지 않을까. 고전 목록은 시대정신과 대상에 맞게 그때그때 적절하게 재구성되어야겠지만, 그것이 새로운 사고를 가능하게 만드는 창조적 발상의 토양으로 작용하고 인간에 대한 반성적 성찰의 원천이므로, 고전은 끊임없이 재조명되고 계속 읽어야 할 터이다.

4. 1. 2. 독서법

독서법도 마찬가지로 설명할 수 있다. '보기'의 차원에서 작품을 이해하고 감상하는 행위가 그저 가벼운 일로 일회적이거나 소모되는 것으로 치부되는 경향이 있다. 그도 아니라면 미리 정답을 정해 놓고 암기식으로 우겨 넣는 게 다반사다. 그러나 작품에 대한 온전한 의미의 이해와 감상은 '읽기'를 전제로 하는 것이다. 즉 '의식적으로 사유하고 재구성'하는 행위가 수반되어야 하는 것이다. 그러나 이러한 '읽기'는 종종 그 의도와 어긋나는 경우가 있다. 대개는 작품을 이해하고 감상하는 것을 지나치게 고상한 것으로 명명하거나, 뭔가 신비하고 엄숙한 행위로 미화하는 경우가 그러하다. 경우에 따라서는 작가와 독자를 분리하고, 동시에 독자를 몰이해와 무지의 대상으로 주눅 들게 만드는 경우도 있다. 그럴수록 이해와 감상은 더 멀어진다.

사실 좋은 책이나 글은 현실보다 훨씬 명쾌한 구석이 있으며, 작품을 제대로 이해하고 감상하는 행위란 이런 깨달음의 과정에 지나지 않는다. 예컨대 서사문학에서 저마다의 뚜렷하고 개성적인 형상으로 우리와 대면하게 된 '작중 인물'들은 인간의 성격이나 행동, 감정의 본질적인 측면들을 반영한다. 나아가 정서적으로 호소함으로써 독자로 하여금 인간의 행동이나 감정, 나아가 작중 인물을 둘러싼 일상과 사회의 모습을 생생하게 전달해 준다. 문학(예술) 작품은 사회학자의 통계나 철학자의 논리 대신 '감동(感動)'을 유발시키는 미적 실재를 창조함으로써 한 사회와 특정 인간에 대한 이해를 도모하고 인식을 넓혀준다.

독자들은 책을 어떻게 읽는가? 독자가 텍스트를 읽는다는 것은 필자가 텍스트에서 나타내고자 한 의미를 구성해 가는 과정이라고 할 수 있다. 따라서 독자는 왕성한 인지 작용을 통해 텍스트를 이해하게 된다. 이상적인 독자라면 텍스트를 읽으면서 그 내용을 자신이 이미 알고 있거나 믿고 있는 것에 비추어 보면서 반성적인 사고를 한다.

다음 표는 우리가 독서를 할 때 우리 두뇌 속에서 어떤 작용이 일어나는지, 어떤 습관이 형성되면 좋은지를 보여주고 있다.

독서 전 질문	독서 중 질문	독서 후 질문
• 사전 개관해 보라. 무엇에 대한 글인가?	• 지금까지를 보면 중심 내용은 무엇이라고 생각되는가?	• 이 글의 중심 내용은 무엇이었는가? 예측은 정확했는가?
• 이 텍스트의 화제에 대하여 당신이 이미 알고 있는 것은?	• 내용을 조직화하기 위해 이를 시각적으로 구성할 수 있는가?	• 기타 기억하고 싶은 정보는? 어떻게 하면 그것을 기억하는 데 도움이 될까?
• 독서의 목적은?	• 읽는 동안 이들 내용에 대하여 머릿속에 어떤 그림을 그렸는가?	• 독서의 목표는 달성되었는가?
• 독서를 마친 다음에 할 수 있어야 하는 것은? 객관식 시험 준비? 논문형 시험이나 발표? 재미로?	• 텍스트에 있는 정보는 이전에 배운 내용과 비슷한가?	• 어떤 독서 전략이 가장 도움이 되었는가? 왜?
• 이해를 더 잘하기 위해 어떤 전략을 사용할 수 있을까?	• 지금까지 읽고 의문이 가는 점은? 가능하면 생각나는 질문을 적어 보라.	• 글 가운데 가장 흥미로웠던 부분은? 어떤 아이디어가 당신 자신을 다시 생각해 보게 만들었는가?
• 저자가 의도하는 메시지를 이해했는지를 어떻게 알 수 있는가?	• 지금까지 읽은 부분에 대한 자신의 태도는? 독서하는 목적을 달성하기 위하여 독서 방법에서 수정해야 할 부분은 없는가?	• 이 책(글)을 읽고 난 다음 당신의 생각은 어떻게 바뀌었는가?

(김영채, 『생각하는 독서』)

같은 텍스트를 읽더라도 의미를 구성하는 방식은 다양하게 나타날 수 있다. 독서란 독자가 텍스트의 구조, 읽기가 일어나는 분위기 및 독서 목적 등과 상호작용하여 의미를 구성해 가는 과정이기 때문이다. 따라서 개인 독자에 따라 의미가 다르게 구성될 수 있을 뿐만 아니라, 같은 개인이라도 이전에 읽었던 글을 나중에 다시 읽었을 경우 구성되는 내용이 달라질 수도 있다.

글을 읽고 그 느낌을 서로 나눈 후 글로 쓰는 우리들도 마찬가지이다. 문제 출제자의 의도에 맞춰 자신의 솔직한 감상 대신 정답을 찾아야 한다는 강박관념에서 벗어나야 비로소 좋은 글을 쓸 수 있다. '마음의 감옥'에서 벗어나 책을 읽거나 감상하고 상상력을 마음껏 펼쳐 보자. 이를테면 어떤 책을 읽었다고 하자. 그 텍스트가 진실로 좋은 작품이고 진정성을 담아 감상했다면 책을 덮고 나서 그 안의 정황이 머리 위에 그려지고 등장인물이 뚜벅뚜벅 감상자에게 다가와서 말을 걸기도 한다. 책에서 묘사한 인물이 생생하게 내 앞에 서서 자신의 기쁨과 아픔을 절절하게 전할 때라야 이해와 감상이 본격화된다. 이제 작품과 진술하면서도 창의적인 대화가 가능해지고, 작품 너머 작가의 영혼을 엿볼 수 있으며, 그로부터 진지한 자기 성찰에 도달할 수 있다.

4.1.3. 독후감과 서평

독후 감상문은 어떻게 쓸까? 스스로 작품 속에 읽는 이 자신을 투영하여 작품 속 인물처럼 그 상황에 몰입해 보는 것이다. 거울을 보며 일상의 자기 모습을 돌아보고 성찰하듯이, 작품을 읽으면서 그 속에 반영된 삶의 진면목을 깨닫거나 세상사의 비밀을 통찰하게 되면 자연스레 내 자신의 삶의 속살을 새롭게 인식하고 미래의 비전을 모색할 수 있다. 읽은 내용에 대한 자신의 생각과 느낌을 고정된 틀 없이 편안하게 쓰면 된다. 수필 형식으로 써도 좋고, 주인공이나 작가에게 편지를 쓰는 방식도 좋고, 저자의 생각을 비판하는 방식도 좋다. 이처럼 독서 감상문은 독자가 텍스트를 읽는 과정 속에서 느낀 바를 구체적으로 풀어나가면서 쓰면 된다.

독후 감상문이 요구하는 형식이 따로 있는 것은 아니지만, 줄거리 요약으로 감상문을 대신하는 방식은 피하는 것이 좋다. 물론 개괄적인 이해를 위해 줄거리를 소개하기도 하는데, 이때 주의해야 할 것은 각자 자신이 이해한 줄거리를 써야 한다는 것이다. 독후 감상문은 감상한 텍스트의 내용을 이해하고 작자나 만든 이의 의도를 포착하여 다음과 같은 일반적인 구성을 갖추기도 한다. '해석(책 전체의 이해)—분석(작자나 저자의 논지 이해)—비판(목적한 바를 얼마나 효과적으로 썼는가에 대한 이해)'.

효과적인 독서를 한 후, 독후 감상문을 쓰기 전에 다음 세 가지를 정리해 보도록 하자. 텍스트와 자기 자신, 텍스트와 텍스트, 텍스트와 세상. 이처럼 독후 감상문에서 중요한 것은 감상자가 주체적 입장에서 느낀 것과 의문 나는 것을 비판적으로 써야 한다는 데 있다. 가능하다면 자기 자신의 생각과 느낌을 솔직하게 드러내면서 자기 삶과 어떻게 연관시킬지에 대해 쓰는 것이 좋다.

독후 감상문에 가장 많이 나오는 표현은 '감동적이다'라는 문구이다. 왜 감동적인지 구체적인 근거를 들지 않고 막연히 그 작품에 대한 정보만 관념적으로 늘어놓는다면 실체 없는 공허한 감동이 되어 읽혔을 때 어떠한 설득력도 갖지 못한다. 독후 감상문을 쓸 때 인용을 하는 것도 좋다. 텍스트 중 어떤 부분을 인용한다면, 그 부분이 어떤 방식으로든 자신의 마음에 울림을 가져온 것일 확률이 높다. 왜 인용을 하려고 하는지 그 이유를 밝히면서 인용을 하면 된다. 이렇듯 구체적인 내용에 근거해서 나의 느낌을 표출하려는 노력은 좋은 독후 감상문을 낳는 지름길이 될 수 있다.

다음은 홍명희의 역사소설 『임꺽정』을 읽고 난 후 작중 인물의 상황을 오늘날의 우리네 처지에 빗대어 쓴 비평가의 감상문이다. 그 진솔함을 함께 느껴보기로 하자.

임꺽정, 길 위에서 펼쳐지는 마이너리그의 향연

『임꺽정』의 칠 두령은 하나같이 백수들이다. 특별한 직업이 없다는 뜻이다. 사농공상에서 농공상의 범주에도 들지 못한다. 한마디로 다 '노는 남자들'이다. 하기사, 칠두령만 그런 것도 아니다. 당대 최고의 지성인 갖바치도 그렇고, 갖바치가 길 위에서 마주치는 거장들(퇴계, 화담, 토정 등) 역시 거의 다 그렇다. 특별한 직업이 없거나 있어도 '있는 둥 마는 둥' 하다. 그렇다고 이들이 궁상맞게 사느냐 하면 그건 또 아니다. 사랑과 우정, 공부와 놀이 면에서 우리한테 조금도 꿀리지 않는다. 꿀리기는커녕 훨씬 더 풍요롭다. 그래서인가. 이들에겐 콤플렉스 같은 게 없다. 신분차별이 뼈에 사무쳤을 텐데도 결코 주눅드는 법이 없다. 을묘왜변이 일어나자 봉학이와 꺽정이는 함께 참전하기로 한다. 그런데 면접에서 꺽정이가 탈락했다. 백정 출신이라 군의 사기를 떨어뜨릴 위험이 있어서라나. 별 망할 놈의 세상 다 보겠다며 꺽정이보다 봉학이가 더 길길이 뛰었다. 꺽정이의 결단, "너는 너대로 전장에를 나가거라. 나는 나대로 전장에를 나갈 터이다." "어떻게 나간단 말이오?" "혼자 나가면 못쓰느냐?" (3권 384면) 오홋, 이 배짱! 이 자존심!

그렇다. 꺽정이는 요즘 말로 치면, '비국민'이다. 그런데도 절대 기죽지 않고 자신의 길을 간다. 양반과 세상에 대한 분노와 저항만이 아니라, 그런 가치들을 훌쩍 뛰어넘는 자유를 함께 누리고 있는 것이다. 이 대목에서 나는 정말 '감동 먹었다'. 천민에다 백수면서도 이렇게 당당하고 떳떳할 수 있다니. 따지고 보면 이게 너무나 당연하다. 조선의 선비들도 그렇지만, 그리스 시대에도 자유인은 직업이 없는 이들이었다. 그 시절 노예란 정규직을 가진 이들이었다. 평생 한 가지 직장과 일에 붙박여야 하는 것, 그것이 노예의 저주받은 숙명이었다. 그런데 우리는 왜 이토록 정규직을 열망하는가? 과연 그게 자연스러운 생존 본능일까? 백수는 임금 노예인 정규직을 얻지 못해서 안달복달하고, 정규직은 언제 거리로 내몰릴지 몰라 안절부절못하고. 그래서 결국 백수나 정규직 모두 노예가 되어 버리는 오늘날의 기막힌 현실! 이 현실 앞에서 우왕좌왕하는 우리를 꺽정이와 그의 친구들은 이렇게 선동한다. 제발 그렇게 한심하게 살지 말라고. 길 위에도 얼마든지 '자유의 새로운 공간'이 존재한다고. 그러고는 이렇게 다짐한다. 길 위에서 살아가는 수많은 노하우를 아낌없이 전수해 주겠노라고.

핵심은 역시 네트워크다. 낯설고 이질적인 존재들과 접속하여 새로운 관계를 만들어낼 수 있는 능력, 길 위에서 살아가려면 무엇보다 이게 관건이다. 우정과 의리를 목숨보다 소중하게 여겨야 하는 이유도 여기에 있다. 우정과 의리는 기본적으로 수평의 윤리다. 이 윤리를 능동적으로 표현할 수 있다면 언제 어디서건 새로운 관계와 활동을 조직할 수 있다. 칠 두령은 피를 나눈 형제가 아니다. 하지만 그들의 사랑은 연인보다 진하고 핏줄보다 더 질기다. 청석골은 그런 인연들이 얽히고설켜서 만들어진 일종의 인디언 부락이다. 추방당한 존재들이다 보니 이들에겐 정착민의 규범이 부재한다. 어떤 권위나 습속에도 예속될 필요가 없다. 대신 현장이 요구하는 윤리적 규칙들이 그때그때 만들어진다. 존재의 참을 수 없는 유동성, 낡은 가치들을 교란하는 불안정성, 그리고 그것이 유발하는 역동적인 야생성 등 이것이 이들이 창조해 낸 새로운 특이성이다. 그러므로 이들은 단지 추방당한 자들이 아니라, 탈주하는 자들이기도 하다. 집에서 살아가는 이들은 상상조차 할 수 없는 '삶의 새로운 양식'을 창조하는 탈주자들. 추방과 탈주의 동시성 – 백수의 향연이 '마이너리그'가 되는 건 바로 이 순간이다.

어떤가? 그야말로 '길의 시대'에 필요한 비전들이 아닌가. 내가 이 힘과 지혜를 세상에 널리 전파하는 전령사가 될 수 있다면, 참 행복하겠다. 그리하여 이 땅의 모든 백수들 혹은 백수를 꿈꾸는 이들이 길 위에서 살아가는 배짱과 기예를 터득할 수 있기를. 또 그리하여 길이 곧 삶이 생성되는 장소가 될 수 있기를. 그 생성이 이 시계를 한없이 불온한 열정으로 뒤덮을 수 있기를. 청석골 칠 두령이 그 옛날 그랬던 것처럼. (고미숙, 『임꺽정, 길 위에서 펼쳐지는 마이너리그의 향연』)

다음은 마키아벨리의 『군주론』을 읽고 쓴 감상문이다. 우리가 통념적으로 알고 있던 고전을 구체적으로 꼼꼼하게 읽고 쓴 독후 감상문의 모범이 어떤 것인지 잘 보여 준다. 오늘날 고전이 어떤 의미를 지니는지도 토론해 보자.

예문 2

두 얼굴의 정치가를 위한 변론

– 니콜로 마키아벨리, 『군주론』을 읽고

"『삼국지』를 세 번 이상 읽은 사람과는 말싸움도 하지 말라." 우스갯소리로 자주 인용되는 말이다. 『삼국지』를 세 번 읽는 동안 그 사람의 세상을 보는 시야 등이 넓어져 다른 사람과는 대화 상대가 되지 않는다는 말이다. 그만큼 인생을 살아가는 데 있어서 이 책이 반드시 읽어야 할 책이라는 뜻인데, 인생 전반에 걸쳐서 0순위로 읽어야 할 책이 『삼국지』라면, 정치를 조금이라도 논하기 위해서 0순위로 읽어야 할 책은 단연 마키아벨리의 『군주론』이 아닐까 하고 생각한다.

이 책을 저술한 니콜로 마키아벨리는 그가 이 책을 저술한 지 약 500년이 지난 지금에도 우리에게 많은 영향을 미치고 있다. 일례로 그의 이름을 딴 마키아벨리즘 (Machiavellism)은 "목적을 위해서 수단을 가리지 않는다."는 부정적인 함의를 가진 단어로 널리 사용된다. 그의 책이 지닌 정치적, 역사적 의의에도 불구하고 그의 이름은 아직까지도 맹목적 비판을 받고 있다. 그러나 마키아벨리를 세 번이나 만나본 후, 과연 그가 그렇게 권모술수에 찌든 기회주의자였는지 의구심이 생겼다. 결론은 그렇지 않다는 것이다. 그래서 그의 시대로부터 500년이 지난 지금, 나는 그를 변호해 보고자 한다.

이 책은 그가 군주에게 헌정한 것이니만큼 수십 년간 그가 공직에 몸담으면서 체득한 정치 유형이나 기술이 잘 서술되어 있다. 그는 그의 군주에게 전하고 싶은 말들을 비단 이탈리아의 공화정이나 왕정뿐만 아니라 세습 군주국, 복합형 군주국, 시민형 군주국, 교회형 군주국 등 많은 사례를 들어 기술하고 있다. 특히 가장 긍정적으로 평가한 체사레 보르자에 대한 평가에는 그가 원하는 이상적인 절대군주의 모습이 담겨 있다. 마키아벨리는 목적을 위해 물불을 가리지 않고 절대 권력을 쟁취하고자 하는 그의 모습을 찬양했다. 이것이 『군주론』의 주제이기도 하다.

『군주론』에는 위와 같은 정치 기술뿐만 아니라 마키아벨리의 생에서 우러나온 생각들이 고스란히 담겨 있다. 나는 마키아벨리를 한 단어로 정의한다면, '애국자'로 정의하고 싶다. 그의 조국인 피렌체는 과거에 문화와 예술이 꽃피는 찬란한 도시였지만 이웃 도시와의 전쟁과 확립되지 않은 정체 등으로 몰락해 가고 있었다. 공무원으로서, 또 외국에 파견된 외교관으로서 누구보다 더욱 객관적으로 피렌체의 현실을 파악할 수 있게 된 그의 입장에서는 무너져 가는 조국의 모습이 안타깝지 않을 리가 없었다. 이렇게 혼란스러운 조국의 현실 때문인지 그는 분열된 조국을 극복하기 위해 하나의 강력한 왕국이 필요하고, 그것을 위해서는 무엇보다 강력한 '군주'가 필요하다고 주장했다.

그런데 이러한 주장을 공화국을 가장 이상적인 형태로 생각하는 현대의 관점에서 비판할 수는 없다. 피렌체도 한때 공화정을 지향한 적이 있었다. 하지만 그 결과는 어땠는가? 혼돈과 무질서뿐이었다. 우리나라 제2 공화국 때의 혼돈과 무질서로 인해 박정희 정권이 군사 쿠데타를 일으켰을 때에는 오히려 시민들이 그것을 환호하고 군사정권을 옹호했다는 말을 들은 적이 있다. 이와 같이 앞선 정체의 혼란과 무능에 염증을 느낀 마키아벨리 입장에서는 강력한 군주만이 피렌체의 회복을 위한 돌파구라고 생각하지 않았을까?

나는 공화제가 왕정보다 전적으로 옳다고 생각하지는 않는다. 사회의 형태에 있어서 어느 하나가 다른 것보다 우위에 있는 것이 아니라 그 시대의 흐름에 적합한 형태의 사회가 있을 뿐이라고 생각한다. 당시 혼란의 시기를 살았던 마키아벨리 입장에서는 무엇보다 국가의 안정이 가장 큰 목표였을 것이고, 그런 그에게 공화제는 배부른 이상론이었을 것이다. (중략)

다음으로 체제에 순응하지 않고 반대했던 그의 모습을 조명해 보고자 한다. 권력과 정치를 연관시키는 현대와 달리 중세시대에 최고의 권력자는 정치 지도자가 아니라 교황과 수도사로 대표되는 종교 세력이었다. 따라서 학문이나 정치도 "그것이 정말로 사실인가?"나 실리를 중요시하기보다는 그것이 얼마나 기독교적 도덕률에 부합하는가의 잣대로 평가되는 것이 당연한 것이었다. 하지만 마키아벨리는 그러한 도덕률을 거부한다. 그는 그러한 중세적 틀을 깨고 나와 '국가'라는 공동체의 중요성과 그 권력

관계에 대해서 누구보다 냉철한 눈으로 바라보기 시작한다. 때문에 그의 이러한 시각은 근대 정치학의 사상적 반석이 되었다.

마지막으로 의도했든 의도치 않았든 그가 민주주의에 기여한 바를 생각해 볼 필요가 있다. 물론 그는 대중이 각성하는 것을 원치는 않았을 것이고, 따라서 이 주장은 약간 비약일 수도 있다. 하지만 대중들이 『군주론』이라는 책을 읽음으로 해서 정치행위와 군주의 양면성을 조금이나마 알게 되었음에는 의심의 여지가 없다. 이것은 비단 15세기 이탈리아에만 영향을 미친 것이 아니다. 심지어 30~40년 전까지만 해도 우리나라에서는 "우리는 민족 중흥의 역사적 사명을 띠고 이 땅에 태어났다."로 대표되는 가면을 쓴 민주주의를 접해 왔다. 실제로 국가를 경영해 보지 않은 민중의 입장에서 정치의 이면을 알 수 있었을 통로는 이 책을 기초로 한 것이었을 것이다.

나는 『군주론』을 총 세 번 읽었다. 다시 읽을 때마다 새로운 느낌을 갖게 되는 것은 모든 책이 마찬가지겠지만, 『군주론』은 읽을 때마다 전혀 다른 감상을 남겼다. 갓 중학교에 입학해서 마키아벨리를 접했을 때에 내 느낌은 충격 그 자체였다. 그러고는 순진하게도 그 책에 담긴 내용을 모두 믿었다. 정치인은 교활해야 하고, 이익을 위해 재빠르게 행동해야 하며 때때로 이익을 위해서는 약속을 저버려도 되는 것이 미덕이라고 믿게 되었다. 그래서인지 뉴스에서 때때로 나오는 뇌물 수수 정치인이나 여러 가지 비리에 대해 둔감해지게 되었고, "목적만 좋다면 수단은 아무래도 상관없는 거 아냐?" 하는 마키아벨리즘적인 생각을 하게 되었다.

그러나 고등학교에 입학하고 여러 매체를 통해 현실 정치에 대한 나만의 생각을 키워가면서 마키아벨리는 전과는 완전히 다른 모습으로 내게 다가왔다. 중학교 때의 그가 "아하. 그렇구나." 하는 깨달음을 주는 정치학 선생님이었다면, 고등학교 때 그는 비판의 대상이었다. 그때는 군주의 존재조차 이해가 되지 않았다. 시민들이 구성하는 사회에서, 특히 피렌체라는 공화국에서 대체 왜 절대군주가 필요하며 그 군주는 다른 시민들의 권리를 침해해 가면서까지 통치해야 하는가? 그리고 그 통치를 위해 얻을 수 있는 것은 과연 무엇인가 하는 의문들이 내 머릿속을 지배했다. 당시의 나의 눈에 마키아벨리는 권력욕에 눈이 멀어 시민들을 우경화하고 절대군주에게 기생하여 권력을 얻으려는 정치가로 보였다. 말하자면 애증의 존재였던 셈이다.

그렇게 고등학교 시절 나에게 실망을 안겨준 마키아벨리를 대학에 와서 다시 만나게 되었다. 이번에 『군주론』의 첫 장을 넘기기 전에 다짐한 것은 그를 색안경을 끼고 보지 말자는 것이었다. 그 결심은 지켜졌고, 나는 그의 새로운 모습을 많이 발견하게 되었다. 15세기 피렌체에서 그가 왜 절대군주를 옹호할 수밖에 없었으며 시민들의 자유를 무시하면서까지 절대 권력을 가져야 했는가 등에 대해서 나름의 결론을 내려 볼 수 있었다. 그가 오히려 꾸밈없이 자신의 생각을 전달한 애국자라는 생각이 들었다. 이에 나는 지금 500년 동안 비판만 받아온 그를 변호하게 되었다.

역사에는 팩트(Fact)와 미닝(Meaning)이 존재한다. 팩트는 사실 그 자체이고, 미닝은 그 사실을 받아들이는 수용자의 몫이다. 나는 독서에도 이러한 팩트와 미닝이 존재한다는 것을 『군주론』을 통해 깨달았다. 마키아벨리는 그저 그의 시대에서 그가 생각할 수 있는 최선의 것을 생각해서 글로 옮겼을 뿐이다. 그의 책이 담고 있는 팩트가 너무 직설적이고 때로는 과격한 탓에 그 의미를 오해하고 비판하는 사람들이 많은 것은 사실이다. 하지만 그는 그저 자기 생각을 종이에 적었을 뿐이고 그것을 어떻게 받아들이느냐 하는 것은 전적으로 우리 몫이다. 마키아벨리를 오해하는 사람도, 마키아벨리를 옹호하는 사람도 하나의 텍스트를 놓고 그의 평가를 양분한다. 어쩌면 지금 나는 마키아벨리를 변호하고 있지만, 대학을 졸업할 때쯤에, 혹은 10년 뒤에 『군주론』을 다시 읽는다면 그에 대한 내 느낌은 또 달라질 것이다. 하지만 지금의 내가 보는 마키아벨리는 교활한 정치가의 모습도, 대중을 기만하는 프로파간다의 생산자도 아닌, 그저 나라를 생각하며 책을 쓴 애국자의 모습으로 기억될 것이다. (학생 글)

어떤 책에 대한 개인적인 감상을 표현하는 독후감과는 달리 서평(REVIEW)은 개인적인 호불호의 차원을 넘어서기 위하여 '이해-해석 및 분석-의견' 단계를 거친 글쓰기라고 할 수 있다. 여기서 어떤 텍스트의 해석 및 분석에는 반드시 가치 평가의 기준을 마련해야 하며, 의견 제시에는 비판이나 옹호 등이 명쾌해야 한다. 그런 점에서 서평은 비평적 글쓰기의 핵심이라고 하겠다.

예문 3

들어라, 노년들아: 정과리, 『들어라 청년들아』 서평

이 글 제목의 방자함을 독자들이 해량하여 주셨으면 좋겠다. 이 글이 흘긋 엿볼 책의 표제가 『들어라 청년들아』여서, 그 제목을 살짝 비틀어본 것뿐이다. 물론 그 비틂에는 내가 이 책의 논지에 '고스란히는' 공감하지 않는다는 뜻이 배어 있다. 이 책 저자 정과리는 불문학을 전공하고 대학에서 국문학을 가르치는 문학평론가다. 『들어라 청년들아』라는 표제를 보고, 나는 라이트 밀스의 『들어라 청년들아』를 떠올리며 "이제 정과리가 정치 팸플릿도 쓰나?" 하는 생각을 잠깐 했다.

보수적 인문학자의 문화 읽기

그러나 부제 '정과리 문화 읽기'가 암시하듯, 이 책은 일종의 문화 비평서다. 거기서 문화란, 자연을 뺀 삶의 모든 것, 곧 정치 사회 예술 일상 따위를 아우르는 넓은 개념이다. 곧, 저자의 전공인 순문학 바깥의 세상사를 살핀 에세이들을 모은 책이다.

저자는 이 책의 글들을 지난 10년에 걸쳐 썼다고 한다. 그 10년 동안 먼 발치에서 정과리의 '변화'를 바라보면서, 나는 그가 (나쁜 의미의) 정치적 보수주의자이자 (좋은 의미의) 문화적 아방가르드가 됐다고 판단했었다. 그런데『들어라 청년들아』를 읽고 보니, 정과리는 정치적으로든 문화적으로든 좋은 의미의 보수주의자인 듯하다. 한국 인문학자들 가운데 정과리만큼 디지털 세계에 소양이 깊은 이도 드물 텐데, 그는 관심의 방향이 자신과 비슷한 소설가 복거일과 달리 이 새로운 세상을 장밋빛으로만 칠하지 않는다.

정과리는 디지털 문화의 쌍방향성에 대해 코웃음을 치고(생산자와 향유자가 동일 평면에서 만나는 일은 결코 없으므로), 포스트 휴먼 세상을 우울하게 전망한다(컴퓨터를 만든 것도 사람이고 인터넷을 구축한 것도 인간이지만, 조상이 자손의 영원한 지배자가 되리라는 것은 역사적으로 증명된 바가 없으므로). 정과리를 불편하게 하는 '사유하는 기계'는 제레미 리프킨이『노동의 종말』에서 '실리콘 칼라'라고 불렀던 구식 로봇이 아니라, 질 리포베츠키와 장 세루아가『누리─문화(La Culture-monde)』에서 '테크노 사피엔스'라고 부르는 최첨단 사이보그다. 호모 사피엔스를 테크노 사피엔스가 대체하고, 심지어 지배할 가능성에 전율을 느끼지 않을 호모 사피엔스는 드물 테다.

『들어라 청년들아』의 폭넓은 관심을 이 짧은 칼럼에서 주유할 수는 없다. 그러니 젊은이들을 향한 '계몽'의 열정이 가장 도드라지는 마지막 장에 대해서만 몇 마디 하자. 저자는 여기서 디지털 세계와 한국 판타지 소설과 한국 젊은 세대를 솜씨 좋게 포개면서, 한국 청년문화의 미숙함을 질타한다. 이를테면 "그곳의 글쓰기는 문장의 기본부터 다시 가르쳐야 할 것들로 가득 차 있다."거나 "대부분의 판타지 소설들은 아직 글쓰기 이전에 있다."(248~49쪽) 같은 진단들이 그렇다.

그러나 나는 이름난 중년 노년 지식인들의 날림 글들과는 비교할 수 없이 명료하고 윤리적인 20대 청년들의 한국어 텍스트를 인터넷에서 어렵지 않게 발견한다. 문법도 엉망이고 내용도 부정확한 외국어 텍스트를 인터넷에서 어렵지 않게 발견하듯. "디지털 공간에서 생산되는 문화의 95%는 쓰레기"(184쪽)라는 저자의 선고가 외국어 텍스트까지를 아우르고 있는지는 알 수 없지만, 그것은 디지털 공간 바깥에서도 마찬가지일 게다. 좋은 것은 어디서나 드문 법이다.

좋은 것은 어디서나 드문 법

내가 확연히 느끼는 것은, 요즘 청소년들이 청소년 시절의 내 세대보다 생각도 깊고 글쓰기에도 능숙하다는 점이다. 그것은 디지털 공간이, 비록 적잖은 부작용을 낳고 있긴 하나, 문화의 민주주의를 넓혔다는 뜻이다. 나는 저자의 계몽주의가 나이든 세대를 향했으면 좋겠다. "미숙함이 그 자체로서 개성적인 가치로 인정받는 사태, 인정받을 뿐 아니라 요란하게 선전되는 사태"(250쪽)의 책임은 청년들한테가 아니라 나이든 세대, 곧 우리들한테 있으니 말이다. (고종석, 『경계 짓기의 어려움』)

연습 문제 ❶

"모든 텍스트는 이미 다 쓰여졌다."라고 말하는 포스트모던 시대에 고전은 가장 강력한 창조의 원천이기도 하다. 다음 예문을 읽고 고전의 창조적 계승에 성공한 판타지 문학과 현대 문화의 관계를 논하여 보자.

해리 포터와 대안학교의 신화

"아이들이 드디어 책을 읽기 시작했다!" 조앤 롤링의 『해리 포터』 시리즈 각 권이 출간될 때마다 서점 앞에 줄을 서서 책을 구입하는 '사건'을 묘사했던 기사의 일부다. 이것은 지난 10여 년 동안 중요 대중문화 현상이었다. 『해리 포터』 시리즈의 전 7권이 모두 간행된 지도 '한참 지난 듯한' 기분을 느끼는 지금, 이 별난 문화 현상이 우리에게 남긴 생각거리를 다시금 수확하는 것은 의미 있는 일이다.

흥미진진한 환상과 마법으로 가득한 해리 포터 이야기는 사실 우리 일상의 주제와 밀접하게 연관되어 있다. 그것은 무엇보다도 '학교' 이야기이기 때문이다. 해리와 친구들은 매년 호그와트 마법 학교에서 수학한다. 마법 학교는 우리 일상의 보통 학교와 비슷한 점도 많다. 그곳에는 권위 있으면서도 인정 많은 할아버지 같은 교장 선생님이 있고, 꽤 까다로우면서도 정 깊은 교감 선생님이 있다. 해리가 처음 호그와트에 입학했을 때 "시험이라고!" 하면서 놀랐던 것처럼 평가 제도가 있으며, 학생들이 속한 각 기숙사 사이에 경쟁도 있다. 학우 사이에 우정도 있고 갈등도 있다.

그러나 마법 학교의 교육은 우리 교육 현실과 본질적으로 다르다. 그곳에는 주입식 학습이란 존재하지 않는다. 기본적으로 교육은 체험 학습이고 창조적 수업이며 개별 능력 개발을 위한 자율적 연마로 되어 있다. 그러므로 마법 학교를 다녀올 때마다 아이들은 구태의 허물을 하나씩 벗으며 성장한다. 해리는 자신이 마법사의 후손이라는 사실도 모른 채 무능한 '머글'들에게 온갖 멸시와 학대를 받으며 살다가 호그와트에서 자신의 능력을 서서히 발견하게 된다. 이는 오늘날 교육이 어떻게 아이들의 다양한 잠재 능력을 발견해서 키워줄 것인가 하는 과제를 다시금 상기시킨다.

해리 포터 이야기의 기본 소재인 마법을 상식적인 차원을 넘어서 좀더 깊이 볼 필요도 있다. 그러면 마법 이야기가 전하는 메시지의 차원이 달라진다. 흔히 마법을 판타지와 연결하지만, 마법의 본질은 '영특한 힘'이다. 곧 환상과 달리 마법은 매우 구체적인 특성을 지닌다. 뛰어난 마법은 '무엇인가를 지혜롭게 해내는 능력'이라고 할 수 있다. 그래서 마법은 고대로부터 '아는 것이 힘이다'라는 근대적 명제를 자기 나름의 방식으로 이미 내포하고 있었다.

그러므로 또한 마법은 성과와 연관되어 있다. 당연히 실패하고도 연관된다. 해리와 친구들이 호그와트에서 마법 수련과 그 적용의 경험을 통해 성취와 실패에 대해 절실히 배우게 된다는 것은 의미심장한 은유를 담고 있다. '마법사들의 비밀서'를 풀어쓴 카트린 크노는 마술이란 "의지의 단련과 천체 감응력에 대한 인식의 결과"라고 한다. 일리 있는 말이다. 그러므로 마법은 관습적인 사고와 일상에 매몰된 삶 저 너머를 발견하려는 욕구의 표현이다.

이런 의미에서 마법은 또한 '이야기'를 만들어내는 능력이기도 하다. 다시 말해 젊은이들에게 마법 세계의 은유는 '자신의 세계'를 그려낼 줄 아는 능력을 의미한다. 이는 합당한 노력으로 그 세계를 현실화할 수 있는 가능성 또한 내포한다. 마법 이야기가 성장소설이라는 것은 이제 너무나 당연해 보인다. 해리와 친구들은 뭔가 특별히 다른 학교에서 온갖 어려움을 신나게 극복하며 튼실하게 성장할 수 있는 기회를 가졌던 것이다.

해리 포터 이야기는 '대안 학교의 신화'다. 그곳에는 물론 획일적인 내신 성적도 없고, 상급학교에 진학하기 위한 몰입식 수업도 없으며, 부모의 재산을 소진하게 하는 사교육도 없고, 학생의 개성과 교육기관의 특성을 무시하는 일제 고사도 없다.

신화를 읽는 것은 재미있다. 그러나 신화를 실천하면 진짜 의미 있는 일이 된다. 오늘날 교육 현실은 우리에게 대안 학교의 신화를 읽는 데 그칠 게 아니라, 대안 학교의 신화를 실현하라고 촉구한다. 물론 결코 쉽지 않은 일이다. 고정관념을 깨고 대안을 실천하는 일은 엄청 어렵다. 하지만 다행히도 해리의 이야기 속에는 '어떻게 실천할 것인가'에 대한 은유 또한 담겨 있다. '9¾ 승강장'의 비밀이 그것이다.

그런데 그런 번호의 승강장은 없다. 9번과 10번 승강장이 있을 뿐이다. 해리가 처음 호그와트로 가던 날, 론의 엄마는 그 비밀을 가르쳐 준다. "9번과 10번 승강장 사이에 있는 개찰구로 곧장 걸어가기만 하면 된단다. 부딪힐까봐 멈추거나 겁먹지 않는 것. 그게 아주 중요하지." 해리는 그곳을 뚫어지게 쳐다보았다. 저 개찰구와 정면으로 부딪히면 큰일 날 것 같았지만 손수레 쪽으로 몸을 숙이고 힘껏 달렸다. 해리는 부딪칠 각오를 하고 눈을 감았다 … 충돌은 없었다 … 계속 달렸다 … 눈을 떴다. 그 앞에 진홍색 증기기관차 한 대가 기다리고 있었다. 기차 머리에는 '호그와트행 열차'라고 쓰여 있었다. (김용석, 『철학광장: 대중문화와 필로소페인』)

연습 문제 ❷

최근 가장 감명 깊게 읽은 책을 골라 감상문을 써 보자. 이를테면 김난도의 『아프니까 청춘이다』를 읽고 감상문을 써 보는 것은 어떨까? 구상이 어려우면 다음 항목에 대한 답변을 통해 내용을 구성하는 것도 감상문을 쓰는 한 방법이 될 수 있다. ① 필자가 우리에게 말하고 싶어하는 것은 무엇인가? ② 필자는 자신이 말하고자 하는 바를 무엇을 통해서 말하고 있는가? ③ 필자는 자기 자신의 진술을 충분히 뒷받침하고 있는가? ④ 이 책 중 자신에게 인상적이어서 감상문에서 소개하고자 하는 내용은 다른 부분들과 비교해 보면 어떤 공통점 혹은 차이가 있는가? ⑤ 이것에 대한 이유가 대상 텍스트에 설명되어 있는가?

　최근 읽거나 본 작품에서, 특정 인물을 골라 '작중 인물에게 띄우는 편지' 형식의 독후감 또는 서평을 써 보자. 한 작품을 대상으로, '작가가 작중 인물에게 띄우는 편지', '독자가 작중 인물에게 띄우는 편지', '작중 인물이 작중 인물에게 띄우는 편지'를 구상해 볼 수 있다.

4. 2. 문화 감상문

　여기에서는 문화 현상에 대한 폭넓은 관심을 글쓰기와 연계시키는 문제를 살펴보도록 하자. 요즈음은 대중 문화가 범람하는 시대이다. 전통적인 고급 문화나 주류 문화, 본격 문화의 존재 방식이 흔들리면서 여러 형태의 위기가 나타나고 있다. '문학의 죽음과 인문학의 위기론'도 그러한 맥락에서 나온 현상이다. 어떻게 보면 예술 창작자들이 수용자를 제대로 배려하지 못한 데서 오는 당연한 현상일지도 모른다는 판단이 들기도 한다. 작품이 너무 난해하고 비평가와 학자의 해석이나 해설이 쉽지 않아 독자가 작품을 이해하고 감상하는 데 별반 도움이 되지 않는다. 그렇지 않아도 생활에 쫓겨 예술 작품에 접근할 심정적·시간적 여유가 없는 현대인들에게 작품 해설조차 원문보다 난해하다면 더욱 문제인 셈이다.

　더욱이 음악, 미술, 무용 등 예술 공연물이나 영화, 만화 등 대중문화 텍스트에 대한 각종 정보를 나열하는 것은 감상문의 본령이 아니다. 문화예술 텍스트에 대한 작가와 줄거리 소개, 작품 해설과 단순한 배경 설명은 인터넷에서 흔히 찾아볼 수 있는 정보 소개 글쓰기에 지나지 않는다. 문화예술 공연이나 전시회, 텍스트에 대한 소개는 홍보 담당자나 신문 기자가 할 일이지 감상문 필자가 할 일은 아니다. 감상문은 공연이나 전시물을 감상한 사람을 전제로 한 비평적 글쓰기에 속하기 때문이다. 그때그때의 세태를 발 빠르게 반영하는 문화 현상에 대한 다양한 방식의 감상, 비평문에는 문학, 역사, 철학 등 기존의 활자 매체에 담긴 가치관과는 조금 다른 의미의 새로운 가치관이 표출되는 경우가 많다. 이 경우 자기 자신의 생각과 느낌을 솔직하게 드러내는 작업 자체가 의미 있는 사고 활동이라고 할 수 있다.

결론적으로 문화 감상문 쓰기에서 중요한 원칙으로 꼽을 수 있는 것은 다양한 해석이 가능한 텍스트를 장르에 구애받지 않고 폭넓게 골라, 여러 가지 접근 방법을 통해 개성적으로 해석하는 것이다. 이때 필요한 것은 열린 태도를 취하는 것이다. 인간은 모두 독립적 존재이니 읽는 이, 보는 이에 따라서 서로 다른 의미를 읽어 낼 수도 있을 테니까 말이다. 이러한 사고방식과 글쓰기 방식을 통하여 인생과 사회를 보는 다양한 시각을 익히고, 많은 것을 배울 수 있을 것이다. 자신이 겪은 일과 느낌을 자신만의 말과 글로 표현하는 개성적 글쓰기를 통해 세상은 새롭게 열릴 것이다.

그렇다면 어떤 글이 바람직한 대중문화 감상문인지 예문을 들어 설명하기로 한다. 명화의 반열에 오를 만한 영화 〈타이타닉〉에 대한 감상문을 예로 들어보도록 한다. 여기서는 배우와 감독, 흥행에 대한 저널리즘적 접근이나 미장센이나 몽타주 등 영화미학적 감상법은 일단 유보하기로 한다. 글쓰기를 배우는 관객 입장에서 그 영화가 왜 재미있었는지 구체적인 장면을 예로 들어 서로 느낌을 나누어 보도록 한다. 대부분의 학생들은 무엇보다도 청춘남녀의 신분을 뛰어넘은 사랑과 희생, 그리고 재난영화의 장쾌하고 거대한 볼거리(스펙터클)를 흥미와 감동의 주된 요인으로 받아들인다.

특히 건달 잭(레오나르도 디카프리오)과 재벌 약혼녀 로즈(케이트 윈슬렛)의 불타는 애정 행각과 비극적 사별, 그리고 평생을 간직하는 사랑의 힘은 위대하게 느껴질 정도이다. 그러나 스타 배우 이름과 감독의 명성, 할리우드 대작영화의 흥행력과 파급효과, 컴퓨터 그래픽의 가공할 위력 등 인터넷을 검색하면 누구나 알 만한 영화적 지식이나 정보를 나열하는 것은 바람직하지 않다. 그것은 영화 홍보사나 신문 기자가 할 일이기 때문이다. 반면 온갖 생경한 이론과 용어, 개념을 동원하여 지적 허영에 들뜬 글도 곤란하다. 비평가 흉내를 내는 그런 감상문보다 오히려 진솔한 감동을 주는 것은 다음과 같은 글이다. 1998년 아이엠에프 경제 위기 시대 '대한민국 학생'의 역사적 현실을 영화에 투영한 일그러진 자화상의 표현이었다.

예문 5

침몰하는 교실 속의 노예들: 〈타이타닉〉 감상

학교에 와서 '공부를 하면서' – 아차, 이건 거짓말이다 – 수업 듣는 척하면서 〈타이타닉〉 생각에 잠겼다. 요즘 최대의 관심사라는 IMF라는 영문 이니셜이 꼬리를 물었다.

요즘 신문 방송을 보거나 어른들 말씀하는 걸 들으면, IMF 구제금융에 따라 정리해고니 실업대책이니 퇴출기업, '빅딜'이니 하면서 연일 아우성들이다. 하지만 우리 '고딩이'들은 수능시험에 이 IMF라는 영어단어의 본디말을 쓰라는 문제가 나올까 몰라서 한번쯤 외워보는 정도의 관심밖에는 실감이 별로 없다.

솔직히 말해서 〈타이타닉〉 때문에 IMF를 실감하였다. 그게 할리우드 직배 영화라서 그걸 보면 금 모으기 운동해서 모은 피 같은 우리나라 돈이 빠져나간다고 자꾸들 매국노 운운하는 바람에 여태 못 보았던 것이다. 개봉된 지 몇 달도 넘은 최근에서

야 봤는데, 그나마 봤다고 애들에게 자랑도 할 수 없어 서운해 하다보니깐 'IMF 시대'가 정말로 체감되었던 것이다.

영화를 보면서 왠지 내 자신 '레오'가 된 기분이었다. 차가운 얼음물

속에서 죽어간 그를 보면서 조금씩 영혼이 죽어가는 우리네 고딩이의 자화상이 떠오르는 건 웬일일까.

반 애들은 등급에 따라 특등실부터 1등실, 2등실, 3등실, 그 밑에 기관실과 보일러실, 창고까지 철저하게 나누어지지. 극소수의 몇몇 특수한 애들은 최고 명문대, 공부 잘하는 애들은 서울 시내 대학, 그 다음은 수도권 대학, 그리고 버스나 기차로 등하교 가능한 지방대학, 그 뒤엔 자취나 하숙을 해야 하는 지방대학, 마지막에 전문대학, 신학교 등으로 철저히 갈라지게 돼. 아참, 그 뒤가 또 있네, 재수, 삼수, 자살…

나는 누구인가. 레오처럼 타이타닉의 3등 선객 주제에 여기저기 배 안을 기웃거리듯 이 대학 저 대학 원서를 사가지고 응시를 해보겠지. 그러다가 운이 좋으면 어떤 대학에 들어갈 수 있을지도 몰라.

그래, 우리는 결국 침몰하는 교실 속의 노예들일 뿐이야. 명문대 입시를 향한 거대한 호화판 유람선의 보일러실 인부야. 하지만 레오처럼 그렇게 허무하게 죽진 않겠어. 열심히 헤엄쳐서 살아남고 말겠어. 대학 가서 케이트 윈슬렛 같은 여자랑 생애 최고의 사랑을 하기 위해서라도 말이야. (김동훈, 「영상매체 활용 글쓰기 교육의 이론과 실제」)

예문 6

문학은 현실을 또 다른 공간으로 변주시킨다

문학 텍스트에 담긴 세상은 마법에 걸려 있다. 마법은 익숙하고 식상한 세상을 꿈의 세계로 만들어주고, 우리를 낯선 세계로 인도하는 열쇠가 된다. 문학 텍스트 속에

서 우리는 현실과는 다른 기묘하고 낯선 세상을 발견하며 그 속에서 낯선 경험을 한다. 허언(虛言) 속에 진언(眞言)이 담겨 있다는 말처럼, 문학은 허구이긴 하지만 현실의 현상과 본질을 통찰하는 망원경이자 현미경이면서 동시에 현실의 모든 것들을 다양하고 화려한 꽃무늬로 만들어주는 만화경이 되기도 한다.

이탈리아 지중해의 조그만 섬을 배경으로 한, 마이클 래드퍼드 감독의 영화 〈일 포스티노 Il Postino〉에서는, 망명한 시인 네루다와 현지 청년인 우편배달부 마리오가 시에 대해 대화하는 장면이 나온다. 시가 무엇입니까? 시는 메타포야. 메타포가 무엇입니까? 메타포는 우주 삼라만상 그 자체라고 할 수 있지. 문학에 대한 지식이 없던 마리오는 네루다의 대답에 고개를 갸웃거릴 뿐이었다.

얼마 후 우편배달부 마리오는, 본국의 친구에게 보낼, 섬의 아름다운 풍경을 묘사한 음성편지를 녹음하고 있는 네루다를 방문한다. 네루다는 마리오에게 마이크를 건네며, 당신이 태어나 살고 있는 이 섬의 아름다움을 이야기해 달라고 한다. 한참을 머뭇거린 마리오는 나직하게 한 여성의 이름을 중얼거린다. "베아트리체 루소!" 그리고 황홀한 표정을 짓는다. 베아트리체! 그것은 이 청년이 사랑에 빠진 여인의 이름이었다. 순간 마리오뿐 아니라 관객들도 깨닫는다. '베아트리체'라는 메타포 때문에 지상의 섬이 갑자기 천상으로 비상하는 것을. 지상을 천상으로 변하게 하는 힘, 문학의 힘은 바로 이 메타포의 힘인 것이다.

이렇듯 문학은 현실을 또 다른 공간으로 변주시킨다. 이는 현실의 모순을 고발하는 리얼리즘적인 형상일 수도 있고 〈일 포스티노〉와 같은 아름답고 서정적인 메타포일 수도 있다. 중요한 것은, 변주된 결과로서의 문학 텍스트는 결국 작가의 눈에 비친 세계를 형상화한다는 점이다. 문학은 작가가 독자에게 전달하려는 알레고리적인 메시지이며, 동시에 현실의 직시와 변주를 통해 새로운 세상을 창조하려는 당위의 리얼리즘이다. (김재관·장두식, 『문학 속의 서울』)

연습 문제 ❶

영화평 등 문화 감상문 쓰기에서 중요한 원칙으로 꼽을 수 있는 것은 다양한 해석이 가능한 텍스트를 장르에 구애받지 않고 폭넓게 골라, 여러 가지 접근 방법을 통해 개성적으로 해석하는 것이다. 이때 필요한 것은 열린 태도를 취하는 것이다. 가령, 최근에 재미있게 봤던 영화나 텔레비전 드라마 중 한 편을 골라 자기 자화상을 찾아 보고 그 이유를 설명해 보자.

다음으로 미술 감상문을 보도록 한다. 대부분 미술관이나 박물관에 자발적으로 가 본 기억은 드물 것이다. 중고등학교 시절 방학 숙제를 하기 위해서이거나 혹은 학교에서 단체 관람으로 기획한 경우가 일반적이어서 자신의 솔직한 감상을 생각해 본다는 것 역시 어색하기 그지없는 일이다. 미술관이나 박물관에 가는 일을 문화적 사치라고 느끼는 이유는 아마 거기에 전시되어 있는 작품들을 감상할 수 있는 감식안이 일반인에게는 없다고 생각하는 데 있는 것 같다.

닐 맥그리거 대영박물관 관장은 대영박물관의 한국 특별 전시회를 앞둔 인터뷰에서 박물관의 의미를 '인류에 대한 기억'이라고 말한 바 있다. 한 사회가 자신의 기억을 어떻게 구성했는지, 그 집단적 기억을 어떻게 담아냈는가가 곧 문화라고 하면서 각 시대, 각 지역의 집단적 기억을 한 장소에서 비교하면서 볼 수 있는 것이 대영박물관이 추구해 오는 목표라고 하였다. 다른 문화를 들여다보고 여러 문화를 비교하는 것은 곧 자신의 문화를 더 잘 이해하기 위한 길이며, 남을 들여다보면 곧 자기 자신을 한 걸음 떨어져 바라볼 수 있는 힘이 생긴다고 하였다. 가령 여행을 다녀온 나는, 여행 가기 전의 나 자신과는 전혀 다른 사람이 되어 있다는 것이다.

닐 맥그리거 관장의 말을 상기하면서 미술관이나 박물관에 자발적으로 가 보도록 하자. 미술관 혹은 박물관 감상문을 쓰는 경우 필자가 어떤 곳을 선택하느냐가 때로는 글을 훌륭하게 하기도 한다. 그러나 대부분은 어떻게 감상하느냐가 글의 실질을 좌우할 것이다. 분명히 감상문을 쓰는 것이긴 하나, 우리가 본 것을 글로 옮기는 것이므로 내가 쓴 글만으로도 독자가 보지 않은 것을 연상할 수 있듯이 구체적으로 그려낼 필요도 있다. 거기에 느낌과 생각이 더해져야 왜 그러한 느낌과 생각에 도달했는지 독자가 읽고 이해하지 않겠는가.

우리가 본 것이 미술 작품일 때는 시각을 총동원하여 선, 형태, 색채는 어떠하며 작품의 구도는 어떠한지를 근거로 글을 써야 할 것이다. 묘사를 제대로 할 필요가 있다는 것이다. 과거와 현재의 의미를 불러오거나 자신이 알고 있는 것과 비교하거나 혹은 자신의 생각이 변화하는 과정을 담아서 감상문을 쓸 수도 있다. 중요한 것은 자신이 무엇을 보았는지, 그것을 통해 어떻게 달라지는가이다.

다음 예문은 미술 작품에 대한 학생의 감상문이다.

끝없는 예술가로서의 고뇌

– 〈앤디 워홀의 위대한 세계〉를 다녀오고

입시 생활을 끝내고 지겹도록 침대에 누워 쉬던 어느 오후, "서울시립미술관에서 앤디 워홀 전시회 한다던데, 집에만 있지 말고 좀 다녀와. 미술한다는 애가 미술관도 다니고 해야 되는 거 아니니?" 또 귀찮은 엄마의 잔소리가 시작되었다. 내가 미술을 하면서 가장 싫어하는 일 중 하나가 미술관을 다니는 일이었다. 예술을 하는 사람으로서의 의무감 때문에 다니던 많은 전시회들은 하나같이 나에게 어떠한 감동도 주지 못했다. 그렇게 친구와 놀러간다는 생각으로 대학생이 즐길 수 있는 평일 오후의 한가한 시간대에 미술관에 도착했다. 우연히 도슨트의 설명 시간과 맞아 맨 앞에 서서 설명을 듣기 시작했다. '아는 만큼 보인다.'는 이유였는지 아니면 그의 예술관이 내가 찾고 있던 생각과 너무 맞아서였는지 이번 전시회는 작가의 그림 감상 이상의 의미를 남겨 주었다.

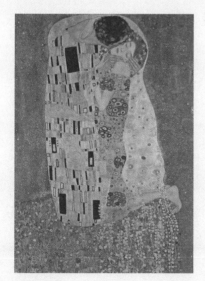

클림트 〈키스〉

현대 작가들은 개념미술이라고 해서 과거의 시각 중심의 그림에서 벗어나 그림이 담고 있는 철학을 중시한다. 이런 시대적 배경 속에서 나는 어떤 작품을 해야 하는 것인가에 대한 물음은 나에게 상당한 고민거리가 될 수밖에 없었다. 내가 관심 있는 작업은 감각적인 색과 조형적인 구도를 갖춘, 현대미술의 시각으로 볼 때 옛날 사람들이 그리던 방식이라고 할 수 있는 것들이었다. 그러나 미술의 상업성을 가장 중시하는 현대에 살아가는 내가 이런 시대적인 흐름에서 벗어나 나만의 작업을 한다는 것 자체가 불가능할 것이었다.

이런 현실과의 괴리 때문에 해 왔던 고민에 첫 번째로 답을 준 작가는 구스타프 클림트였다. 우연히 읽어 본 미술사에 관한 책에 이런 구절이 있었다.

현대미술로 접어들면서 아름답게 그려진 그림은 유치한 그림, 격조 낮은 그림, 싸구려 상업적인 그림으로 판정이 나버렸다. 그래서 그림은 점점 아름답지 않게 그려졌다. 추하게 보일수록 점수를 많이 땄기 때문이다. 클림트는 우선 현대미술의 온갖 이론을 우습게 여겼다. 미술이 괜히 철학적으로 흐르는 척하며 일부러 애매모호하게 그려내는 방식이 싫었다. 클림트는 서민부터 귀족까지 모든 계층이 좋아할 수 있는 그림을 그리기로 결심했고 그 일을 이루어냈다. 예쁘게 그리는 그림은 현대미술에서 '쥐약'으로 취급되었지만 클림트는 상관 안 했다. 무조건 예쁘고 화려하게 그렸다. 결국 사람들에게 폭발적인 반응을 얻게 되었고 그는 성공했다. 참 알다가도 모를 것이 미술이다.

현대미술은 개념적으로 간다는 내용의 미술사 책을 무미건조하게 읽어 가던 나에게 이 구절은 큰 충격이었다. 그 구절을 다시 읽고, 또 읽으며 생각했다. "내가 그리던 예술가의 모습이 완전히 시대착오적인 것은 아니구나." 나는 그의 예술관에 전적으로 동의할 수 있었고, 정체되어 있던 내 생각을 다시 펴 나갈 수 있는 계기가 되었다.

이 신선한 깨달음의 뒤를 이은 작가가 이번 전시의 주인공 '앤디 워홀'이었다. 그는 상업성을 빼면 아무것도 없다고 할 정도로 상업성을 추구한 작가였다. 그는 모든 작품을 팔기 위해 그렸고 팔리지 않으면 없는 소문을 퍼뜨려서까지 작품이 팔리게 만들었다. 그렇지만 그는 그의 작품에 거창한 철학을 담은 것도, 작품의 소재 선택에 어떤 큰

앤디 워홀

의미도 둔 것도 아니었다. 그의 유명한 작품인 〈캠벨 수프Ⅱ: 치킨 덤플링〉를 보며 그에게 왜 많은 것 중에 저 캔을 선택했냐고 물었을 때 그는 단순히 "좋아서 그렸다."라고 대답했다. 물론 그가 성공한 데에는 항상 작품이 나올 시기를 잘 선택했을 뿐만 아니라 민심을 바꾸기까지 하는 등 타고난 상업적인 머리가 잘 작용했다.

다른 사람들에게 앤디 워홀 전시회에 대해 물어보면 모두 "생각보다 별로였다.", "재미 없었다."라고들 한다. 우유부단한 나에게 이런 다수 의견은 그의 작품이 재미있다고 느꼈던 평소 생각마저 저버리게 하곤 했다. 그러나 앤디 워홀전은 단지 재미의 개념에서 나아가 나의 예술관을 바꾸게 한 굉장한 의의가 있다. 현대미술이란 개념미술로만 생각하던 나에게 시각적인 것 또한 인정받을 수 있다는 생각을 정리할 수 있는 계기가 되었기 때문이다.

후기: 3월 말에 윗글을 쓴 지 석 달이 지난 6월 초, 지금 나의 생각은 많이 달라졌다. 아직도 앤디 워홀의 작품을 보면 색채와 구도에 대한 미련은 남아 있지만 더 현대적인 의미에서의 미술이 하고 싶어졌다. 예로 든 나의 습작품 드로잉은 하늘을 표현한 것에서만 볼 수 있고 그것보다는 구도 자체에 초점을 맞췄다. 다음에 하고 싶은 작업은 사진이다. 어려서부터 지금까지 '나'의 성장 과정 사진의 부분 부분을 잘라서 큰 모습의 '나'를 완성시키기로 구상하고 있다. 생각처럼 멋있는 작품이 될지는 모르겠지만 재미있는 작품이 될 것이라고 믿는다. 현대미술은 모를 때에는 답답하고

유식한 척하려는 사람들만 보인 것처럼 보이지만 알아갈수록 흥미로운 것이 또 현대미술인 것 같다. 앞으로도 계속 더 좋은 작품을 하고 싶은 욕심이 점점 커진다. (학생 글)

정다이(미술학과 10학번) 작품

연습 문제 ❷

미술관이나 박물관을 둘러 본 후 자신의 솔직한 감상에 기대어 글을 써 보자. 새롭게 알게 된 사실에 주목할 수도 있고, 작품을 대하면서 자신의 생각이 어떻게 변화하는지 그 과정을 추적해 보는 것도 흥미로울 것이다. 상투적인 미사여구가 아니라 내가 보고 느낀 것을 그대로 전달하는 생동감 넘친 묘사에 유의하면서 글을 쓰도록 하자.

연습 문제 ❸

온라인 컴퓨터 게임의 아이템 현금 거래 문제, 또는 MP3 음악파일의 인터넷 무료 공유 문제에 대한 각자의 입장을 찬반 토론하고 대중문화 비평문 방식으로 쓰도록 하자.

4. 3. 여행 감상문

감상문은 책을 읽고 문화예술 작품을 향유한 느낌만 적는 것이 아니다. 세상을 두루 다니면서 사람들을 여럿 만나고 거기서 느낀 감정을 쓰는 것도 감상문의 주요 대상이 된다. 세상을 두루 돌아다니는 것을 여행이라 하고 그 과정에서 여러 부류의 사람들을 만나는 것도 소중한 자산이 된다. 여행을 하면 여행 기록으로서의 기행문, 답사기 또는 여행 감상문을 쓸 수 있다. 사람들을 만난 기록을 체계적으로 적으면 인터뷰 기사나 인물 평전을 쓸 수 있다. 여기서는 여행 감상문, 기행문에 대해서 알아보도록 한다.

기행문은 여행을 하는 동안에 일어난 일이나 보고 듣고 느낀 것들을 시간 순서나 여정에 따라 기록한 글이다. 여행을 한 필자가 직접 경험한 새로운 사실이나 경험 등을 여정에 따라 소개, 기록한다는 점에서 정보 전달을 목표로 하는 보고서 성격의 설명문이면서 동시에 여행자의 느낌과 삶의 성찰을 담기에 감상문이기도 하다. 여행기, 답사기는 다른 공간으로의 이동과 관련된 단순한 정보 전달이나 설명문에 그치는 것이 아니다. 오히려 필자의 여행 체험을 통해 인간과 세상에 대한 감상과 성찰을 담기에 독자에게 1차로 여행 안내서이면서 동시에 2차로 인생 안내서가 되기도 한다. 그렇기에 여행 감상문, 답사기는 종종 문학성을 띠게 되고, 문학적 기행문, 나아가 아예 기행문학이 되기도 한다. 결국 어딘가를 몸소 다녀 보되 그냥 아무 생각 없이 다니는 것이 아니라, 무언가를 살피고, 찾고, 느끼면서 다녀보고 그 과정과 감상을 글로 쓰는 것이 기행문이라 할 수 있다.

여행 감상문, 답사기를 어떻게 쓰는 것이 좋을까? 사람은 "아는 만큼 보이고, 본 만큼 느끼며, 느낀 만큼 알 수 있다."라고 한다. 미리 준비하고 많이 알고 가서, 많이 보고, 아울러 많이 느껴보자. 그래야 일상보다 더 많이 알고 보며 느끼는 것이 반복 진전되는 삶의 발전을 실감할 수 있을 것이다. 좋은 기행문을 쓰려면 단순히 여정을 시간 순서대로 적는 것이 아니라, 개성을 살려 독창적으로 기록하는 자기만의 시각이 필요하다. 여정 전체를 모두 완벽하게 기록하기보다는 여행의 목적, 핵심을 잘 잡아 개성적 시각으로 재구성하는 것이 좋다. 무엇보다도 자아를 찾는 여행 보고를 즐거운 마음으로 되살려 쓸 수 있어야 하겠고, 남들 다 쓰는 틀에 박힌 기록이 아닌 자기만의 목표와 시각을 가지고 현장 체험을 재구성하는 창의적 발상이 필요하다.

여행 감상문을 쓸 때 중요한 것은 대상에 대한 애정이다. 자기가 가 보고자 하는 곳에 대한 자료와 정보를 미리 찾아봄으로써 대상에 대한 이해의 폭을 넓혀 두어야 한다. 아무것도 모르는 상태에서 대상을 접했을 때 별다른 감흥을 느낄 수 없을 터이고, 따라서 남들과 다른 창조적 감상은 불가능에 가까울 것이다. 그러므로 인터넷 등의 관련 자료를 조사하고 필요하면 사전 답사도 해야 한다. 실제 여행 중의 수많은 시행착오와 돌발변수에 지혜롭게 대처하고 개성적인 기행문을 남기기 위해서 대상에 대한 애정과 사전 이해가 중요하기 때문이다.

이제 개성적인 기행문을 쓰기 위한 절차를 제시하고 구체적 방법을 연습해 보기로 한다.

1) **사전 준비:** 정보·자료 확보 및 정리
2) **여행 계획:** 사전 준비 과정에서 얻은 결과를 토대로 작성
3) **여행 실시:** 계획에 의해 철저히 실시. 장비 지참 필수(사진기, 녹음기 등)
4) **기행문 개요 작성:** 무엇에 중심을 둘 것인가 계획
5) **기행문 집필:** 자신만의 시각으로 재구성하되 사진 등 자료도 적극 활용

먼저 기행문 쓰기의 첫 번째 단계는 '사전 준비'이다. 여행 대상에 대한 정보와 자료를 확보하여 정리하는 단계이다. 여행지에 대한 정보와 자료는 관련 서적이나 인

터넷 웹사이트 등을 통해 얻을 수 있다. 주의할 점은 인터넷 웹사이트 등에서 얻을 수 있는 자료가 제한적이라는 점과 얻은 자료의 신빙성을 꼼꼼하게 확인할 필요가 있다는 점이다. 예를 들어, 국가 기관이나 지방 자치 단체 등에서 만든 웹사이트는 비교적 믿을 수 있는 편이지만, 개인 웹사이트나 지식 검색 등의 사이트에서 얻은 정보는 반드시 사실 여부를 교차 확인할 필요가 있다. 따라서 정보와 자료를 수집할 때에는 여러 가지 경로를 통해 양을 늘리고 질을 높일 필요가 있다. 해당 방면의 전문가가 쓴 글이나 책에 의존하게 되는 것은 이러한 이유에서이다.

사전 준비 단계에서 얻은 자료와 정보를 토대로 여행지, 답사 대상에 대한 '선이해(先理解)'가 어느 정도 이루어지면 그에 따라 세부 계획을 수립한다. 동일한 여행지, 답사 대상이라고 해도 여행의 목적을 어디에 두느냐에 따라 구체적 계획은 달라지기 때문이다. 예를 들어 풍광이나 유적에 대한 다양한 사진을 찍는 볼거리 위주의 여행을 할 수도 있을 터이고, 관련 기록이나 숨겨진 이야기를 찾고 그것을 실제 현장에서 확인해 보는 답사를 할 수도 있을 것이다. 자신의 취향과 목적에 맞는 계획을 수립하며 그 효과를 극대화할 수 있도록 구체적 계획을 짜는 것이 중요하다.

여행은 대체로 일정이 빡빡하다. 따라서 여행 후 기억만으로 기행문을 쓰려면 어디서 무엇을 보았는지 혼란스럽다. 이를 막기 위해서는 사전 일정표(계획)와 필기구(스마트폰 가능)를 준비하고 수시로 기록하는 습관을 들인다. 현지에서 얻게 되는 각종 여행 정보는 수첩 등을 이용하여 꼼꼼히 메모하고 안내판과 안내 책자 등의 자료를 철저하게 수집해 두어야 한다. 때로는 시간 관계상 직접 받아 적거나 메모하기보다는 카메라로 안내판을 찍어두는 것이 좋을 경우도 있다. 메모장에는 오히려 자기만의 견문과 그때 당시의 느낌을 곧바로 적는 것이 중요하다.

여행을 마치고 돌아오면 기억이 사라질 염려가 있으므로 여행지에서의 메모와 각종 자료를 정리한다. 특히 여행 사진을 시간순, 장소별, 주제별로 정리하면서 간단한 설명을 다는 것으로 기행문 초안을 잡는 것도 한 방법이다. 실제로 기행문을 쓸 때 단순히 일정별로 기록하기보다는 '나를 찾아 떠나는 여행', '맛 기행', '문화유적 답사' '그곳 사람의 삶을 만나는 여행' 등 자기만의 개성적 주제(콘셉트)를 정한 뒤 시공간을 재구성하는 것이 좋다. 글만 쓸 것이 아니라 사진과 동영상, 입장권, 홍보 책자 등까지 첨부한다면 금상첨화일 것이다.

개성적 기행문, 답사기의 모범적 사례로는 유홍준의 『나의 문화유산 답사기』를 들 수 있다. 이 책은 미술사와 한국 철학을 전공한 저자의 해박한 지식 때문에 주목받기도 했지만, 무엇보다도 우리 문화유산에 대한 한없는 사랑을 품고 직접 전국 방방곡곡을 누빈 경험을 생생하게 담아냈다는 데 장점이 있다.

연습 문제 ❶

자신이 읽은 여행 감상문, 답사기 중 가장 기억에 남는 부분을 발췌하여 제시하고, 왜 기억에 남았는지 글로 써 보자. 특히 사진 등 관련 자료 등도 함께 첨부하도록 한다.

예문 8

경복궁 답사

각국의 왕궁은 그 나름의 특징을 갖고 있다. 모든 왕궁은 그 시대, 그 나라의 최고 기술과 최고 재료, 동원 가능한 재력의 소산이며 그 건축의 모습은 주어진 자연환경에 따라 성격을 달리한다. 광활한 평지에 세워진 중국의 자금성은 그 자체가 성곽이다. 한적한 시골에 지어진 베르싸이유궁은 목가적 전원과 어울린다. 외침이 많았던 헝가리 부다 왕궁은 도나우강 언덕 위 산성 속에 지어졌다. 빈 궁전은 귀족의 저택으로 포위된 도심 속에서 홀로 우뚝 군림하면서 도시의 랜드마크가 되었다. 이에 비해 우리 경복궁은 어느 시점에서 보아도 북악산과 인왕산을 바라볼 수 있는 자연과

경복궁 전경

의 어울림이 자랑이다. 그것은 규모의 문제가 아니라 미학의 문제다.

경복궁은 거기에 북악산과 인왕산이 있다는 것을 전제로 지어진 건축이다. 궁궐 너머로 보이는 북악산과 인왕산은 경복궁의 가시적 정원인 것이다. (중략)

광화문(光化門), 흥례문(興禮門), 근정문(勤政門)을 거쳐 근정전에 이르는 길은 나라의 위엄을 보이는 정연하고 엄숙한 공간이다. 그러나 근정전 뒤로 들어가면 사정전(思政殿)이라는 근무공간, 강녕전(康寧殿)·교태전(交泰殿)·자경전(慈慶殿)이라는 왕과 왕비와 대비의 생활공간이 있다. 근정전 옆으로 나가면 경회루(慶會樓)라는 연회공간이 있고, 태원전(泰元殿)이라는 제사공간이 있다. 또 그 뒤로 가면 고종과 명성황후가 살던 건청궁(乾淸宮)이라는 살림집이 있으며, 집옥재(集玉齋)라는 서재가 있고 향원정(香遠亭)이라는 아름다운 정자가 있다. 장고지(醬庫址)에는 조선팔도 장독이 늘어서 있다. 각 권역에서는 왕이 왕비와 생활하고, 신하들과 집무하고, 사신들과 연회를 베풀고, 조상에게 제사지내고, 홀로 산책하던 자취가 그대로 느껴진다.

아무런 선입견 없이 찾아온 안목 있는 외국인들이 경복궁을 보고 가슴 벅찬 감동을 받는 것은 인간의 살내음이 살아있는 궁궐이라는 점 때문이다. (유홍준, 『나의 문화유산 답사기』 제6권)

'모더니티'의 수도 파리(Paris)의 에펠탑

파리는 솔직히 글을 쓰기가 어려운 곳이다. 너무 쓸 게 많고 얘기할 것이 많기 때문이다. 로마가 도시 전체가 고대의 박물관이라면, 파리는 도시 도처가 문학과 예술의 기념비적 장소로 그 기억을 간직하고 있는 곳이다. 그러기에 거리 곳곳이 기호이고 상징으로 우리에게 무수한 얘기를 건네는 곳이다. 파리의 시인 보들레르(Charles Pierre Baudelaire, 1821~1867)는 『파리의 우울』에서 파리를 "이곳에는 모든 기상천외한 일들이 꽃처럼 피어"나는 곳이라 했다. 그래서 그는 "늙은 창녀에 취한 호색한처럼/이 거대한 갈보, 수도에 취하고 싶소./ 그녀의 지옥 같은 매력이 나를 끊임없이 젊게 해준다오./…오, 더러운 수도여! 나는 그대를 사랑하오!"라고 절규하지 않았던가. 그렇다. 파리는 그런 기상천외한 일들이 꽃처럼 피어나는 『아라비안 나이트』의 신기루와 같이 환상적인 곳이다. (중략)

파리의 정체성을 한마디로 규정하는 것은 어렵지만 굳이 의미를 찾자면 '근대'의 상징적인 도시라는 것이다. 로마는 분명 고대와 중세의 중심이었고, 피렌체는 르네상스의 중심이었다. 파리는 분명 근대 문화의 중심이자 그것을 확대 재생산한 곳이다.

아름다운 파리를 상징할 수 있는 '랜드 마크'가 무엇일까? 대부분 에펠탑이라는 데 동의할 것이다. 그렇다. 파리를 상징하는 최고의 건축물은 노트르담 같은 유서 깊은 성당도 아니고, 베르사유 같은 화려한 궁전도 아니고, 개선문 같은 승리의 기념물도 아니다. 어찌 보면 이 아름다운 파리에 어울리지 않을 것 같은 철골 구조물이 그 모든 것을 제치고 파리를 상징하는 건축물로 당당히 최고의 영예를 획득한 것이다.

그래서 파리를 찾는 많은 사람들은 가장 먼저 이 상징적 기념물을 찾는다. 지금은 그 주변에 공원과 분수를 설치하고 경관을 조성하여 에펠탑이 파리의 상징물로서 대접을 받고 있지만 처음 건축될 당시에는 찬밥 신세였다. 사실 에펠탑은 가까이 보는 것보다 멀리서 주변의 경관과 같이 보는 것이 더 아름답다. 사진도 그렇다. 가까이서 찍으면 에펠탑이 사진 속으로 다 들어오지 않는다. 고산 윤선도(孤山 尹善道, 1587~1671)의 「어부사시사」에 나오는 "인간을 돌아보니 멀도록 더욱 좋다."라는 구절처럼 멀리서 봐야지 더욱 어울리는 곳이다.

여러 번 에펠탑을 보았지만 그 상징적 의미를 파악하기 전까지는 철조로 만들어진 그냥 평범한 탑에 불과했다. 하지만 에펠탑이 갖는 상징적 의미를 안 뒤에는 다시 보이기 시작했다. 아는 만큼 보인다고 했던가? 에펠탑이 그런 경우다. 이제 그 내력 속으로 들어가 보자.

파리의 건물들은 대부분 그리 높지 않은 높이의 베이지색이나 미색의 석조건물들로 이루어져 있다. 그래서 '스카이라인'을 손상시키지 않고 고풍스러우면서 우아한 아름다움을 선사한다. 이런 '석조의 심포니' 속에 이질적인 철골로 이루어진 기념물을 세운다는 발상은 어떻게 가능했을까? 프랑스 혁명 100주년을 맞아 파리에서 만국박람회를 개최하면서 혁명의 정신을 살릴 수 있는 기념물을 현상 공모했고 거기에 당선된 작품이 교량기술자였던 귀스타브 에펠(Gustave Eiffel, 1832~1923)의 철골탑이다. 철골로 이루어진 에펠탑은 하찮은 민중들이 모여 엄청난 힘을 발휘하듯이 하나하나의 철조각들이 모여 거대한 역사를 만든다는 '혁명의 정신', '공화국의 정신'을 반영한 것이었다. 그러기에 그 자체가 프랑스 혁명을 통해 탄생한 공화국을 상징한다.

하지만 그 계획이 발표되자 프랑스의 지식인들은 들끓기 시작했다. 이 아름다운 석조의 도시에 흉물스러운 철골 구조물을 세워 도시의 미관을 파괴한다는 이유에서다. 무려 300명에 이르는 지식인과 예술가들이 그 서명에 동참했고 「진주 목걸이」의 작가 모파상은 "에펠탑이 안 보이는 에펠탑 위의 레스토랑에서 식사를 초대해야지만 응하겠다."라는 비판적인 농담도 서슴지 않았다. 시인 베를렌은 에펠탑을 '망루의 해골'이라 불렀으며, 위스망스는 '격자의 흉측한 철탑' 혹은 '끔찍스런 새장'이라고 불렀다.

그럼에도 불구하고 계획대로 에펠탑은 건립되었다. 무려 20개의 거대한 트러스를 볼트로 조립해 단 몇 달 만에 당시로서는 거의 불가능한 높이인 320m의 에펠탑을 건립해 건축사에 새로운 이정표를 세웠다. 그것은 이제 '돌의 시대'가 지나고 '철의 시대'가 도래했음을 알리는 신호탄이며, '수공의 시대'에서 '기계의 시대'로 이행됐음을 알리는 선언이었다. 그것이 바로 '근대'인 것이다. 에펠은 그렇게 해서 '근대'를 시각적으로 보여주었다. 자, 봐라! 이것이 근대다. 돌을 다듬어서 기념물을 만들던 시대는 이제 지나갔다. 우리는 이제 새로운 방식에 적응해 나가야 한다. 이렇게 에펠탑은 관람객들에게 얘기하고 있는 것이리라. 에펠탑이 '근대의 수도' 파리에 상징적인 건물이 될 수 있는 것은 이런 이유에서다.

애초 에펠탑은 20년 동안 기념물로 그 자리를 지키다 1909년에 철거될 운명이었다. 그런데 '매스미디어의 시대'가 도래하면서 방송용 안테나를 설치하기 위해 방송탑의 역할을 맡게 되면서 철거되지 않았다. 파리에서 그 정도의 높이를 가진 건물이나 지형이 없기 때문이었다. 가장 높다는 몽마르트 언덕도 128m에 불과하다. 어찌 보면 에펠탑이야말로 자신의 운명을 스스로 개척했다고 할까? 앞으로 어떤 시대가 도래할지를 미리 예견하고 거기에 대처해 스스로 역사를 만들어 최고의 상징물로 태어난 것이다. 에펠탑은 흉물스런 철거 대상에서 당당히 이 아름다운 도시의 상징으로 최고의 지위를 획득한 파리의 '미운 오리 새끼'다. 그래서 에펠탑은 하찮은 민중들이 모여 어떻게 역사를 만들어가는지를 그 구조나 내력을 통해 사람들에게 증거하는 것이다. (중략)

우리는 에펠탑의 야경을 보기 위해 파리의 야경이 가장 아름답다는 몽파르나스 타워에 올라가 야경을 감상했다. 한 시간에 한 번씩 에펠탑이 각기 다른 색의 화려한 조명으로 빛을 발하며 파리의 밤하늘을 수놓고 있어 새로운 볼거리로 등장했다. 저다채로운 조명처럼 파리도 그런 도시다. 어떤 틀로도 규정할 수 없는 자유로운 도시다. '근대성의 수도'에서 '낭만'과 '우울'의 도시로, 혹은 '혁명'과 '자유'의 도시로, 혹은 '문학'과 '예술'의 도시로 다양한 모습을 지니고 있다. 세계 어디에도 없는, 천의 얼굴을 가진 아름다운 도시, 그것이 파리인 것이다. (권순긍, 『유럽 도시에서 길을 찾다』, 청아출판사, 2011.)

예문 10

낙산사 의상대 기행

양양 낙산사의 제일 명소는 의상대이다. 입구, 사람들이 제일 사진을 많이 찍는 곳이 있는데, 돌담에 "길에서 길을 묻다"라는 문장이 새겨져 있는 곳이다. 한글은 한 단어에도 뜻이 다양해서 참 매력적이다. 여기에 내 나름의 해석을 한번 해보았다. 처

멀리서 바라본 정자의 모습. 흐린 날씨 덕분에 실루엣으로도 감상할 수 있었다.

의상대 주변에 듬성듬성하게 보이는 그을린 노송들

음에 언급된 길은 '낙산사 길'을 말하는 것이다. 실제로 우리가 발로 딛고 걷는 길 말이다. 두 번째로 언급된 길은 바로 우리의 '인생의 길'이 아닐까 싶다. 호젓한 낙산사의 길을 걸으면서 나의 과거의 삶부터 앞으로의 인생까지 쭉 생각해보며 '난 제대로 된 길을 걷고 있는가?' 하는 질문을 던지는 것이 아닐까. 누군가는 또 다른 해석을 하겠지만 나에겐 이러한 의미로 생각되었다.

오르막길을 성큼성큼 오르고 보니, 저 멀리 꺾어지는 절벽 위에 한 정자가 서 있었다. 어둑어둑한 안개가 가득 낀 하늘에 실루엣으로 보이는 정자의 모습이 한 폭의 그림처럼 아름다워서, 걷는 내내 시선을 머무르게 했다. 사진으로라도 남기자 싶어 여러 번 찍어서 확인하는데, 어떻게 찍어도 화보처럼 나와서 마치 내가 유명 사진작가가 된 양 우쭐한 기분마저 들었다. 어찌나 분위기가 좋은지……

이건 직접 봐야만 안다.

조금 더 가까이 다가가니 정자의 실루엣이 걷히고 선명하게 보이기 시작한다. 아하. 정자의 정체를 알게 되었다. 동해의 일출을 제대로 보려면 이곳으로 가야 한다고 할 정도로, 해돋이 명승지로 이름난 '낙산사 의상대'였다. 이른 시간임에도 사람들이 꽤 많았다. 일출 경관으로 유명하여 많은 관광객이 찾아오는 곳이기 때문이리라.

의상대는 송강 정철의 '관동별곡'에서 관동팔경의 하나로 소개된 동해안 일출이 유명한 장소이다. 신라시대 낙산사를 창건한 의상대사가 참선했던 장소에 세운 작은 육모정자이다. 또한 이곳에서 관음보살을 만났다는 전설을 지니고 있기도 하다.

의상대 곳곳을 둘러보니, 수차례의 중건과 복원을 거쳐서인지 의상대 기둥에 그려진 전통문양들과 현판에서 옛것의 풍취를 느끼기 힘들었다. 꺾어진 해안절벽에 위치한 의상대는 전방에 관음송이란 오래된 노송을 두고, 뒤로는 언덕 위의 관음보살상이 인자하게 내려다보고 있는 가운데에 위치하고 있었다. 2005년 큰 화재로 인해 낙산사 주요 경관 요소였던 노송들이 많이 훼손되었고, 의상대 바로 근처까지 불길이 닿았지만 다행히 의상대 자체는 타지 않았다. 실제로 정자 주변을 둘러보니 듬성듬성 자리를 지키고 있는 노송들의 몸에 아직도 불길에 휩쓸렸던 흔적들이 역력했다.

불에 그을린 노송들을 사진에 담기 시작했다. '안타깝다, 안타깝다'를 연신 외치면서 말이다. 오랫동안 낙산사를 지켜온 그들이 대단했다. 비록 꽤 많은 전사자가 있었지만, 적어도 의상대 곁을 지키던 제군들은 끝까지 의상대를 지켜냈구나! 하는 뿌듯한 생각에 손수 훈장이라도 걸어주고 싶은 기분마저 들었다.

슬슬 바다 가까이 가 볼까. 바다는 고요하고, 비는 추적추적 내리고. 한동안 조용히 의상대 난간 기둥 옆에 서서, 기둥 옆으로 빼꼼하게 보이는 동해를 바라보았다. 이런 고요함은 참으로 오랜만에 느끼는 휴식이었다. 바다를 바라보고 있자니 부드러운 기타 연주가 들어간 팝송을 듣고 싶은 아늑한 기분이 되었다.

기둥을 지나서 바다 앞 난간에 바짝 붙어 서서 바다를 바라보았다. 아래를 보니 역시 절벽이라 그런지 약간 아찔하다. 가을낙엽이 주렁주렁 매달린 나뭇가지 사이로 보이는 흑색에 가까운 바다는 맑은 동해와는 또 다른 매력이 있었다. (학생의 글)

연습 문제 ❷

위의 글이 개성적 답사기로서의 요건을 갖추었는지 설명해 보자. 앞에서 설명한 기행문(답사기) 작성 절차에 의하면 위의 글은 5단계(집필)의 결과물이다. 이 글을 토대로 1~4단계에 해당하는 내용을 역추적하여 평가해 보자.

연습 문제 ❸

자신의 고향이나 성장한 곳, 또는 현 거주지를 차례로 탐방하고 그곳을 인터넷에 소개하는 글을 구상해서 사진과 지도 등 관련 자료와 함께 써 보자. 특정 지역의 지명과 유래, 역사적 사건이나 인물, 유적지나 명소, 주변의 문화적 시설, 앞으로의 변화 방향 등에 대하여 소개해 본다.

2012   2014   김현섭(컴퓨터교육학과 09학번) 그림

05

창조적 글쓰기

5. 1. 개성적 사고와 창조적 글쓰기

우리는 중·고교 시절을 보내면서 국어, 문학 등 언어 영역 시간에 많은 글을 읽고 분석하며 때로는 뜻도 잘 모른 채 외운다. 이는 치열한 입시 경쟁을 뚫고 이른바 명문 대학에 진학하기 위한 단 하나의 목표 때문이다. 그런데 어려운 입시 관문을 통과했으니만큼 우수한 학생임에는 틀림없지만 이들조차 대부분 글쓰기 관련 교양 수업을 어렵게 생각한다. 교육 현장에서 들려오는 목소리는 다양하지만 공통점이 있다. 중·고교생 시절 공부 잘했다는 학생들조차 대학에서 언어 문화 영역과 관련된 강좌를 제대로 소화하기 힘들다고 말하는 것이다. 언어 영역과 관련된 두꺼운 참고서와 문제집만 반복해서 열심히 풀고 논술 예상 문제와 모범 답안을 열심히 암기하는 데 몰두하느라, 정작 인문 사회 과학과 관련된 동서고금의 고전이나 세계 명작, 한국 명작들을 폭넓고 깊게 읽지 않았다는 것이다. 지적 사고와 언어가 정교하게 결합된 문학 작품이나 예술 작품을 감상하면서, 그 미묘하면서도 다양한 문맥을 짚어낸다는 것은 꾸준한 독서를 통해서만 가능한 일이다. 그렇기에 평소 연마된 독해력과 훈련된 사고력의 뒷받침 없이는 자기만의 개성적인 글쓰기를 실천하기가 쉽지 않다.

대학 신입생에게 작가 등 어떠한 사전 정보도 주지 않고 시나 소설 한 편을 읽혔을 때, 놀랍게도 작품 한 편을 온전히 자기 영혼으로 느끼고 자기 말투로 설명하지 못하는 경우가 많다. 가령, "인용된 현대시의 주제로 알맞은 것을 고르시오."란 문제가 있다고 하자. 답안 보기로, '(1) 첫사랑에 실패한 사춘기 청소년의 실연의 고통, (2) 불륜으로 점철된 가족사의 비극, (3) 나라를 빼앗긴 식민지 백성의 고통과 광복에의 의지, (4) 정의와 평화가 위협받는 인류애의 위기' 등이 예시되었다고 하자. 학생들 대부분은 주저 없이 3번을 정답으로 '찍는다.'

그런데 이상하다. 정작 시 텍스트의 내용을 이야기해 주지도 않았는데, 이미 답을 알고 있다는 것은 문제가 있는 것이 아닐까? 첫사랑에 실패해서 한창 실연의 고통에 빠져 있는 사춘기 소년 소녀의 영혼에는, 그 사랑이 진정한 것이었다면 어떠한 시를 읽더라도 비관적 세계 인식이라는 엇비슷한 해석이 나올 수 있지 않을까? 세상이 온통 잿빛으로 보일 테니 말이다. 작품에 나오는 어둡고 부정적인 언어 이미지에서는 실연의 고통이, 밝고 긍정적인 진술에서는 다시 찾은 사랑의 기쁨이 느껴질 것이다. 그런데 실연의 고통에서 헤어 나오지 못하는 중이라도 대한민국 중·고등학교 학생들은 1번 답을 고르지 않는다. 그게 솔직한 자기 마음이라도 그렇다.

아마도 학생들은 대입 시험을 준비하는 그 고단한 과정에서 자기의 감성을 기준으로 문학 작품을 느끼고 솔직하게 해석하면 안 된다는 사실을 자신도 모르게 내면화시킨 탓이 아닐까 생각한다. 그래서 감상문 쓰기만큼은 '정답 찾기를 위한 외우기, 베끼기'가 없었으면 한다. 작품 감상을 통해 인생과 사회에 대해서 공부하는 시간만이라도 정답 찾기를 해선 곤란하다는 생각이다. 정답이란 말 대신 사용하는

'모범 답안 만들기'란 것도 마찬가지이다. 모범 답안 역시 정답의 변형일 뿐이다.

　문학 작품은 우리가 통념적으로만 알고 있던 세상사에 대한 새로운 안목을 갖게 해 준다. 어려운 철학 책이나 논문 해독에 얽매이지 않고 독서의 흥미를 찾아 나서면서도 인생의 교훈을 얻게 되길 바라는 것이다. 즐겁게 작품 줄거리를 따라 읽다가 문득문득 "아하, 이런 인생도 있구나!" 하고 감동에 빠지거나, "그래, 나도 그랬어, 나도 이런 생각을 했어!"라고 공감하는 순간은 참으로 유쾌하기 그지없다. 더구나 주위의 다른 사람들과 대화하다가 우연히 상대방이 자신과 같은 느낌을 받았다는 말을 들으면 더욱 기분이 좋아질 것이다.

　설령 의견이 다를지라도 토론을 통하여 얼마든지 다양하게 작품을 느낄 수 있는 만큼 토론은 대화를 늘릴 기회가 되기도 한다. 그런데 다른 사람에게 자기 느낌을 이야기할 때는 유명한 사람의 권위 있는 평이나 책 뒤에 붙은 해설 등에서 힘을 빌려　남의 느낌을 거짓되게　말하는 경우가 종종 있다. 뭔가 따로　정답이 있을 텐데 그것과 내 느낌이 다를까 두려워서 자기의 솔직한 의견을 숨기는 것은 아닌지 모르겠다.

　다음 시를 읽고 자신의 느낌을 있는 그대로 솔직하게 털어놓고 글로 적어 보자.

예문 1

흔들리며 피는 꽃

도 종 환

흔들리지 않고 피는 꽃이 어디 있으랴

이 세상 그 어떤 아름다운 꽃들도

다 흔들리면서 피었나니

흔들리면서 줄기를 곧게 세웠나니

흔들리지 않고 가는 사랑이 어디 있으랴

젖지 않고 피는 꽃이 어디 있으랴

이 세상 그 어떤 빛나는 꽃들도

다 젖으며 젖으며 피었나니

바람과 비에 젖으며

꽃잎 따뜻하게 피웠나니

젖지 않고 가는 삶이 어디 있으랴

사실 좋은 작품이란 모든 사람이 똑같은 느낌을 갖게 만드는 것이 아니라 다양한 해석을 가능하게 해야 한다고 생각한다. 읽은 이가 바뀔 때마다 매번 새로운 경험을 보여주며 때로는 읽는 이의 삶까지 비춰주는 거울 같은 작품이야말로 진정 좋은 작품이라고 할 수 있다. 창조적 글쓰기는 인생을 살아가면서 느끼는 여러 문제점을 되비쳐주는 구실을 하면서 삶의 새로운 의미를 깨우쳐준다. 그런 점에서 어떤 문제를 빠르고 효율적으로 해결하는 해답 찾기 기법을 터득케 하는 것이 아니라 그 해법이 과연 맞을까 끊임없이 의문을 던지면서 새롭게 인생의 문제를 깨닫게 하는 문제집 만들기라 하겠다.

창조적 글쓰기에 일정한 규범이나 틀은 존재하지 않는다. 기존 작품에 대한 구태의연한 해석이나 정답 찾기 대신, 자유로운 상상력을 발휘한 기발한 감상을 비롯하여 작품 속 인물과의 대화, 작중 상황을 바꾼 번안이나 개작, 다양한 방식의 패러디, 릴레이 글쓰기, 장르를 넘어선 글쓰기 등 다양한 방식을 떠올릴 수 있다. 창조적 글쓰기는 21세기의 새로운 문화를 만들고 기존 문화 규범을 되돌아보게 만드는

하나의 잣대인 셈이다. 이를테면 예전의 인기 만화 〈둘리〉나 한때 전 지구적 반향을 불러일으킨 애니메이션 〈뽀롱뽀롱 뽀로로〉처럼 하나의 원작, 원형, 모티프를 창조하기만 하면 그것을 기반으로 하여 장난감이나 문구, 팬시 제품 같은 캐릭터 상품을 만들 수 있다. 나아가 그를 주인공으로 하는 연극, 영화, 인터넷소설, 컴퓨터게임, 테마파크 등 다양한 분야의 창작물 내지는 문화 상품으로 확산되는 '원 소스 멀티 유즈(one source multi use)' 개념을 떠올릴 수 있다. 우리가 살아가고 있는 21세기에는 문화 콘텐츠 산업이 기존의 산업과 마찬가지로 중요해질 것이다. 문화 콘텐츠가 새로운 산업의 중심이 될 것으로 전망되기에 자유로운 상상력을 동원한 캐릭터와 스토리텔링의 개발은 무궁무진한 발전 가능성이 있다고 생각한다. 이를 준비하기 위해서라도 기존의 문화적 영역과 예술적 권위의 틀을 과감히 넘어서는 새로운 시도가 필요하다.

창의적 상상력에 입각한 창조적 글쓰기의 고단한 과정을 예로 들어 생각해 보도록 한다. 다음 글은 글쓰기 수강생의 시 창작 전후 소감을 소개한 것이다. 이를 예로 든 이유는 시를 창작하는 과정에서 자기 자신을 반성적으로 성찰하는 글쓰기의 상위인지 전략이 잘 드러나 있기 때문이다. 시를 창작하는 두 예문의 모든 과정을 따라가면서 창조적 글쓰기의 방법도 익히고 바람직한 창작이란 과연 무엇인지 교훈도 터득했으면 한다.

어느 시 창작의 경우

시를 쓰고 싶지만 시상이 잘 나오지 않을 때 "A는 B다." 식으로 한 대상을 놓고 무수히 많은 생각들을 풀어 내는 것도 한 방법이다. 최근 들어 친구들이 "넌 귀가 안 좋냐, 내 소리가 안 들리니?" 하며 핀잔을 주길래 분을 식힐 겸 귀에 대한 생각들을 쭉 적어봤다.

귀

귀는 햇빛의 소리를 담아내는 튤립 봉우리다 / 귀는 민달팽이가 사는 집이다 / 귀는 무서운 별들에게서 벗어날 수 있는 유일한 미봉책이다 / 귀는 내 몸에서 유일하게 먼지가 쉬어가는 언덕이다 / 귀는 잠자리가 날개마저 부딪쳐 지나가는 길이다 / 귀는 세상을 잡아먹는 벌 받은 혹이다 / 귀는 태어난 이에게 주는 가혹한 잉여 생산물 두 개다 / 귀는 소리의 물결에 수십 년간 침식 받은 곡류하천이다 / 귀는 막아버리면 터지는 화산 폭발이다 / 귀는 시험 볼 때마다 없애고 싶은 불순물이다

이것이 시처럼 보이지는 않을 것이다. 하지만 내 입장에서 시는 찰나의 순간을 잡아내는 것이라는 생각이 들었다. 하나의 대상 속에 숨겨진 것들을 다른 이들에게 알려주고 전달자 역할을 하는 사람이 시인이니까.

첫 번째 행의 '튤립 봉우리' 같다고 생각한 것은 귀를 생각했을 때 내 옆에 가짜 튤립, 조화가 있어서 그랬다. 햇빛이 비추는데 아무리 가짜라지만 활짝 펴져 햇빛의 양분을 빨아먹으려고 하는 듯한 꽃의 모습이 마치 소리를 들을 때 바짝 귀를 가져다 대는 것과 같아 그런 착상을 했다. 두 번째 행은 단순히 달팽이관을 생각했다. 귀는

소리의 집이라 생각하니 갑자기 달팽이집과 같다는 생각이 나서 그곳에 민달팽이를 집어넣었다. 그리고 먼지가 쉬어가는 곳이라 표현한 것은 귀가 양 옆으로 튀어나와 있으니 먼지가 내려앉아있기 쉬울 것이라 생각해서였다. 일곱 번째 '가혹한 잉여생산물'이란 말은 귀 덕에 소리를 들어 기쁠 수도 있지만 그것으로 인해 상처받고 아파하는 경우도 많기 때문에 그렇게 표현했다. 잠자리 이야기를 한 것은 꿈속에서 잠자리가 귓속에 들어가 아프게 한 경험이 있기에 써보았다.

처음 쓴 시를 스스로 해석하자니 기분이 묘하다. 사실 이렇게 시를 해석하는 것보다 스스로 읽고 자신의 경험과 비춰 보았으면 하는 마음이 크기 때문이다. 항상 친구들이 "이건 어떻게 쓴 시야?" 하고 물어보면 대답을 못한다. 사실 내가 쓴 시라도 스스로 설명하지 못하는 것이 많기도 하고 어떠한 이유로 인해 어떻게 썼다는 것 자체가 더 이상해 보일 것 같기 때문이다. 이번 시는 시라고 할 수 없지만 현 상황에서 짜낸 미흡한 생각의 조각이다. 이 초고에 옷을 입히고 나만의 색깔을 만들어 보겠다.

위에서 '귀'를 소재로 한 시 초고는 미완성이다. 'A는 B다'라는 식의 비유를 나열한 구조라서 아쉬움이 묻어났다. 그러던 중 문득 이 시를 다시 건드려야겠다는 생각이 들었다. 그래서 원래 썼던 초고의 내용은 유지하되 틀을 조금 바꿔 보았다. 초고에서는 '~은 ~이다'를 시처럼 행갈이해서 풀었지만 그렇게 매끄럽다고 할 수는 없었다.

그래서 당시 적었던 시어를 모두 풀어 내는 것에 초점을 두어 서로 이어지지 않았던 시어들을 엮어보았다. 초고에서는 '유일하게 먼지가 쉬어가는 언덕'과 '민달팽이가 사는 집'은 다음 행으로 연결되어 있지 않으나 '귀'를 비유한 공통점이 있다. 그래서 '유일하게 먼지가 쉬어가는 언덕/민달팽이가 사는 집이다'처럼 인과적 연결이 되도록 바꾸었다.

귀

너는

내 몸에서 유일하게 먼지가 쉬어가는 언덕

민달팽이가 사는 집이다

햇빛의 소리를 담아내는 튤립 봉우리

잠자리가 날개마저 부딪쳐 지나가는 길이다

너는

태어난 이에게 주는 가혹한 잉여생산물 두 개

막아버리면 터지는 활화산

소리의 물결에 수십 년간 침식 받은 곡류하천이다

너는

내가

별들에게서 벗어날 수 있는

유일한 미봉책이며

세상을 야금야금 잠식해가는

벌 받은 혹,

시험 볼 때마다 없애고 싶은 불순물이다

(학생의 글)

오롯한 나의 시: 배움에 대한 희열을 느끼며

나는 글쓰기가 좋았다. 시를 잘 쓰는 방법으로 나름의 전략을 사용하곤 하였다. 그 방법은 두 단계로 이뤄졌다. 먼저 시를 쓰기 전에 도치법, 과장법, 반어법과 같이 내 시를 화려하게 할 요소들을 적어놓았다. 그 후, 내가 정한 주제를 요소에 맞춰 시로 쓰고서 적당히 끼워 맞췄다. 각 요소들의 조합이 최대한 매끄럽고 자연스러워지도록 노력하였다. 중고생 때 나의 글과 시는 굉장히 수준 높고 잘 쓴 작품이라 자부했다. 마음 가는 대로 쓴 글이 아니라 다양한 수사법을 사용했으니 다른 친구들 것보다 더 성숙하고 작품성이 있을 거라 생각했다. 그런데 번번이 백일장 상을 놓치곤 했다.

한번은 내 야심찬 시가 교내 백일장 수상에서 탈락하여 너무나 속상한 적이 있었다. 앞으로 더 좋은 시를 쓰고 싶은 마음도 컸고, 선생님께 좋은 모습을 보여드리고 싶은 마음도 컸고, 그동안 나름 전략적인 방법을 써왔다고 생각했는데 이것이 효과를 발휘하지 못하는 이유를 알고 싶어 질문을 드렸다.

"선생님, 도대체 제 시가 왜 수상작에 들어가지 않은 건가요?"

선생님께서는 수상작 중 잘된 작품이라며 다음 시를 소개해 주셨다.

모기

윙 / 모기가 날아다닌다. / 윙 윙 / 아뿔사! / 방심했던 것 같다. //

내 팔 한 곳에 / 볼록한 산이 생겼다. / 집념의 눈으로 응시한다. //

윙 / 윙 / 윙 / 철썩 / 오늘 밤은 / 내 방이 / 조용하다.

처음엔 무척 당황스러웠다. 흔한 일상적 소재에다 내용조차 단순했기 때문이다. 자신이 느낀 솔직한 감정을 자연스러운 방법으로 독자에게 맞게 전달한 것이다. 여기서 '독자에게 맞게' 라는 것은 또래 나이, 생각, 상황 등에 해당한다. 즉, 어떠한 감정을 느꼈더라도 그것을 형식적 틀에 맞춰 전달하거나 효과를 극대화하겠다고 극단적인 방법을 사용하는 등 기성 시인의 시를 따라하려 하는 것은 옳지 않은 방법이다. 내 나이에 맞게, 내가 생각하고 느낀 방식으로 최대한 자연스럽게 써야 감정이 잘 전달될 수 있는 것이다. 그때 나는 어떤 시를 썼던가?

상처 치유법

상처가 많은 아이들아 / 이제 이 햇살 좀 만져보렴. / 파아란 네 손 위로 따스히 가라앉는 / 이제 이 햇살을 만져보렴. / 혹 네게 그럴 손이 없다면 / 저 별의 속삭임을 들어보렴. / 네게 다가오려 떨어지는 //

저 별똥별의 부름을 들어보렴. / 혹 네게 그러할 귀마저 없대도 / 상처가 많은 아이들아 / 울지 말거라 //

네가 만지지도 듣지도 못하여도 / 매양 햇살과 별이 네 곁에 있음에 / 네게도 살아 숨 쉬는 삶이 있음에 / 그러한 것들에 감사하여라.

당시에는 내 시에 굉장히 뿌듯해 했다. 그러나 지금 보면 이것은 '가짜 시'이다. 내신 관리와 공부로 인해 받은 스트레스를 표현한 시였는데 이제 보니 스트레스를 자극적으로 표현했다. 진심을 전달하고 기록하기보다 어떤 도덕적인 것을 주제로 기존 시의 영향을 받아 어른스럽게 따라 쓰려 했던 것이다.

솔직히 나는 그동안 얼마나 '살아 숨 쉬는 삶이 있음'에 감사하고 살았을까? 고작 중고생 때 내신 관리에 치여 공부하는 것만으로도 가슴에 유리가 박히고 피가 난다는 시를 썼으면서 말이다. 그런데 멀쩡한 손과 귀가 있는 나의 삶에도 감사하지 못하면서 그것이 없는 장애인들에게 그러한 삶이라도 햇살과 별이 있으니 감사하라니, 이런 아이러니가 또 있을까. 그들이 좌절하거나 힘들어 하지만은 않았으면 좋겠다는 마음도 있었지만, "이 시는 정작 나 자신이 실천하지 못하는, 내 마음이 향하지 않는 곳을 향해 마치 나는 성숙한 듯 보이려 썼던 것은 아닌가?"라는 생각이 들게 하니, 조금은 부끄럽다.

 내 시 중 진심이 느껴지고 어떤 시적 기법보다 마음을 풀어 내려 애썼던 시가 아래 시가 아닐까 한다.

친구가 아프던 날

친구가 아파서 울던 날

내 손을 꼬옥 잡고 울던 날

내 손이 빨개졌던 그 날

눈에서 흐르는 물도 모자라

온몸에서 물 흘리던 친구가

세상을 토하고 물만 먹던 그날

하나가 된 세상을

세상 가장 깨끗한 물로

그 어둡던 곳에서 혼자 씻던 날

세상이 아프다

내 세상이 아프다

아픈 세상이 나를 잡고 운다

친구가 아파서 울던 날

세상이 아파서 울던 날

세상을 잡고서 내가 울던 날

내겐 이 세상 전부라 할 수 있을 정도로 소중한 친구가 아파서 힘들어 하던 날, 그 모습을 지켜보던 슬픈 마음을 적은 시이다. 아파서 흘리던 눈물과 땀, 그리고 다른 것을 토해내고 물밖에 먹을 수 없던 친구. 토해 낸 것을 부끄러워하며 어두운 곳에 숨어 혼자 씻던 친구를 보고 내가 쓴 시이다. 이 시가 가장 마음에 드는 이유는 무엇인가를 모방하거나 흉내 낸 것이 아니라 온전히 나의 감각과 감정으로 이루어진 나만의 시이기 때문이다. 한번도 경험해 보지 못한 처절한 아픔이나 신체적 정신적 부족함에서 오는 괴로움을 과장한 시가 아니라 내가 손을 붙잡고 울며 가슴으로 몸으로 느꼈던 그 마음을 그대로 썼기 때문일 것이다.

이제야 앞으로 어떤 시를 써야 할지 조금은 알았다. 대학생이 되어 처음으로 시를 한번 써 보고 싶었는데 사실 어떤 시가 좋은 시인지 잘 모르겠다. 과거 내가 쓴 시를 비교하며 느낀 깨달음만으로는 아직 자신이 없다. 그런데 신기한 것은 '보물'이 어디에 있는지는 모르겠으나 기꺼이 보물을 찾아 여행을 떠나고 싶다는 것이다. 학창 시절 '보물'을 찾아 헤매었던 흔적과 경험이 단순한 좋은 경험을 넘어 내 자산이 되어 있다는 것을 깨달았기 때문이다. 깨닫고 나니 지금 이 글을 쓰는 과정에 대한 애정도 남다르다. 이 시간 내가 만들어 내고 있는 것이 단지 하나의 과제, 보고서가 아니라 또 다른 보물지도를 뒤적이고 있는 자산임을 알았기 때문이다. 보물이 먼저인지 자산이 먼저인지 따지지 않고 보물찾기를 하다가 문득 내가 얻고 있는 그 두 가치를 발견했을 때의 그 희열을 지금 배우고 있다. '배움'이 기대되고 설렐 수 있다니! 내가 희열을 배우지 못했다면 불가능했을 일이다. 지금의 이 '기분 좋음'이 너무나 좋다. (학생 글)

개성적 사고에 기초한 창조적 글쓰기는 대체로 시, 소설, 희곡, 시나리오 등 문예 창작으로 구체화된다. 하지만 전문적인 문예 창작은 오랜 수련을 통한 별도의 습작 과정이 필요하다. 그 전에 기존 창작품의 감상과 모방, 그리고 패러디와 릴레이 등 개작과 재창작, 각색도 가능하다. 진정한 창조를 위한 밑거름은 자유로운 상상력이다.

글쓰기를 할 때 상상력을 발휘하려면 기존의 규칙을 잘 지키고 권위에 눌리면 곤란하다. 오히려 일상으로부터 일탈하는 것이 필요하다. 마치 폴 엘뤼아르의 시 「커브」처럼 "나는 소망한다, 내게 금지된 것을" 하는 방식으로 모범생의 주류적 흐름에서 벗어나 남다른 개성적 시선을 일상화하고, 이미 답이 정해진 익숙한 것으로부터 궤도 이탈을 두려워하지 말아야 한다. 남들이 하지 말라는 것도 할 수 있는 용기를 가지고 보다 다양하게 보고 읽고 말하고 느낀 사람의 상상력이 남들 말만 잘 따르는 사람들보다 월등히 높을 것은 당연하다.

연습 문제 ❶

인기 만화 〈둘리〉나 애니메이션 〈뽀롱뽀롱 뽀로로〉처럼 전 세계적인 반향을 불러일으킬 수 있는 문화 콘텐츠 산업의 새로운 캐릭터를 찾아보도록 하자. 그것을 원형으로 한 시, 소설, 영화, 드라마, 애니메이션, 인터넷 게임, 웹툰, 팬시 상품, 문구류, 테마파크 등 다양한 활용 가능성도 함께 모색해 보도록 한다.

5. 2. 패러디 글쓰기

창조적 글쓰기와 친해지려면 무엇보다도 남의 눈치를 보지 말고 자신의 생각을 있는 그대로 솔직하게 표현할 수 있는 용기가 필요하다. 덧붙이자면 전문가의 권위와 문제집 출제자의 정답에 눌려 있던 저마다의 상상력에 다시 불을 지피라는 것이다. 그리하여 다소 거창하게만 여겨지던 창작품이란 것도 문인, 예술가 '그들만의 리그'가 아니라 내 주변에서 일상적으로 만나는 것임을 새삼 느껴 보자는 것이다. 글쓰기 규범을 지나치게 의식하거나 거창한 이름 앞에서 주눅들 필요는 없다. 숙제로서의 억압된 글쓰기보다는 풍요로운 상상과 자유로운 표현과 창작의 쾌감을 느껴 보자. 이렇듯 창작의 과정을 자연스럽게 체험하다 보면, 어떤 이는 억압된 욕망이 분출되는 쾌감을 느낄 수 있을 것이다. 또 어떤 이는 잃어버린 자기만의 보물 창고를 되찾을 수도 있다. 이런 과정을 따라가다 보면 글쓰기의 괴로움과 함께 거기서 생기는 보람을 오롯이 느낄 수도 있으리라.

인터넷을 중심으로 한 기술 문명을 비교적 일찍 받아들인 우리 사회는 이로 인한 급격한 발달과 변화를 경험하고 있다. 문학도 예외는 아니어서 다양한 형태의 사이버 문학이 출현하면서 기존의 문학 혹은 장르와 경쟁하고 있다. 여기서는 새로운 형태로 출현하는 문학을 통해 우리 시대의 정신과 양식이 어떻게 변모하고, 또 어떻게 이를 수용할 수 있는지를 생각해 보았으면 한다. 나아가 장르 규범에 연연하지 않고, 장르 간 소통의 가능성을 다양하게 실험해 보는 사례를 통해 문예적 글쓰기를 연습해 보기 바란다.

개성적 시선을 가지면 모든 유명 작품에 대한 패러디를 시도할 수 있다. 다음은 김춘수의 명시 「꽃」을 패러디한 장정일 시인의 작품이다.

예문 4

라디오같이 사랑을 끄고 켤 수 있다면

― 김춘수의 「꽃」을 변주하여

내가 단추를 눌러 주기 전에는

그는 다만

하나의 라디오에 지나지 않았다.

내가 그의 단추를 눌러 주었을 때

그는 나에게로 와서

전파가 되었다.

내가 그의 단추를 눌러 준 것처럼

누가 와서 나의

굳어 버린 핏줄기와 황량한 가슴속 버튼을 눌러 다오

그에게로 가서 나도

그의 전파가 되고 싶다.

우리들은 모두

사랑이 되고 싶다.

끄고 싶을 때 끄고 켜고 싶을 때 켤 수 있는

라디오가 되고 싶다.

    패러디 글쓰기는 기존 권위에 대한 비판과 풍자를 거리낌 없이 허용하는 것을 전제로 한다. 풍자의 핵심은 '경계를 넘나드는 것'에 있다. 사람들은 권력과 권위에 도전하는 이들을 보며 긴장하지만, 해학과 풍자로 끝나는 마무리에 웃으며 카타르시스를 느낀다. 권력에 대한 비판과 도전이 굳이 진지할 필요는 없다. 그것은 문학작품을 자기 나름대로 새롭게 전유하는 감상일 수도 있고 새로운 창작을 하기 위한 출발일 수도 있으며 새로운 장르를 개척하는 창조적 글쓰기로 발전할 수도 있다.

다음은 기성 시인의 시를 다양하게 패러디한 학생 작품이다. 안도현 시인의 시 「너에게 묻는다」를 읽고 떠오르는 이미지를 그림으로 그려 넣고 자신의 화답 시를 패러디 방식으로 창작하였다.

예문 5

너에게 묻는다

안 도 현

연탄재 함부로 발로 차지 마라

너는

누구에게 한 번이라도 뜨거운 사람이었느냐

학생의 그림과 패러디 답시

너에게 답한다

– 안도현의 '너에게 묻는다'에 답하여

너는 아느냐 / 만두의 정체를 / 언제나 몸을 불사르며 / 뜨거움을 전하는 / 연탄재이고 싶으나 /뜨거운 속내를 / 썰렁한 껍데기에 / 싸고 있는 만두의 마음을 / 너는 아느냐 / 누군가의 빈 속을 /뜨습게 채워주고

싶은 / 나의 마음을 //

  그래 아니다 / 아직 아니다 / 입속 가득 퍼지는 / 만두 속 같은 뜨거움을

(학생의 패러디 시)

이러한 시 패러디 작업을 바라본 다른 동료들도 시를 다음과 같이 패러디하였다.

예문 6

글쓰기, 함부로 어렵다 하지 마라

글기실, 함부로 빡세다 하지 마라

너는

한번이라도 교수님에게 솔직한 마음이었느냐

글쓰기, 함부로 어렵다 하지 마라

너는

한번이라도 글을 쓸 때 진솔한 마음이었느냐

위 시는 안도현 시인의 「너에게 묻는다」를 패러디하여 제가 쓴 시입니다. 글쓰기 수업을 듣기 전까지 저는 글 쓰는 것이 정말로 어렵고 글을 쓸 때마다 왜 이렇게 쓸 말이 없을까 하는 생각을 하였습니다. 그러나 수업을 들으면서 글쓰기가 그동안 어려웠던 이유는 경험이나 지식, 글 쓰는 능력의 부족이라기보다는 진솔한 마음이 부족하였기 때문이라는 것을 알았습니다. 대입 논술시험의 틀에 맞춰진 글쓰기를 배웠

기 때문에 글을 쓸 때면 제 자신의 진솔한 마음을 나타내기보다는 어떻게 하면 남이 보기에 괜찮은 글, 논리적인 글을 쓸 수 있을까만 생각하게 되었고 그로 인해 글쓰기에 스트레스를 받았던 것 같습니다. 다른 사람보다 깨달음이 늦었을 수도 있지만, 이제라도 글을 쓴다는 것은 제 마음에 있는 진솔함을 꺼내는 작업이라는 것을 깨닫고 스무 살의 저를 알아보고자 합니다. (학생의 패러디 시와 해설)

연습 문제 ❶

다음 예문은 기성 시인의 유명한 시를 패러디한 글쓰기 수강생의 창작이다. 여러분들도 유명한 문학예술 작품이나 인기 있는 대중문화 텍스트를 패러디해서 재구성해 보자.

예문 7

어느날 고궁을 나오면서

김 수 영

왜 나는 조그만 일에만 분개하는가

저 왕궁 대신에 왕궁의 음탕 대신에

50원짜리 갈비가 기름 덩어리만 나왔다고 분개하고

옹졸하게 분개하고 설렁탕집 돼지 같은 주인년한테 욕을 하고

옹졸하게 욕을 하고

한번 정정당당하게

붙잡혀간 소설가를 위해서

언론의 자유를 요구하고 월남 파병에 반대하는

자유를 이행하지 못하고

20원을 받으러 세 번째 네 번째

찾아오는 야경꾼들만 증오하고 있는가

옹졸한 나의 전통은 유구하고 이제 내 앞에 정서로

가로놓여 있다

이를테면 이런 일이 있었다

부산의 포로수용소의 제 14 야전병원에 있을 때

정보원이 너어스들과 스폰지를 만들고 거즈를

개키고 있는 나를 보고 포로 경찰이 되지 않는다고

남자가 뭐 이런 일을 하고 있느냐고 놀린 일이 있었다

너어스들 옆에서

지금도 내가 반항하고 있는 것은 이 스폰지 만들기와

거즈 접고 있는 일과 조금도 다름없다

개의 울음소리를 듣고 그 비명에 지고

머리에 피도 안 마른 애놈의 투정에 진다

떨어지는 은행잎도 내가 밟고 가는 가시밭

아무래도 나는 비켜 서 있다 절정 위에는 서 있지

않고 암만해도 조금쯤 옆으로 비켜 서 있다

그리고 조금쯤 비켜 서 있는 것이 조금쯤

비겁한 것이라고 알고 있다!

그러니까 이렇게 옹졸하게 반항한다

이발쟁이에게

땅주인에게는 못하고 이발쟁이에게

구청직원에게는 못하고 동회직원에게도 못하고

야경꾼에게 20원 때문에 10원 때문에 1원 때문에

우습지 않느냐 1원 때문에

모래야 나는 얼마큼 적으냐

바람아 먼지야 풀아 나는 얼마큼 적으냐

정말 얼마큼 적으냐….

어느날 대학가를 거닐다가

– 김수영 시인이 2009년에 시를 썼다면

왜 나는 조그만 일에만 분개하는가

저 정치 대신에 정치의 부패 대신에

3000원짜리 학식에 고기가 적다고 분개하고

옹졸하게 분개하고 금잔디 위생사를 속으로 욕을 하고

속으로 욕을 하고

한번 정정당당하게

외국인 노동자의 인권을 위해서 말하지 못하고

법망을 빠져나가는 재벌가를 욕하지 못하고

자유를 이행하지 못하고

지하철 자리에서 일어나지 않는

내 앞의 사람에게만 분을 삭이는가

옹졸한 나의 미래는 몽롱하고 이제 내 앞에 담장이

가로놓여 있다

이를테면 이런 일이 있었다

지금도 내가 반항하고 있는 것은

그리 밝지 않은 강의실에 앉아

별 의미 없는 강의실 화면 위 필기를

받아 적는 일과 조금도 다름없다

떨어지는 은행잎도 내가 밟고 가는 가시밭

아무래도 나는 비켜 서 있다 절정 위에는 서 있지

않고 암만해도 조금쯤 옆으로 비켜 서 있다

그리고 조금쯤 비켜 서 있는 것이 조금쯤

비겁한 것이라고 생각하지 않는다!

다만 조금 피곤할 뿐이다

그러니까 이렇게 옹졸하게 반항한다

재벌에게 공무원에게는 못하고

아무 관련 없는 내 앞의 사람에게

먼지야 나는 얼마큼 적으냐

바람아 먼지야 풀아 나는 얼마큼 적으냐

정말 얼마큼 적으냐….

담배 후에 GG

(학생의 패러디 시)

추일(秋日) 서정

김 광 균

낙엽은 폴란드 망명 정부의 지폐

포화(砲火)에 이지러진

도룬 시의 가을 하늘을 생각게 한다.

길은 한 줄기 구겨진 넥타이처럼 풀어져

일광(日光)의 폭포 속으로 사라지고

조그만 담배 연기를 내뿜으며

새로 두 시의 급행열차가 들을 달린다.

포플라 나무의 근골(筋骨) 사이로

공장의 지붕은 흰 이빨을 드러낸 채

한 가닥 구부러진 철책(鐵柵)이 바람에 나부끼고

그 위에 셀로판지로 만든 구름이 하나.

자욱한 풀벌레 소리 발길로 차며

호올로 황량(荒凉)한 생각 버릴 곳 없어

허공에 띄우는 돌팔매 하나

기울어진 풍경의 장막(帳幕) 저 쪽에

고독한 반원(半圓)을 긋고 잠기어 간다.

스타크 서정: 김광균의 「추일 서정」 패러디

내 병력은 폴란드 망명 정부의 지폐

포화(砲火)에 초토화된

나의 본진을 생각게 한다.

길은 한 줄기 앞뒤가 적에게 막혀

나의 병력은 일광(日光)의 폭포 속으로 사라지고

조그만 시체만을 남긴 채

적군의 저글링만이 전장을 누빈다.

카루루 아래의 히드라만이

그들의 녹색 등뼈를 드러내인 채

한 가닥 구부러진 시즈탱크의 포신만이 바람에 나부끼고

그 위에 디파일러가 만든 구름이 하나.

자욱한 흙먼지 소리 발길로 차며

호올로 황량(荒凉)한 생각 버릴 곳 없어

허공에 띄우는 채팅 하나.

기울어진 풍경의 장막(帳幕) 저쪽에

고독한 반원(半圓)을 긋고 잠기어 간다.

GG.................

작품 해설: 이 시는 전략 시뮬레이션 게임인 스타크래프트에서 테란과 저그가 싸우던 중 테란 유저의 처절한 회한이 담긴 시다. 먼저 상황을 보자. 그의 본진은 드랍으로 인하여 쑥대밭이 되었고, 그의 병력은 저그 유저의 병력에 앞뒤로 포위당해 먹히는 상황을 맞았다. 전투 이후 테란 유저는 탱크만이 본진으로 돌아왔고, 저그는 저글링, 히드라, 디파일러로 테란 병력을 잡아먹었다. 결국 테란 유저는 담배를 한 대 피

> 고, 채팅 창에 게임 포기 의사를 나타내는 채팅을 하는 것이다. GG. 그것은 거짓된 문명의 파괴를 위해 던지는 돌이라기보다는 자신의 무료함을 달래기 위해서 던지는 돌이다. 마치 자신의 분신과도 같은 그 돌은 다만 '풍경의 장막 저쪽에 고독한 반원을 긋고 잠기어' 갈 뿐이다. 이 시에서 드러나는 게임 속 모습은 내적 필연성을 가지고 하나로 집중되는 것이 아니라 파편적으로 드러난다. 그러나 본진을 망명 정부의 지폐에 비유하는 파격적인 이미지의 결합이 획기적으로 신선하다. (학생의 패러디 시와 해설)

5. 3. 릴레이 글쓰기

프랑스의 대표적 어린이·청소년 문예지 『주부퀸(Je Bouquine)』이 해마다 여는 문학 콩쿠르가 있다. 이 대회의 운영 방식은 명망 있는 기성 작가가 이야기의 첫 부분을 시작하면, 참가자들이 뒤를 이어 결말을 써 내려가는 흥미로운 방식이다. 재미있는 것은 소위 명망 있는 기성 작가들의 반응이다. 이야기의 첫 부분을 제시한 작가가 그해 심사를 맡곤 하는데, 그들은 참가자들의 기발한 상상력, 참신한 발상에 매번 탄성을 지른다고 한다.

창의적 글쓰기를 위하여 릴레이 글쓰기도 시도할 만하다. 유쾌하고 발랄한 상상, 그리고 창조적인 글쓰기 영역에서 상상력을 더욱 풍요롭게 가꾸는 데 기존 이야기의 패러디와 함께 릴레이 글쓰기가 적절하게 활용될 수 있기 때문이다. 권위 있는 기성 작가들의 작품을 수동적으로 감상만 할 것이 아니라 적극적으로 재창조하는 방식으로 새로운 후일담과 결말을 상상하는 것은 작가와 독자가 서로의 입장을 바꾼 소통의 방식이라는 점에서 흥미롭다. 그리하여 그러한 대화와 교감이 합쳐졌을 때 만들어 내는 풍성함을 모두가 공유할 수 있다는 점에서 매우 유용하다.

작가라고 하면 예리한 촉수를 가진 몇몇 특별한 사람들로 오해하기 쉽다. 흔히 '잠수함에 탄 토끼'처럼 예지(叡智)의 소유자로 비유되어 온 것도 이러한 맥락에서다. 오늘날 작가는 직업으로서의 글쓰기를 전제하는 작가도 있지만 넓은 의미에서 보면 온/오프라인 상에서 무수히 참여하고 끊임없이 소통하는, 이른바 '나 홀로 작가', '저마다의 작가'도 그 수를 헤아릴 수 없을 정도로 많다. 이들 사이에 건널 수 없는 강(江)이 놓여 있는 것은 아니다. 또 엄숙한 구분을 요구하는 것도 바람직하지 않다. 오히려 이 '작가들'이 서로 대화하고 교감할 때 비로소 우리 시대의 작가상(像)은 그 외연을 넓힐 수 있을 것이며, 또한 이것으로부터 문학의 자기 갱신도 가능할 것이다.

예문 9

이름을 잃어버린 소년

텁수룩한 턱수염에 웃음을 머금은 두 눈, 낮은 목소리와 뻣뻣한 고수머리, 그리고 대단히 침착한 태도로, 그는 교실에 들어서자마자 우리들 마음을 사로잡았다. 새 학년의 첫 날, 첫 수업 시간. 일 년 동안 우리를 가르치게 될 선생님과의 첫 만남이었다. 더욱 중요한 것은 그 과목이 바로 수학이었던 것이다.

모두들 초조하게 선생님을 기다리고 있었다. 내 옆 자리에 앉은 친구는 처음 보는 녀석인데, 그 녀석이 나에게 물어왔다.

"너, 수학 선생님이 누군지 아니?"

"보아 하니 아렌 선생님인 것 같은데."

내가 대답했다.

"그 선생님 어떤데?"

그러자 반대쪽에 앉아 있던 까모가 뜻 모를 웃음을 띠며 몸을 숙이더니 낮게 속삭였다.

"이상한 사람이지."

"이상하다고?"

내 옆에 앉은 녀석이 다시 물었다.

"이상하다는 게 어떤 건데?"

"그러니까……. 그야말로 이상하다는 거지."

"아냐, 아냐. 아렌 선생님은 아주 좋은 분이야. 단지 좀……."

까모가 힐끔 나를 쳐다보았다. 나는 말을 마저 했다.

"단지 좀……, 이상하다고 할 수 있지."

신참 녀석은 불안한 표정을 지었다. 바로 그 순간 교실 문이 열리더니 아렌 선생님이 등장했다.

"자, 인사하자. 다들 자리에 앉도록. 나는 아렌이라고 하고 너희들에게 수학을 가르치게 되었다."

교실 안으로 걸어 들어오는 선생님은 텁수룩한 턱수염과 웃음을 머금은 두 눈, 낮은 목소리와 뻣뻣한 고수머리를 하고 있었고, 대단히 침착한 모습이었다. 진짜로, 선생님의 첫 인상은 우리 마음에 쏙 들었다. 교실에 들어서는 순간, 처음 보는 그 순간부터 선생님에 대한 믿음을 갖게 했으니까. 선생님은 의례적인 연설을 늘어놓지 않았다. 예를 들자면 이런 거 말이다. 나는 우리가 올 한 해 서로 잘 지내길 바라고……. 에 또 ……. 기타 등등. 단지 자기 이름을 칠판에 쓰고 나서 선생님은 곧바로 수업에 대해 이야기했다.

"올해 우리는 아주 새롭고, 흥미로운 것을 공부하게 된다."

…… (중략) ……

우리들은 배꼽을 잡고 웃었다. 특히 내 짝꿍인 신참 녀석은 다른 애들보다 더 크게 웃어젖히며 이렇게 묻기까지 했다.

"그럼 올해는 누가 될까요, 집합에 넣을 수 없는 녀석이요?"

그러자 아렌 선생님은 그 녀석을 한참 쳐다보더니 이렇게 말했다.

"아마도 네가 될 것 같구나."

이 말에 녀석은 너무나 신나게 웃다가 뒤로 자빠질 뻔했다.

아렌 선생님은 그 녀석이 즐거워하는 것을 보며 미소를 지었다. 그러고는 녀석에게 물었다.

"그래, 넌 이름이 뭐냐?"

그제야 신참 녀석이 웃음을 멈췄다. 녀석은 제 이름을 말하려고 입을 벌렸다. 그러나 입만 크게 벌렸을 뿐 목에서는 아무런 소리도 나오지 않았다.

"이름이 뭐냐니까?"

굵은 눈물방울이 녀석의 두 눈에서 흘러 내렸다. 녀석은 더듬거리며 말했다.

"제 이름은…… 제 이름은…… 그러니까…… 기억이 나지 않아요."

장난을 치는 게 아니었다. 녀석이 이름을 기억하려고 무진 애를 쓰고 있는 것을 똑똑히 볼 수 있었다. 그러나 헛일이었다.

아렌 선생님이 말했다.

"침착하렴, 불안해할 것 없다. 심각한 건 아니야. 내가 출석을 부를 테니, 네 이름이 나오면 대답을 하거라."

선생님은 반 전체의 출석을 불렀다. 그렇지만 녀석의 이름은 출석부에도 나와 있지 않았다.

"겁 먹을 것 없다."

아렌 선생님이 말했다. 그러나 선생님도 초조한 게 분명했다.

"아마 네가 반을 잘못 찾은 것 같구나. 교무실에 가서 학생 명부를 한 번 살펴보자꾸나."

선생님은 교무실에 가서 전교생의 이름이 들어 있는 명부까지 샅샅이 뒤져 보았지만, 녀석의 이름을 찾을 수 없었다. 명부의 이름을 하나하나 불러 보았지만, 녀석의 이름은 없었던 것이다.

그러자 아렌 선생님도 정말 불안해지기 시작했다. 선생님도 무슨 영문인지 알 수가 없는 것 같았다.

"거 참 잘 됐군요!"

까모가 말했다.

"선생님이 말한 집합 놀이가 정말 일어났네요. 이 녀석은 온갖 집합에서 빠진 거죠. 선생님 말씀대로 녀석은 여기도, 저기도 또 다른 데도 들어가는 데가 없으니까요. 게다가 녀석마저도 자기가 누군지 모른다니, 내 참! 자기 이름도 모르잖아요."

그러고 나서 까모는 얼굴이 하얗게 질려 버린 신참 녀석을 향해 안심하라는 듯이 말했다.

"괜찮아 우리가 네 이름을 찾아 줄게. 우리가 말야."

이어서 쓰세요 →

→ 혼자서 했어요

우리는 신참 녀석의 이름을 찾는 일에 돌입했다. 언제나 장난기로 가득 차 있는 까모는 녀석에게 시금치를 좋아하느냐고 물었다. 반 전체가 웃음바다가 되었다. 신참 녀석은 자기는 시금치를 무척 싫어한다고 대답했다. 그러자 까모는 큰 소리로, 녀석을 시금치를 좋아하는 집합에 넣을 수 없다고 말했다. 따라서 녀석의 이름이 뽀빠이일 리는 없다고 했다.

다시 신참 녀석의 얼굴에 웃음이 번졌다. 녀석은 우리가 이 이상한 상황에서 벗어날 수 있게 도와줄 거라 믿고 있었다. 우리는 신참 녀석에게 어디에 사는지 물어보았다. 녀석은 자기 집은 커다란 농장 근처에 있다고 대답했다. 그러자 까모는 녀석을 교외에 사는 아이들의 집합에 넣었다. (중략)

이어서 우리는 '기억하다' 동사의 접속법 반과거 변화형을 외워 보라고 주문했다. 녀석은 대답하지 못했다. 그러자 까모는 아주 만족한 얼굴을 했다. 왜냐하면 까모도 외우지 못하기 때문이다. 까모는 녀석을, 아버지가 프랑스어 선생님이 아닌 아이들의 집합에 넣었다.

우리는 또 녀석을 구구단의 2단을 외워보라고 했다. 그러자 녀석은 2단은 물론이고 3단에서 9단까지 전부 외워 버렸다. 녀석이 신나게 구구단을 외울 때는 정말이지 녀석을 말릴 수가 없었다. 마침내 우리는 환호성을 지르며 녀석의 아버지가 수학 선생님일 거라고 외쳤다.

까모는 진지하고 엄숙한 목소리로 신참 녀석의 이름이 뽀빠이가 아니고, 교외에 살며, 외아들이고, 털북숭이 강아지를 가지고 있고, 아버지는 수학 선생님이라고 정리했다.

그러자 아렌 선생님은 반 아이들을 칭찬해 주었다. 아이들이 집합을 너무나 능숙하게 사용할 줄 알았기 때문이다.

그러자 까모는 손을 들었다. 그러고는 자리에서 일어나 신참 녀석이 아렌 선생님의 아들이 아니냐고 물었다. 선생님은 빙그레 웃으면서 녀석이 선생님의 아들이 맞다고 말했다. 녀석이 덤벙거리다 학생 명부에 이름을 등록하는 것을 잊어버렸다는 것이다.

선생님은 우리들에게 집합을 공부하는 게 얼마나 쓸모 있는지 가르쳐주려고 아들과 함께 장난을 친 것이다. 선생님은 정식으로 아들 빅토르 아렌을 우리에게 소개했다.

새 학년 첫 수학 수업은 이렇게 신나게 웃고 즐기는 가운데 지나갔다. (다니엘 페닉 · 미셸 투르니에 외, 『상상력 먹고 이야기 똥 싸기』)

릴레이 글쓰기는 실제로 일어난 일이나 소설, 영화, 드라마 같은 허구적 스토리 등 모든 인과적 줄거리를 지닌 이야기[the narrative]에는 모두 적용할 수 있다. 가령 소설가 김훈의 대표작 『칼의 노래』의 아래 대목을 도입부로 삼아 이야기의 뒷부분을 상상해 보자.

예문 10

칼의 노래

그 무렵 부산 해역의 연안 포구와 섬들에 적들은 거대한 군비를 쌓아놓고 있었다. 그 섬들 사이로 함대를 이동시키자면 후방과 측방이 모두 위태로웠다. 겨울 바다는 물결이 높았다. 그 물결 높은 바다 위에서 며칠이고 진(陣)을 펼치고 언제 올지 모르는 적을 기다린다는 것은 자살이나 다름없었다.

조정은 작전 전체의 승패보다도 가토의 머리를 간절하게 원했다. 가토는 임진년 출병의 제2진이었다. 가토의 부대는 한나절 만에 부산성을 깨뜨리고 꽃놀이 가는 봄나들이 차림으로 가마 대열을 꾸며 북으로 올라갔다. 붙잡힌 조선 백성들이 그 가마를 메었다. 임금은 평양을 거쳐 의주까지 달아났었다. 임금은 가토의 머리에 걸린 정치적 상징성을 목말라 했다.

임금은 진실로 종묘사직 제단 위에 가토의 머리를 바치고 술 한 잔을 따르고 싶었을 것이다.

나는 정치적 상징성과 나의 군사를 바꿀 수는 없었다. 내가 가진 한 움큼이 조선의 전부였다. 나는 임금의 장난감을 바칠 수 없는 나 자신의 무력을 한탄했다. 나는 임금을 이해할 수 있었으나, 함대를 움직이지는 않았다. 나는 즉각 기소되었다. 권율이 나를 기소했고 비변사 문인 관료들은 나를 집요하게 탄핵했다. 서울 의금부에서 문초를 받는 동안 나는 나를 기소한 자와 탄핵한 자들이 누구였던가를 비로소 알게 되었다. 나는 정치에 아둔했으나 나의 아둔함이 부끄럽지는 않았다.

그 권율이 이 궁벽한 산골까지 또다시 나를 찾아온 것이었다. 권율은, 바로 이틀 전에 칠천량 앞바다에서 조선 수군이 전멸되었다는 소식을, 혼잣말을 하듯이 먼 곳을 바라보며 말했다. 그는 '전멸'을 여러 번 강조했다. '전멸'이라니까, 정확한 정황을 물을 필요는 없었다. 나는 듣기만 했다.

– 자네, 서울 의금부의 일들은 다 잊어버리게. 무인이란 본래 그래야 하네.

권율은 무섭게도 집중된 위엄을 가진 사내였다. 육군인 그는 임진강에서 이겼고, 용인에서 이겼고, 수원에서 이겼고, 이천에서 이겼고, 행주산성에서 이겼다. 그는 무수한 아수라를 돌파한 자의 살기를 몸속 깊이 숨기고 있었고, 나는 나의 살기로 그의 살기를 감지할 수 있었다. 그는 정치권력의 힘으로 전쟁을 수행해 나가고 있었다. 그는 육군의 지원을 요청하며 출전을 머뭇거리는 원균을 불러들여서 곤장 50대를 때려서 칠천량 바다로 내어몰았다. 그는 예순에 가까운 삼도수군통제사를 형틀에 묶어서 곤장을 칠 수 있는 사내였다. 그는 늙고 우둔한 맹수처럼 보였다. 그가 한참 만에 입을 열었다.

－ 자네 무슨 방책이 없겠나?

울어지지 않는 울음 같기도 하고 슬픔 같기도 한 불덩어리가 내 몸 깊은 곳에서 치받고 올라오는 것을 나는 느꼈다. 방책, 아아 방책. 그때 나는 차라리 의금부 형틀에서 죽었기를 바랐다. 방책 없는 세상에서, 목숨이 살아남아 또다시 방책을 찾는다. 나는 겨우 대답했다.

－ 방책은 물가에 있든지 없든지 할 것입니다. 연안을 다 돌아보고 나서 말씀 올리겠소이다.

－ 고맙네, 속히 시행하게.

권율은 군사를 거두어 돌아갔다. 순천에서 진주까지는 이틀이 걸린다. 칠천량 전투는 이틀 전에 끝났다. 권율은 패전 보고를 받은 즉시 나를 찾아서 여기까지 온 것이었다. 그것이 그의 방책이었을까. 권율이 돌아간 뒤, 나는 종을 시켜 칼을 갈았다. 시퍼런 칼은 구름 무늬로 어른거리면서 차가운 쇠비린내를 풍겼다. 칼이 뜨거운 물건인지 차가운 물건인지를 나는 늘 분간하기 어려웠다. 나는 칼을 코에 대고 쇠비린내를 몸속 깊이 빨아넣었다. 이 세상을 다 버릴 수 있을 때까지, 이 방책 없는 세상에서 살아 있으라고 칼은 말하는 것 같았다. (김훈, 『칼의 노래』)

이어서 쓰세요 →

연습 문제 ❶

창조적 글쓰기의 한 방법으로 릴레이 글쓰기를 시도하는 것도 좋은 방법이다. 누구나 잘 아는 소설이나 영화, 드라마, 애니메이션 작품을 하나 골라 서두나 중간 장면, 결말에서 뒤를 이어 상상력의 날개를 펴고 릴레이 글쓰기를 시도해 보자. 가능하면 제시된 제목을 살리되, 혼자 이어서 쓴 글, 여럿이 함께 이어서 쓴 글, 외국인 학생과 함께 이어서 쓴 글을 발표해 보고, 이들을 비교해 보자.

연습 문제 ❷

다음은 공귀현 감독의 독립영화 〈U.F.O〉의 시나리오와 스토리보드의 한 장면이다. 이를 읽고 구체적인 영화 장면을 상상해 보고 다음 줄거리와 장면을 상상해서 써 보자. 스토리보드까지 만들면 더욱 좋다.

예문 11

영화 〈U.F.O〉 시나리오(부분)

S#103. 학교 앞. E. D.

학교가 끝나고 밖으로 쏟아져 나오는 아이들. 그 사이에 순규와 광남, 진우 그리고 기쁨이 끼어 있다. 아무 말이 없이 걷기만 하는 네 사람. 그때, 누군가 그들에게 다가온다.

리포터

(카메라 맨에게) 여기야, 여기! (아이들을 향해) 네, 저기요.

놀라는 아이들, 무슨 영문인지 어리둥절하다.

리포터

(카메라를 향해) 네, 저는 오늘 외계인을 만난 소년들을 취재하러 서울의 한 고등학교에 나왔습니다. 안녕하세요.

아직도 갑작스런 상황이 적응되지 않는 듯, 아이들은 서로를 바라본다. 리포터는 다짜고짜 순규에게 마이크를 들이댄다.

리포터

외계인을 만나셨다면서요. 자세히 말씀 좀 해주세요?

놀라는 순규, 아이들을 본다. 표정이 굳는 아이들.

리포터

UFO에 탔다고 하시던데, 기억이 나시나요?

역시 긴장하는 순규. 그런 순규의 모습을 보면서 리포터도 긴장하기 시작한다. 잠시 리포터와 순규 사이에 정적이 감돈다. 순규는 다시 아이들을 바라본다. 어느새, 아이들의 표정은 담담해져 있다. 당황하기 시작하는 리포터. 얼굴이 점점 굳어진다. 그때,

순규

……저희가 한참을 기다리고 있었는데요……

아이들을 보는 순규. 세 사람도 순규를 쳐다보고 있다.

순규

……그때 바스락 소리가 나더라구요. 처음엔 아닌 줄 알았는데 갑자기 흰 물체가……

화면은 암전되고, 순규의 목소리는 계속 들린다. (끝)

영화 〈U.F.O〉 스토리 보드(부분)

U. F. O.

#	108-1
SIZE	Bust shot
WORK	
내용	리포터에게 외계인을 봤다고 말하는 순규

#	
SIZE	
WORK	암전
내용	끝

(감독: 공귀현, 콘티작가: 강윤주)

5. 4. 각색, 개작, 재창작

개성적 사고에 기초한 창조적 글쓰기는 기존 창작물의 패러디와 릴레이 등 개작 이외에도 재창작, 장르를 바꿔 보는 각색 방법 등을 통해서도 다양하게 이루어질 수 있다. 자유로운 상상력을 통해 창의성을 발휘하여 새로운 무언가를 창조하려면 두 가지 이상의 이질적인 것을 섞는 새로운 결합, 즉 이종 혼합[hybrid]법도 가능하다. 비슷한 경험과 자극은 비슷한 생각과 행동을 유발할 뿐이다. 새롭고 다양하고 색다른 경험은 편안한 뇌리를 흔들어 깨우는 원동력으로 작용할 것이며, 지금까지와는 다른 표현을 통해 새로운 상황을 연출하게 될 것이다. 결과적으로 이제까지와는 다른 발상과 언어로 새로운 작품을 창작하는 창조적 글쓰기를 터득하게 된다.

다음은 1930년대 향토 시인인 백석의 시 「여승」과, 시적 주인공이 겪은 상황을 서사적으로 형상화한 소설 각색이다. 원작인 서정시와 소설로 장르를 바꾼 각색 작품 둘을 비교, 감상해 보자.

예문 12

여승(女僧)

백 석

여승은 합장하고 절을 했다.
가지취의 내음새가 났다.
쓸쓸한 낯이 옛날같이 늙었다.
나는 불경(佛經)처럼 서러워졌다.

평안도(平安道)의 어느 산(山) 깊은 금점판
나는 파리한 여인에게서 옥수수를 샀다.
여인은 나어린 딸아이를 때리며 가을밤같이 차게 울었다.

섶벌같이 나아간 지아비 기다려 십 년(十年)이 갔다.
지아비는 돌아오지 않고
어린 딸은 도라지꽃이 좋아 돌무덤으로 갔다.

산꿩도 섧게 울은 슬픈 날이 있었다.
산 절의 마당귀에 여인의 머리오리가
눈물방울과 같이 떨어진 날이 있었다.

여승(소설 각색)

여인도 나도 아무 말이 없었다. 나를 기억하는지 못하는지, 여인은 그저 합장한 채 고개를 숙였다. 이미 나는 그녀와 처음 만났던 때를 생각하고 있었다. 흘러내리는 머리를 핀으로 대충 틀어 올리고 지나가는 사람들에게 옥수수 하나만 사달라는 말조차도 하기 힘들어 보였던 그녀. 내가 가까이 다가가자 그때서야 옥수수를 들어 보이며 하나만 사달라던 그녀와 엄마의 심정은 아는지 모르는지 건너편 국밥집에서 따뜻한 밥이 먹고 싶다며 칭얼대던 어린 여자 아이는 오랜 시간이 지났어도 잊혀지지 않는다. 예기치 않게 두 번이나 만나게 될 인연이었다면, 이번엔 좀 더 밝은 얼굴이었다면 좋았으련만, 다를 바 없이 핏기 없고 쓸쓸해 보이는 얼굴과 그 앞에 합장한 가냘픈 두 손은 나의 마음을 더 서글프게 했다.

끝자락이라고는 하지만, 아직은 가을인데도 산중의 바람은 옷 속으로 사무쳤다. 그녀와 나, 여전히 둘은 서로 말없이 서 있었다. 속세의 일을 잊으려고 이 깊은 산중까지 찾아온 여인에게 그간 무슨 일이 있었는지 묻는 것조차 앞으로의 수행에 혹여 짐이 될까 매우 조심스러웠다. 그녀 옷에 물든 가지취 냄새만이 속세의 일을 억지로라도 잊고 싶은 여인의 마음을 말하려는 듯 더욱 진하게 나고 있었다. 겨우 입을 떼어 꺼낸 상투적인 인사 후, 침묵 속에서의 불경 소리가 고요한 산중을 울렸다.

"마하반야 바라밀다심경……."

"어쩌려고 그래! 당신은 이젠 한 집의 가장이고, 곧 태어날 아기도 있잖아. 언제까지 그렇게 술 마시고 신세 한탄만 할 거야!"

"다 가져갔어, 그 놈들이. 그래. 남은 땅까지 다 가져라, 이 나쁜 놈들! 그게 어떤 땅인데. 내가 어떻게 지켜왔는데!!"

"계속 그렇게 그 사람들 탓해 봤자 뭐가 달라져? 같은 일 겪은 사람이 한둘도 아니
잖아. 차라리 나가. 좀 있으면 없는 살림에 한 입 더 늘어날 텐데 구걸을 하든, 길거
리 행상을 하든지 해서 아이라도 밥은 먹여야 할 거 아냐!"

"당신이 내 맘을 알기나 해? 당신은 그렇게 쉽게 포기할 수 있는지 몰라도 난 아니
야. 우리 아버지가 주신 땅이고, 내 인생 전체를 바친 곳이야! 그걸 어떻게 내가 쉽
게 체념할 수 있겠어! 술이라도 안 먹으면 미쳐 버릴 것 같다고!"

"엄마! 엄마~~."

"으응? 어, 그래."

또 멍하니 남편과의 마지막 날을 생각하고 있었다. 남편 마음을 모르는 것도 아니
면서 왜 그렇게 화를 냈을까. 행상이라도 하라고 남편에게 무심결에 내뱉은 말은 이
제 그녀의 현실이 되어 있었다. 매캐한 냄새와 온통 시커멓게 뒤덮인 이 깊은 광산
에서 옥수수 행상을 한 지도 어언 10년째. 광부 일이라도 해 보겠다며 나간 남편을
금방 찾을 수 있다고 생각한 게 잘못이었다. 오늘도 다 식어빠진 옥수수만이 그녀
앞에 놓여 있었다. 무표정한 얼굴로 지나가는 사람들과 온통 시커먼 산은 그녀로 하
여금 마치 세상으로부터 버려진 느낌이 들게 했다. 그녀와 아이를 유심히 지켜보던
한 남자만이 사 갔을 뿐, 한번쯤 쳐다봐 주는 사람도, 옥수수를 사달라고 외칠 힘도,
살아야 할 이유도 하루하루 없어져가는 것만 같았다.

아이에게 하루만 더, 하루만 더, 하면서 조금만 참았다가 맛있는 밥 먹자고 한 지
도 3일째다. 어른도 참기 힘든 상황에 아이는 오죽할까. 팔다 남은 옥수수로 매일 끼
니를 때우다 보니, 옥수수는 이제 입에 가까이 대기만 해도 신물이 날 것 같다. 배고

프다고, 밥이 먹고 싶다고 한 게 아이 잘못이 아닌데, 순간적인 감정 때문에 괜히 아이에게 화풀이를 한 것 같아 괜히 마음이 쓰인다. 마음에 구멍을 뚫어 버린 듯, 휑하니 바람이 드는 것 같다. 덜컥 눈물까지 나버렸다. 참고 참았던 눈물이라 울고 나니 감정이 조금 누그러지기는 했다. 흐른 눈물처럼 지금 이 상황을 툭툭 털어버리기라도 할 수 있으면 좋을 텐데. 그녀에게 어디에도 길은 보이지 않았다.

그날 밤은 잘 곳조차 없었다. 하는 수 없이 겨울 문턱의 추운 날씨 속에서 아이와 그녀는 서로를 부둥켜안았다. 이 아이조차 없었다면, 도저히 내일을 살아갈 용기가 나지 않을 것 같았다. 바람은 살을 베는 것처럼 매섭고, 내일은 옥수수를 몇 개나 팔 수 있을지 당장 걱정스러웠지만, 그래도 살을 맞대고 있는 핏줄이 있어 아직은 살아야 할 이유가 있다고 스스로를 위로하였다. 아이는 금세 인기척이 없었다. 오늘 너무 힘이 들어서 금방 잠이 들어버린 거라고, 내일은 무슨 일이 있어도 아이 밥은 먹여야겠다고 생각하면서 그녀도 어느새 잠이 들었다.

한 올, 두 올 떨어지는 머리카락을 바라보다 절 마당귀에 피어난 도라지꽃을 본다. 가냘프게 피어난 보라색 도라지꽃은 금방이라도 꺾여버릴 것 같다. 가까이 다가가서 혹여 부러질까 손가락만 살짝 꽃에 대 본다. 아이 무덤가에 다시는 가지 않겠다고 다짐한 게 바로 사흘 전이건만, 벌써부터 눈에 눈물이 고인다. 배고파서, 힘들어서 그러는가 보다고, 금방 깨어날 거라고 생각했던 딸아이는 다음 날 아침, 영영 그녀 곁을 떠났다. 유난히도 추웠던 겨울 날 밥 한 끼도 못 먹이고 떠나보낸 딸은 엄마 가슴에 한이 되어, 한 송이 꽃으로 남았다. 바람에 살랑살랑 흔들리는 도라지꽃, 초라한 돌무덤을 보는 엄마 마음이 아플까봐 아이는 꽃을 피웠다. 악몽 같았던, 차라리 꿈이었으면 좋을 지난날을 모두 잊는다고 아직 자신할 수는 없었다. 얼마의 시간이 흐른다고 해도 가슴 한 구석엔 여전히 아픔으로 남아있겠지만, 그저 조금씩 멀어지고 있다면, 충분했다. 어느새 여승의 눈에서 흐르는 눈물은 도라지 꽃잎을 따라 흐르고 있었다. 그녀의 마음을 아는지 모르는지 산꿩도 유난히 섧게 울고 있었다. (학생 글)

백석의 원작 시 「여승」은 과거와 현재가 뒤섞인 식민지 유랑민 가족의 비극적 삶을 한순간에 집약, 응결시킨 것으로 유명하다. 간결하고 절제된 시에서 떠오른 비극적 이미지를 시 자체로 감상, 향유하는 것도 좋지만 다른 장르로 바꿔보는 것은 어떨까? 서정시를 소설이나 영화, 드라마같이 인과적 이야기와 등장인물이 있는 서사(the narrative) 작품으로 재창작하는 것도 원작의 흥미로운 감상법이자 새로운 시도라 하겠다.

즐겁게 글쓰기를 하는 차원에서 '재창작'도 활용해 봄 직하다. 재창작은 단순한 소재의 활용이나 기계적 번안과 다르다. 원작이 각색되는 것과 마찬가지로 재창작 역시 다시 쓰는 사람의 새로운 감성과 참신한 상상력, 그리고 가치관이 개입됨으로써 전혀 다른, 새로운 작품으로 탄생할 수 있기 때문이다. 다음은 세계 명작 소설인 『제인 에어』의 클라이맥스 장면을 극중 악인의 입장에서 재해석한 일종의 재창작이라고 할 수 있다.

예문 13

버사 메이슨의 이야기: 『제인 에어』 서술자 시점의 변환
얼마나 시간이 지났는지는 알 수 없지만, 분명한 것은 지금 당장 내게 기회가 주어졌다는 것이다. 그레이스 풀은 종종 술을 마시곤 했지만 지금처럼 이렇게 술에 취해 몸조차 가누지 못한 적은 거의 없다. 날 감시하도록 되어 있기 때문이다. 왜 갑자기 과음을 했을까? 의문이 들었다. 하지만 무슨 상관이랴, 더 이상 다른 사람들의 사정은 신경 쓰지 않기로 한 지 오래다. 정신 없이 잠에 취해 있는 그레이스 풀을 뒤로하고 방문을 열었다.

사람들은 날 미친 여자라고 했다. 의사도 그렇게 말했고, 사랑하던 남편 로체스터마저 돌아선 것을 보면 정말 나는 미친 여자일지도 모른다. 처음에는 미치지 않았음을 보이기 위해 온갖 노력을 쏟아 부었지만, 이제는 오히려 인정하는 편이 편하다. 모든 행동이 정당화되기 때문이다. 소리 지르고, 물어뜯고, 끊임없는 분노와 절망감, 내가 느끼는 뜨겁고도 미묘한 모든 감정들을 마음대로 내보이고 발악해도 나에게 찍힌 '미친 여자'라는 낙인이 모든 걸 덮어 준다.

슬프지도 않다. 오래전에는 그런 감정을 느꼈었던 것 같기도 하다. 평생을 사랑하기로 기약한 남편의 배신, 나를 쳐다보던 그 차가운 눈빛……. 그 눈빛 속에는 혐오감 이상의 것이 들어 있었다. 두려움. 정신병자가 된 아내에 대한 두려움으로 가득 찬 남편을 보고서 그때 이미 깨달았다.
나는 미친 여자다.
나는 미친 여자였지만, 질투심은 남아 있었다. 다만 그것은 사랑하는 사람을 빼앗겨서 느끼는 질투심보다는, 내가 가지지 못한 것을 가진 사람에 대한 시기심과 나를 버리고도 행복할 수 있는 사람에 대한 증오에 가까운 것이었다. 처음 젊은 여자 가정교사가 들어온 뒤 며칠 후 창밖으로 우연히 보게 된 그녀의 모습은 미인이라고는 할 수 없었지만 단아하면서도 어딘가 시선을 끄는 매력이 있었다. 그녀를 바라보는 에드워드의 모습을 보자 나는 그가 한눈에 그녀에게 반했음을 확신할 수 있었다.

솟구쳐 오르는 감정을 좀처럼 조절하기가 힘들었다. 정말 미쳐가는 것 같았다. 밤이 되어도 잠이 오지 않았고 한밤중에 몰래 나가서 그 여자의 얼굴을 보고 오기도 했다. 참을 수가 없었다. 손 댈 수 없는 마력을 지닌 듯한 그 여자는 나와는 전혀 다른 세계의 사람이었다. 에드워드와 결혼식을 앞둔 날, 그녀는 어떤 악인도 도무지 해할 수 없는 얼굴을 하고 편히 잠들어 있었다. 흥분을 이기지 못한 나는 면사포를 찢었지만 더 이상 내가 할 수 있는 일은 없었다.

우리가 결혼했던 날이 문득 떠올랐다. 그때는 '우리'였다는 사실이 믿기지 않으면서도 새삼 와 닿는다. 이런 생각을 할수록 내 행동은 제어가 되지 않는다. 갈수록 사람들의 시선과 미친 여자라는 꼬리표가 날 그렇게 만들어 버리는 것 같다. 그때는 나도 행복했었는데, 나도 사랑을 받았었는데, 나도 저렇게 웃을 줄 알았었는데…….

그레이스 풀의 주머니에서 꺼내 온 성냥을 꺼내 성냥갑에 대고 그었다. 그리고 책상 위에 올려진 노트 한 장을 찢어 바로 불을 붙였다. 나는 조금도 주저하지 않고 불 붙은 종이를 커튼 밑에 내려놓는다. 순식간에 피처럼 붉은 빛이 커튼을 타고, 온 방 안을 가득 채운다. 숨이 막힌다. 갑자기 살고 싶은 생각이 든다. 로체스터의 얼굴도 떠오른다. 모든 것을 집어 삼키려는 불길이 나에게 손을 뻗는다. 복도로 달려나갔지만 이미 불길은 순식간에 건물을 휩싸고 사나운 기세로 활활 타오르고 있다. 나는 재빨리 지붕 위로 올라간다. 더 이상 피할 곳이 없다. 내 이름을 부르는 에드워드의 목소리가 들린다. 그러나 돌아가고 싶지도, 그의 얼굴을 마주하기도 싫다. 공중으로 발을 내디디면서 나는 절규한다.

나는 미치지 않았다. (학생 글)

영국의 여성 작가 샬롯 브론테의 장편소설 『제인 에어』에서 주인공이 사랑하는 남자 주인공 로체스터의 숨겨진 아내로 등장하는 버사 메이슨은 미친 여자로 일관되게 묘사된다. 극중 버사는 제인 에어의 행복을 가로막는 장애물로, 부정적인 인물로 그려지지만 이는 1인칭 주인공 시점에서 서술되었기 때문에 어쩔 수 없이 반영되는 요소라고 하겠다.

그런데 남성중심주의 사상이 완강했던 당시 영국 사회의 분위기를 고려하면, 버사가 실제로는 정신적 문제가 별로 없었는데도 주변 인물들의 편견 어린 시선과 그들이 조성한 강압적 분위기 탓에 정신병자로 몰렸을 가능성도 있다. 이 글은 그녀가 실제로는 정상이었지만 사회적 분위기 때문에 정신병자로 표현되었다는 가정하에 개작되었다. 즉, 『제인 에어』의 클라이맥스 장면이라 할 버사 메이슨의 방화 자살 장면을 그녀의 입장에서 재창작한 것이다.

이를 보면 서술자 시점의 변환을 통해 작품의 주제가 달라질 수도 있음을 알 수 있다. 이처럼 널리 알려진 문학예술 명작이나 재미있게 감상한 대중문화 작품을 골라 원작의 주제와 분위기를 감안하면서 장르나 시간적 공간적 배경을 바꾼 작품을 써 보자.

연습 문제 ❶

우리가 어떤 소설, 드라마, 만화, 애니메이션, 웹툰 작품을 감상하고 흥미를 갖거나 감동을 느끼는 것은 그것이 '처음-중간-끝'의 스토리를 갖춘 '서사'이면서 동시에 극적 요소를 갖추고 있기 때문이다. 최근 읽거나 본 이야기 텍스트를 하나 선택하여 그 내용이나 감정을 서정시나 노래 가사, 랩으로 바꾸어 써 보도록 하자. 가능하다면 곡을 붙인 노래로 만들어 UCC(User Created Contents, 손수 제작물)까지 만들어 보자.

다음 예문은 김연수의 장편소설 『네가 누구든 얼마나 외롭든』(문학동네, 2007)을 읽고 쓴
학생의 독후감이다. 이 글과 원작을 읽고 주인공 남녀의 동선에 따라 캠퍼스와 주변 지역
탐방을 해 보자. 지도와 사진, 동영상을 첨부하여 멀티미디어 형식의 새로운 문학 지도를
구상해 볼 수 있다.

예문 14

성대의 소설 속 풍경

김연수의 소설 『네가 누구든 얼마나 외롭든』은 '나'와 정민의 연애담이 주축이 되어
이야기가 전개된다. 소설 속 나와 정민은 둘 다 성대에 다니는 학생으로, 이들의 연
애담 역시 성대를 배경으로 펼쳐진다. 소설 속 90년대 성대와 주변 풍경은 어떻게
묘사되어 있을까. 소설 속 문장들을 한번 음미해보자.

우리가 앉아 있던 한낮의 공원으로는 비둘기뿐만 아니라 많은 사람들이 모여 있었
다. (…) 다리를 꼬고 앉아 오른발을 까딱까딱 흔들던 정민이 나를 바라보면서 물었
다. 나는 고개를 끄덕였다. 마로니에나무 아래 벤치에 앉아 있었기 때문에 정민의 몸
위로도 나무 그림자가 까딱까딱 흔들리고 있었다.(19쪽)

나와 정민이 처음으로 등장하는 장소는 대학로에 위치한 마로니에 공원이다. 마로니
에 공원은 '우리는 마로니에 공원에서 수업한다'는 카피로 학교 신문 광고에 등장한
적이 있을 정도로 성대생들에게는 친숙한 장소다. 아마 성대 CC치고 마로니에 공원
으로 데이트를 가 보지 않은 커플은 없을 것이다.

정민보다 학번이 하나 낮은 나는 상대적으로 한가한 편이어서, 어쩌다 복도에서 정민을 마주치기라도 하면 바로 그 손을 움켜잡고는 대자보가 붙어 있는 복도를 지나 담배꽁초가 어지럽게 떨어진 계단을 밟고 내려가 수업에 늦은 학생들이 뛰어가는 길을 가로지른 뒤, 라일락나무 아래의 벤치에 정민을 앉혀두고 라일락꽃을 흔들며 윽박지르곤 했다.(105쪽)

소설 속 내가 정민의 손을 잡은 곳은 학생회가 있는 학생회관 4층이다(두 사람은 모두 학생회 간부로 설정되어 있다). 그렇다면 '수업에 늦은 학생들이 뛰어가는 길'은 학생회관의 1층과 이어져 있는 대성로가 된다. 대성로로 수업에 늦은 학생들이 뛰어가는 풍경은 20년 전이나 지금이나 똑같은 모양이다. 라일락나무 아래의 벤치는 현재 600주년 기념관이 있는 곳으로 지금은 남아 있지 않다.

정민은 내게 아침 아홉 시에서 열 시 사이의 푸른 하늘에 뭉게구름만 몇 개 더 있다면 수업이고 학생회 일이고 다 팽개치고 궁궐로 소풍을 가자고 제안했다.(106쪽)

학교 근처에 있는 과학관 4층에는 반구형 천장에 불빛을 쏘아 각 계절별 별자리들을 보여주는 별자리 관찰 교실이 있었다. 주로 서울 시내 유치원이나 초등학교에서 온 아이들이 줄지어 서서 단체로 관람하는 곳이었는데, 우리가 거기까지 가게 된 것은 고궁의 잔디밭에 앉아 학교 앞 슈퍼에서 사온 국산 포도주와 김밥을 다 먹고 난 뒤에도 시간이 오후 두 시밖에 되지 않아서였다.(108쪽)

궁궐은 학교 옆 담장 하나만 넘어가면 있는 창경궁이다. 90년대의 창경궁은 일반인에게 개방되어 있었지만 지금은 예약을 해야만 입장할 수 있다. 게다가 관리마저 엄격해져 잔디밭에서 무얼 먹을 수도 없다. 서울 과학관은 학교에서 창경궁으로 가는 길 중간쯤에 위치해 있다. 과학관과 같이 학술적(?)인 곳에서 데이트를 누가 하냐 싶겠지만 다음 문장을 보면 생각이 달라질 것이다.

　어둠 속에서 정민은 내 몸을 더듬더니 내 왼손을 찾아 꽉 잡았다. 내가 정민의 몸을 당겨 입을 맞출 즈음 클라리넷 연주와 함께 둥근 천장에 별빛이 나타났다. 봄의 별자리였다. (…) 그 별자리들은 내게 이 세상이 신비로운 까닭은 제 아무리 삼 등급의 별이라고 할지라도 서로 연결될 수 있는 한, 사자로, 처녀도 목동도 될 수 있기 때문이라고 말하는 것 같았다. 봄의 별자리들이 모두 나타났다가 사라지고 여름의 별자리로 넘어가기 위해 불이 모두 꺼졌을 때, 나는 고개를 돌려 정민에게 입을 맞추었다 (…) 그리하여 각 별들이 서로 이어지고 백조로, 거문고로, 독수리의 모양으로 바뀔 때마다 아이들이 탄성을 내지르는 동안, 우리는 계속 입을 맞추고 있었다.(112~114쪽)

더 이상의 내용은 직접 소설을 감상해 보라고 권하고 싶다. 아름다운 문장을 쓰기로 유명한 작가 김연수가 그린 연애담이 우리 학교를 배경으로 펼쳐진다는 이유만으로 성대생이라면 충분히 흥미를 가지고 읽을 수 있을 테니까. 혹여나 소설 속 거리를 걷게 된다면 다음의 두 가지 사실을 되새기며 걸어보자. 당신이 걷고 있는 대성로, 마로니에 공원, 창경궁의 길들은 수십 년 전부터(어쩌면 600년 전부터) 수많은 성대 CC들이 걸어왔었다는 것을, 그리고 그 CC들의 연애담이 한 편의 소설 속에 아름답게 그려져 있다는 사실을. 그러면 당신이 누구든 얼마나 외롭든 이 길에서 꽃피웠던 사랑들이 떠올라 가슴이 따뜻해질 터이니. (강한용, 「성대의 소설 속 풍경」, 『성대신문』)

　아래 사진들을 보고 떠오르는 이미지를 활용하여 이야기(내러티브)를 구상하여 포트폴리오 작품을 만들어 보자. 공익광고나 방송 고발 프로그램 대본도 좋고 콩트나 만화도 좋다. 예문은 한국교육방송(EBS)의 '지식채널 e'의 한 대목이다.

예문 15

축구공 경제학

　일당 2천만 원을 받는 데이비드 베컴,

　일당 300원을 받는 파키스탄의 아이들

　32조각의 가죽과 1,620회의 바느질

　오각형과 육각형의 가죽 32조각,

　1,620회의 바느질……

　월드컵의 감동을 만들어낸 진정한 주역은

　굳은살 박힌 아이들의 작은 손이다.

　"축구공 생산과 관련된 노동이

강요적이고 구속적이지 않아야 한다."

−1996년 FIFA

전 세계 수제手製 축구공의 70%를 생산하는

인도와 파키스탄 1만5천 명의 아이들⋯⋯.

그들이 만든 축구공 한 개의 가격은 15만 원.

하루 종일 축구공을 꿰매는 아이들의 일당은 300원.

일당 2천만 원을 받는 프리킥의 마술사 데이비드 베컴

"이 세상에서 내가 하고 싶었던 일은 단 하나 공을 차는 것이었다."

일당 300원을 받는 인도와 파키스탄의 아이들

"우리는 축구공을 한번도 가져본 적이 없어요.

우리가 아는 축구공은

하루 종일 바느질을 하던 기억뿐이랍니다."

(한국교육방송(EBS) 지식채널ⓔ 제작팀, 『지식ⓔ』 제1권)

연습 문제 ❹

다음 방송 대본은 '지식채널 e'의 또 다른 한 대목이다. 이와 관련된 사진이나 그림, 동영상을 찾거나 창작하여 UCC(손수 제작물)를 새롭게 만들어 보도록 하자. 반드시 전문가가 아니더라도 일반 사용자들이 직접 만들어 낸 콘텐츠를 창의적으로 만드는 것이 창조적 글쓰기의 바람직한 성과물이 될 수 있다.

커피 한 잔의 이야기

세계를 정복한 커피, 커피 한 잔의 우울한 이면

1%와 99%의 간극?

동아프리카에서 태어나

아랍 세계를 거쳐

유럽을 정복한 커피,

남미로 전해져 대량 재배가 시작된다.

커피 생산량 1위 브라질

커피 소비량 1위 미국

커피 소비량 11위 한국

매년 세계는 700만 톤의 커피를 생산하고

4천억 잔의 커피를 마신다.

100ml 커피 한 잔을 만들기 위해 필요한 커피콩은 100개,

커피콩 100개의 현지 가격은 10원.

이윤의 1%는 소규모 커피 재배 농가의 몫

이윤의 99%는 미국의 거대 커피 회사,

소매업자, 중간거래상의

1%에 속하는 전 세계 커피 재배 종사자는 50여 개국 2천만 명,

그들의 대부분은 극빈자들이며 그둘 중 상당수는 어린이다.

1%와 99%의 간극

커피 한 잔의 우울한 이면

(한국교육방송(EBS) 지식채널ⓔ 제작팀, 『지식ⓔ』 제1권)

김광균, 「추일 서정」(시)

김수영, 「어느날 고궁을 나오면서」(시)

김 훈, 『칼의 노래』(소설), 파주: 문학동네, 2012.

도종환, 「흔들리며 피는 꽃」(시)

백 석, 「여승」(시)

안도현, 「너에게 묻는다」(시)

이청준, 「지배와 해방」(소설)

임 화, 「합포에서: 작가의 생활기록」(일기), 『신동아』1936.8.

장정일, 「라디오같이 사랑을 끄고 켤 수 있다면: 김춘수의 「꽃」을 변주하여」, 『길안에서 택
　　　시 잡기』, 서울: 민음사, 1994.

가톨릭대학교 교양교육원, 『학습윤리 가이드북』, 서울: 에디아, 2010.

고미숙, 『임꺽정, 길 위에서 펼쳐지는 마이너리그의 향연』, 서울: 사계절, 2009.

교재편찬위원회, 『바른 말 좋은 글』, 서울: 성균관대학교 출판부, 2002.

권순긍, 『유럽 도시에서 길을 찾다』, 파주: 청아출판사, 2011.

김경훤 외, 『창조적 사고 개성적 글쓰기』(개정판), 서울: 성균관대학교 출판부, 2006.

김경훤, 『글쓰기를 위한 문장의 실제와 분석』, 서울: 지코사이언스, 2010.

김동훈, 『여간내기의 영화교실』, 파주: 컬처라인, 2003.

김대중, 「김대중 칼럼」, 『조선일보』, 2006. 1. 3.

김미란, 「대학의 글쓰기 교육과 장르 선정의 문제」, 『작문연구』9호, 서울: 한국작문학회,
　　　2009.

김미란, 「인문학의 활성화가 대학 글쓰기 교육에 미친 영향과 전망」, 『작문연구』10호, 서울:
　　　한국작문학회, 2010.

김성수, 『프랑켄슈타인의 글쓰기』, 서울: 글누림출판사, 2009.

김성수, 「과정으로서의 글쓰기 절차와 치유의 글쓰기」, 유임하 편, 『교양인의 화법과 대학 글쓰기』, 서울: 역락출판사, 2011.

김영채, 『생각하는 독서』, 서울: 박영사, 2005.

김용석, 『일상의 발견』, 파주: 푸른숲, 2002.

남영신, 『4주간의 국어여행』, 파주: 성안당, 2005.

박지원, 「소단적치인」, 「제정석치문」, 『연암집』 권1, 10(http://www.itkc.co.kr).

변학수, 『통합적 문학치료』, 서울: 학지사, 2006.

성균관대학교 학부대학, 『학습 윤리』, 성균관대학교, 2012.

손세모돌, 『창의적인 생각, 체계적인 글』, 서울: 한국문화사, 1997.

유홍준, 『나의 문화유산 답사기』 제1권, 파주: 창비, 1993.

유홍준, 『나의 문화유산 답사기』 제6권, 파주: 창비, 2011.

이봉희, 「시/문학치료와 문학수업, 그 만남의 가능성 모색」, 『한국문예비평연구』 20집, 서울: 한국현대문예비평학회, 2006.

이봉희, 「문학치료에 관한 국내외 실증사례 연구」, 『예술의 사회적 기여에 관한 국내외 실증사례 연구』, 나주: 한국문화예술위원회, 2008.

이재승, 『글쓰기 교육의 방법과 원리』, 파주: 교육과학사, 2002.

이희승·안병희, 『한글 맞춤법 강의(증보)』, 서울: 신구문화사, 2010.

정희모, 『글쓰기 교육과 협력학습』, 서울: 삼인, 2006.

조국, 「소수자의 인권을 보호하라」, 『보노보 찬가』, 서울: 생각의나무, 2009.

탁석산, 『보고서는 권력관계다』, 파주: 김영사, 2006.

한국교육방송(EBS) 지식채널ⓔ 제작팀, 『지식ⓔ』 제1권, 서울: 북하우스, 2007.

홍한주, 『지수염필』 권3.

Adams, Kathleen, 『저널치료: 자아를 찾아가는 나만의 저널쓰기』, 강은주·이봉희 옮김, 서울: 학지사, 1996.

Blasingame, Jim & Bushman, John H., *Teaching Writing in Middle and Secondary Schools*, Pearson Education, 2005.

Campbell, Cherry, 『제2언어 작문교수』, 정동빈 외 옮김, 서울: 경문사, 2004.

Coffin, C., Curry, M. J., Goodman etc., *Teaching Academic Writing*, London: Routledge, 2003.

Flower, Linder, 『글쓰기의 문제 해결 전략』, 원진숙·황정현 옮김, 서울: 동문선, 1999.

Flower, Linder etc., "Reading-to-Writing", *Exploring a Cognitive and Social Process*, NewYork: Oxford University Press, 1990.

Fulkerson, Richard, *Teaching the Argument in Writing*, Urbana: National Council of Teachers of English, 1996.

Kroll, Barbara, 『제2언어 작문』, 김세중·유재임 옮김, 용인: 강남대학교 출판부, 2003.

Leki, Ilona, *Academic Writing: Exploring Process and Stratiges*, 2nd ed., New York: Cambridge University Press, 1998.

Pennac, Daniel & Tournier, Michel 외, 『상상력 먹고 이야기 똥 싸기』, 박언주 외 옮김, 서울: 낮은산, 2004.

Posner, Richard Allen, 『표절의 문화와 글쓰기의 윤리』, 정해룡 옮김, 부산: 산지니, 2007.

Taylor, Gorden, *Student's Writing guide for the arts & social science*, Cambridge University Press, 1989.

창의적 사고 소통의 글쓰기

1판 1쇄 발행 2012년 3월 6일
2판 1쇄 발행 2013년 3월 6일
3판 1쇄 발행 2016년 8월 31일
3판 9쇄 발행 2023년 8월 31일

지 은 이 김경훤·김미란·김성수
펴 낸 이 유지범
펴 낸 곳 성균관대학교 출판부
등   록 1975년 5월 21일 제1975-9호

주   소 03063 서울특별시 종로구 성균관로 25-2
전   화 (02) 760-1253~4
팩시밀리 (02) 762-7452
홈페이지 http://press.skku.edu

ⓒ 2012, 김경훤·김미란·김성수

ISBN 979-11-5550-174-0 03710